토착화 사례연구

하태수 · 김영재 · 도명록 · 문광민
박은순 · 양혜원 · 윤성일 · 윤영근
이 건 · 이혁우 · 임동완 · 하경희

도서출판 대영문화사

머리말

필자는 서울대학교 박사 과정에 재학 중이던 1998년 여름 영국으로 유학을 떠났다. 당시 한국은 외환위기 직후로 IMF가 구제금융의 조건으로 부과한 구조조정의 한 가운데 있었다. 이 시기의 구조조정은 단순히 기업들의 부채를 줄이고 정부조직의 군살을 빼는 정도가 아니라, 정부와 기업의 협력을 기초로 경제발전을 이룩한 한국의 발전국가체제를 해체하고 한국에는 생소한 소위 글로벌 표준(global standard)이라는 영·미식의 여러 제도들을 도입하는 것이었다.

필자는 구조조정의 현장에서 한 걸음 비켜서서 비교적 담담하게 한국의 구조조정 과정을 지켜보았다. 당시 필자는 '한국인들의 문화 및 사고방식과 다른 맥락에서 태동된 저런 제도들이 한국에서 제대로 작동할까?', '제대로 작동하지 않는다면 과연 어떤 형태로 무슨 현상을 초래할까?', '선택의 여지가 없이 받아들여야만 한다면, 저 제도들을 어떻게 해야 우리에게 조금이라도 더 잘 맞게 토착화할 수 있을까?' 등등의 고민을 했다.

2001년 가을에 학위를 마치고 귀국하였고 이후 서울대학교 BK21사업단 박사후 연구원으로 근무하면서 토착화에 대한 고민을 정리하여 "제도의 이전, 토착화 그리고 신제도주의"(『행정논총』 40(1), 2002)라는 논문을 발표하였다. 그러나 당시의 이런저런 분위기 및 여건으로 인해 토착화 관련 연구를 더 심화시키지 못했다. 설상가상으로 2003년 3월 경기대학교 행정학과 전임강사로 임용된 이후에는 토착화 관련 연구는 말할 것도 없고 그 주제에 대해 신경도 쓰지 못했다. 간간히 학회들에서 토착화 관련 논단이 진행되는 것을 알면서도 신경을 쓸 겨를이 없었다. 시간은 그렇게 무심히 흘러가기만 했다.

필자가 토착화 주제로 다시 돌아올 수 있었던 계기는 2018년에 서울행정학회 연구위원장을 맡고부터였다. 2018년 학회 회장님이신 부산대학교 정명주 교수님의 연구위원장 제안을 수락하고 나서 제일 먼저 토착화 관련 논단 구축을 시작하였다. 통상적으로 11월에 개최되던 추계학술대회에서 토착화 기획논단을 구성하기로 하고 연구진을 꾸렸다. 연구자를 섭외하는 기준은 간단했다. 첫째, 토착화 문제에 관심이 있을 것, 둘째, 나이가 40대일 것이다.

특별히 나이를 고려한 이유는 이렇다. 첫째, 과거에 보면 토착화 주제에 대해 글을 쓰신 분들은 대부분 원로 내지 고참 교수님들이셨고, 그들 중 상당수가 유교 문화를 중요하게 언급하였다. 필자는 생각이 달랐다. 세계화가 심화될수록 외국 제도와 정책의 도입이 빈번하게 일어날 것이고, 그렇다면 토착화란 문제를 고참 교수님들에게만 맡겨 놓을 수는 없다고 보았다. 시력과 체력이 조금이라도 더 좋은 젊은 학자들이 열정적으로 이 주제를 다루는 것이 좋겠다고 생각했다.

둘째, 한국 사회가 유교 문화의 영향을 많이 받은 것은 사실이지만 1950~1970년대 한국과 21세기의 한국은 많이 다를 것이라고 보았다. 즉, 예전에 원로 교수님들이 내세웠던 토착화 설명 논리가 21세기에도 타당할지에 대해 큰 의심을 품지 않을 수 없었다. 21세기에 토착화를 논할 때에는 기존의 접근 시각과는 뭔가 다른 새로운 접근을 해야 하지 않을까 생각했다. 특히, 과거의 외래 제도 토착화 결과가 현재는 한국의 전통(토착화의 토대)으로 작동하는 동적이고도 변증법적인 관계를 파악할 수 있는 새로운 시각을 가진 학자들이 필요하다고 생각했다.

셋째, 토착화 주제의 장기적(長期的) 성격 때문이다. 외래 제도 토착화는 시간이 걸린다. 그것도 1~2년 정도가 아니라 적어도 10년, 20년 정도의 긴 시간이 소요된다. 그래서 2018년에 연구한 후 최소한 20년 정도는 지속적으로 관심을 가지고 지켜볼 수 있는 학자들이 좋겠다는 생각을 하였다. 연구소와 대학교의 정년이 60~65세임을 고려할 때 40대 중반 정도의 학자들을 섭외하면 향후 20년 정도는 토착화 주제를 계속 연구할 수 있을 것이라고 생각했다.

2018년 초부터 40대 행정학자들께 필자의 의견을 밝혔고 동참을 설득하였다. 그러나 솔직히 섭외 성공률은 높지 않았다. 그리고 섭외를 성공한 이후에도 난관은 계속되었다. 어렵게 연구자들을 섭외했는데 일부는 추계학술대회 이전에, 일부는 학술대회 발표 이후에 연구를 중단하거나 탈퇴하였다. 해당 분야의 토착화 연구들이 빠진다는 생각에 마음이 많이 아팠다. 다만, 의외의 호전(好轉)도 있었다. 추계학술대회 이후 늦게 소식을 접하고 기꺼이 연구에 동참하겠다는 교수님들이 일부 등장하였다. 이런 과정을 거쳐 현재의 연구진이 확정되었다. 조직 분야에서 필자(책임운영기관 제도)와 윤영근 박사님(팀제), 인사행정 분야에서 이건 교수님(성과급 제도), 재무행정 분야에서 임동완 교수님(주민참여 예산제도, 발생주의 정부회계 제도), 임성일 박사님(주민참여 예산제도), 문광민 교수님(조세지출 예산제도), 복지정책 분야에서 하경희 교수님(정신보건 제도), 여성정책 분야에서 박은순 선생님(성인지 예산제도), 문화정책 분야에서 양혜원 박사님(문화영향평가 제도), 규제정책 분야에서 이혁우 교수님(규제비용관리 제도), 노동정책 분야에서 김영재 교수님(청년취업정책)이 참여하였다.

연구 진행 일정은 2018년 서울행정학회 추계학술대회에서 발표하고, 『한국사회와행정연구』 제29권 제4호(2019년 2월호)에 기획논단으로 게재한 후, 2019년 여름방학 때 책으로 엮기로 잡았다. 2월호 게재가 어려운 연구자는 5월호 학술지에 게재하고, 그것도 어려운 연구자는 2019년 6월 말까지 탈고한 후, 2019년 여름 방학 때 책으로 엮기로 일정을 잡았다. 연구자들은 각 사례들의 구체적 사정이 다름을 고려하여, 단일의 분석틀을 가지고 시작하는 대신, 공통의 목차 정도만 공유하고 사례별 사정에 맞춰 수정하면서 분석을 진행하기로 하였다.

돌이켜보니 1년 반이라는 시간은 길다면 길고, 짧다면 짧았다. 이제 독자들의 냉험한 심판을 받아야 할 단계에 이르렀다. 조심스럽고 한없이 겸손한 마음으로 세상에 책을 내놓는다. 다만, 평을 받기 전에 여기까지 올 수 있도록 여건을 만들어주신 2018년도 서울행정학회 정명주 회장님(부산대학교), 2019년도 서울행정학회 윤태범 회장님(한국방송대학교), 2018~2019년 서울행정학회 편집위원장 김태룡 교수님(상지대학교), 2018년 서울행정학회 편집이사 이재완 교수님(호서대학교) 네 분께 특별히 깊은 감사를 드린다. 이 분들의 동의, 지켜봄, 응원이 있었기에 이 책이 나올 수 있었다. 끝으로 필자가 연구 구상 단계에서 추후 출판을 부탁드렸을 때 흔쾌히 진행하라고 격려해주신 대영문화사 임춘환 사장님과 임현준 과장님께 깊은 감사를 표한다. 나날이 치열해지는 출판계의 현실을 고려할 때 두 분의 행정학 사랑이 더더욱 고맙게 느껴진다.

2019년 여름 연구진을 대표하여 하태수
(2018년 서울행정학회 연구위원장)
(2019년 서울행정학회 편집이사)

차 례

Chapter 04 정신보건 제도의 도입과 토착화 하경희

PART 2 아메바형에서 나비형으로

Chapter 05 문화영향평가 제도의 도입과 토착화 양혜원

Chapter 06 규제비용관리 제도의 도입과 토착화 이혁우

PART 3 앵무새형에서 나비형으로

Chapter 08 주민참여 예산제도의 도입과 토착화 윤성일 · 임동완

Chapter 09 조세지출 예산제도의 도입과 토착화 문광민

Chapter 12 정부의 팀제 도입과 토착화 실패

윤영근 · 도명록

CHAPTER 01

토착화 문제에 대한 이론적 논의

하태수*

제 1 절 문제제기

인류의 역사가 시작된 이래 인간들로 구성된 단위 사회들은 외부의 타 단위 사회로부터 도구, 기술, 정책, 제도, 이론, 사상 등을 도입하면서 개선과 발전을 꾀하였다. 개방적 태도로 외래의 문물을 적극 수용한 사회는 로마제국, 몽골제국, 메이지시대 일본처럼 큰 발전을 이루었고, 폐쇄적 태도로 외래 문물 도입을 거부했던 사회는 명나라, 16세기 조선, 19세기 조선처럼 쇠락의 길을 걸었다.

그런데 외래 문물을 도입하는 경우에도 개방적 태도로 수용하기만 하면 만사가 해결되는 것은 아니다. 바깥에서 들여온 문물이 자기 사회에 맞는지 따져보아야 한다. 만약 전래된 문물이 다행히 자국 사회의 맥락에 잘 조화된다면 어느 것도 수정할 필요할 없이 그대로 적용하면 된다. 그러나 외래 문물과 자국의 맥락이 서로 조화되지 않는다면 어느 것을 어떻게 바꾸어서 조화시킬 것인지를 생각해봐야 한다.

양자가 서로 조화되지 않음에도 불구하고 외래 문물을 무조건적으로 신봉하여 조화를 위한 조치 없이 그대로 적용한다면 그 사회는 헤어나기 어려운 크나큰 문제의

* 경기대학교 행정학과 교수(taesooha@hanmail.net)

소용돌이에 빠질 수 있다. 우리나라의 근·현대사를 살펴보면 외래 문물을 조선적으로 혹은 한국적으로 토착화하지 못해 큰 위기에 직면했던 사례가 적잖이 있다. 예를 들어, 조선시대 사림파가 득세한 후에 전개된 주자학의 4단7정 논쟁은 그 논쟁이 전개되던 시기에 있었던 사회문제에 대해 아무런 해법을 제시하지 못했다. 당시 수십 만의 아사자가 나타날 정도로 대기근이 있었는데, 주자학을 신봉한 사림파 정권은 당시의 사회적 참상이나 국가적 위기에 대해 유효한 조치를 취하지 못했다. 송나라 사람인 주자가 북방 오랑캐에게 밀리던 송나라의 맥락에서 만들어낸 이기론(理氣論), 화이론(華夷論)을 무비판적으로 수용한 결과였다(박병련, 2005). 비교적 최근의 예로는 1997년 외환위기를 들 수 있다. 1993년에 출범한 김영삼 정권은 과거 군사정권들과의 차별성을 강조하기 위해 영·미를 위시한 앵글로색슨 나라들에서 유행하던 규제 완화, 작은 정부, 시장자율 사상을 그대로 채택하였고, 1994년을 분기점으로 하여 시장 진입규제 완화, 경제기획원과 재무부의 대폭 통·폐합 축소, 5개년계획제도 폐지 등을 단행하였다. 그런데 불과 2년 만인 1996년 말부터 실물경제 분야 부실, 금융 분야 부실 문제가 표면화되었고, 3년 만인 1997년 11월에 IMF에 구제금융을 신청하는 신세로 전락하였다. 구 시스템에서 성장한 재벌들의 힘을 견제할 장치를 마련하지 않고 정부가 무작정 시장에서 후퇴한 결과였다(하태수, 2017: 217－250). 이후에 전개된 구조조정 과정에서 나타난 실업자 및 자살자 급증, 비정규직 고용 증가로 인한 고용불안 등의 구조적 문제들이 한국 사회에 암운을 드리웠다. 이때 생긴 고용불안은 결혼 감소로 이어지고, 이것은 다시 인구 감소로 이어져, 2019년 현재까지도 한국 사회에 큰 그늘을 드리우고 있다.

이렇듯 사회 발전을 위해서는 외국 문물을 적극적으로 도입하는 개방적 태도도 중요하지만, 도입한 외래 문물을 자기 사회에 맞게 토착화하는 것은 더욱더 중요하다. 이 책은 이런 문제의식에서 1990년대 중·후반 이후 외국에서 도래한 제도와 정책들이 어떻게 한국 사회에 토착화되고 있는가 하는 문제를 집중적으로 다뤄 보려고 한다. 김영삼 정권과 김대중 정권은 통치 패러다임의 변화, 외환위기 이후 구조조정 필요성 때문에 대한민국 역사의 어느 때보다도 더 많은 외국의 제도를 도입하였다. 2019년 현재는 이런 제도들이 도입된 지 대략 20여 년이 되는 시점이다. 이런 제도들의 토착화 양상을 한 번쯤 살펴볼 필요가 있다고 생각한다. 구체적으로 분석할 제도는 조직 분야에서 팀제 조직과 책임운영기관 제도, 인사행정 분야에서 성과급 제도, 재무행정 분야에서 주민참여 예산제도, 성인지 예산제도, 조세지출 예산제도, 정부회계 분야에서 발생주의 정부회계 제도, 복지행정 분야에서 정신보건 제도, 노동행정 분야에서 청년취업정책, 문화행정 분야에서 문화영향평가 제도, 규제행정 분야에서 규제비용관리 제도 등이다. 토착화의 성공 여부를 판단할 기준의 부재, 성공/실패 여부를 최종 판단하기에 다소 부족한 시간 경과 등의 이유로 각 사례들의 토착화 성공/실패를 규정하는 단계까지는 이르지 못하지만, 각 사례들이 어떤 궤적을 그리며 토착화되고 있는가를 밝혀 지금까지의 토착화 논의보다는 외래 제도 토착화에 대한 한 층 더 깊은 이해를 시도하고자 한다.

제 2 절 토착화 개념 및 유형

1. 토착화 개념 정의

1) 한국 학자들의 견해

토착화 개념 정의와 관련하여 국내에서는 신학자들의 정의와 행정학자들의 정의를 구분할 수 있다. 먼저 신학자들의 토착화 개념 정의를 살펴보면, 유동식(1962)은 “초월적 진리가 역사적 현실과 타협함으로써 자기를 잃는 것이 아니라, 자신의 독자성과 초월성을 가지고 자기가 처해 있는 역사와 세계를 자기의 의도대로 새롭게 창조해 나가는 것”이라고 정의한다(김병태, 2008: 152 재인용). 양리완(1968: 78)은 “교회가 한국 문화와 전면적으로 동일화하려고 노력하는 과정”으로 정의한다. 교회가 살아 있는 문화의 다종다양하고 풍부한 모든 면과 동일화하는 것, 이 문화의 과거와도 현재와도 동일화하는 것으로 이해한다. 서정민(2003: 150)은 토착화 개념을 광의와 협의로 구분하여 광의의 토착화는 “종교와 문화의 전통이 서로 다른 지역에서 복음이 수용되는 전반적인 적응의 과정 전체, 즉 복음 수용의 프로세스”라고 정의하고,

협의의 토착화는 "어떤 한국적 문화 양식의 기독교 내 적용 혹은 기독교와 다른 전통 종교와의 교류 및 상호 인정"이라고 정의한다. 고영섭(2015: 178)은 토착화 개념을 융합과 융화로 구분하였다. 융합은 A와 B가 만나 새로운 C가 되는 것이고, 융화는 A와 B가 만나 각자 자기의 특징을 유지하면서 상호 조화되는 것이다. 이은선(2015)은 천주교와 기독교의 토착화를 분석하면서 토착화를 "전파된 외래 종교가 포교지의 문화적 관행들을 흡수해가는 과정"으로 보았다. 전형적인 토착화의 예로 천주교의 제사 허용, 추도식을 통한 기독교의 제사 문화 수용을 들었다. 송명철(2018: 240)은 토착화를 "가톨릭 교회가 선교지 주민을 기독교화하기 위해서 교회가 그 지역 문화와 전면적인 동일화를 모색하고 교회의 본질을 구현하는 과정"이라고 정의하였다. 이근복(2019: 55-56)은 강화도 성공회 성당을 예로 들면서 토착화를 "신앙의 정체성을 유지하면서도 각국의 고유성을 존중하기 위해 포교지의 특성을 수용하는 것"으로 정의하였다.

국내 행정학자들의 토착화 개념 정의를 살펴보면 먼저, 이종범(2003)은 "특정 문화 속에서 외생적이든 내생적이든 새로운 아이디어가 기존의 아이디어를 대체하여 정착되어 가는 과정"이라고 정의하였다. 박흥식(2005: 13, 16)은 "이식 후 그것을 자신의 나라 문화 전통, 사회적 환경 등에 맞게 만드는 것"이라고 정의하였다. 그는 "본래 기능과 의미를 실현하면서도 동시에 외래의 것을 비판하면서 대등한 지위를 획득하고, 독립적 표현, 형식, 용어 창출 등에 의해 외국의 것에서 이탈하는 것"을 토착화의 완성으로 보았다. 안병영(2005: 7)은 "학문의 주변부 국가가 선진 외국 이론을 수용하는 길목에서 겪게 되는 변증법적인 지양(止揚)[1] 과정"으로 정의하였다. 오석홍(2005: 11)은 토착화를 "외국의 학문을 원칙으로 받아들이고 토착적 필요에 따라 다소간의 수정을 가하는 것"으로 정의하였다. 임의영(2005: 26)은 "생물이 어떤 곳에 들어와 거기에 정주하는 일"이라고 정의한다. 전영평(2011)은 토착화를 "한국사회에서 행정학의 뿌리내림 과정"으로 정의하였다. 그는 구체적으로 한국에서 독자적인 학문 후속세대 양성체제가 갖추어진 것을 토착화의 근거로 꼽았다. 조성한(2012: 34)은 토착화를 "어느 사회에서나 새로운 제도를 도입할 경우 그 새로운 사회

1) 어떤 것을 그 자체로서는 부정하면서, 도리어 한층 더 높은 단계에서 이것을 긍정적으로 여겨 살리는 일.

에 적합화시키려는 노력"으로 정의하였다.

한편, 일부 한국 학자들의 경우 최근에 토착화 개념을 넘어 한국화 개념을 제기하기도 하였다. 오석홍(2005: 10)은 한국화를 "새로운 이론을 창출하고, 외국에까지 전파하는 종주국적 · 독립변수적 지위 성취, 한국이 행정학의 종주국이 되는 것"으로 정의하였다(조석준, 2005: 8)은 한국화를 "과거와 달리 상당한 정도로 미국의 영향으로부터 벗어나야 한다"는 의미라고 주장한다. 송명철(2018: 240)은 한국화를 "개신교가 서구 신학의 모방이나 답습에서 벗어나 한국적 신학을 수립하기 위해 한국의 고유한 정신문화와 종교 가치를 탐구 대상으로 삼는 상황화(contextualization) 혹은 문화화"라고 정의하였다. 다만, 토착화와 별도로 한국화, 더 나아가 세계화를 주장하는 것이 실익이 있는지는 의문스러워 보인다. 우리가 외래 문물을 토착화하여 우리 시스템의 경쟁력이 향상된다면, 우리가 한국화와 세계화를 주장하지 않아도 외국들은 우리 시스템을 도입할 것이다. 반면, 우리가 토착화에 실패하여 우리 시스템의 경쟁력이 약화된다면, 우리가 아무리 한국화와 세계화를 주장하더라도, 외국들은 우리 제도를 도입하지 않을 것이다. 즉, 우리가 토착화에 성공하면 한국화와 세계화는 자동적으로 뒤따를 가능성이 높기 때문에 논의를 토착화에서 한국화, 세계화로 확대하지 말고 토착화를 좀 더 심도 있게 다루는 것이 필요하지 않나 생각된다.

2) 일본 관련 혹은 일본 학자들의 견해

먼저 포드(Ford, 1996: 6－8)는 토착화를 "외국의 법 모델을 도입할 때 일본 사정에 맞게 내용을 수정하는 것"으로 보았다. 1889년 일본의 메이지 정부는 독일 프로이센의 국가주의 모델 헌법을 본떠 메이지 헌법을 제정하였다. 프로이센 헌법은 1848~1849년 유럽 혁명에 대한 반응으로 군주권력 재공고화 및 관료제 국가의 제도화를 특징으로 하였다. 메이지 정권은 미국식 민주주의 헌법, 영국식 의회주의 헌법보다 독일의 국가주의 헌법을 더 선호하였다. 그런데 독일 모델 도입 과정에서 메이지 정권은 독일인 헤르만 뢰슬러(Hermann Roseler)의 자문을 받으면서도 주권의 소재를 법인인 '세속적 국가'에서 자연인인 '천황'으로 대체하는 토착화를 단행하여, 일본 정체(政体)를 준신정통치(準神政統治) 시스템으로 만들었다.

橋本(2002: 3)은 토착화를 "수용이 되었고 여러 세대를 거치면서 지역의 문맥 속에서 이해되고 혈육화되어 전통으로까지 해석되는 과정"으로 정의하였다. 토착화의 요소로 긴 시간을 지적한 점이 특징이다. 토착화의 예로 볼 수 있는 것은 일본의 야구, 브라질의 축구, 남태평양 나라들의 럭비, 인도의 크리켓 등이다. 한편, 수용은 되었으나 개념이나 가르침은 외래 그대로인 것은 로컬화라고 불러 구별한다.

한편, 前川(2005: 122-123)은 토착화를 "엘리트 계층의 문화가 비엘리트 계층에게 부과되어 통합된 것"으로 정의한다. 그리고 이때 엘리트 계층의 문화가 외래인지 여부는 따지지 않는다. 대부분 수평적/횡적 전래와 적응을 토착화로 보는 데 비해, 전천(前川)은 수직적 사회계층 간 관계 속에서 토착화를 정의하는 점에서 특징이 있다.

小原(2008: 58-59)은 일본에서 종교의 토착화를 "실질적으로 국민국가로의 일체화"라고 정의하였다. 일본에서는 불교든, 기독교든 종교가 미신으로 격하되지 않기 위해서는 국민국가에 충성하는 행위를 통해서 국가와 그것이 나타내는 국민도덕으로 다시 토착화될 필요가 있었다고 주장한다.

신상목(2019: 169-181)은 토착화와 관련하여 '전파'와 '전래'를 구분하는 일본 학자들의 견해를 소개한다. 전파는 "외부의 문물이 도입되어 널리 퍼지는 현상"을 말하고, 전래는 "외부의 문물이 도입되어 현지에 뿌리 내리고 내재화되는 현상"을 일컫는다. 그는 이 두 개념의 차이를 설명하기 위해 포르투갈의 화승총 아르케부스(arquebus)의 예를 든다. 이 총은 1520년대부터 서남아, 동남아, 중국 남부 일대에 소개되기 시작했는데, 능동적 대응을 통해 전파를 짧은 시간 안에 전래로 성격 전환을 시킨 것은 오히려 더 늦은 1543년 8월에 처음 화승총을 접한 일본이 유일하다. 전국시대 말기 일본의 오다 노부나가(織田信長)는 화승총의 존재를 안지 몇 년 만에 바로 국산화, 대량 생산 및 보급, 군대 편제 및 전술 개편에 성공하고, 이를 바탕으로 전국시대를 통일하였다.[2] 그리고 그의 사후에는 도요토미 히데요시(豊臣秀吉)가 이

2) 화승총이 전래되기 이전까지 일본 전국시대의 최고 전술은 제일 먼저 기마대가 돌격하여 적의 수비대형을 파괴한 후 보병부대가 진격하는 것이었다. 그런데 오다 노부나가는 나가시노 전투에서 잘 나타나듯이 목책으로 수비의 최전선을 구축하여 상대편 기마선봉대를 정지시킨 후 목책 바로 뒤에 배치한 새로 조직된 화승총 편대로 기마대를 몰살시켜 전투 초기에 상대방의 기를 꺾었다. 임진왜란 때 일본군이 충주 탄금대 전투에서 조선의 신립 장군 부대를 상대로 승리한 전술도 이

총으로 무장한 일본군을 이끌고 임진왜란을 일으켜 조선을 정복하고 중국에도 도전하였다.

3) 중국 관련 혹은 중국 학자들의 견해

천(Chun, 2000)은 대만의 국민당 사례를 분석하면서 토착화를 "국민당이 중화 문화를 대표하며 본토 회복이라는 절대과제를 추구하는 대신 대만이라는 영토적 현실을 반영하여 대만 문화를 수용하고 대만인들을 좀 더 포용하는 것"으로 보았다. 장경국(蔣經國)은 국민당이라는 본토에서 건너온 이질적인 정당을 대만 문화에 토착화시키려고 하였다. 대표적인 예가 자신의 후임 자리를 대만인인 이등휘(李登輝)에게 넘겨준 후 대만인 다수의 지지를 받아 정권을 유지한 것이다

얀과 청(Yan & Cheung, 2006: 79)은 중국의 사회사업 사례를 분석하면서 토착화를 "선진국 것이 개발도상국에 들어와서 일어나는 재맥락화(recontextualization)"라고 정의하였다. 이들은 토착화 과정이 여러 사회세력들이 경쟁하는 정치적 과정이라고 보며, 어떤 담론이 수입되고 있는가를 아는 것뿐만 아니라 수입된 담론이 어떻게 맥락화되는지를 아는 것도 필요하다고 주장하였다. 재맥락화는 사회주의 중국에서만 일어나는 일이 아니라, 모든 사회에서 일어나는 현상이라고 본다.

최병욱(2016)은 천주교가 중국에 토착화되는 사례를 연구하면서 토착화를 "외래종교가 포교지에서 외래의 이미지를 벗기 위해 현지화하는 것"으로 정의하였다.

4) 독립 이후의 토착화에 대한 견해

먼저 베버리지(Beveridge, 1974)는 잠비아 사례 분석에서 토착화란 "독립 이후 경제계에서 외국인들을 내몰고 내국인(Zambian)으로 바꾸는 것"을 의미하였다. 그런데 새롭게 기업을 차지한 내국인들은 진정한 의미의 토착인(African)이 아니었다. 잠비아 국적을 보유하기는 하였지만, 인종적으로는 흑인이 아닌 아시아인(Asian)들이 많았다. 흑인 주민들이 원하는 흑인 주민들이 기업을 차지하는 진정한 의미의 토착

것과 흡사하였다(신상목, 2019: 171－181).

화는 일어나지 않았다.

아민제이드(Aminzade, 2003)는 아프리카 탄자니아의 사례를 분석하면서 토착화 개념을 두고 정당들 간에 차이가 있음을 지적하였다. 야당은 "국내에서 아시아계 주민들이 가진 자본을 아프리카 흑인들의 자본으로 바꾸는 것"이라고 정의하여 <아시아계 국민 對 아프리카 흑인 국민> 사이의 갈등에 초점을 맞추는 반면, 여당은 "신자유주의 경제 패러다임 속에서 외국인 혹은 외국 자본의 국내 경제 잠식에 대응하여, 국내 산업과 시장을(아시아계 주민이던 아니던 불문) 지키는 것"이라고 정의하여 <외국인 對 국민> 사이의 갈등에 초점을 맞추었다.

라프토파울로스와 콤파뇬(Raftopoulos & Compagnon, 2003)은 아프리카 짐바브웨 사례를 분석하면서 토착화를 "독립 이후에 자국민들이 경제적으로 혜택을 보도록 주요 기업에 내국인들을 취업시켜 고위직으로 가게 만들거나, 주요 기업들의 지분을 취득하여 경제적 이득을 취하는 것"으로 본다. 그러나 현실적으로 전개된 토착화는 전 국민이 공평하고 공정하게 이런 과정에서 혜택을 보는 것이 아니라, 대통령 및 집권당과 가까운 정치적 고객들만 혜택을 본 왜곡된 것이었다.

이스마일로바(Ismailova, 2004)는 중앙아시아 키르기스스탄 역사 교과서 사례를 분석하면서 토착화를 "공산주의 소련 붕괴 후 소련 시각에서 제작된 역사 교과서를 키르기스스탄 민족주의 시각으로 수정하는 것"으로 보았다.

5) 기타 견해

스티븐슨과 에드가(Stephenson & Edgar, 2010: 13-15)는 아랍에미레이트의 관광 및 호텔 산업 사례를 분석하면서 토착화를 "서구로부터 도입된 호텔 관리법의 외형을 유지하되, 손님 접대를 중시하는 이슬람식 시각에서 내용을 수정하는 것"으로 정의한다.

퍼거슨(Ferguson, 2005: 520)은 사회사업 분야에 대한 연구에서 토착화를 "수용국이 수입된 서구의 사회사업 모델에 대해 자국의 정치, 경제, 사회, 문화 구조 맥락에서 불만을 경험한 후, 수입국 전문가들이 서구 모델들의 비정합적 요소들을 자국과 자국 문화와의 정합성을 개선시키기 위해 수정하는 것"이라고 정의하였다.

6) 이 책의 견해

이 책의 목적은 한국의 중앙정부나 지방자치단체가 외국의 행정 제도나 정책을 도입한 후 한국의 맥락에 맞춰 수정하며 사용하는 양상을 여러 사례를 통해 살펴보는 것이다. 그리고 후속 연구를 통해 이러한 도입–수정–사용 과정에서 나타나는 한국 행정의 특징들을 도출하는 것을 궁극적 목적으로 한다. 이런 목적에서 이 책은 토착화를 "외국의 행정 제도나 정책을 도입한 후, 한국의 상황적 맥락에 맞춰 수정하며 사용하는 현상"으로 정의하고, 이후 논의를 전개하기로 한다. 토착화 개념에서 핵심은 "한국의 상황적 맥락에 맞춰 수정"하는 것인데, 형식과 내용 중 무엇을 수정하는지? 수정을 한다면 그 폭은 어느 정도인지? 등에 따라 다양한 세부 유형으로 구분할 수 있다.

2. 토착화의 유형화

앞에서 제시한 다양한 토착화 개념들을 좀 더 명료하게 이해하기 위하여 다음과 같이 유형화를 시도해 볼 수 있다. 먼저 국가 간 수평적 문물 이동과 관련된 토착화와 관련하여 유형화를 시도한 학자는 리(Lee, 1991: 64–65)이다. 그는 서양의 미디어 문화가 홍콩에 도입·토착화되는 사례를 분석하면서 형태의 변화 유무, 내용의 변화 유무 두 가지 기준을 교차시켜 앵무새(parrot)형, 아메바(amoeba)형, 산호(coral)형, 나비(butterfly)형 네 가지를 제시하였다. 앵무새형은 형태와 내용이 모두 변화되지 않고 고스란히 도입되어 정착하는 경우를 말한다. 미국의 인기 팝송들이 홍콩에서 방송되는 영국 라디오 채널에서 그대로 방송된 것이 대표적인 예이다.[3] 아메바형은 형태는 변하지만, 내용은 변화되지 않고 정착하는 경우를 말한다. 중국 TV 채널에서 미국 쇼를 방영하면서, 미국 것처럼 보이지 않게 하려고 중국인들을 진행자로 세운 것이 대표적인 예이다. 산호형은 형태는 유지되지만, 내용은 변화된 경우를 말한다. 영·미의 팝송 멜로디에 광동식 가사를 붙인 광동 팝송이 대표적인 예이다. 나비형은 형태와 내용이 모두 변하여 원래의 외래 문물과의 연결성을 파악하기

3) 1960~1970년대 한국에서는 이런 노래를 번안가요라고 불렀다.

표 1-1 토착화 유형

내 용 (원리/취지/정신) \ 형 태 (외형/구조)	변화 없음	변화 있음
변화 없음	**앵무새형** (예: 미국 팝송이 그대로 홍콩 라디오로 방송되는 것)	**아메바형** (예: 미국 TV쇼를 홍콩인들이 진행하는 것)
변화 있음	**산호형** (예: 미국 팝송을 가지고 만든 광동식 번안 팝송)	**나비형** (예: 007 영화를 대폭 수정하여 만든 쿵푸 영화)

출처: Lee(1991: 64-65).

어려운 경우를 말한다. 007 영화에서 섹스와 정교한 무기를 빼고 주먹과 원시적 기술, 지인에 대한 충성, 친구나 친척을 위한 복수 등의 주제를 채워 넣은 쿵푸 영화가 대표적인 예이다.

앞에서 제시된 토착화 정의들을 리(Lee)의 유형화에 따라 분류하면 대략 다음과 같다. 앵무새형 토착화는 유동식(1962), 고영섭(2015)의 '융화' 개념, 임의영(2005), 전영평(2011), 신상목(2019)의 '전파' 개념 등일 것이다.

아메바형 토착화는 이은선(2015), 최병욱(2016), 이근복(2019), 박홍식(2005), 오석홍(2005), 조성한(2012), 橋本(2002)의 로컬화 개념 등일 것이다.

산호형 토착화는 포드(Ford, 1996)의 일본 메이지 헌법의 토착화, 小原(2008)의 외래 종교의 일본 국민국가로의 일체화, 천(Chun, 2000)의 대만 국민당 토착화, 얀과 청(Yan & Cheung, 2006)의 사회사업의 중국에서의 재맥락화, 베버리지(Beveridge, 1974)의 잠비아 경제 토착화, 아민제이드(Aminzade, 2003)의 탄자니아 경제 토착화, 라프토파울로스와 콤파뇬(Raftopoulos & Compagnon, 2003)의 짐바브웨 경제 토착화, 이스마일로바(Ismailova, 2004)의 키르기스스탄 역사 교과서 토착화, 스티븐슨과 에드가(Stephenson & Edgar, 2010)의 아랍에미레이트 관광 및 호텔 산업 토착화 등일 것이다.

나비형 토착화는 양리완(1968), 서정민(2003)의 협의 개념, 고영섭(2015)의 융합, 송명철(2018), 안병영(2005), 오석홍(2005)의 한국화 개념, 조석준(2005)의 한국화 개념, 송명철(2018)의 한국화 개념, 橋本(2002)의 토착화 개념, 신상목(2019)의 전래 개념, 퍼거슨(Ferguson, 2005)의 사회사업 분야 토착화 등일 것이다.

이처럼 리(Lee, 1991)의 유형화 틀을 적용하면, 앞에서 언급된 대부분의 토착화 개념들을 분류할 수 있으나, 이종범(2003)의 토착화 개념과 前川(2005)의 토착화 개념은 분류하기 곤란하다. 이종범(2003)은 논의되는 문물의 외생/내생 여부를 불문하고, "새로운 아이디어가 기존의 아이디어를 대체"하는 시간(time)의 전(前)/후(後) 축에 초점을 맞춘다는 점에서 독특하고, 前川(2005)은 사회의 상위 지배층이 가지고 있던 문물이 피지배층으로 하향 확산되는 '수직적' 이동을 토착화로 보는 점에서 독특하다.

또한 문물의 전파 방향도 별도로 언급할 필요가 있다. 대부분의 토착화 개념 정의는 명시적으로든 암묵적으로든 선진국에서 개발도상국・후진국 혹은 서양권 나라로부터 비서양권 나라로의 전파를 상정하고 있는 반면에, 조성한(2012)과 퍼거슨(Ferguson, 2005: 531－534)은 다방면적 전파 특성을 강조한다. 이들은 문물의 전파 방향이 선진국들 상호 간, 개발도상국들 상호 간, 개발도상국에서 선진국으로 등 다양하다고 주장한다. 조성한(2012)은 정부도구론이 선진국 간에 전파된 것을 예로 들었고, 퍼거슨(Ferguson, 2005)은 그라민 은행(Grameen Bank)이 방글라데시에서 미국으로 전파된 예를 들었다.

3. 한국에서 일어난 유형별 토착화의 예

토착화 각 유형에 대한 이해를 돕기 위해 유형별로 한국에서 일어났던 대표적 토착화 사례들을 제시해보면 다음과 같다.

1) 앵무새형

앵무새형 외래 문물 토착화의 전형적인 예는 미국 다국적 기업의 한국 지점들이라고 할 수 있다. 스타벅스 커피나 맥도널드 햄버거의 경우 미국 본토의 로고, 상품 메뉴, 매장 분위기 등을 한국 지점들에 그대로 적용하고 있다. 즉, 형태나 내용이 크게 변하지 않은 상태로 한국에서 운영되고 있다.

2) 아메바형

아메바형 토착화의 전형적인 예는 강화도 성공회 한옥성당이다. 1900년 11월에 완공된 이 성당은 건물 내부는 로마의 바실리카 양식으로, 외관은 불교 사찰 형태로 지어졌다. 이 한옥성당은 신앙의 정체성을 유지하면서도 당시 강화도민의 심성에 다가서고 대한제국의 전통 문화를 존중하려고 한 성공회 교단의 노력을 반영하고 있다. 대한성공회의 초대 주교인 찰스 존 코프(Bishop Charles John Corfe, 한국 이름 고요한)가 설계・감독하였고, 재료는 백두산에서 가져온 적송을 사용하였고, 시공은 경복궁을 지은 궁궐 도편수가 맡았다. 언덕 위에 있어 방주를 상징하고, 성당 정면에는 '천주성전(天主聖殿)'이란 한문 현판이 걸려있고, 수려한 지붕 꼭대기의 십자가는 특이하게 연꽃 모양을 담아 동서양의 조화를 추구하였다. 또한 입구에는 불교식 종각과 종을 설치했고, 종 표면에 성공회 십자가 문양을 새겼고, 마당에는 회화나무와 보리수나무를 심어 대한제국의 유교 및 불교 전통과의 조화를 꾀했다(https://ko.wikipedia.org/wiki; 이근복, 2019: 55－57).

그림 1-1 강화 성공회 성당 옛 모습

그림 1-2 강화 성공회 성당 현재 모습

그림 1-3 강화 성공회 성당 내부 모습

그림 1-4 강화 성공회 성당의 종

3) 산호형

산호형 토착화의 전형적인 예는 불교와 기독교의 기복종교화 현상이라고 볼 수 있다. 종교의 형태(외형)는 유지되고 있지만, 종교적 정체성은 상당 수준 변화되었다. 생로병사의 고통으로부터의 해탈을 추구하는 불교가 출가한 삭발 스님이 부처님께 염불을 하는 형태는 유지하고 있지만 내용적으로는 본래의 원리와는 거리가 있는 나라를 지키는 호국불교가 되고, 수능 100일 기도를 올리는 기복불교로 변했다. 기독교도 성경, 교회, 목사 같은 형태는 유지하고 있지만, 작은 교회에서 하느님의 말씀을 실천하기보다는 교회의 대형화를 추구하고, 신도들 간 파를 나눠 세 싸움을 벌이고, 수능 100일 기도를 할 정도로 세속화·기복화되었다.

그림 1-5 불교의 수능 100일 기도

4) 나비형

나비형 토착화의 전형적인 예는 2019년 6월 1일 런던 웸블리 스타디움 공연으로 글로벌 인기의 절정을 확인한 방탄소년단(BTS)으로 볼 수 있다. 한국인으로 구성된 가수팀(형태)이 한국말로 된 노래(내용)를 불러 전 세계의 팬들을 감동시켰다. 김구 선생님의 꿈인 '문화강국'이 비로소 실현되었다고 해도 과언이 아닐 정도이다. 나비형 토착화의 특징은 외래 제도와의 연관성을 찾기 어려울 정도로 형태와 내용 모두에서 토착화가 정도가 높은 점이다. BTS의 원조격인 외래 문물은 미국인들로 구성되고 영어 팝송을 불렀던 New Kids On The Block 그룹으로 볼 수 있다. 1984년에 결성되어 1986년에 1집을 발표한 이 그룹은 당시 세계적으로 1960년대의 비틀스에 버금가는 인기를 누린다는 평을 받았다. 그 인기가 어느 정도였는가 하면 1992년 2월 17일에 있었던 내한공연에서 수십 명의 학생들이 중경상을 입고 한 명은 뇌사상태에 빠질 정도였다. 외국 가수들이 부르는 영어 팝송을 듣고 극한 흥분 상태에 빠지던 한국의 팬들이 27년 후인 오늘날에는 한국인들로 구성된 가수팀이 한국말로 노래를 불러 전 세계를 열광하게 하는 현상을 목도하고 있다.

그림 1-6 뉴키즈 온더 블록

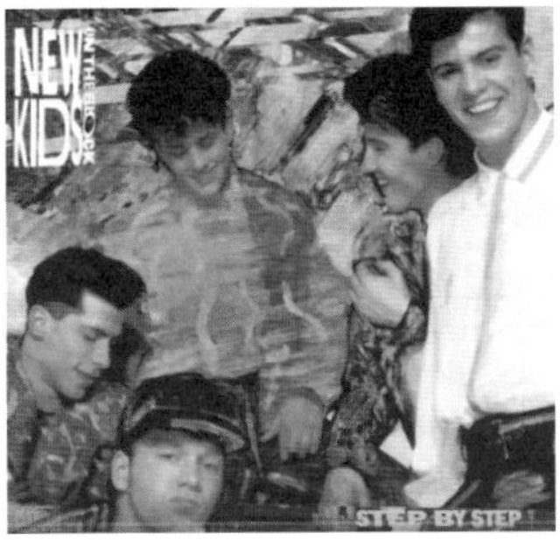

그림 1-7 방탄소년단

제 3 절 토착화 경로

1. 토착화 경로 분석 필요성

앞의 토착화 유형화 부분에서 외래 문물의 토착화가 일회성으로 완성되는 것처럼 논의했지만, 현실에서 전개되는 외래 문물의 토착화는 일정 기간의 시간에 걸쳐 전개된다. 그렇기 때문에 도입 직후에 보이는 토착화의 유형이 시간이 경과되면서 다른 유형의 토착화로 바뀔 가능성도 있다. 그러므로 토착화의 유형을 논하면서 동시에 토착화의 과정과 경로도 분석할 필요가 있다. 그러나 아쉽게도 토착화 경로에 초점을 맞춘 연구는 아직 많이 발표되지 않았다. 하태수(2002: 66)가 외국 제도의 토착화 과정을 '반복적 변증법'으로 규정하였고([그림 1-8] 참조), 안병영(2005: 7)도 상세하지는 않지만 개념 규정에서 토착화를 '변증법적 지양'으로 본 정도이다.

이 책은 이미 개별 연구자들이 각자의 시각으로 외국 제도 및 정책의 토착화 사례들을 분석한 것을 모은 것이기 때문에 서론 격인 이 장에서 정밀하고 정치한 공통의 분석틀을 제시하기는 어렵다. 다만, 독자들이 개별 사례들을 비교 관점에서 이해하는 것을 돕기 위해서 앞의 <표 1-1> 토착화의 유형과 [그림 1-8] 토착화 과정을

그림 1-8 제도의 도입과 토착화

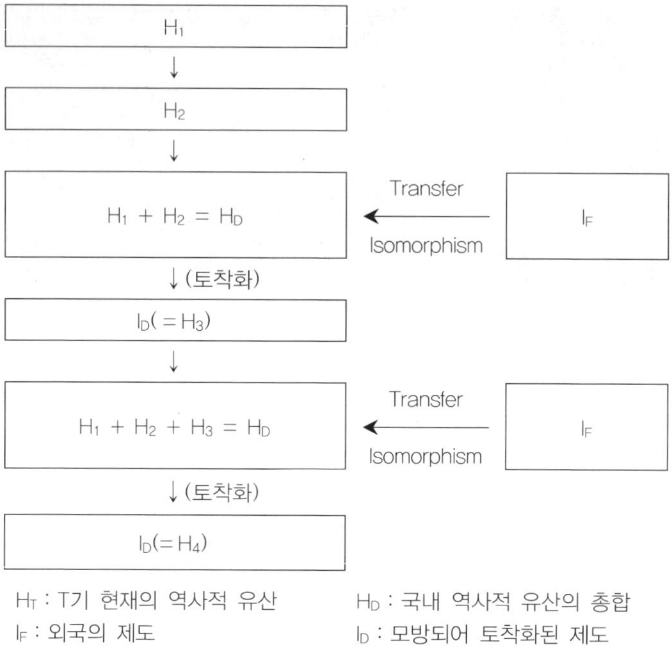

출처: 하태수(2002: 66).

종합할 필요는 있다고 사료된다. 세로 축을 외래 문물의 내용 변화 정도로 설정하고, 가로 축을 외래 문물의 형태 변화 정도로 설정하면 <표 1-1>을 [그림 1-9]와 같이 재구성할 수 있다. <표 1-1>과 다른 점은 <표 1-1>에서 제시된 네 가지 이념형 외에 내용과 형태의 변화 정도가 모두 중간인 절충형을 하나 더 추가한 것이다.

그런데 내용과 형태 변화 폭의 적음/많음만 가지고 외래 문물의 토착화 유형을 심도 있게 논의하는 데에는 한계가 있다. 최소한 <수출국(세력)과 수입국 중 누구의 힘이 더 강한가?>와 <수출국(세력)과 수입국 중 외래 문물의 이전/도입을 누가 주도하는가?> 두 가지를 추가해서 논의할 필요가 있다. 먼저, 앵무새형은 힘이 강한 수출국이 제도의 이전을 주도하는 경우에 나타날 가능성이 높다. 예를 들면, 스타벅스 본사가 해외 진출을 추진하면서 우월적 지위에서 수입국 사업자들에게 각종 요구사항을 부과한 결과 미국의 스타벅스 커피점이 한국에서도 미국과 거의 똑같게 유지

그림 1-9 토착화 경로 개념 틀

되고 있을 가능성이 높다.

산호형은 힘이 약한 수입국이 힘이 강한 수출국(세력)으로부터 정당성을 확보하기 위해서 제도의 이전을 주도하지만, 실제로는 제도를 도입하고 싶은 마음이 없거나 제도를 본래 취지대로 운영할 여건이나 능력이 안 될 때 나타날 가능성이 높다. 한국에 들어온 외래 종교들의 기복종교화 현상에서 보듯이, 힘이 약한 나라가 강대국의 환심, 정치적 지지, 경제적 지원 등을 얻기 위해 강대국의 종교를 도입한 후 실제로는 자신들의 전통 종교적 요소들을 삽입시켜 새로 도입한 종교의 취지를 일부 혹은 상당 수준 퇴색시키는 것이 대표적인 예일 수 있다.

아메바형은 힘이 약한 수출국(세력)이 주도하여 힘이 강한 수입국에 제도를 이전시키려고 할 때 제도의 취지는 지키면서 수입국에 진출하고자 형태를 수입국의 맥락과 타협적으로 변화시키는 과정에서 나타날 가능성이 높다. 성공회가 강화도에 진출하면서 종교적 교리는 지키면서도 당시 그 지역의 전통인 유교와 불교를 형태 차원에서 흡수하여 수입국의 거부감을 약화시킨 한옥성당이 전형적인 예일 수 있다.

나비형은 힘이 강한 수입국이 제도 도입을 주도할 경우에 나타날 가능성이 높다. 제도 수입국이 자기가 도입하기 원하는 제도를, 수출국의 눈치를 보지 않고, 자기의 맥락에 맞게 내용과 형태를 자유롭게 변화시켜 도입하는 경우이다. 한국의 대형기획

사들이 미국이나 일본 같은 선진국에서 '여러 명의 가수들이 한 팀이 되어 노래하는 형식'을 수입하여 한국 가수들로 구성한 팀이 한국 노래를 부르도록 토착화하여 '한류'를 만들어 낸 것이 전형적인 예라고 볼 수 있다. 이상의 논의를 표로 정리하면 <표 1-2>와 같다.

표 1-2 토착화 유형별 특징

유 형	상대적으로 힘이 강한 측	제도 이전 주도자
앵무새형	수출국(세력)	수출국
산호형	수출국(세력)	(힘이 약한) 수입국(세력)
아메바형	수입국	(힘이 약한) 수출국(세력)
나비형	수입국	수입국

2. 토착화 경로에 대한 가설

외국 문물 토착화 경로는 <표 1-2>의 특징들이 유지되느냐 변하느냐 여부에 따라 영향을 받을 가능성이 높다. 첫째, 도입 초기 단계의 힘의 강/약 분포와 이전 주도성 소재가 변하지 않으면 초기의 토착화 유형이 그대로 유지될 가능성이 높다(가설 1). 그러나 도입 초기 단계의 특징들이 시간이 경과되면서 변화되면 토착화 유형들도 변화될 가능성이 높다. 생각해 볼 수 있는 경우에 따라 가설을 제시하면 다음과 같다.

둘째, 도입 초기에 앵무새형이던 토착화 사례에서 시간이 경과되면서 수출국의 힘이 약화되고 수입국의 힘이 강해지면, 아메바형으로 변화될 가능성이 높다(가설 2). 예를 들어, 스타벅스나 맥도널드 본사가 힘이 약해졌음에도 불구하고 계속 해외 지점으로부터 로열티 수입을 받고자 하면, 상품 메뉴나 맛은 변화시키지 않더라도 수입자의 요구에 따라 점포의 외양적 형태나 로고 등의 변화를 허용할 가능성이 높다.

셋째, 도입 초기에 앵무새형이던 토착화 사례에서 시간이 경과되면서, 제도 이전의 주도성이 수입국으로 넘어가면, 산호형으로 변화될 가능성이 높다(가설 3). 예를 들어, 스타벅스나 맥도널드의 본사가 본국에서의 이윤 급등에 만족하여 해외에서 로열티 수입을 올리는 데 관심이 줄어들어 해외 영업망에 대한 감시·감독을 약화시키면, 외국 점주들은 외양은 그대로 유지한 채 상품을 본사 몰래 현지 소비자들의 입맛에 맞게 바꿀 수도 있다.

넷째, 도입 초기에 앵무새형이던 토착화 사례에서 시간이 경과되면서, 수출국의 힘이 약해지고 제도 이전의 주도성도 수입국으로 넘어가면, 나비형으로 변화될 가능성이 높다(가설 4). 예를 들어, 스타벅스나 맥도널드의 전체 이윤이 크게 줄어들어 본사의 힘이 약해졌는데, 수입국 점주들은 미국식 커피점이나 햄버거점을 계속 유지하고자 한다면, 커피점과 햄버거점이라는 것만 남고 내용인 상품 메뉴와 맛, 형태인 로고와 점포 디자인 등은 모두 크게 바뀔 가능성이 높다.

다섯째, 도입 초기에 산호형이던 토착화 사례에서 시간이 경과되면서, 제도 이전의 주도성이 힘이 강한 수출국으로 넘어가면, 앵무새형으로 변화될 가능성이 높다(가설 5). 예를 들어, 한국에 들어와 기복종교화되었던 종교들은 수출국의 종교 본부가 감시·감독을 크게 강화하면 기복성을 버릴 가능성이 높다.

여섯째, 도입 초기에 산호형이던 토착화 사례에서 시간이 경과되면서, 힘이 강했던 수출국이 힘이 약해지고 수입국의 힘이 강해지면, 나비형으로 변화될 가능성이 높다(가설 6). 예를 들어, 한국에 들어와 기복종교화되었던 외래 종교들은 수출국의 종교 본부의 힘이 약해지면, 외형마저도 한국적으로 변해 본래의 종교와 연결성을 찾기 어려운 정도의 새로운 한국 종교가 될 가능성이 높다.

일곱째, 도입 초기에 아메바형이던 토착화 사례에서 시간이 경과되면서, 수입국의 힘이 약해지고 수출국의 힘이 강해지면, 앵무새형으로 변화될 가능성이 높다(가설 7). 예를 들어, 강화도에 처음 들어올 때 한옥성당을 지었던 성공회가 시간이 지나면서 포교의 성공으로 신자 숫자가 증가하고 본국인 영국의 힘을 등에 업는다면 다른 곳에 제2, 제3의 성공회 성당을 지을 때에는 영국식 성당을 지을 가능성이 높다. 실제 서울 정동에 있는 성공회 성당은 1926년에 건설되었는데 한옥성당이 아니고, 영국식 외양이다.

여덟째, 도입 초기에 아메바형이던 토착화 사례에서 시간이 경과되면서, 수입국이 제도 이전을 주도하면, 나비형으로 바뀔 가능성이 높다(가설 8). 예를 들어, 강화도 성공회 한옥성당 사례에서 조선의 힘이 더 커진다면, 성당의 외양만 조선화되는 것을 넘어 교리까지도 일부 혹은 상당 부분 조선화될 가능성이 높다. 즉, 강화도 성공회 한옥성당은 신자들에게 조상에 대한 제사 수행을 허용할 수도 있다.

아홉째, 도입 초기에 나비형이던 토착화 사례에서 시간이 경과되면서, 상대적으로 힘이 약한 수출국이 제도 이전을 주도하면, 아메바형으로 바뀔 가능성이 높다(가설 9). 예를 들어, 한국 가수팀(형태)이 한국 노래(내용)를 부르던 한류가 미국 · 영국 등 과거의 팝문화 수출국들의 영 · 미 문화 수출 주도에 의해 다소 영향을 받으면, 가수들은 계속 한국인들이더라도 그들이 부르는 노래는 영어 팝송일 가능성이 높아지는 것이다.

열 번째, 도입 초기에 나비형이던 토착화 사례에서 시간이 경과되면서, 상대적으로 힘이 약했던 수출국의 힘이 강해지고 수입국이 제도 이전을 주도하면, 산호형으로 바뀔 가능성이 높다(가설 10). 예를 들어, 한국 가수팀(형태)이 한국 노래(내용)를 부르던 한류가 미국 · 영국 등 팝문화 수출국의 강한 영향을 받으면, 미국 · 영국 출신 가수들로 구성된 팀이 한국 노래를 부르는 상황으로 변할 가능성이 높다.

열한 번째, 도입 초기에 나비형이던 토착화 사례에서 시간이 경과되면서, 수입국의 힘이 약해지고(수출국의 힘이 강해지고) 제도 이전의 주도성도 수출국으로 넘어가면, 앵무새형으로 바뀔 가능성이 높다(가설 11). 예를 들어, 한국 가수팀이 한국 노래를 부르던 한류가 미국 · 영국 출신 가수들로 구성된 팀이 한국에서 영어 팝송을 부르는 상황으로 변화될 가능성이 높다.

열두 번째, 도입 초기에 앵무새형 혹은 산호형 혹은 아메바형 혹은 나비형이던 토착화가 시간이 경과되면서 수출국(세력)과 수입국의 힘이 비슷해지고, 제도 이전의

표 1-3 토착화 경로 가설

가 설	토착화 경로	가 설	토착화 경로
가설 1	초기 유형 유지	가설 8	아메바형 → 나비형
가설 2	앵무새형 → 아메바형	가설 9	나비형 → 아메바형
가설 3	앵무새형 → 산호형	가설 10	나비형 → 산호형
가설 4	앵무새형 → 나비형	가설 11	나비형 → 앵무새형
가설 5	산호형 → 앵무새형	가설 12	초기 유형 → 절충형
가설 6	산호형 → 나비형	가설 13	초기 유형이 사라짐
가설 7	아메바형 → 앵무새형		

주도성도 불분명해지면, 절충형으로 바뀔 가능성이 높다(가설 12).

열세 번째, 도입 초기에 앵무새형 혹은 산호형 혹은 아메바형 혹은 나비형이던 토착화가 시간이 경과되면서 수출국(세력)과 수입국 모두의 이전 의욕 감퇴, 수입국에서의 저항 등 때문에 토착화에 실패하고 사라질 가능성도 있다(가설 13).

제 4 절 분석 사례들에 대한 길라잡이

제2장부터 제시되는 개별 토착화 사례들에 대한 이해를 돕기 위해 앞에서 설정한 예시적 가설들에 근거하여 사례별 길라잡이를 제시하면 다음과 같다. 먼저, 제2장의 책임운영기관 제도 사례의 토착화 경로는 가설 12처럼 도입 초기 산호형이었다가 시간이 경과되면서 절충형으로 바뀌었다고 볼 수 있다. 도입 초기에는 OECD 가입, IMF 외환위기 극복을 위해서 소위 글로벌 표준을 수입·적용해야 하는 국제적 분위기 속에서 당시 김영삼 정부와 김대중 정부가 주도적으로 제도 도입을 추진하였다. 그러나 막상 실제로 제도를 도입하는 단계에서는 외관은 제도 수출국인 영국에서 운영되는 책임운영기관 제도와 유사했지만, 책임운영기관에 자율성을 부여하는 내용 측면에서는 영국 제도와 큰 차이가 있었다. 중앙총괄기관들이 책임운영기관의 자율성과 독립성을 크게 제약하였다. 그러나 시간이 경과되면서 영국의 본래 제도와 유사하게 책임운영기관들의 자율성과 독립성을 보장해야 한다는 비판들이 꾸준하게 제기되었고, 정부도 결국 이런 목소리들을 반영하여 점진적으로 영국 본래 제도에 가까운 쪽으로 제도 개편을 추진하였다. 그러나 영국에 비해 크게 부족한 적용범위, 관할 부처 장관과 중앙총괄기관이 책임운영기관에 대해 가지고 있는 각종 권한 등 때문에 아직도 영국의 본래 제도와는 다소 차이가 있다고 사료된다.

제3장의 발생주의 정부회계 제도는 가설 12처럼 도입 초기 산호형이었다가 시간이 경과되면서 절충형으로 바뀌었다고 볼 수 있다. 도입 초기에는 OECD 가입, IMF 외환위기 극복을 위해서 소위 글로벌 표준을 준수하여야 하는 국제적 분위기 속에서, 1997년 대통령 선거 당시 김대중 후보가 발생주의 정부회계 제도의 도입을 공약

으로 제시하였고, 당선 후 국정과제로 발생주의 정부회계 제도 개혁을 추진하였다. 그러나 막상 실제로 제도를 도입하는 단계에서는 뉴질랜드와 같이 발생주의 정부회계 제도를 운영하여 공공부문의 효율성, 투명성, 책임성을 구현하고자 한 측면에서는 유사하나, 외형은 제도 수출국인 뉴질랜드의 발생주의 정부회계 제도와 차이가 있었다. 구체적으로 살펴보면 뉴질랜드와 같이 재무제표를 산출하였으나 현금흐름표 대신 세입세출결산서를 운영하였으며, 재무제표에 대한 신뢰성을 확보하기 위한 제도를 운영하였으나 감사 제도 대신 검사 제도를 운영하였다. 그러나 시간이 경과되면서 뉴질랜드와 같이 국제적 기준에 적합하게 정비하여야 한다는 견해도 제기되고 있으나 여전히 우리나라의 독특한 제도가 운영되고 있기 때문에 아직도 뉴질랜드의 본래 제도와는 차이가 있다고 사료된다.

제4장의 정신보건 제도는 가설 12처럼 도입 초기 산호형이었고 시간이 경과되면서 절충형으로 바뀌었다고 볼 수 있다. 도입 초기 탈원화와 지역사회 정신보건이라는 세계적인 흐름 속에서, 정신질환자의 범죄가 사회적 이슈화되면서 정신의학계 주도로 정신보건 제도가 도입되었다. 즉, 1995년 정신보건법의 제정으로 입원 절차 및 지역사회 정신보건 서비스 등에 대한 규정이 마련되면서, 형식적으로는 정신보건 제도에 대한 정책적 틀을 갖추었다. 하지만 실제 내용적 측면에서는 제도 수출국인 미국과는 큰 차이를 나타냈다. 즉, 병상 수 축소, 공적인 입원 절차 마련, 인프라 확충이 이루어지지 않으면서, 실제로 탈원화의 실패와 지역사회 정신보건이 미흡한 결과를 가져왔다. 그러나 시간이 경과되면서, OECD, UN 등 국제기구로 부터의 외부적 압력과 정신질환자 당사자들의 조직화로 인한 내부적 압력으로 인해 탈원화와 지역사회 정신보건을 강화하도록 제도의 절충화가 이루어졌다. 즉, 2016년 정신건강복지법으로의 전면개정을 통해 공적인 입원 절차 마련, 복지 서비스 신설 등의 변화가 이루어졌다. 하지만 기존 병상 수를 축소할 수 있는 제도적 기제가 마련되지 못했고, 복지 서비스 확대를 위한 제도 및 예산이 구체화되지 못했다는 측면에서 여전히 제도 수출국인 미국이나 일본과는 차이가 있다.

제5장의 문화영향평가 제도는 가설 8처럼 도입 초기에는 아메바형이었다가 시간이 경과되면서 점차 나비형으로 바뀌어가고 있는 유형으로 볼 수 있다. 문화영향평가라는 제도적 개념이 해외 국가들에서 시작되었기 때문에 도입 초반 각종 정책과

사업 등이 문화에 미치는 영향을 평가한다는 제도의 내용적(원리, 취지, 정신) 유사성은 상당한 정도로 유지되었으나, 그 형태(외형 및 구조)는 상당히 다른 모습으로 설계되었는데, 이는 국제적으로 합의된 공통된 표준이나 지배적 모델이 존재하지 않았고, 문화영향평가 제도의 국내 도입을 추진했던 상황적 · 정책적 맥락 또한 상이했기 때문이라고 할 수 있다. 이로 인해 한국의 문화영향평가 제도는 해외의 다른 국가들에 비해 훨씬 더 독자성이 강한 형태로 도입되었고, 이후 시범평가와 본평가를 거치면서 이러한 독자성은 더욱 강화되는 모습을 보이고 있다. 형태적 측면에서는 법률에 따라 환경영향평가 제도 등과 별개의 영향평가 제도로 운영되고 있고, 평가유형, 평가방법, 평가추진체계가 계속적인 환류를 통해 점진적으로 진화하고 있다는 점을 들 수 있으며, 내용적 측면에 있어서도 원주민의 고유한 삶의 방식이나 문화유산 보호에 초점을 둔 협의의 문화영향평가를 넘어, 문화적 권리, 문화 정체성, 문화 발전까지를 아우르는 훨씬 더 확장된 의미의 문화영향평가를 지향하고 있다는 점을 그 근거로 들 수 있다.

제6장의 규제비용관리 제도는 가설 8에서처럼 아메바형에서 나비형으로 바뀌었다고 볼 수 있다. 영국의 규제비용관리 제도를 전격적으로 도입하기로 결정한 한국 정부는 제도 수출국과는 무관하게 규제비용관리 제도를 도입하였다. 영국 정부의 원인원아웃 제도에서 규제 도입 시 규제 개선을 의무화하는 아이디어를 채택함으로써 규제관리체계의 개선을 도모한 것이었다. 다만, 제도 도입 시, 안전과 생명 등에 대한 우려를 반영하여, 영국의 원인원아웃 제도에서는 없었던 생명과 안전과 관련된 규제의 경우, 제도 적용의 대상에서 제외시켰다. 이처럼 형태 변형, 취지반영의 아메바형으로 시작된 이 제도는 시간이 지남에 따라 나비형으로 바뀌어 버렸다. 박근혜 정부에서 문재인 정부로의 정권교체로 인한 규제비용관리제에 대한 관심 저하, 순환보직으로 인한 관료제의 규제관리 전문성 확보의 어려움으로 인해 규제비용관리제는 당초 규제 도입 시 규제 개선을 연계시키는 상시적 규제관리체계의 확보와는 달리, 규제 도입 시의 비용분석을 검토하는 장치로 변모되어 운영되고 있기 때문이다.

제7장의 성인지 예산제도는 가설 8처럼 도입 초기 아메바형이었다가 시간이 경과되면서 수입국이 제도 이전을 주도하면서 나비형으로 바뀌었다고 볼 수 있다. 우리나라는 1990년대 후반 여성단체의 예산운동을 통해 성인지 예산의 필요성이 공론화

되고 이후 국회 여성위원회의 적극적인 추진으로 국가 차원에서(2006년 국가재정법 제정 시) 성인지 예산제도를 도입하게 되었다. 도입 초기에는 제도 수출국인 프랑스의 경우처럼 예산안 첨부서류라는 법정서류 성격으로 국회에 제출함으로써, 엄격한 국회의 통제를 받았다. 그러나 시간이 경과되면서 제도 개편을 통해 해마다 대상 사업 건수와 예산규모가 증가하고 있으나 통계위주의 형식적인 분석에서 벗어나지 못하고 성평등 제고에 영향을 미치지 못하고 있다. 우리나라의 성인지 예산제도는 정책결정자(국회)의 무관심과 실질적 업무추진 부서인 여성가족부의 위상이 낮으며, 공무원 교육 및 성별분석기법의 개발 미흡, 성평등에 대한 한국 사회의 인식 제고 등의 부족으로 개별화된 사업의 일환(재정 분야)으로 시행되고 있다. 사회 전반에 걸쳐 성평등한 분위기를 형성하기 위한 제반 여건이 갖추어진 프랑스의 제도에 비해 우리나라의 성인지 예산제도는 한국적으로 많이 변형된 형태를 가지고 있다.

제8장의 주민참여 예산제도는 가설 4처럼 제도 도입 초기에는 제도의 형태와 내용 모두 변화가 없는 앵무새형에서 변화가 있는 나비형으로 바뀌었다고 볼 수 있다. 하지만 제도 수출국과 수입국의 힘의 분포와 이전 주도성 소재는 모두 수입국인 우리나라가 우세한 형태로 진행되었다고 볼 수 있다. 우리나라의 주민참여 예산제도는 시민사회와 민주노동당을 중심으로 한 정치권에서의 적극적인 노력으로 2003년 광주광역시 북구에서 처음으로 도입되었다. 광주광역시 북구를 포함한 이 시기에 주민참여 예산제도를 도입한 지방자치단체는 주민참여 예산제도의 원형이라 할 수 있는 브라질 포르투 알레그레(Porto Alegre) 시와 같이 제도의 형태와 내용이 유사한 앵무새형으로 볼 수 있다. 이후 중앙정부의 표준조례 제정과 「지방재정법」의 개정 등을 통한 제도적인 노력으로 우리나라 전체 지방자치단체에 의무적으로 도입되면서 지방자치단체의 실정에 맞게 제도의 운영 형태가 다양하게 나타나고 있다. 서울시의 경우 사업박람회, 전자투표, 온예산분과 등과 같이 형태와 내용에 있어서 포르투 알레그레 시와 다르다고 볼 수 있다. 이에 더하여 2018년 「지방재정법」 개정으로 인해 기본적으로 예산편성에 초점을 맞추고 있는 것에서 나아가 전체 예산 과정 전반에서 주민참여 예산제도를 운영할 수 있도록 되면서 제도의 형태와 내용이 크게 변화한 나비형으로 바뀌었다고 볼 수 있다.

제9장의 조세지출 예산제도는 가설 4처럼 앵무새형에서 나비형으로 바뀌었다고

볼 수 있다. 우리나라는 외환위기 극복과정에서 IMF와의 LOI를 통해 조세지출 보고서를 작성하여 국회에 제출할 것을 약속한 후 1999년 처음으로 조세지출 보고서를 작성하기 시작하였으며 본격적으로 조세지출 예산제도를 도입하였다. 학계를 중심으로 OECD 등 국제기구의 논의와 외국의 사례를 소개하며 조세지출 예산제도의 도입과 그 필요성이 제기되었다. 이와 함께 국세에 대한 조세지출 예산제도 도입을 전후하여 국세 외에 지방세에 대해서도 지출예산 제도를 도입해야 한다는 주장도 제기되었다. 이에 따라 방만히 운영되는 조세지출 제도의 문제점을 해결하고자 국가재정법 및 조세특례제한법 등에 근거하여 조세 지출에 대한 여러 가지 관리 제도를 마련하여 시행하였다. 2007년부터 시행되고 있는 국가재정법에서는 2009년까지 국세감면금액·국세감면율 등에 관한 전년도 실적 및 당해 연도 전망보고서인 조세지출 보고서를 작성하여 국회에 제출하도록 규정하였다. 2010년부터는 「국가재정법」에 따라 3개 연도(직전 연도, 해당 연도, 다음 연도)의 국세감면 실적 및 전망 금액을 집계·분석한 조세지출 예산서를 정부예산안과 함께 국회에 제출하고 있다. 2012년에는 조세지출에 대한 성과관리의 필요성이 제기됨에 따라 조세지출 예산에도 성과관리체계의 도입을 시도하였다. 또한 「2012년도 조세지출 예산서」에서는 조세지출 예산제도의 개요와 조세지출 예산서의 작성방법과 조세지출 정비 현황을 추가하는 등 '경로진화적'인 특징을 보이고 있다. 지방세지출 예산제도의 경우에도 2005년 행정자치부의 지방세 조세지출 예산제도 도입방침에 따라 2006년부터 3년 간의 시범사업이 이루어졌고, 2010년 지방세지출 예산제도가 본격적으로 시행되었다. 이와 함께 지방세 비과세·감면액 기초자료가 제대로 파악되지 않고 있었기 때문에 지방세지출 예산제도 도입과 더불어 지방세 비과세·감면 일제정비 사업을 병행하여 실시했다. 그러나 중앙정부의 조세지출 예산제도의 경우와는 달리 2010년 도입된 지방세지출 예산제도는 시간이 경과하여도 초기 모습으로 지속되는 이른바 '경로의존적인' 특징을 보이고 있다.

제10장의 청년취업정책은 가설 4처럼 앵무새형에서 나비형으로 바뀌었다고 볼 수 있다. 일본의 청년취업 제도를 초기에 도입한 이래로 시간이 경과되면서 제도 수출국인 일본의 정책적 힘은 약해진 반면에, 한국이 제도 전반을 주도해왔다. 과거에서 현재로 시간이 지나면서 제도 수출국인 일본의 영향력이 약해졌는데, 수입국인 한국

은 그 골자를 계속 유지하면서 더 세부적이고 구체적으로 발전한 상태다. 일본과 유사했던 한국의 청년취업정책은 시간이 지나면서 한국 정부와 청년에게 커다란 영향을 주었다. 오히려 이제는 일본 정부가 한국의 청년취업 관련 제도를 눈여겨보는 상황에 이르렀다. 이는 나비형의 특징이라고 할 수 있는데, 청년취업문제 해결에 전력을 기울이는 수입국인 한국이 제도를 전체적으로 주도해왔다. 수출국 일본의 눈치를 보지 않고 외환위기와 고학력화 등 한국 사회의 맥락에 맞게 내용과 형태를 자유롭게 변화 발전시켰다. 한국 정부가 사회문화적 환경이 유사한 일본에서 '일본 청년취업지원 제도'를 수입해서 한국 사정에 맞게 구성한 정책, 사업, 프로그램으로 토착화했다. 이제 오히려 일본이 한국 청년취업 제도에 관심을 기울이도록 했다는 점에서 가설 4와 연결된다고 할 수 있다.

제11장의 공무원 성과급 제도는 가설 7과 유사하게 아메바형에서 앵무새형으로 바뀌었다고 볼 수 있다. 우리나라 정부 성과급 제도는 OECD 내 특정 국가의 성과급 제도를 도입했다기보다는 성과와 보상을 연동시킨다는 성과급 제도의 취지 및 정신을 도입하였다고 할 수 있으며, 우리 공직실정에 맞게 제도 형태가 설계되어 지금까지 운영되고 있다. 단, 앵무새형으로 변화하였다는 것은 도입 이후 성과급 제도 형태가 OECD 특정 국가 제도의 형태로 변화되었다기보다는 제도 운영에 많은 문제점이 노출되었음에도 불구하고 중앙정부의 성과급 제도 형태가 일률적으로 지방자치단체 및 공공기관으로 확산되었음을 의미한다. 즉, 우리나라 성과급 제도는 아메바형의 불완전한 토착화가 다양한 주체를 대상으로 앵무새형으로 확산되었다고 할 수 있다. 성과급 제도의 불완전한 토착화의 원인으로 공무원들은 우리 공직사회에 뿌리내린 집단주의적 행정문화로 인하여 개인 간 경쟁에 의존한 보상에 대해 불편하게 생각하고 있으며, 성과측정 기준 및 평가에 대한 객관성이 결여되어 있다고 인식하고 있다. 무엇보다도 OECD 국가들이 이미 시행하고 있는 제도이기에 우리도 해야만 한다는 상징적 동형화로 인해 문제점을 안고 제도가 시행되는 '불완전한 토착화'가 지속될 것으로 예상된다.

제12장의 팀제는 가설 13처럼 산호형으로 도입되었으나 시간이 경과하며 토착화에 실패하고 사라진 사례이다. 노무현 정부는 신공공관리(New Public Management) 기조 하에 변화하는 환경에 신속하게 대응하고 관료주의를 타파하기 위해 계서제에

서 팀제로 변화시키는 개혁을 실시하였다. 팀제는 기업에서 개발된 제도로 기업들은 이미 각국의 조건에 따라 다양한 형태로 운영되고 있었는데, 미국과 일본에서는 제조업을 중심으로 생산부문에서 확산되었고, 한국에서는 사무관리직을 중심으로 도입되었다. 한국 정부의 팀제는 조직 전반에 전면적으로 도입되었다는 특징을 가지고 있었으며, 성과 중심 조직으로의 전환, 계층 수 및 결재 단계의 축소, 위임전결규정의 개정을 통한 권한위임 및 내부경쟁체제의 도입을 골자로 하고 있었다. 그러나 도입 이후 본래 한국 관료제에 배태된 서열주의·계급주의 문화 기반의 계서제적 조직을 벗어나지 못하였다. 기존 기능별 계층조직이 명칭만 팀으로 바꾸어 운영되었고, 관행이 유지되거나 비공식적인 절차가 생성되어 조직 외형과 실제 간 괴리가 발생하였다. 결국 팀제는 여러 비판에 직면하였고 동시에 정치적인 지지가 사라지면서 실질적으로 폐지되는 수순을 겪게 된다. 현재 팀제는 명칭만 존재하는 수준이며, 일부 부처 및 지방자치단체에서 부분적으로 활용되는 형태로만 남아 있다.

정리하면 총 11개 사례 중, 산호형으로 시작하여 절충형 상태에 이른 토착화 사례

표 1-4 가설별 토착화 경로 사례

가 설	토착화 경로	사 례
가설 1	초기 유형 유지	
가설 2	앵무새형 → 아메바형	
가설 3	앵무새형 → 산호형	
가설 4	앵무새형 → 나비형	주민참여 예산제도, 조세지출 예산제도, 청년취업정책
가설 5	산호형 → 앵무새형	
가설 6	산호형 → 나비형	
가설 7	아메바형 → 앵무새형	공무원 성과급 제도
가설 8	아메바형 → 나비형	문화영향평가 제도, 규제비용관리 제도, 성인지 예산제도
가설 9	나비형 → 아메바형	
가설 10	나비형 → 산호형	
가설 11	나비형 → 앵무새형	
가설 12	초기 유형 → 절충형	책임운영기관 제도(산호형 → 절충형) 발생주의 정부회계 제도(산호형 → 절충형) 정신보건 제도(산호형 → 절충형)
가설 13	초기 유형이 사라짐	팀 제도(산호형 → 토착화 실패)

가 3개, 아메바형으로 시작하여 나비형 상태에 이른 토착화 사례가 3개, 앵무새형으로 시작하여 나비형 상태에 이른 토착화 사례가 3개, 아메바형으로 시작하여 앵무새형 상태에 이른 토착화가 1개, 초기 유형이 사라진 토착화 사례가 1개이다. 이를 정리하면 <표 1-4>와 같다. 이하에서는 산호형으로 시작하여 절충형 상태에 이른 토착화 사례들을 1편으로, 아메바형으로 시작하여 나비형 상태에 이른 토착화 사례들을 2편으로, 앵무새형으로 시작하여 나비형 상태에 이른 토착화 사례들을 3편으로, 기타 토착화 경로 사례들을 4편으로 나누어 전개한다.

PART 01

산호형에서 절충형으로

CHAPTER 02

책임운영기관 제도의 도입과 토착화

하태수*

책임운영기관(집행기관)은 공공성을 유지한 채 기관장이 정부의 집행 업무를 자율적으로 운영하되 모든 책임을 지게 하는 제도이다. 이 제도는 1988년 영국 Next Steps 개혁이 시작되었을 때 도입되었다. 한국은 1997년에 도입 준비를 시작하였고, 1999년에 관련 법률을 제정하였고, 2000년부터 시행하였다. 김영삼 정부와 김대중 정부는 OECD 가입과 외환위기에 대처하기 위해, 즉 국내·외 환경으로부터 정당성을 획득하고자 이 제도를 도입한 성격이 강해 제도가 가진 본래의 취지로부터 많이 벗어났다. 이에 행정학자들 같은 제3자들이 제도의 왜곡에 대해 비판을 가하였고, 후속 정부들은 이 제도를 본래의 취지 쪽으로 수정하고 토착화하려고 하였다. 수입 직후, 외양은 영국 것에 가까웠으나, 관리자들의 자율성 수준은 매우 낮았는데, 이런 왜곡은 권위주의적이고 위계적인 한국의 조직문화, 당시의 예산·인력·법령 부족, 정치인들의 상징적 목적과 제도의 본래 취지 간 부정합 등에 의해 초래되었다. 그러나 토착화 단계에서, 제3자들이 제기했던 비판들이 부분적으로 수용되어, 기관장들의 자율성은 부분적으로 강화되어 영국의 제도에 좀 더 가까워졌다. 또한 책임운영기관으로 지정된 기관의 숫자도 증가하였고, 기관장의 자율성도 개선되었다. 그러나 그럼에도 불구하고, 아직도 영국의 집행기관과 한국의 책임운영기관 사이에서는 큰 차이가 있다.

이 글은 『한국사회와행정연구』 제29권 제4호에 게재된 논문을 수정·보완한 것임.

* 경기대학교 행정학과 교수(taesooha@hanmail.net)

제 1 절 서 론

김영삼 정부(1993~1997년)는 1961년부터 1992년까지 한국을 다스렸던 군사정부와 달리 오랫동안 민주화 운동을 추진했던 민간 정치인이 국민들의 직접 선거를 통해 대통령으로 당선된 후 출범하였다. 그래서 그런지 여러 면에서 이전의 군사정부들이 했던 것과 차별화를 꾀했다. 정부 출범 직후인 1993년에 경제사회발전5개년계획 폐지와 금융실명제 도입을 단행했고, 1994년에는 정부의 시장 개입을 상징하던 경제기획원을 폐지하고 새로운 국제무역기구인 WTO 가입을 비준하였고, 1995년에는 OECD 가입 신청서를 제출하고 전두환·노태우 전 대통령을 구속·수감하였으며, 1996년에는 OECD에 가입을 확정하였다. 그러나 결말은 비극이었다. 1997년 말에 외환부족 문제에 당면했고 IMF에 구제금융을 신청하는 굴욕을 맛보고 말았다.

IMF는 구제금융을 대출해주는 조건으로 신자유주의 패러다임에 입각한 강력한 구조조정을 한국 사회 전반에 요구하였다. 1998년에 출범한 김대중 정부는 구조조정에 대한 국민들의 저항을 누그러뜨리기 위해 공공 영역에서 구조조정을 과감하게 추진하는 솔선수범을 보였다. 먼저, 전반적인 공공 영역 규모를 축소하기 위한 가시적 조치로 정부인력 30% 감축과 공기업 민영화를 추진하였다.[1] 그리고 구조조정에서 살아남은 정부 영역의 생산성을 제고하기 위하여 조직 분야에서 책임운영기관 제도, 인사 분야에서 성과급 제도 도입 등을 추진하였다.

사실 책임운영기관 제도는 김영삼 정부가 소위 선진국 클럽인 OECD에 가입한 직후인 1997년부터 제도 조사를 시작으로 도입을 준비해왔다. 한국의 경제뿐만 아니라 정부행정도 선진국과 대등한 수준에 도달했음을 상징적으로 보여줄 수 있는 가시성이 높은 선진국 제도였다. IMF 이후에는 1999년에 관련 법률을 제정하는 등의 준비작업을 거쳐, 2000년 1월 1일부터 시행되었다. 도입 직후에는 시범적 성격으로 10개의 기관만을 선정하여 운영하였고, 이후 점차 기관 수를 확대하고 제도의 세부 내용들도 변경하였다. 그러나 도입된 지 19년이 지난 2018년 말 현황을 보면 아직도 정

1) 당시 단행된 인력 감축의 정도(%)는 대상(분모)을 어떻게 산정하느냐에 따라 구체적 수치가 다양하게 제시된 측면이 있음을 밝힌다.

부 전체에서 차지하는 비중, 책임운영기관의 자율성 등에서 원천 제도인 영국의 집행기관과 많은 차이가 있다.

이런 배경에서 이 글은 역대 정부들이 시급히 도입했던 대표적 개혁 사례인 책임운영기관 제도가 왜 도입된 이후에는 제도 수출국인 영국의 제도와 큰 차이를 보이고 있는지를 분석해보고자 한다. 외국 제도의 도입 및 토착화와 관련하여 1세대 행정학자들 이래 많은 학자들이 연구들을 발표하였는데,[2] 이 연구들은 세부 내용에서는 차이를 보이지만 대부분 새로 도입되는 외국 제도들이 한국의 행정 및 조직문화, 특히 유교 중심의 서열주의·계서제 문화와 정합적이지 않아 제도의 본래 취지를 달성하지 못하는 점을 지적한다. 비교적 최근에는 정책이전(policy transfer) 이론을 적용한 연구들이 많이 발표되고 있는데,[3] 이들은 주로 미시적 측면에 초점을 맞추고 있다. 전자의 연구들은 제도 도입 과정에 대한 구체성이 다소 부족하고, 후자의 연구들은 구체적이기는 하지만 토착화 관점이 결여되어 있다. 두 쟁점을 모두 포괄하는 좀 더 통합적인 접근이 필요하다.

이 글은 책임운영기관 제도의 토착화를 분석하면서 '한국적 맥락과 외국 제도의 정합성 문제'와 '도입 이후의 토착화 과정' 두 가지 쟁점을 모두 포괄하는 좀 더 통합적 시각으로 접근해 보고자 한다. 구체적으로 1990년대 중반 이후 발표된 정책이전 논의에 의거하여 어떤 도입 추진자가, 어느 나라의 제도를, 무슨 이유에서 도입하려고 하였고, 그것에 반대하는 자들은 왜, 그리고 어떻게 저항하였으며, 그 결과 어떤 모습으로 최초 도입되었고, 그 이후 누구에 의해 어떤 평가를 받고, 어떻게 수정되면서 토착화되어갔는지 등을 살펴보고자 한다.

2) 박동서, 1972; 이종범, 1977; 백완기, 1982; 조석준, 1994; 하태수, 2002; 이종범, 2003; 안병영, 2005; 김현구, 2008; 백완기, 2008; 백완기, 2010.

3) 정병걸, 2004; 김명희, 2008; 하동현, 2010; 정창호 외, 2011; 이학연 외, 2012, 박상욱 외, 2013.

제 2 절 이론적 논의 및 분석틀 구성

1. 제도 이전

제도 이전은 선행연구들에서 주로 정책이전으로 논의되는데, 스톤(Stone, 1999: 52)은 "한 시점·장소에서의 정책, 행정장치, 제도 등에 대한 지식들이 다른 시간·장소의 정책, 행정장치, 제도 등의 발전에 사용되고 있는 것"으로 정의하면서 자발적 교훈 도출(lesson-drawing)뿐만 아니라, 확산(diffusion)과 억압적 이전(coercive transfer)까지 포괄하는 좀 더 넓은 개념이라고 본다. 돌로위츠와 마쉬(Dolowitz & Marsh, 2000: 5-12)도 유사하게 "한 정치체제에서 나타난 정책, 행정장치, 제도, 아이디어에 관한 지식이 또 다른 정치체제의 정책, 행정장치, 제도, 아이디어의 발전에 사용되는 것"으로 정의한다.

제도 이전의 종류와 관련해서는 먼저 파월과 디마지오(Powell & DiMaggio, 1991)는 한 조직이 다른 선진 조직들의 앞선 제도를 벤치마킹한 결과 조직구조가 같아지는 현상을 동형화라고 칭하며 규범적 동형화, 억압적 동형화, 모방적 동형화 세 가지로 구분하여 논의하였다(Westney, 1987; Powell & DiMaggio, 1991 : 65-70; 하태수, 2002: 51). 스톤(Stone, 1999: 52)과 돌로위츠와 마쉬(Dolowitz & Marsh, 2000: 13-17)는 정책이전을 자발성 여부에 따라 '자발적 이전'과 '억압적 이전'으로 구분한다. 다만, 이 구분은 이해의 편의를 위한 방편이지 현실의 정책이전은 이 두 가지의 연속선상 어딘가에 위치한다고 본다. 한편, 정책이나 제도를 이전하는 정도에 따라서 복사, 적응, 이종 결합, 융합, 영감 도출 등으로 구분하기도 한다(Rose, 1993: 30-31; Dolowitz & Marsh, 2000: 12).

제도나 정책의 이전을 담당하는 행위자들은 크게 공식적 행위자와 비공식적 행위자들로 구분할 수 있다. 공식적 행위자는 관료나 공무원, 선거직 공무원, 중앙 정부 부처 및 관청, 지방정부, 준정부조직, 정부임시대책반, 정부의 조사위원회 등이다. 이들은 정책의 상수를 정하고, 공공담론의 성격을 정당화하고, 새로운 프로그램의 채택을 승인한다. 비공식 행위자는 OECD 같은 국제조직, EU 같은 지역조직, 정당, 다국적 기업들, 초국적 정책공동체, 싱크탱크, 연구소, 컨설턴트, 기업가적 학자들, 압력집단, 자발적 조직 등이다(Stone, 1999: 55; Dolowitz & Marsh, 2000: 10). 주된 행위자들은 정책 과정의 단계에 따라 다르게 나타난다. 정책의제설정 단계에서는 정책이전을 옹호하는 행위자들이 외국의 제도나 정책을 정치적 의제로 설정하기 위해 집중적으로 노력한다. 반면, 정책채택 단계에서는 이전 반대자들이 제도 수출국의 고유한 정치 시스템 특징을 거론하면서 외국 제도의 위험성, 수출국만 가지고 있어 타국들은 따라 하기 힘든 고유한 정치적 특성 등을 주로 부각시켜 제도와 관련된 부정적 교훈들을 제기한다(Robertson, 1991: 56; Stone, 1999: 55-56).

행위자들의 동기는 다양하다. 어떤 행위자들은 실용적 의도에서 앞선 제도를 진지하게 수입하려고 하는 반면에, 다른 행위자들은 단지 상징적 목적 달성 혹은 정치적 지지 확보를 위한 전략적 수단으로써 제도를 수입한다. 제도 이전의 동기가 무엇이냐에 따라 이전의 성격과 결과가 크게 달라진다. 실용적 동기는 제도와 정책들의 좀 더 일관성 있는 이전을 초래하는 반면에, 상징적 동기는 임시방편적이고 조각조각적인 이전을 초래하는 경향이 있다. 나아가 실제로 일어난 것이 수사(rhetoric)와 이념의 이전에 불과하다면 제도나 정책을 이전했다고 하는 주장을 회의적으로 재고해 볼 필요도 있다(Stone, 1999: 56).

한 나라에 수입된 외국 제도는 수출국의 제도처럼 전혀 변형 없이 수입국에서 그대로 사용될 수도 있지만, 대부분은 제도를 수입한 나라의 제도적 맥락에 적응되는 과정에서 변화를 겪는다. 수입된 제도가 수입국의 환경에 적응하는 토착화는 세부적으로 두 가지 유형으로 나눌 수 있다. 첫째, 수입될 때는 수출국의 제도 형태로 도입되었다가, 시간이 지나면서 제도와 환경의 부조화를 불편하게 느끼는 세력에 의해 토착화가 일어나는 유형이다. 둘째, 수입되는 시점에서 이미 새로운 환경에 맞게 변형되었다가 시간이 흐르면서 제3의 형태로 토착화되는 유형이다. 도입할 때에는 수입국에서 권력을 가지고 있는 세력이나 사람들이 자기들에게 유리한 형태로 수정을 하여 새로운 제도를 수입하지만, 새로운 제도를 도입한 취지나 효과가 구현되지 않으면 시간이 흐르면서 제도 본래의 취지를 구현하는 쪽으로 변화가 필요하다는 비판이 제기될 가능성이 높다. 이런 비판들이 일부라도 수용되면 수출국의 제도도 아니고, 수입국이 처음 도입한 제도도 아닌 제3의 형태로 토착화가 일어나는 것이다.

2. 제도의 이전에 영향을 미치는 요인

제도나 정책의 이전이 성공하느냐 여부에 영향을 미치는 요인들은 다음 일곱 가지 정도로 논의될 수 있다. 첫째, 맥락 종속성으로 이전 대상인 제도나 정책의 요소들이 한 나라에 고유한 정도이다. 한 나라에 고유한 요소들이 적을수록 제도나 정책의 이전 성공 가능성이 높아진다. 반대로 맥락 종속성이 강하면 그런 맥락을 갖추지 못한 나라로의 이전이 성공할 가능성은 낮아진다. 둘째, 새로운 제도나 정책을 이전할 기제들의 특수성 정도이다. 수입된 새 제도의 이전 · 집행이 특이하거나 모방하기 어려운 기제들에 의해서만 가능하다면 이전이 실패할 가능성이 높다. 새로운 제도나 정책 전달 기제의 대체 가능성이 높을수록, 이전의 성공 가능성이 높아진다. 셋째, 돈, 인원, 법 같은 자원들의 충분성 정도이다. 새로운 제도나 정책의 집행은 최소한 법, 공무원 인력, 예산 세 가지 자원을 필요로 하기 때문에 이런 자원들의 가용범위 내에서 집행이 될 수 있어야 이전이 성공할 수 있다. 자원이 부족한 상태에서 이전이 추진되면 외양만 도입되거나 상징적 수사로 끝날 가능성이 높다. 넷째, 이전되는 제도나 정책 논리 구조의 복잡성 정도이다. 복잡한 제도나 정책은 이전되는 데 장애물이 많다. 제도 수입가들이 제도의 상세한 구조를 이해하기도 어렵고, 세부 내용들에 대한 이의제기 형식으로 저항이 나타날 가능성이 높다. 논리(인과) 구조가 단순할수록 이전이 성공할 가능성이 높다. 다섯째, 새로운 제도나 정책이 수입국의 기존 맥락을 어느 정도 변화시키느냐 문제이다. 이전으로 인해 초래되는 변화의 폭이 클수록 수입국의 기득권 세력이 손해를 볼 가능성이 커져 저항이 강해질 가능성이 높고 궁극적으로 이전이 실패할 가능성이 높다. 여섯째, 상이한 나라들의 제도들 간 상호의존성과 제도 수출국과 수입국 사이의 권력 불균형 정도이다. 국가 간 제도들의 상호의존성이 강하고 제도 수출국(자)과 수입국(자) 사이에 권력 불균형이 심할수록, 제도의 이전 압력이 커지고 이전의 성공 가능성도 높아진다.[4] 일곱째, 이전되는 제도가 담지하고 있는 가치와 정책결정자들의 가치 정합성 정도이다. 정책결정자와 제도의 가치들 사이에 정합성이 높을수록 수입 대상으로 선정될 가능성이 높아지고, 수입 후 정착 과정에서도 정책결정권자들의 지속적 관심을 받으면서 이전에 성공할 가능

4) 예를 들면, IMF와 대출국 사이의 관계는 권력 불균형이 심하다.

성이 높다. 물론 이런 항목들의 구체적 상황은 시간의 경과에 따라 변화된다. 어떤 제도가 어느 특정 시점에서 이전되기 어렵다고 해서 미래에도 그런 것은 아니다. 시간이 흐르면 관련 제도를 둘러싼 주위 여건들이 변한다. 예를 들어, 선거를 거치고 정부가 변화되면 지배적인 정치적 가치들도 변화되어 제도의 이전 가능성이 크게 달라지곤 한다(Rose, 1993: 17–18, 119–141, 144–151; Stone, 1999: 56).

3. 분석틀 구성

이 글은 1997년부터 진행된 한국 중앙정부의 책임운영기관 제도 도입 및 토착화를 분석하고자 한다. 이전에 대한 최근 선행연구들의 대부분이 정책이전이란 용어를 사용하고 있어 정책을 분석한 연구들이 많지만, 이 글은 책임운영기관이라는 제도를 분석 대상으로 하고자 한다. 이전의 종류는 '모방적 동형화'와 '자발적 이전'의 관점에서 접근하고자 한다. 1998년 이후 IMF 관리체제가 적용되면서 현실적으로는 억압적 이전의 성격이 가미되지만, 외양적으로는 자발적 제도 수입이기 때문이다. 제도 이전에 관련된 공식적 행위자로는 총무처 직무분석기획단(김영삼 정부), 대통령 기획예산위원회(김대중 정부), 중앙정부의 각 부처를 살펴볼 것이고, 비공식 행위자로는 이 제도에 크고 지속적인 관심을 보였던 행정학자들을 살펴볼 것이다. 공식적 행위자들은 주로 도입 시점에서 주도적 역할을 수행하였고, 비공식 행위자들은 토착화 과정에서 유의미한 역할을 수행하였다고 가정하고 접근할 것이다. 우리나라에 수입된 책임운영기관 제도의 원천은 영국의 중앙정부이다(박희봉, 2001: 172, 182; 강창구, 2000: 225). 영국의 책임운영기관 제도도 영국에서 처음 도입된 1988년과 우리나라가 수입하기 시작하는 시점인 1997년 사이에 다소 차이를 보이지만 큰 차이는 없기 때문에 시간의 흐름에 따른 차이에 대한 별도 언급 없이 영국의 제도를 제시하고자 한다. 제도의 이전에 영향을 미치는 상기 일곱 가지 요인들 중에서는 제도의 맥락 종속성, 제도 이전·집행 기제의 특수성, 관련 자원의 충분성, 제도가 담지하고 있는 가치와 정책결정자들의 가치 간 정합성 네 가지 요인을 집중적으로 살펴보고자 한다. 제도 논리 구조의 복잡성 여부와 수입국 환경 맥락과의 조화성 여부는 제도의 맥락 종속성과 통합하여 논의하고자 한다. 제도 수출국과 제도 수입국 간 권력 불균형 문제는 우리나라가 자발적으로 수입한 경우이기 때문에 분석에서 제외하고자 한다. 토착화 단계 분석에서는 2000년에 최초로 제도가 도입된 이후 행정학자들을 중심으로 제시된 비판들을 살펴보고, 시간이 흐르면서 그런 비판들이 제도의 변화에 반영되는 과정과 내용들을 살펴보고자 한다.

그림 2-1 책임운영기관 제도 도입 및 토착화 분석틀

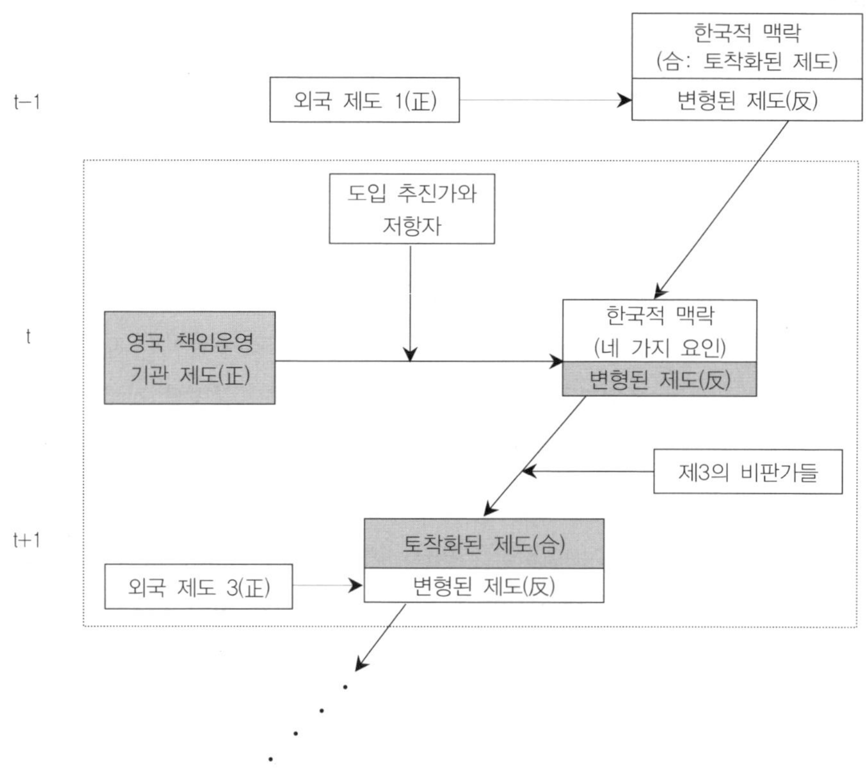

이상의 이론적 논의와 분석틀 구성 논의는 [그림 2-1]과 같이 변증법적 과정으로 표현될 수 있다. 수입되는 외국 제도는 국내 정부조직에서 변화를 초래하는 원인이 되기 때문에 변증법에서 변화를 일으키는 정(正, thesis)으로 볼 수 있다. 제도를 수입하는 행위자들은 이전을 통하여 국내 정부조직에서 변화를 일으키고자 하나 정부

조직의 기득권 세력들은 그런 변화를 거부하며 기존 상태를 유지하려고 할 것이다. 이 과정에서 양측 간 갈등이 발생하며, 갈등의 결과 수출국의 제도와는 많이 달라진 변형된 제도가 임시적 균형점(反, antithesis)으로 정부조직에 도입될 것이다. 그런데 이런 임시방편 제도는 그것을 도입한 본래의 취지에 어긋나고 의도했던 효과를 발휘할 수 없기 때문에 최종 균형점이 될 수 없고, 평론가나 여론 같은 제3의 세력들에 의해 비판을 받는다. 그리고 시간이 흐르면서 그런 비판을 수용한 제도 변화(토착화)가 일어나고 결국 정(正)도 아니고 반(反)도 아닌 제3의 합(合, synthesis)으로 귀결된다. 그리고 이런 합(合)은 차후 새로운 외국 제도가 수입될 때 환경적 맥락으로 작용할 것이다. 물론 책임운영기관 제도가 수입될 때 작용하는 환경적 맥락도 이전 시기에 이런 방식으로 형성된 합인 것이다.

제 3 절 책임운영기관 제도의 등장

1. 영국의 집행기관 제도(正)

우리나라가 2000년 이후 도입 시행한 책임운영기관 제도의 원천은 영국의 집행기관(Executive Agency) 제도이다(박희봉, 2001: 172, 182; 강창구, 2000: 225). 이 제도는 영국의 1988년 Next Steps 개혁으로 도입되었다. 집행기관이란 중앙행정기관이 집행적 성격의 기능을 정책형성 기능과 분리하여 독자적인 사업소 형태로 운영하는 정부부처 내에 속한 독립적인 운영기관이다. 이것을 설치하기 위해서는 중앙행정기관장이 먼저 「기본문서(Framework Document)」를 작성해야 한다. 이 기본문서는 ① 기관의 명확한 목표, ② 소관부처 장관과 사장 간 권한과 책임관계, ③ 사업계획 및 실적보고서의 작성·공포에 관한 사항, ④ 재정 및 인사권의 위임사항 등을 포함한다. 이것은 약 3년마다 정기적으로 재검토되는데, 이때 기관의 존속, 민간위탁, 민영화 등이 심사된다. 이것을 기초로 주무부처 장관과 집행기관장은 기관의 성과목표 등 「연도별사업계획」을 계약한다. 각 기관은 매년 서비스의 질, 경제성, 효율성 등 목표달성도를 「연간백서(Annual Report)」에 수록하여 의회에 보고하고, 일반 국민에 공표함으로써 성과에 대한 외부적 평가를 지향한다(Pollitt, 1996: 82-84, 강창구, 2000: 234 재인용; 김근세, 1998: 143; 박희봉, 2001: 172-173). 이 제도는 1988년 2월에 처음 도입되었는데 정부출판소, 여권사무소 등 12개 기관이 대상 기관으로 선정·공포되었다. 동년 8월에는 교통부 내 차량검사소가 최초의 집행기관으로 설립되었다. 이 제도의 운영에서 중심적 역할을 담당하는 기구는 내각사무처 공공관리실 Next Steps Team인데 ① 기본적인 정책 관련 사항, ② 종합적인 계획 수립·관리, ③ 집행기관 설립에 필요한 지침 설정, ④ 재무관리 등에 관하여 재무부와 협의하는 역할 등을 맡았다. 각 중앙부처는 ① 대상 기능의 향후 폐지 가능성, ② 민영화의 대상 기능, ③ 사무 일부 또는 전부의 민간위탁 대상 가능성, ④ 시장경쟁의 가능성 등을 사전에 검토하는 역할을 맡는다. 부처 산하에 집행기관이 많은 경우 부처 장관은 집행기관 운영의 전반적인 자문을 구하기 위해 부처자문위원회(Departmental Advisory Board)를 둘 수 있고, 집행기관의 장도 집행기관 전반에 대한 자문을 구하기 위해 관리자문위원회(Internal Management Board)를 둘 수 있다. 집행기관의 장은 공개경쟁을 통해 3~5년 단위의 계약제로 임명된다. 기관장은 기관의 운영과 목표달성에 책임을 지는 대신에 계약의 범위 내에서 관리재량권을 행사한다. 즉, 기관장은 독자적인 임금협상·결정권 및 조직·인사권을 갖고 있어 사실상 민간기업의 경영자와 유사한 권한을 보유하고 행사한다(강창구, 2000: 233-234). 1988년 12개 기관으로 시작해서 1998년 현재 국방, 보건, 교도소, 국세청 등 다양한 분야에 걸쳐 총 142개의 집행기관이 있었고, 그곳에서 근무하는 공무원은 약 37만 명으로 전체 국가공무원의 80% 정도를 차지했다. 도중에 일부 집행기관의 업무는 질적 향상을 위한 경쟁에 따라 다시 민영화되거나 민간위탁 형태로 전환되었다. 2000년 현재 100개의 집행기관에서 전체 공무원의 71%인 367,000명이 종사하고 있고, 2010년 현재 전체 공무원의 73%가 책임운영기관에서 근무하고 있다(김근세, 1998: 143; 최양식, 1998: 96; 박희봉, 2001: 172-173; 김난영, 2008: 238; 문명재 외, 2010: 53). 제도 도입의 효과를 보면, Next Steps 개혁 과정을 통해 영국의 공무원 수가 15%나 감소하였고, 1994~1995년의 경우 집행기관들의 경비도 전년도 대비 평균 4.7%가 절감되었다. 행정기관의 생산성이 매년 3% 정도 증가한 셈이다. 영국 의회는 이 제도를 수십 년 동안의 많은 행정개혁 프로그램 중에서 가장 성공적인 것이라고 평가하였다(총무처, 1997: 300; 기획예산처, 2000: 2; 김난영, 2008: 253).

2. 다른 나라들의 집행기관 제도

영국 이외에 뉴질랜드, 호주, 캐나다, 일본 같은 나라들도 집행기관 제도를 운영하고 있는데 구체적 양상은 각국의 맥락에 따라 상이하다. 뉴질랜드는 독립기관(Crown Entities)으로 명명하고, 집행기관을 영국과 달리 정부부처 밖으로 독립시켰다. 적용 대상은 1995년 현재 약 2,700개 기관이고, 정부예산의 2/3 정도를 사용하고 있다. 기능별로는 교육기관이 2,600개 정도로 가장 많다. 소속 직원은 2002년 현재 24,000명 정도인데, 이는 전체 공무원의 80% 해당되는 숫자이다. 직원은 모두 민간인 신분이고, 모든 인사권은 기관장에게 위임되어 있다. 호주는 정부 내부 서비스를 제공하는 사업소(business units)와 일부 독립기관들(Statutory Authorities)을 만들어 행정서비스부(Department of Administrative Services)로 통합하여 정부부처 내에 두지만 계층제적 통제로부터는 독립시켜 운영한다. 1997년 현재 147개 기관이 운영되고 있다. 캐나다는 특별운영기관(Special Operating Agencies)으로 명명하고, 영국처럼 중앙부처 내 기관으로 운영하고 있다. 1998년 현재 19개 기관이 운영되고 있다. 근무인력은 약 6,000명 정도인데 연방공무원의 약 4%에 해당되는 인력이다. 일본은 2001년부터 시행하고 있는데 독립행정법인(獨立行政法人)이라고 명명하고 중앙부처 외부의 독립법인 형식을 취하고 있다. 2007년 현재 101개 기관을 운영하고 있다. 근무인력은 57,838명이다. 미국은 책임성과기관(Performance-based Organizations)을 운영하고 있다. 「정부성과결과법」에 의거 1997년 현재 9개 행정기관에 도입하였다. 자율책임조직을 확대하기 위해 선행실험조직을 운용하고 있고, 이 실험조직을 연차적으로 늘리는 방식이다(김근세, 1999: 245; 강창구, 2000: 227, 237; 박희봉, 2001: 172-175; 김난영, 2008: 238; 이광훈 외, 2014; 윤종설 외, 2015). 전 세계적으로 집행기관들이 수행하는 대표적 기능들은 기상(19/21국가), 통계(17/20국가), 실업급여(16/16국가), 직업훈련(14/17국가), 세무(13/15국가), 출입국관리(13/15국가), 산림(11/17국가) 등이다(van Thiel, 2009; 김근세, 2010: 6 재인용; 문명재 외, 2010:

46, 51, 53).

제 4 절 한국의 도입 과정 및 도입 직후 제도

1. 한국의 환경적 맥락: 도입에 영향을 미치는 요인 분석

1) 제도의 맥락 종속성 정도

영국의 집행기관 제도는 정책기능과 집행기능의 분리, 주무부처 장관과 집행기관장 간 성과계약 두 가지를 핵심 내용으로 하는데, 이것은 영국의 의원내각제 정부 형태와 강한 시장주의 문화에 뿌리를 두고 있어 영국적 맥락 종속성이 높다. 의원내각제 정부에서는 다수당의 지도자들과 의원들이 행정부 각 부처에 장・차관과 핵심 국장들로 입각하여 해당 부처의 주요 정책들을 결정하고, 정부 전체적으로는 각 부처 장관들이 내각 제도를 통하여 하나의 팀으로 국정을 이끌고 다음 선거에서 정치적으로 책임을 진다. 그렇기 때문에 정책을 결정하는 사람들과 결정된 정책을 집행하는 사람들을 비교적 명확하게 구분할 수 있다. 정책에 대한 책임을 정무직들이 다음 선거에서 정치적으로 지기 때문에 정책도 자기들 생각대로 결정할 수 있는 것이다 (Moe & Caldwell, 1994: 176－182). 반면, 대통령제 정부에서는 행정부를 이끄는 대통령이 의회 선거와는 별도의 선거로 선출되고, 행정부를 이끄는 장・차관들은 대통령에 의해 임명되고, 실・국장까지는 경력직 공무원들이 임명되는 비율이 높아 의원내각제 정부에 비해 정책결정자와 집행자 사이의 구분이 선명하지 않다. 경력직 공무원들은 각자 보유한 경험과 정보를 토대로 주요 정책결정에 의미 있는 참여를 할 수 있다.

영국은 1970년대 중반까지 세계적으로 유명한 복지국가였지만, 1979년 대처(Margaret Thatcher) 정부가 들어선 이래 민영화 등으로 시장주의를 정부 영역에 끌어들였다. 집행기관 제도가 도입되는 1988년 즈음이면 정부의 일부 기능을 아예 시장으로 넘겨주는 혁명적인 개혁을 어느 정도 마친 상태였다. 주무부처 장관과 집행기관의 장이 민간기업 방식인 성과계약을 체결하고 계약 기간 종료 시 성과에 근거해 재계약 여부를 결정한다는 것은 민영화 같은 시장화 경험이 풍부한 상태에서나 가능한 것이다. 정부가 규제 등을 통한 시장 개입을 넘어 아예 경제성장을 계획하고 사기업조차도 정부가 설정한 국가목표 달성에 기여하는 것이 선으로 간주되던 한국에서는 영국에서처럼 정부 영역의 일부를 따로 구분하고 거기에서 상관과 부하가 대등한 입장에서나 가능한 계약을 통해 성과를 관리하는 것이 쉽지 않다. 더구나 한국의 중앙정부는 영·미 국가들과 달리 권위주의적, 계층제적 조직문화까지 가지고 있다(Hofstede, 1980; 백완기, 1982; 강인재 외, 1998; 김호정, 2004; 조성한, 2005; 최성욱, 2005: 52; 김난영, 2008; 백완기, 2008; 김대건 외, 2009; 주재현, 2011).

2) 제도 이전·집행 기제의 특수성 정도

영국에서 집행기관 제도의 도입과 운영을 관리하는 중앙기관은 내각사무처 공공관리실 Next Steps Team이다. 그리고 산하에 집행기관들이 많은 부처의 경우 장관은 집행기관 운영의 전반적인 자문을 구하기 위해 '부처자문위원회'를 둘 수 있다. 또한 집행기관의 장도 집행기관 전반에 대한 자문을 구하기 위해 '관리자문위원회'를 둘 수 있다. 이런 기관들은 일정 부분 의원내각제 정부 형태의 고유성을 담지하고 있다고 보이나, 그렇다고 해서 대통령제 정부 형태, 특히 한국과 큰 차이가 나는 것이라고 보기는 어렵다. 내각사무처 공공관리실이라는 부서는 정부 전체를 단일 관리대상으로 보는 의원내각제 정부 형태를 특징짓는 기관으로 보이지만, 대통령제 정부에서도 유사한 기능을 담당하는 기관이 존재한다. 미국의 경우 대통령실(EOP) 소속 관리예산처가 있고(Moe & Wilson, 1994: 34), 한국의 경우에도 과거에 총무처·기획예산처 등의 기관들이 있었고 현재는 행정안전부 정부혁신조직실이 그 기능을 수행하고 있다. 각 부처 장관이 담당 업무와 관련하여 민간전문가들을 초빙하여 자문위원회를 구성하고 관련 의견을 청취하는 것은 미국식 대통령제에서 흔한 일은 아니다. 미국에서 전문가들 의견 청취는 주로 의회 청문회 제도를 통해서 수행하고 있다. 그러나 한국의 경우에는 대통령제 정부임에도 불구하고 미국식 의회 청문회보다는 행정부 부처별 자문위원회를 많이 구성하였다. 발전행정 시기에는 부처 장관들을 위시한 행정부가 정책결정 권한을 실질적으로 행사하는 경우가 많았기 때문에 정부부처에 각종 자문위원회가 많이 구성되었다(Im, 2003: 98). 이런 역사적 맥락을 고려한다면, 한국의 중앙부처가 책임운영기관 운영을 위한 자문위원회를 구성하는 것이 매우 생소하거나 어렵게 느껴질 가능성은 높지 않다.

3) 관련 자원의 충분성 정도

영국은 1976년 IMF에 구제금융을 신청한 경험이 있다. 이때의 충격이 1979년 정권교체로 이어졌고 이후 민영화 등 일련의 신자유주의 개혁들이 추진되었다. 집행기관 제도가 시작되는 1988년 즈음이면 신자유주의 개혁이 어느 정도 진척된 상태로 민영화 등으로 확보된 재원이 정부재정의 숨통을 틔워준 후이다. 정부 인력 측면에서도 신자유주의 철학 하에 작은정부를 추진하고 있었기 정부 인력이 부족한 상황이었다고 볼 수는 없다. 집행기관 관련 법령들도 부족한 상황이 아니었다. 영국식 의원내각제에서는 의회 다수당이 행정부를 이끌기 때문에 집행부는 자신들이 하고자 하는 정책을 국회에서 입법으로 지원하는 데 어려움이 없다.

반면, 1998년 이후의 한국은 재원, 인력, 법령 등이 다른 시기에 비해 상대적으로 부족한 상황이었다. 한국 정부는 1997년 11월 IMF에 구제금융을 신청하였고, 1998년부터는 본격적인 구조조정을 시작함에 따라 총 168조 원 규모의 공적자금을 민간기업들에 대거 투입하여 재정적 여력이 없었다(하태수, 2006: 172). 인력 역시 다른 때보다 부족한 상황이었다. 김대중 정부는 민간 영역의 구조조정을 독려하기 위해 정부개혁을 먼저 모범적으로 전개하였고, 이것의 일부로 대대적인 공무원 감축을 진행하였다(Im, 2003: 93). 계산 방식에 따라 조금씩 차이가 나지만 중앙정부와 지방정부 각각에서 최대 30%씩 삭감할 계획을 가지고 있었다(조선일보, 1999.3.23). 법령 상황 역시 정부에 우호적이지 않았다. 김대중 정부는 새정치국민회의와 자민련의 연합정권이었지만, 두 당의 의석을 모두 합해도 국회 과반수를 확보하지 못했다. 당시 국회 과반수는 야당인 한나라당이 확보하고 있었다. 즉, 김대중 대통령을 배출한 새정치국민회의는 새로운 개혁 조치를 시작하려면 자민련 및 한나라당과 정치적 타협을 하지 않을 수 없는 상황이었다(하태수, 2017: 256－257). 영국과 달리 책임운영기관 제도 도입과 관련한 법령들을 정부 마음대로 제·개정할 수 있는 상황이 아니었다.

4) 제도가 담지하고 있는 가치와 정책결정자들의 가치 간 정합성

영국의 집행기관 제도가 함축하고 있고 정책결정자들이 추구하는 가치는 서비스 전달의 권한과 책임을 하부로 이양하여 반응성·능률성·효과성 등을 제고하는 것이다. 공공서비스 전달을 담당하는 집행기관을 정부 영역 안에 유지하면서도 집행업무를 맡은 담당자들에게 자율성을 대폭 보장하여 궁극적으로 시민들이 원하는 바에 대한 반응을 제고하고, 능률성과 효과성을 제고하려는 것이다. 집행기관 제도의 도입을 주도한 보수당 정부는 1979년 이래 신자유주의, 신공공관리 철학에 따라 민영화 등 일련의 행정개혁을 추진하고 있었기 때문에 상기의 가치들과 정합성이 높았다고 볼 수 있다. 한국의 경우 1996년 OECD 가입 후 선진국 대열 합류라는 목표 하에 1997년부터 책임운영기관 제도 도입을 모색하였고, 1998년부터는 IMF 관리체제 하에서 공·사 영역을 막론한 사회 전반 개혁의 일부분으로 책임운영기관 제도 도입을 모색하였다. 제도가 함축하고 있는 가치는 영국에서처럼 자율성 확대에 의한 반응성·능률성·효과성 제고였지만, 김대중 정부의 정책결정자들은 제도 본연의 가치 이외에도 정부가 먼저 개혁을 솔선수범하여 민간의 개혁을 추동하고 IMF 등 해외세력에게는 선진국 관리 방식을 도입하고자 하는 입장을 보여줄 필요가 있었다. 영국과 비교해 가치 정합성이 낮았다고 생각된다.

2. 도입 추진과 저항

책임운영기관 제도 도입이 최초로 논의되기 시작한 것은 외환위기 발생 이전인 1997년 6월이다. 당시 김영삼 정부 총무처 직무분석단은 영국의 집행기관 제도를 도입해야 하는 필요성을 소개하기 시작하였다(총무처, 1997). 전년도인 1996년 11월 26일에 OECD 가입을 마무리짓고, 선진국 수준에 걸맞은 정부로 개혁을 하려는 분위기 하에서 이런 움직임이 시작되었다. 그런데 1997년 11월 IMF에 구제금융을 신청한 후부터 분위기가 크게 바뀌었다. 하루라도 빨리 IMF 관리체제 하에서 벗어나기 위해 공·사 영역을 막론하고 사회 전반에 걸쳐 구조조정이 추진되었고, 특히 정부는 다른 부문들의 개혁을 독려하기 위해서 가장 먼저 솔선수범을 보여야 할 필요가 있다. 1998년 김대중 정부에서 공공부문과 정부부문 개혁을 담당했던 기관은 행정자치부와 대통령 기획예산위원회이다. 책임운영기관 제도 도입과 선정도 공식적 행위자인 이 두 기관에 의해 집권적·권위적으로 추진되었다. 28개 행정기관이 책임운영기관 후보로 발표되었는데, 2000년에 10곳이 지정되었고, 2001년에 13곳이 추가로 지정되었다. 지정된 기관들은 보건복지부 3곳, 건설교통부 2곳이고 다른 기관들은 대부분 청(廳) 소속이었다. 상대적으로 강하다고 인식되는 재정경제부와 행정자치부 소속 기관은 각각 1개씩에 불과했고, 법무부는 하나도 없었다(조선일보, 1999.3.7; 박천오, 2002; 박천오 외, 2003: 61; Im, 2003: 94–95).[5] 이에 책임운영기관 검토 대상에 도입된 일부 기관들과 소속 중앙부처는 제도 도입 및 대상 선정의 부적절성을 이유로 강력하게 반대하는 입장을 표명하기도 하였다. 국립중앙도서관, 한국예술종합학교, 국립국어연구원 같은 문화계의 거센 반발이 대표적인 예이다(동아일보, 1999. 3.10).

3. 도입 직후의 책임운영기관 제도(反)

IMF 관리체제라는 시대적 상황에서 도입하는 제도의 본래 취지를 구현하기보다 개혁 솔선수범 과시와 선진 해외 제도 벤치마킹 자체에 큰 의의를 두는 제도 이전 주도 세력의 서두름과 개혁 이후의 상황에 대해 큰 불안감을 가졌던 반대자들의 저항이 결합된 결과 2000년에 도입된 책임운영기관 제도는 제도 수출국인 영국의 집행기관 제도와 외양은 비슷하지만, 적용범위와 세부 내용에서는 차이를 보였다. 수입국에 의한 자발적 이전이었음에도 불구하고 도입 상황에 맞춰 수정이 일어난 '적응'형 이전이었다. 설치, 조직 및 운영, 예산 측면에서 책임운영기관장의 권한이 행정자치부, 재정경제부, 감사원 같은 중앙총괄기관과 소속 중앙행정기관장에 의해 크게

5) 소속 인력 비중은 2001년 현재 전체 공무원의 0.6%에 불과하다. 영국은 대략 80% 내외를 차지한다(박희봉, 2001: 182).

제약을 당하도록 설정되었다.

먼저, 책임운영기관 설치를 행정자치부 장관이 결정하게 하였다[6](법률 제4조).[7] 또한 행정자치부 장관 소속 하에 책임운영기관평가위원회를 두어 행정자치부 장관이 각 중앙행정기관별 책임운영기관운영심의회 평가 결과를 다시 심의·평가하여 책임운영기관 존속 여부와 관련 제도 개선 등을 해당 중앙행정기관장에게 권고할 수 있는 권한을 부여하였다(법률 제12조~제13조). 기관장 채용은 소속 중앙행정기관장이 할 수 있지만, 채용 요건은 행정자치부 장관과 협의하여 정하도록 만들었다.

책임운영기관장이 기관의 조직 및 운영에 관한 「기본운영규정」을 작성하거나 변경할 경우(법률 제10조), 사업목표를 달성하는 데 필요한 「사업운영계획」을 작성하는 경우에도 소속 중앙행정기관장의 승인을 얻도록 만들었고, 「연도별사업계획」도 중앙행정기관장에게 제출하게 만들었다. 이외에 기관장이 책임운영기관 내에 소속 기관이나 하부조직을 설치하고 사무분장을 변경할 때도 소속 중앙행정기관장에게 그 계획을 제출하게 만들었다(법률 제15조). 또한 책임운영기관 소속 공무원에 대한 일체의 임용권을 기관장이 아닌 중앙행정기관장에게 부여하여(법률 제18조) 기관장의 인사권도 크게 제약하였다. 책임운영기관 소속 공무원의 승진임용 대상자 결정방법도 「기본운영규정」으로 규정하여 관리하는데, 이 규정이 소속 중앙행정기관장 승인 사항이라 책임운영기관장은 직원 승진에 대해서도 큰 영향을 미치지 못하게 만들었다.

예산 측면에서도 책임운영기관장은 자율성은 거의 없었다. 예산은 특별회계로 관리하는데 계정별로 중앙행정기관장이 운영하고 예산청장이 이를 통합하여 관리하도록 되어 있었다(법률 제27조~제29조). 또한 기관장은 초과수입금을 그 초과수입금에 직접적으로 관련되는 비용에 사용할 수는 있는데, 사용하려 할 때는 그 이유 및 금액을 명시한 조서를 작성하여 소속 중앙행정기관장의 승인을 받아야만 한다. 그리고 중앙행정기관장은 그 내용을 재정경제부 장관과 예산청장 및 감사원에 보고하도록 의무화하였다(법률 제35조). 예산의 이용과 전용도 아예 기관장의 권한이 아니라 중앙행정기관장의 권한이고, 그 또한 내용을 재정경제부 장관, 예산청장 및 감사원에 보고하게 하였다(법률 제36조).

6) 물론 해당 중앙행정기관장과 협의하고 그의 의견을 존중하여야 한다는 조건은 명문화되었다.
7) 이 항에서 '법률'이란 1999년 7월 30일자로 시행된 「책임운영기관의 설치·운영에 관한 법률」이다.

제 5 절 토착화 과정

1. 도입 초기 제도에 대한 비판

2000년 책임운영기관 제도가 도입된 직후부터 국내 행정학자들을 중심으로 이 제도에 대해 많은 비판들이 제기되었다. 행정자치부는 제도 도입으로 고객만족도가 향상되었다는 긍정적 결과를 발표하였지만(행정자치부, 2006), 행정학자들의 평가는 대체로 비판적이었다. 첫째, 제도 도입 준비 과정에서 제도 도입에 앞서 전제조건 등에 관해 장기적으로 충분한 연구가 선행되지 않았다. 또한 사전 홍보가 부족하여 일반 국민들은 물론이고 공무원들조차 이 제도에 대해 명확히 인지·이해하지 못했다(민진, 1999: 29; 황성돈, 1999: 74; 강창구, 2000: 244 재인용).

둘째, 대상 기관 선정과 관련하여 부처 간 불균형, 대상 기관의 부적절성이 나타났다. 도입 직후 2년 간 지정된 23개 기관들 중 법무부 소속은 하나도 없었고, 재정경제부나 행정자치부 소속은 각각 1개씩에 불과했다. 경쟁원리를 기초로 운영되어야 할 우정사업본부 같은 기관은 책임운영기관으로 지정되지 않은 반면, 통계·운전·병원 기능 등 특정한 분야에 속한 기관들을 부분적으로 책임운영기관으로 지정되었다. 좀 더 근본적으로 책임운영기관은 상업화의 정도가 약한 기관임에도 불구하고 기관의 성격을 둘러싸고 경쟁원리·자체수입·기업형 등의 표현들이 사용되어 우리나라 책임운영기관의 성격과 범위에 대해 잘못된 인식을 초래했다(박천오 외, 2003: 63; 김근세, 2010: 17; 문명재 외, 2010: 52-53).

셋째, 관리 권한위임이 불충분했다. 앞에서 언급된 것처럼 조직의 기본사항들을 규정하는 「기본운영규정」을 작성 또는 변경하는 때에는 소속 중앙행정기관장의 승인을 얻어야 했고, 하부조직을 설치 또는 변경하고자 할 경우에도 그 계획을 소속 중앙행정기관의 장에게 제출해야 하는 문제점이 있었다. 또한 총정원 한도는 대통령령, 종류별·직급별 정원은 총리령 또는 부령으로 정하게 하고, 총정원 한도를 조정할 필요가 있는 때에는 기관장이 그 계획을 소속 중앙행정기관장에게 제출하게 만들었다. 종류별·직급별 정원을 조정하고자 할 때에도 기관장이 그 계획을 소속 중앙행정기관장에게 제출하고, 중앙행정기관장은 종류별 · 계급별 정원에 대해 미리 행정자치부 장관과 협의하게 만들었다. 나아가 소속 공무원 임용, 승진, 상여금을 중앙행정기관장 관할 대상으로 만들었다. 예산운용상 이용과 전용도 중앙행정기관장이 자율권을 보유했고, 성과평가는 중앙행정기관장 소속 하에 있는 운영심의회, 행정자치부 장관 소속 하에 있는 평가위원회를 통해 두 차례나 수행하여 책임운영기관의 활동을 매우 위축시킬 위험이 있었다(김근세, 1999; 박희봉, 2001; 176-181; 서필언, 2002; Im, 2003: 94-95; 김난영, 2008: 238-239; 문명재 외, 2010: 40).

넷째, 기관장 선임 관련 비판들도 제기되었다. 우선, 기관의 기본사항에 관한 「기본운영규정」은 기관장이 선임된 후에 소속 중앙행정기관장에게 제출하게 되어 있어, 기관장이 선임되기 전에 조직운영에 관한 아이디어를 사전에 피력하고 그에 대한 평가를 기초로 선임되는 시스템이 아니었다. 기관장 선임은 대부분 학력, 자격증, 공무원이나 민간 경력 등을 기준으로 결정되었다. 또한 기관장을 마치면 다시 경력직 공무원으로 돌아갈 수 있는 길이 열려 있어서, 경력직 공무원들의 인사숨통을 터주는 역할을 하거나 엽관제로 오용될 소지가 농후했다. 기관장의 연봉도 민간기업과 비교하여 턱없이 낮아, 유능한 인물을 유치하기 어려운 상황이었다(강창구, 2000: 246; 박희봉, 2001: 176; 문명재 외, 2010: 51).

2. 지정 대상 기관 확대

제도 도입에 대해 위와 같은 비판들이 제기되자 먼저 지정 대상 기관들을 확대하였다. 2005년까지 23개 기관으로 운영되다가 2006년 1월에 5개 기관을 제외하고, 26개 기관을 추가로 지정하여 총 44개 기관으로 확대하였다. 동년 5월에는 중앙행정기관인 특허청을 추가로 지정하여 45개 기관으로 확대하였다. 이후 2007년에는 47개 기관으로, 2008년에는 48개 기관으로 확대하였다. 2007년 현재 책임운영기관에 소속된 공무원 수가 10,039명으로 전체 공무원 정원의 1.7%에 달했다(김난영, 2008: 238). 2018년 3월 31일 현재, 22개 부처에서 51개 기관이 책임운영기관으로 지정되어 있다. 중앙책임운영기관 특허청 1곳, 소속 책임운영기관 50개 기관이다. 특허청 정원은 1,457명, 소속 책임운영기관 정원은 8,778명으로 총합 10,235명이다. 소속 책임운영기관 중 최소 규모 기관은 해양수산인재개발원으로 정원 15명이고, 최대 규모 기관은 경찰병원으로 정원 600명이다. 2017년 말 현재 중앙정부 공무원 총수가 639,000명임을 고려하면,[8] 책임운영기관 소속 공무원은 중앙정부 전체 공무원의 1.6% 수준으로 아직도 제도 수출국인 영국과 비교하면 매우 낮은 수준이다. 소속 책임운영기관 관할 중앙부처를 기준으로 살펴보면 보건복지부가 8곳으로 가장 많고, 그 다음이 통계청으로 5곳, 그 다음이 문화체육관광부로 4곳, 행정안전부와 산림청이 3곳, 국토교통부 · 농림축산식품부 · 과학기술정보통신부가 2곳이다. 조직관리 분야 중앙총괄기관인 행정안전부 소속 기관들이 3곳이나 되는 점은 제도 도입 직후인 2000~2001년 상황과 비교하여 다소 고무적이나, 기획재정부 소속 책임운영기관이 0곳인 점을 보면 부처 간 형평성 문제가 아직도 완전히 해소되지 않았음을 알 수 있다.

표 2-1 2018년 현재 책임운영기관 지정 현황

중앙책임운영기관: 특허청			
소속 책임운영기관			
유 형	기관명	유 형	기관명
조사 및 품질 관리형 11개	국립종자원, 국토지리정보원, 항공교통본부, 국립해양측위정보원, 경인지방통계청, 동북지방통계청, 호남지방통계청, 동남지방통계청, 충청지방통계청, 항공기상청, 화학물질안전원	문화형 7개	국립중앙과학관, 국립과천과학관, 국방홍보원, 국립중앙극장, 국립현대미술관, 한국정책방송원, 국립아시아문화전당
		의료형 9개	국립정신건강센터, 국립나주병원, 국립부곡병원, 국립춘천병원, 국립공주병원, 국립마산병원, 국립목포병원, 국립재활원, 경찰병원
연구형 12개	국립재난안전연구원, 국립과학수사연구원, 국립생물자원관, 국립수산과학원, 통계개발원, 국립문화재연구소, 국립해양문화재연구소, 국립원예특작과학원, 국립축산과학원, 국립산림과학원, 국립수목원, 국립기상과학원	시설 관리형 4개	해양경찰정비창, 국방전산정보원, 국가정보자원관리원, 국립자연휴양림관리소
		기타형 2개	고용노동부고객상담센터, 국세상담센터
교육 훈련형 5개	국립국제교육원, 통일교육원, 한국농수산대학, 해양수산인재개발원, 관세국경관리연수원		

출처: 행정안전부 내부자료(2018년 3월 31일 기준).

8) 출처: e-나라지표.

3. 제도 정비 및 토착화 결과(合)

앞에서 제시한 여러 비판들에 대응하여 관련 법률이 여러 차례 개정되었고, 그 결과 책임운영기관 성과평가, 기관장 임용, 기관장 임기보장, 기관의 「기본운영규정」, 하부조직 설치 및 그들 간 사무분장, 직원 승진 대상자 결정, 초과수입금 사용 및 사후보고, 예산의 전용 등에서 책임운영기관장의 자율성이 제고되었다.

첫째, 성과평가와 관련해서, 중앙행정기관장은 '소속책임운영기관운영심의회'를 두어 책임운영기관들의 사업성과를 평가하고 그 운영에 관한 중요 사항을 심의할 수 있게 하였다(법률 제12조).[9] 다만, 도입 직후에 규정되었던 행정자치부 장관 소속 '책임운영기관평가위원회'(법률 제13조)가 폐지되어 책임운영기관장이 소속 중앙행정기관장과 중앙총괄기관들로부터 2중 감독을 받는 것에서 벗어났다.

둘째, 기관장 임용 및 임기와 관련하여, 임용 요건을 소속 중앙행정기관장이 정하여 인사혁신처장에게 '통보'하게 하여 "행정자치부 장관과 협의하여 정한다"였던 도입 직후 상태보다 중앙행정기관장의 자율성을 제고하였다. 또한 도입 직후에는 없었던 기관장의 최소 임기 2년이 규정되고, 평가 결과가 탁월할 경우 최대 근무기간을 초과하여 3년 범위에서 추가 근무할 수 있는 규정을 신설하여 기관장의 대(對) 중앙행정기관장 입지를 강화시켰다(법률 제7조).

셋째, 책임운영기관장이 「기본운영규정」을 변경하는 경우에는 대통령령으로 정하는 사항을 변경하는 경우가 아닌 한, 단순히 중앙행정기관장에게 '통보'만 하도록 하여 기관장의 자율성을 제고하였다(법률 제10조). 나아가 책임운영기관장이 책임운영기관 내 소속 기관의 하부조직 설치와 사무분장을 「기본운영규정」으로 정하도록 바꾸었는데, 그 「기본운영규정」 변경이 앞에서 언급한 것처럼 도입 직후 상태와 달리 자율성이 제고되었기 때문에 결과적으로 책임운영기관장의 자율성이 제고되었다(법률 제15조).

넷째, 책임운영기관 소속 공무원의 승진임용 대상자 결정방법은 최저 연수 및 승진의 제한 사항을 제외하고는 「기본운영규정」으로 규정하여 관리하도록 바꾸었고, 앞에서 언급한 것처럼 「기본운영규정」과 관련하여 기관장의 자율성이 제고되었기 때

9) 이 항에서 '법률'이란 2017년 7월 26일자로 시행된 「책임운영기관의 설치 · 운영에 관한 법률」이다.

문에, 결과적으로 승진 결정에 대해서도 기관장의 자율성이 제고되었다(법률 제23조).

다섯째, 초과수입금 사용과 관련하여 초과수입금에 직접적으로 관련되는 비용에 사용할 수 있게 하는 것은 도입 직후와 동일하지만, '기관의 업무수행을 위해 필요하다고 인정하는 경비로서 대통령령으로 정하는 간접경비로 사용할 수 있다'라는 문구를 추가하여 기관장의 자율성을 일부 제고하였다. 또한 초과수입금 사용 사후 처리에 있어서도 사용 내역을 소속 중앙행정기관장, 기획재정부 장관, 감사원에 '통보'하게 하여, 승인을 받게 하던 도입 직후의 상태보다 기관장의 자율성을 제고했다(법률 제35조).

여섯째, 예산의 이용과 전용과 관련하여 책임운영기관장이 이용은 못하지만 전용은 할 수 있게 하여 자율성을 제고하였다. 도입 직후에는 이용과 전용을 모두 중앙행정기관장의 권한으로 설정하여 기관장의 자율성이 없었던 바, 법률 개정으로 책임운영기관장의 자율성이 제고되었다(법률 제36조).

4. 토착화 경로

이상의 논의를 바탕으로 수출국인 영국의 집행기관 제도, 한국 수입 직후의 책임운영기관 제도, 토착화된 2018년 현재 한국의 책임운영기관 제도의 주요 내용들을 비교하여 정리하면 <표 2-2>와 같다. 이를 바탕으로 책임운영기관 제도의 도입 및 토착화 유형을 규정해보면 [영국의 집행기관 제도 → 한국의 책임운영기관(산호형) → 한국의 책임운영기관(절충형)]이라고 할 수 있다.[10] 2000년에 한국에 도입된 책임운영기관 제도는 이름이나 겉모양만 제도 수출국인 영국의 제도와 유사하고, 내용에서는 차이가 많은 산호형 토착화였다. 그러나 시간이 지나면서 제도의 왜곡되고 형식화된 상태에 대한 비판이 제기되었고, 그 영향을 받아 수출국 제도의 본래 취지를 반영하는, 즉 책임운영기관장의 자율성을 제고하는 절충형 토착화로 수정이 일어났다.

한국의 책임운영기관 제도와 수출국인 영국의 집행기관 제도는 아직도 적지 않은

10) 산호형, 절충형의 의미는 제1장의 [그림 1-9]를 참조할 것.

차이를 보이고 있다. 설치 방식에서 영국은 보편적 설치 방식, 한국은 개별적 설치 방식이다. 적용 범위에서도 기관의 절대적 숫자가 영국보다 적고, 소속 인력 비중은 영국의 70~80%에 비해 1.6%로 매우 작은 편이다. 상위 기관의 통제에서도 영국은 중앙총괄기관과 중앙행정기관장의 권한이 상대적으로 적은 반면, 한국은 책임운영기관장의 자율성이 제고되었음에도 불구하고, 아직도 중앙총괄기관인 행정안전부 장관이 사실상의 통제권을 보유하고 있다. 기관장 채용은 중앙행정기관장의 권한이 제고되어 영국과의 차이가 줄어들었으나, 영국과 달리 학력이나 경력 등을 기준으로 채용하고, 채용한 뒤에 「기본운영규정」을 정하는 차이가 남아 있다. 기관의 조직 및 운영, 소속 기관이나 하부조직 설치, 사무분장 변경, 소속 공무원 임용, 승진자 결정 등과 관련해서 영국에서는 집행기관장이 자율성을 보유하고 있는 반면, 한국에서는 책임운영기관장의 자율성이 일부 제고되었으나 아직도 영국에 비해 낮은 편이다. 예산은 영국에서는 독립기금인 반면, 한국에서는 특별회계이고 궁극적으로는 중앙예산기구가 통합하여 관리한다. 초과수입금 사용, 예산의 이용·전용과 관련해서도 책임운영기관장의 자율성이 일부 제고되었으나, 영국의 독립기금에 비하면 자율성이 낮은 편이다.

표 2-2 영국과 한국의 책임운영기관 제도 비교

	영국 집행기관	한국 책임운영기관(2000년) (산호형)	한국 책임운영기관(2018년) (절충형)
기관의 지위	부처 내 기관	부처 내 기관	부처 내 기관
설치 방식	보편적 설치 방식	개별적 설치 방식	개별적 설치 방식
적용 범위	138개 기관, 중앙공무원의 약 2/3 이상 해당(1998년 기준)	2000년에 10곳, 2001년에 13곳 추가 지정. 소속 인력 비중은 전체 공무원의 0.6%	2018년 22개 부처 51개 기관. 소속 인력 비중은 중앙정부 전체 인력의 1.6% 수준
상위 기관의 통제	– 수상실 내 Next Steps Team은 재무부와 중앙행정부처 사이에서 간사 역할만 수행 – 중앙행정기관장이 「기본문서」로 기관의 목표, 소관 부처 장관과 집행기관장의 권	– 행정자치부 장관 소속 하에 '책임운영기관평가위원회'를 두어 행정자치부 장관이 각 중앙행정기관 별 '책임운영기관운영심의회' 평가 결과를 다시 심의·평가하여 책임운영기	– 좌측과 유사. 행정안전부 장관이 사실상의 통제권 보유. 단, 행정안전부 장관이 "해당 중앙행정기관장과 협의하고 그 의견을 존중하여야 한다"는 조건이 추가됨

	한과 책임관계, 사업계획 및 실적보고서 작성·공포에 관한 사항, 재정 및 인사권 위임사항 등을 정함 – 매년 성과 등 목표달성도를 담은 「연간백서」를 발간하여 의회에 제출하고, 국민에게 공개	관 존속 여부와 관련 제도 개선 등을 중앙행정기관장에게 권고	
기관장 채용	– 주무부처 장관이 「기본문서」를 기준으로 기관장을 채용	– 채용 요건은 소속 중앙행정기관장이 행정자치부 장관과 협의하여 결정 – 채용은 소속 중앙행정기관장 – 경력직 공무원이 기관장으로 채용된 경우에는 기간 만료 시 퇴직 시 직급으로 우선 특별채용	– 기관장 임용 요건을 소속 중앙행정기관장이 정하여 인사혁신처장에게 통보 – 기타 사항은 좌측과 동일 – 다만, 최소 임기 2년 보장, 평가 결과 탁월 시 최대 근무기간을 초과하여 3년 범위 내에서 추가 근무 가능 추가
기관의 조직 및 운영	– 집행기관장이 조직, 인사, 임금 협상 및 결정권 보유	– 책임운영기관장이 「기본운영규정」을 작성하거나 변경할 때 소속 중앙행정기관장의 승인을 얻도록 의무화	– 「기본운영규정」 작성은 좌측과 동일. 다만, 변경하는 경우에는 일부 사항에서 기관장의 자율성 제고
소속 기관이나 하부조직 설치, 사무분장 변경		– 책임운영기관장이 해당 내용의 계획을 중앙행정기관장에게 제출하도록 의무화	– 「기본운영규정」으로 정하도록 바뀜
소속 공무원 임용		– 일체의 임용권을 중앙행정기관장에게 부여	– 좌측과 동일
승진자 결정		– 중앙행정기관장의 승인 사항인 「기본운영규정」으로 규정하여 관리하여 책임운영기관장은 영향력 없음	– 최저연수 및 승진의 제한사항을 제외하고는 「기본운영규정」으로 관리하게 함
예산	독립기금	– 특별회계로 관리하는데, 계정별로 중앙행정기관장이 운영하고, 예산청장이 통합하여 관리	– 좌측과 동일
초과수입금		– 초과수입금에 직접적으로 관련되는 비용에 사용 가능. 단, 그 이유와 금액을 명시한 조서를 작성해 중앙행정기관장의 승인을 받도록 의무화	– 좌측과 동일. 다만, "대통령령으로 정하는 간접경비로 사용할 수 있다"는 문구 추가. 또한 사용 내역도 사전 승인 대상에서 사후 통보 대상으로 완화

예산의 이용 · 전용		– 중앙행정기관장의 권한. 그 내용을 재정경제부 장관, 예산청장, 감사원에 보고하도록 의무화	– 전용권을 책임운영기관장에게 부여. 인건비와 물건비 상호 전용도 허용. 사후 관련 내용 보고는 좌측과 동일

출처: 김근세(1999: 246); 강창구(2000: 237); 책임운영기관의 설치 · 운영에 관한 법률(1999년, 2017년 개정판).

제 6 절 결 론

이 글은 책임운영기관 제도의 도입과 토착화를 분석하였다. 도입 과정을 보면, 공식적 행위자인 총무처 직무분석단, 행정자치부, 대통령 기획예산위원회가 OECD 가입 및 IMF 구제금융 신청 등의 환경 변화에 맞춰 강한 정치적 · 상징적 동기에 입각하여 도입하였다. IMF 이전인 1997년 상황에서는 진정한 의미의 자발적 도입 탐색이었기 때문에 탐색 후 부적절하다고 판단되면 도입을 안 해도 그만이었으나, 외환위기 발생 이후에는 IMF와 채권국 등 해외세력들에게 정부가 솔선수범하여 전 사회적 구조조정을 독려하고 글로벌 표준을 벤치마킹하는 노력을 하고 있음을 보여주기 위해 겉으로는 자발적 도입이지만 실상은 불가피한 강제적 도입의 상황이었다. 대통령 기획예산위원회와 행정자치부가 권위적 · 집권적으로 도입을 추진하고 책임운영기관 지정 후보로 발표된 기관들과 그 기관들의 중앙행정기관들이 강하게 반발하여 2000~2001년 도입 직후의 상황에서는 임시방편적이고 왜곡된 상태였다. 결과적으로 수입국에 의한 자발적 제도 도입이었으나 적응이라는 결과가 초래되었다.

도입 직후부터 행정학자들을 중심으로 비판을 제기하였고, 이들의 비판 중 일부가 수용되어 관련 법률이 개정되는 토착화가 진행되었다. 그 결과 도입 직후 상태와 비교할 때, 책임운영기관 성과평가, 기관장 임용, 기관장 임기보장, 기관의 「기본운영규정」, 하부조직 설치 및 그들 간 사무분장, 직원 승진 대상자 결정, 초과수입금 사용 및 사후보고, 예산의 전용 등에서 제도의 본래 취지대로 책임운영기관장의 자율성이 제고되었다.

그러나 그럼에도 불구하고 2018년 말 현재 기준으로 보면 아직도 영국의 책임운영기관 제도와는 차이가 있다. 첫째, 기관 지정 방식과 전체 공무원 중에서 책임운영기관 소속 공무원이 차지하는 비중에서 큰 차이가 난다. 둘째, 영국은 「기본문서」가 먼저 정해지고 그것을 기준으로 기관장이 채용되는 데 반해, 한국은 기관장이 학력, 자격증, 경력 등을 기준으로 먼저 임용되고 그 후에 「기본운영규정」을 작성한다. 셋째, 영국은 매년 성과 등 목표달성도를 「연간백서」에 수록하여 의회에 제출하고 일반 국민에게 공포한다. 한국은 소속 중앙행정기관장이 인터넷 홈페이지를 통해 공개하거나 관보에 공개하지만, 국회에 제출하는 책임 관련 절차는 없다. 넷째, 영국의 Next Steps Team은 재무부와 중앙 행정부처 사이의 간사 역할만을 수행하고 각 중앙행정기관장이 책임운영기관 제도 관련 기본적 내용들을 결정하는 반면, 한국에서는 아직도 행정안전부 장관이 책임운영기관의 존속 여부 및 제도의 개선 등에 관한 중요 사항을 심의하고, 성과평가도 주도하는 등 사실상의 통제권을 보유하고 있다. 다섯째, 영국은 집행기관장이 임금을 협상·결정하고 조직·인사 관리권도 보유하고 있으나, 한국은 책임운영기관장이 아직도 소속 직원들의 승진과 관련해 권한을 100% 보유하지 못하고 있다. 다만, 그럼에도 불구하고, 책임운영기관 제도의 도입으로 인해 일부 긍정적 변화들이 감지되고 있다. 우선 책임운영기관들이 일반부속기관들에 비해 고객만족도와 재정자립도가 높은 것으로 밝혀졌다(박석희, 2015: 24). 또한 제도 도입 후 책임운영기관들의 우세한 조직문화가 위계문화에서 시장문화로 이동하고 있다(김대건 외, 2009: 35–43). 지금까지 외국 제도 도입 시 왜곡을 초래하는 대표적 원인으로 한국 정부조직의 위계주의·서열주의 문화가 꼽혀온 것을 고려하면 이런 변화는 큰 의의가 있다.

한국의 책임운영기관 제도는 도입 직후의 산호형에서 제도 본래의 취지를 구현하는 변화를 겪었음에도 불구하고 왜 아직도 절충형에 머무르고 있을까? 앞에서 언급한 제도 이전에 영향을 미치는 요인들을 중심으로 살펴보면 몇 가지 시사점을 얻을 수 있다. 첫째, 영국의 내각제 정부 형태 및 시장주의적 문화 대 한국의 대통령제 정부 형태 및 계층제 문화라는 대조가 그런 제도의 적용 양태 차이를 초래했을 것으로 생각된다. 둘째, 한국이 예산, 인력, 법률 같은 자원 측면에서 영국만큼 충분하지 못하다는 사실도 제도 적용 양태의 차이를 초래했을 것으로 생각된다. 셋째, 제도 도입을 결정한 정책결정자들의 1차적 목적 혹은 가치와 제도가 함축하고 있는 가치 간 정합성 정도가 영국보다 한국에서 더 낮은 것도 그러한 제도 적용 양태 차이를 초래했을 것으로 생각된다.

CHAPTER 03

발생주의 정부회계 제도의 도입과 토착화

임동완*

뉴질랜드 정부에서 발생주의 정부회계 제도를 최초로 도입한 이래 전 세계 많은 나라들의 정부에서 발생주의 정부회계 제도를 채택하고 있다. 우리나라 정부도 1997년 재정위기 이후 발생주의 정부회계 제도를 도입하기 위하여 노력해 왔다. 그 결과 국가회계법이 2007년 제정되어 2009년부터 시행되었고 2011회계연도부터 재무제표가 감사원과 국회에 제출되었다. 이 글은 우리나라의 발생주의 정부회계 제도를 토착화의 관점에서 분석하고 시사점을 제시하고자 하였다. 우리나라에서 발생주의 정부회계 제도의 토착화는 경로의존과 경로창조의 특징이 나타난다. 경로의존의 특징은 과거부터 운영하여 온 세입세출결산서가 계속 운영되고 세입세출결산서에 대한 검사 제도가 지속되는 형태이다. 경로창조의 특징은 발생주의 정부회계 제도의 도입으로 재무제표가 만들어지고 재무제표에 대한 검사 제도가 시작되는 형태이다. 이 글은 발생주의 정부회계 제도의 바람직한 토착화 방안으로 발생주의 정부회계 제도의 본래 취지를 구현할 수 있도록 우리나라의 제도적 맥락에 적합한 형태로 재구성되어야 함을 시사점으로 제시하였다.

이 글은 『한국사회와행정연구』 제30권 제1호에 게재된 논문을 수정 · 보완한 것임.
* 단국대학교 공공관리학과 부교수(sum2@dankook.ac.kr)

제1절 서 론

1970년대에 많은 국가는 경제 상황의 악화로 인한 재정수입의 감소와 복지정책으로 인한 과도한 재정지출로 인하여 재정적 위기를 겪었다. 이들 국가는 재정적 위기를 타개하기 위하여 1970년대 말부터 정부 재정의 투명성, 건전성, 효율성, 책임성 등을 높이기 위해서 다양한 재정개혁을 추진하였다. 이러한 재정개혁의 일환으로 정부회계 제도 개혁이 추진되었다(박성동, 2016; Pollitt & Bouckaert, 2004). 정부회계 개혁의 방향은 현금주의 정부회계 제도에서 발생주의 정부회계 제도로의 전환이다. 이는 발생주의 정부회계 제도가 정책결정을 위한 포괄적이고 체계적인 정보를 제공하여 건전한 재정운영과 재정의 성과관리를 위한 기반을 형성할 수 있다는 인식에 기반을 둔 것이다(Khan & Mayes, 2009).

뉴질랜드로부터 시작한 발생주의 정부회계 제도는 세계 각국으로 확산하고 있다. 2016년 조사에 의하면, 발생주의 정부회계 제도를 사용하고 있는 국가는 OECD 회원국 중 25개국(73%)이다. 그리고 3개국(9%)은 현금주의 정부회계 제도에서 발생주의 정부회계 제도로 전환하고 있다. 이는 뉴질랜드에서 1990년대에 발생주의 정부회계 제도를 도입한 이래로 점점 많은 국가가 발생주의 정부회계 제도를 채택했음을 나타낸다(Athukorala & Reid, 2003; Moretti, 2016).

우리나라 정부도 1997년 경제 및 재정위기를 겪으면서 다양한 재정개혁을 추진하였고 재정개혁을 위해서는 투명하고 포괄적이며 체계적인 정부회계정보가 필요하다는 견해가 제기되었다. 그래서 개혁 선도국의 발생주의 정부회계 제도를 살펴보고 정부회계 제도 개혁을 추진하였다. 정부회계 제도 개혁은 재정경제부(현 기획재정부)가 주관하여 1998년 5월에 발생주의 정부회계 제도를 도입방침을 발표하고 개혁을 추진하였다. 그 결과 2007년에 국가회계법이 제정되었고 2009년부터 시행하였다. 그리고 국가재정법 부칙에 따라 2011회계연도부터 재무제표는 감사원 검사 후 국회에 제출되었다(국가회계기준센터, 2012; 이남국, 2003b; 임동완, 2017).[2]

2) 우리나라는 중앙정부와 지방정부 회계개혁이 분리되어 수행되었다. 지방정부는 행정자치부(현 행정안전부)가 주관하여 1999년 2월에 발생주의 정부회계 제도 도입을 위한 계획을 발표하고 사

이처럼 우리나라는 발생주의 정부회계 제도가 도입되어 시행되고 있으나 뉴질랜드 등의 개혁 선도국의 정부회계 제도와 다른 형태로 운영되고 있다. 이는 발생주의 정부회계 제도가 우리나라에 도입되면서 우리나라의 제도적 맥락을 반영하여 운영하고 있기 때문이다. 이러한 관점에서 이 글은 우리나라의 발생주의 정부회계 제도의 도입을 상이한 제도적 맥락과 연관지어 분석하고 우리나라의 제도적 특징을 검토하여 궁극적으로는 발생주의 정부회계 제도의 바람직한 토착화에 기여하고자 한다.

제 2 절 이론적 논의

1. 세입세출결산서와 재무제표

정부결산은 공무원, 의회, 국민 등 이해관계자의 의사결정에 유용한 정부 재정에 관한 정보를 제공하기 위하여 계량적인 수치로 제시하고 보고하는 정보 산출과정이다. 정부결산은 정부예산과의 대응성과 예산집행의 적법성 및 효율성 등을 검토한 결과를 제시한다. 따라서 정부 결산서 체계의 구성은 제공되는 재정정보의 수준을 결정하는 중요한 요소이다(윤영진, 2014; 하연섭, 2014).

국가회계법 제14조에 의하면, 국가의 결산보고서는 세입세출결산서와 재무제표 등으로 구성된다. 세입세출결산서는 정부의 수입과 지출을 확정적인 계수로 표시한 보고서이다. 이는 헌법 제97조 및 제99조, 국가회계법 제14조, 제15조, 제15조의2 등에 규정되어 있다. 한편, 재무제표는 일정 기간의 경제적 사건과 그 기간 말의 경제적 상태를 측정, 기록, 분류, 요약한 일련의 보고서이다. 이는 국가회계법 제14조와 제15조 등에 규정되어 있다(윤영진, 2014; 편호범, 2010). 세입세출결산서는 현금주의 기반으로 작성되고 재무제표는 발생주의 기반으로 작성된다.

업을 추진하였다. 그 결과 지방재정법을 개정하여 2007년부터 모든 지방자치단체가 발생주의 정부회계 제도를 도입하였다(임동완, 2017). 이 글은 중앙정부를 중심으로 분석한다. 이는 외국의 사례 분석이 중앙정부를 중심으로 이루어지기 때문에 논리의 일관성을 유지하기 위함이다.

현금주의는 현금의 흐름에 초점을 맞추어 현금의 유입과 유출 여부를 기준으로 수익과 비용을 인식하는 방식이다. 따라서 현금이 수반되지 않은 수익과 비용 및 자산과 부채의 증감 등은 인식되지 않는다. 발생주의는 수익과 비용 및 자산과 부채를 인식하여 측정할 때 재무상태를 변동시킨 거래나 경제적 사건이 발생한 시점에 인식하는 방식이다(김혁 외, 2004; Athukorala & Reid, 2003).

우리나라에서 근대적 재정법이 제정된 이래로 사용된 세입세출결산서는 이해가 쉽고 예산과 실제 지출액의 비교가 쉬우므로 재정통제에 활용할 수 있는 장점이 있지만, 정부 재정상태를 파악하기 어렵고 정부 재정운영의 성과를 평가하기 위한 정보를 제공하기 어렵다는 단점이 있다. 반면에 최근 도입된 재무제표는 세입세출결산서에서는 제공되지 않았던 정부 재정상태의 변동 내용 및 수익과 비용에 대한 정보를 제공하고 원가정보 등을 활용하여 재정성과관리의 토대를 제공하는 역할을 할 수 있다는 장점이 있으나 발생 사실을 측정하고 인식하는 과정에서 예측이나 추정을 활용함으로써 불확실성이 있기 때문에, 회계 정보의 객관성이 부족할 수 있고 정보생산비용이 크다는 단점이 있다(김혁 외, 2004; 정유훈 · 안태훈, 2013).

실무에서는 다음과 같이 수행된다. 각 중앙관서는 국가회계법에 따라 세입세출결산서와 재무제표 등을 작성하여 기획재정부에 제출하고. 기획재정부는 중앙관서의 세입세출결산서와 재무제표를 바탕으로 국가결산보고서를 작성하여 국가재정법에 따라 감사원에 제출한다(국가회계법 제13조, 국가재정법 제58조 및 제59조). 감사원은 국가결산보고서를 검사하여 기획재정부에 보내고, 정부는 감사원의 검사를 거친 국가결산보고서를 국회에 제출한다(국가재정법 제60조 및 제61조). 감사원에서는 세입세출결산서를 검사하여 세입과 세출 결산 계수의 정확성을 확인하고, 국가재무제표를 검사하여 국가 전체의 재정상태와 운영성과 및 그 변동 내용을 분석한다. 2008회계연도까지 현금주의에 의한 세입세출의 결산을 해오다 2009회계연도부터 성과보고서 작성이 추가되었고, 2011회계연도부터는 발생주의 방식에 의한 재무제표가 추가되었다(감사원, 2018).

2. 선행연구 검토

1990년대 후반부터 우리나라 학자들은 정부회계 제도에 관한 연구를 수행하였다. 정부회계 제도 개혁 초기에는 주로 발생주의 정부회계 제도의 필요성 및 도입방안에 관한 개괄적인 연구가 수행되다가 최근에는 발생주의 정부회계 제도의 세부 내용을 심도 있게 논의한 연구가 증가하고 있다. 이러한 발생주의 정부회계 제도에 대한 많은 연구는 해외 사례를 포함하고 있다. 개혁 초기에는 뉴질랜드 등 영・미계 국가의 사례를 중심으로 소개되었으나, 점차 프랑스 사례 등 다양한 국가로 확대되었으며 국제공공회계기준(IPSAS) 등 국제기준에 관한 사례도 등장하였다. 이를 다음과 같이 구분하여 설명한다.

첫째, 발생주의 정부회계 제도 개혁 전반에 관한 해외 사례를 소개하고 우리나라의 필요성 및 도입방안을 논의한 연구이다. 정부회계 제도 개혁에 관한 해외 사례 소개는 뉴질랜드, 미국, 호주, 영국 등의 개별국가를 중심으로 논의한 연구(김재훈・박광훈, 1999; 신종렬, 2006; 이남국, 2003a; 허명순, 2003)와 몇 개의 국가를 함께 비교하여 제시한 연구(강인재, 1997; 강인재・신종렬, 2004; 국가회계기준센터, 2011; 김상노 외, 2013; 김재훈, 2003; 노직수・김석범, 2005; 유성용・권병철, 2007; 이남국, 2005; 허웅, 2011)가 있다. 시기별로 볼 때 1990년대 연구(강인재, 1997; 김재훈・박광훈, 1999)는 뉴질랜드 사례를 주로 소개하였으나 이후에는 다양한 국가가 소개되었다.

둘째, 발생주의 정부회계 제도의 세부 내용을 분석한 연구가 있다. 세부 내용은 정부회계기준 제정주체, 정부회계체계, 정부회계기준 등을 포함하는 재무제표 산출과 관련된 연구와 정부회계 감사주체, 감사기준, 감사의견 등을 포함하는 신뢰성 검증에 관한 연구가 있다.

우선 재무제표 산출과 관련된 연구는 다음과 같이 구분된다. 첫째, 정부회계기준 제정주체에 관한 연구는 해외의 사례를 분석하여 우리나라 정부회계기준 제정주체의 발전방향을 논의한 연구(정성호, 2016a; 2016b)가 있다. 정성호(2016a)는 프랑스 사례에 초점을 맞추었고, 정성호(2016b)는 영국, 프랑스, 미국의 사례에 초점을 맞추었다.

둘째, 정부회계체계에 대한 연구는 미국의 사례를 소개하고 정부회계 개념체계를 분석한 연구(윤재원, 2005)와 국제공공회계기준(IPSAS), 미국, 캐나다, 프랑스의 사례를 소개하고 국가회계 개념체계에 대하여 논의한 연구(김이배 외, 2018)가 있다.

셋째, 정부회계기준에 대한 연구는 미국과 국제공공회계기준(IPSAS)의 사례를 소개한 연구(심재영, 2011)와 국제공공회계기준(IPSAS)과 우리나라의 정부회계기준을 비교하고 정책적 시사점을 제시한 연구(김헌, 2012)가 있다. 그리고 통합정부회계기준에 초점을 맞추어 미국, 영국, 호주, 프랑스, 뉴질랜드의 사례를 소개한 연구(전중열, 2017)와 발생주의 재정지표에 초점을 맞추어 미국, 영국, 캐나다, 호주 등의 사례를 소개한 연구(전중열, 2018)가 있다.

다음으로 신뢰성 검증과 관련된 연구는 정부회계감사에 대한 연구로서 감사주체, 감사기준, 감사결과 등으로 구분할 수 있으나 대부분 연구가 감사주체, 감사기준, 감사의견 등을 함께 논의하고 있다. 정부회계감사에 대한 연구는 미국, 영국, 캐나다, 뉴질랜드의 사례를 검토하고 시사점을 제사한 연구(허명순, 2010), 미국, 영국, 뉴질랜드의 사례를 검토하고 시사점을 제시한 연구(박재환 · 이남주 · 허웅, 2012)와 미국과 우리나라의 사례를 비교한 연구(윤지경 · 전성만 · 임동완, 2017)가 있다.

이처럼 많은 연구가 발생주의 정부회계 제도의 도입 및 발전방안 등과 관련하여 해외 사례 및 우리나라 사례에 대해 분석하였다. 그러나 대부분의 연구가 발생주의 정부회계 제도의 필요성, 개혁과정 및 특징을 설명하고 있을 뿐이며, 우리나라의 제도적 맥락에 대한 깊이 있는 분석이 부족하여 활용되지 못하는 경우가 많았다.

이에 이 글은 다음과 같은 분석을 수행함으로써 정부회계 제도 운영과 관련된 현실적인 기여를 하고자 한다. 첫째, 정부회계 제도를 구성하는 재무제표의 산출과 재무제표에 대한 신뢰성 검증을 구분하여 체계적으로 분석한다.

둘째, 뉴질랜드의 제도적 맥락에서 발생주의 정부회계 제도의 개혁과정과 현재 운영상황을 분석함으로써 뉴질랜드 정부회계 제도에 대한 이해의 폭을 넓힌다. 이는 기존 연구들에서도 수행된 노력이기는 하지만 뉴질랜드의 현실에 대한 체계적인 분석이 부족하거나 세부 내용에 대해서만 논의가 이루어지는 등 제한적인 차원에서의 접근이 수행된 점을 보완하기 위한 것이다.

셋째, 뉴질랜드 사례로부터 도출된 여러 가지 개선방안들 사이에서 우리나라의 제도적 맥락을 고려한 종합적 검토를 바탕으로 시사점을 제시함으로써 제도 정착의 성공 가능성을 높이는 데 기여하고자 한다. 정부회계 제도 개혁은 동인도 있지만 제도적 제약도 있기 때문에 그 필요성에도 불구하고 제도의 본지를 달성하기 위한 다양한 수단들을 모두 수행하기는 사실상 불가능하며 다양한 수단 중에서도 실현 가능성을 고려하여 운영할 수밖에 없다. 이러한 상황에서 제도적 맥락에 대한 분석은 개선방안의 실현 가능성을 높이기 위한 현실적인 대안을 제시한다는 점에서 그 의의가 있다.

3. 분석모형

이 글은 국가결산의 운영 현황을 분석하고 발생주의 정부회계 제도의 토착화를 신제도주의 이론을 기반으로 분석하는 것을 목적으로 한다. 토착화는 외국에서 들여온 제도가 제도를 도입한 국가 내에서 제도와 관련된 조건들과 상호작용하면서 그 실정을 반영하여 동화되는 것을 의미한다. 즉, 토착화는 특정 행위자가 외국의 제도를 이전하는 것을 전제로 하며 이전된 제도가 그 국가의 풍토에 의하여 변형되어 정착하는 것을 의미한다(박명재, 2005; 박홍식, 2005; 이종범, 1997; 조성한, 2012).

제도의 이전은 특정 행위자가 외국의 제도를 특정 국가에 수입하는 것을 의미하며 그 동인을 살펴보아야 한다. 제도의 변형과 정착은 이전한 제도가 제도를 도입한 국가의 풍토에 뿌리내리는 것을 의미하며, 이는 제도적 제약과 함께 살펴보아야 한다(박홍식, 2005, 윤영근 · 도명록, 2019; Dolowitz & Marsh, 2000). 제도의 토착화는 이처럼 제도를 이전한 국가의 동인과 제약을 포함하는 제도적 맥락을 살펴보아야 한다. 제도적 맥락은 제도가 이전되고 변화하여 정착하는 배경을 고찰하는 것으로써, 특정 사회에서의 제도의 변형과 특수성을 이해하는 데 도움을 준다. 제도는 이전된 후 복합적인 환경, 타 제도, 다양한 행위자 등과 결합하여 다차원적인 모습을 형성한다. 따라서 이전된 제도는 그 사회의 제도적 맥락에 의하여 제도의 모습이 변화하여 나타날 수 있다. 이처럼 제도적 맥락을 살펴보는 것은 제도의 원형과의 비교뿐만 아니라 특정 사회에서 변형된 제도를 이해하는 데 유용하다(김윤권, 2006; 2009; 조성한, 2012; 하연섭, 2003; Immergut, 1998).

정부회계 제도의 토착화는 다음의 순으로 분석한다. 첫째, 발생주의 정부회계 제도를 세계에서 최초로 정부부문에 도입한 뉴질랜드 모형을 살펴본다. 뉴질랜드에서 어떠한 제도적 맥락을 반영하여 발생주의 정부회계 제도를 시작하였으며, 뉴질랜드에서 운영되고 있는 발생주의 정부회계 제도의 원형은 어떠한지를 분석한다.

둘째, 우리나라에 이전 과정과 운영 현황을 살펴본다. 우리나라에서 어떠한 이유로 정부회계 제도의 이전이 이루어졌는지 및 그 과정이 어떠하였는지를 살펴보고 뉴질랜드 모형과 비교를 통하여 차이가 무엇인지를 논의한다. 특히, 우리나라의 발생주의 정부회계 제도 이전, 변형 및 정착 과정에서의 동인과 제약요건이 무엇이었는지를 검토한다. 이와 함께 제도의 경로의존 및 경로창조의 특성이 나타나는지 논의한다. 경로의존이란 과거에 형성되어 운영된 제도가 자기강화의 과정을 통해 지속되는 것을 의미한다. 즉, 특정 경로를 선택하면 시간이 흐름에 따라 다른 경로로 전환하는 비용이 점점 커지기 때문에 기존 경로를 이탈하기 어렵다. 이러한 제도의 경로의존은 다른 경로로 전환을 저해하는 요인을 분석하여 특정 제도의 지속성을 설명한다(박용성 · 박춘섭, 2011; 윤영근 · 도명록, 2019; 하연섭, 2003; 하태수, 2010).

한편, 경로창조는 행위자들이 특정한 동인에 의하여 기존 경로를 의도적으로 이탈하여 새 경로를 생성하는 것을 의미한다. 경로창조 과정에서 행위자들은 외부로부터 제도를 수입할 때 일관되고 끈질긴 장기적 노력으로 기득권의 저항 및 혁신에 냉소적인 사람들의 무관심 등을 극복하고자 노력한다. 행위자들은 적극적으로 자신의 생각을 타인들과 공유하고, 필요하면 자신의 원래 생각을 수정하기도 한다(하태수, 2010). 경로의존과 경로창조는 우리나라의 결산서를 검토하여 그 사례를 중심으로 살펴본다.

셋째, 우리나라에서 발생주의 정부회계 제도의 바람직한 토착화 방안을 논의한다. 바람직한 토착화 방안은 재무제표를 체계적으로 생성되고 합리적으로 검증하는 방안을 검토한다. 그리고 토착화 방안은 제도적 제약 하에서 실현 가능한 대안이 무엇인지를 중심으로 논의한다.

이상의 내용은 [그림 3-1]과 같이 제시될 수 있다. 우리나라는 세입세출결산 제도를 운영하고 있었다. 그런데 특정한 동인에 의하여 뉴질랜드 등에서 운영하고 있는 발생주의 정부회계 제도를 도입하게 된다. 그런데 세입세출결산서의 산출과 세입세출결산서에 대한 검사 제도는 제도적 제약으로 인하여 폐지되지 않고 그대로 운영된다. 이는 시간이 흘러도 과거부터 운영하여 온 제도가 유지하는 경로의존의 특성이 나타난 형태이다. 이와 함께 새롭게 도입된 재무제표가 산출되고 재무제표에 대한 검사제도가 운영된다. 재무제표는 뉴질랜드의 모형과는 달리 현금흐름표 등이 없는 형태로 운영되며 검사 제도도 뉴질랜드 모형과는 달리 감사의견제시가 없는 형태로 운영된다. 이는 새로운 제도가 나타난 것으로서 경로창조의 특성이 나타난 형태이다.

그림 3-1 토착화 분석모형

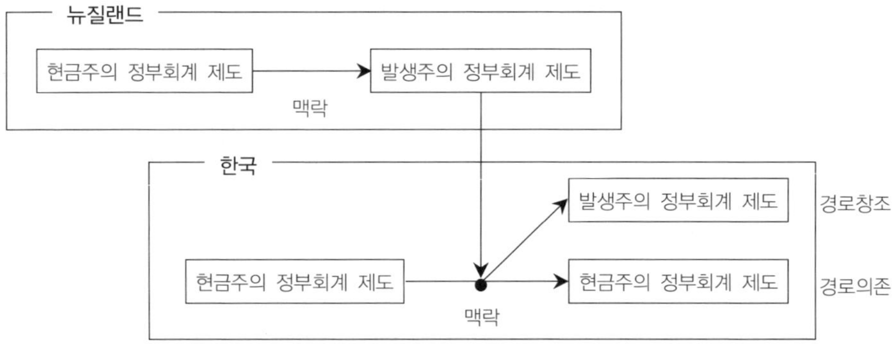

제 3 절 제도의 원형과 토착화

1. 제도의 원형

1) 제도적 맥락

영국은 1820년대에 정부부문에 복식부기를 도입하였는데 뉴질랜드는 영국의 영향을 받아 복식부기를 도입하였다. 그러나 복식부기이지만 현금주의를 기반으로 사용하는 정부회계 제도를 사용하였다(이경섭, 2000; OECD, 1997).

뉴질랜드의 발생주의 정부회계 제도 개혁은 경제위기와 맞물려 증가한 재정적자로부터 시작되었다. 뉴질랜드는 영국과의 안정적인 관계 속에서 농축산물을 수출한 부유한 나라였는데, 영국이 1973년 유럽경제공동체(EEC)에 가입하여 영국을 비롯한 유럽시장에서 농축산물 수출부진이 나타났고 급격한 인플레이션과 1973년과 1978~1979년의 석유파동 등으로 인하여 경제불황을 겪었다. 경제위기 상황에서 당시 집권당이었던 국민당의 수상인 멀둔(Robert Muldoon)은 석유 가격안정을 위하여 보조금을 지원하는 정책을 시행하였고, 'Think Big energy projects'를 계획하고 다양한 사업을 시행함으로써 경제불황을 극복하고자 하였다. 그러나 이러한 정책은 정부의 불필요한 개입과 산업의 경쟁력 약화를 일으켜 재정적자를 악화시켰고, 과거부터 시행한 복지정책으로 인하여 정부재정운영은 더욱 어려워졌다(이남국, 2005; http://www.nzhistory.net.nz/검색일자 2019.3.29).

이러한 상황에서 포괄적이고 체계적인 재정관리를 위하여 발생주의 정부회계 제도의 도입을 논의하였다. 뉴질랜드 발생주의 정부회계 제도 개혁은 당시 감사원장인 알프레드 찰스 샤일스(Alfred Charles Shailes)의 1978년 보고서로부터 시작되었다. 샤일스의 보고서는 정부 자원의 효율적 활용을 위하여 발생주의 정부회계 제도를 도입할 것을 주장하였다. 이러한 주장은 경제위기와 재정적자를 타개하기 위한 정부의 노력과 함께 탄력을 받기 시작하였고 정부회계 제도 개혁이 진행되었다. 1981년 뉴질랜드 회계사회(New Zealand Society of Accountants: NZSA)[3]는 정부회계 제도 개혁에 대한 이슈를 논의하기 위하여 공공부문관심그룹(Public Sector Special Interest Group)을 설립하였다. 그리고 이 그룹은 1982년 공공부문연구그룹(Public Sector Study Group)으로 구성되어 공공부문 회계기준의 개발을 위한 업무를 수행하였고, 1985년 공공부문회계위원회(Public Sector Accounting Committee)가 구성되었다. 공공부문회계위원회는 1987년 공공회계개념서와 공공회계기준을 제정하고 실무지침서를 발간하여 발생주의 정부회계 제도의 기틀을 만들었다(김상노 외, 2013; 이경섭,

3) 뉴질랜드 회계사회는 1996년 뉴질랜드 공인회계사회법(Institute of Chartered Accountants of New Zealand Act 1996)에 의해 뉴질랜드 공인회계사회(Institute of Chartered Accountants of New Zealand: ICANZ)로 개편되었고, 2005년 뉴질랜드 공인회계사회(New Zealand Institute of Chartered Accountants: NZICA)로 변경하였다(이남국, 2005; https://www.charteredaccountantsanz.com/검색일자 2019.3.29).

2000; 이남국, 2005; Pallot, 1996; 2002).

1989년에 공공재정법(Public Finance Act)을 제정하고 이 법에 따라 정부 재무제표는 뉴질랜드 공인회계사회에서 제정한 공공회계기준에 따라 작성되도록 하였다. 1989~1990회계연도부터 5개 부처가 재무제표를 작성하는 시범사업을 시작하였다. 이후 재무제표를 작성하는 부처가 확대되었고, 1990년 12월에는 모든 부처가 재무제표를 작성하였다. 1991~1992회계연도에 중앙정부의 통합재무제표가 산출되었고 1992~1993회계연도에 의회를 포함한 통합재무제표가 발간되었다. 1994년에는 재정책임법(Fiscal Responsibility Act)이 제정되었는데 동법은 발생주의 예산 제도를 규정하였고, 1994년 6월에 최초의 발생주의 예산을 수립함으로써 예산 과정 전반에서 발생주의에 기초한 재정관리가 이루어지게 되었다(김상노 외, 2013; 임동완, 2011; Athukorala & Reid, 2003).

1990년대 뉴질랜드 공인회계사회(Institute of Chartered Accountants of New Zealand: ICANZ)는 회계기준을 제정할 수 있는 권한이 있었다. 이후 재정보고법(Financial Reporting Act 1993)에 근거하여 회계기준검토위원회(Accounting Standards Review Board: ASRB)를 설립하였고, 회계기준검토위원회(ASRB)는 뉴질랜드 공인회계사회(ICANZ)가 제정 및 개정한 회계기준을 승인할 수 있는 권한이 있었다. 이후 회계기준에 관한 종합적인 전략 수립의 책임소재를 분명히 하기 위해 회계기준검토위원회(ASRB)를 재구성하여 외부보고위원회(External Reporting Board: XRB)[4]를 설립하고 재무보고 전략, 회계기준, 감사 · 인증기준을 제정할 수 있는 권한을 부여하였다. 이는 2011년 재정보고법(Financial Reporting Amendment Act 2011)에 근거한 것이다(김상노 외, 2013; 이남국, 2005; https://www.xrb.govt.nz/검색일자 2019. 3.29). 뉴질랜드 외부보고위원회(XRB)는 뉴질랜드 회계기준위원회(New Zealand Accounting Standards Board: NZASB)와 뉴질랜드 감사 · 인증기준위원회(New Zealand

4) 외부보고위원회(XRB)는 그 기원이 재무보고법(Financial Reporting Act 1993) section 22에 근거하는 것으로 소개되며 현재는 2013년 개정 재무보고법(Financial Reporting Act 2013) section 12에 의하여 운영된다. 외부보고위원회(XRB)는 공공기관법(Crown Entities Act 2004)에도 근거를 두고 있다. 외부보고위원회(XRB)는 독립된 공공기관(Independent Crown Entity)으로써 회계와 감사 · 인증기준에 대한 책임이 있다. 외부보고위원회(XRB) 조직구성은 다음과 같다(김상노 외, 2013; https://www.xrb.govt.nz/검색일자 2019.3.29).

Auditing and Assurance Standards Board: NZAuASB) 등으로 구성되는데 뉴질랜드 회계기준위원회(NZASB)는 뉴질랜드 회계기준을 제정하거나 개발하는 업무를 담당한다. 뉴질랜드 회계기준위원회(NZASB)에서 회계기준을 마련하면 재무부에서 검토 및 승인한다. 외부보고위원회(XRB)가 제안한 신 회계기준체계가 2012년 4월 2일부로 상공부 장관(Minister of Commerce)에 의해 승인되었다(김상노 외, 2013; https://www.xrb.govt.nz/검색일자 2019.3.29).

2) 제도의 특징

(1) 재무제표

뉴질랜드 정부의 결산서는 재무제표이다. 뉴질랜드 재무부는 공공재정법(Public Finance Act 1989)을 근거 법률로 하여, 재무부 지침(Treasury Instruction)에 따라 재무제표를 작성하여 보고하도록 규정하였다. 재무부 지침은 정부기관이 민간부문과 같이 일반적으로 인정된 회계 관행에 따라 재무제표를 작성하는 것을 원칙으로 하며, 필요한 부분에 대하여 운영지침을 제공하도록 규정하였다(국가회계기준센터, 2011). 현재 일반적으로 인정된 회계 원칙(GAAP)은 외부보고위원회(XRB)의 승인을 받아야 한다(김상노 외, 2013).

뉴질랜드의 발생주의 정부회계 제도는 1991~1992회계연도부터 중앙정부 통합재무제표가 산출되고 통합재무제표의 범위가 확대되면서 안정화되었다(임동완, 2011; Athukorala & Reid, 2003). 재무제표는 국제공공회계기준(IPSAS)과 국제회계기준

표 3-1 외부보고위원회(XRB) 조직구성

구 성	주요 업무
외부보고위원회 이사회 (XRB Board)	조직관리, 종합적인 재무보고개념체계, 회계기준개념체계, 기준제정위원회들에 대한 감독
뉴질랜드 회계기준위원회 (NZASB)	회계기준 제정과 개정 및 공표
뉴질랜드 감사 · 인증기준위원회 (NZAuASB)	감사 · 인증기준 제정과 개정 및 공표
외부보고위원회 지원팀 (The XRB Staff Team)	3개 위원회에 대한 업무지원

(IFRS)을 근간으로 작성한다(김상노 외, 2013; https://www.xrb.govt.nz/검색일자 2019.4.2). 뉴질랜드 정부는 기업에서 사용하고 있는 회계기준을 정부부문에 적용하고 있다. 이는 정부부문을 민간부문처럼 운영하고 있었고 정부회계기준이 회계사회 중심으로 제정되었기 때문에 이러한 방식이 가능하였다(김재훈, 2003; 이경섭, 2000; 이남국, 2005).

1989년 공공재정법은 재정상태표(Statement of Financial Position), 재정운영표(Operating Statement), 현금흐름표(Statement of Cash Flows), 차입표(Statement of Borrowings), 우발부채표(Statement of Contingent Liability), 미승인지출표(Statement of Unappropriated Expenses and Capital Expenditure), 긴급비용자본지출표(Statement of Emergency Expenses and Capital Expenditure), 회계정책서(Statement of Accounting Policies), 신탁재산표(Statement of Trust Money) 등을 작성하도록 하였다.

이후 재무제표는 약간의 변천을 거쳤으나 기본적 골격은 유사하게 운영된다. 최근 2018년 6월의 통합재무제표는 재정성과표(Statement of Financial Performance), 기능별 비용분석표(Analysis of Expenses by Functional Classification), 포괄손익표(Statement of Comprehensive Revenue and Expense), 순자산변동표(Statement of Changes in Net Worth), 현금흐름표(Statement of Cash Flows), 재정상태표(Statement of Financial Position), 부문표(Statement of Segments), 주석(Notes to the Financial Statements) 등으로 구성된다. 그리고 보충자료로서 미승인지출표(Statement of Unappropriated Expenditure), 긴급비용자본지출표(Statement of Expenses or Capital Expenditure Incurred in Emergencies), 신탁기금표(Statement of Trust Money) 등이 포함된다(주인기·박현영·김종선, 2012; http://www.treasury.govt.nz/검색일자 2019.4.2). 이외에도 부가정보로써 재정지표분석(Fiscal Indicator Analysis)과 공기업 및 책임운영기관(Crown) 등의 회계실체에 대한 정보(Information on State-Owned Enterprises and Crown Entities)를 제공한다.

(2) 감사보고서

뉴질랜드는 공공재정법(Public Finance Act 1989) 제30조의 규정에 따라 재무부가 회계기간 종료 후 2개월 이내에 연간 정부 재무제표(Annual Financial Statement of the Government)를 감사원에 제출한다(김상노 외, 2013).

재무제표에 대한 감사는 감사원이 수행한다. 이는 1989년의 재정법과 2001년의 공공감사법에 따른 것이다. 감사원은 의회 소속으로써 직무상 독립성이 보장된다. 감사원은 민간 회계법인에 감사업무 일부를 위탁하여 운영하고 있다. 이는 감사원의 인력 및 전문성을 보완하기 위함이다. 회계법인은 전체 업무의 47% 정도를 담당하고 있다(김상노 외, 2013; 허명순, 2010; 2013; http://www.oag.govt.nz/검색일자 2019.4.5).

뉴질랜드 감사원은 국제감사기준(International Standards on Auditing: ISA)을 근간으로 감사기준을 마련하고 정부 재무제표에 대한 감사를 수행한다. 감사기준은 외부보고위원회(XRB)의 분과위원회인 뉴질랜드 감사・인증기준위원회(NZAuASB)에서 제정한다(https://www.xrb.govt.nz/검색일자 2019.4.5). 감사보고서는 재무감사, 내부통제감사, 이행감사 등에 관한 내용을 포함한다. 첫째, 재무감사는 재무제표가 사전에 설정된 기준에 따라 공정하게 작성되었는지에 대한 의견을 표명할 목적으로 수행되는 감사이다. 둘째, 내부통제감사는 목적의 달성을 위한 시스템의 설계 및 운영의 효과성과 신뢰성 있는 재무보고 등을 포함하는 내부통제 제도가 적절하게 구축되어 있는지에 대한 내용이 포함되며 주로 재무제표의 적정성을 감사한다. 셋째, 이행감사는 법령, 절차, 규정 등의 이행 및 준수 여부에 대한 감사이다. 감사의견은 제시하지 않으나 법률, 절차, 규정 등에 대한 위반사항이 있는 경우 감사원장에게 보고한다. 뉴질랜드의 감사기준(Auditing Standards)에 의하면 재무제표에 대한 감사의견을 표명한다. 감사의견의 종류는 적정의견, 한정의견, 부적정의견, 의견거절로 구분된다(김상노 외, 2013; 박재환・이남주・허웅, 2012; http://www.oag.govt.nz/검색일자 2019.4.5).

감사원은 정부의 재무제표를 감사하여 감사보고서를 작성하고 30일 이내(회계연도 종료 후 3개월 이내)에 재무부에 감사결과를 통보한다. 감사결과를 받은 재무부 장관은 감사보고서, 재무제표 및 책임보고서 등의 연간결산보고서(Annual Report)를 하원에 제출한다. 재무부 장관은 재무제표, 감사보고서 및 책임보고서를 하원에 제출한 이후 가능한 이른 시점에 공시한다(김상노 외, 2013).

2. 제도의 토착화

1) 제도적 맥락

우리나라의 근대적 정부회계 제도는 일본의 정부회계 제도에 영향을 받았는데, 이는 우리나라가 정부수립 이후 최초로 재정법, 물품관리법, 국유재산관리법, 회계관계 직원 등의 책임에 관한 법률, 감사원 계산증명규칙 등을 제정하면서 일본의 해당 법률을 참고하였기 때문이다. 그런데 일본은 19세기 말에 정부회계시스템을 만들면서 독일의 성문법 체계와 회계시스템을 받아들였기 때문에 우리나라의 정부회계 제도는 독일 등에서 사용한 대륙형 유럽계통의 카메랄(cameral) 부기시스템과 유사하였다. 카메랄 부기시스템은 단식부기이면서 현금주의 정부회계 제도로 운영되었다(권오성 외, 2009). 우리나라는 1948년 최초로 국가 예산을 편성하여 운용한 이래 세입세출결산서를 주된 정부회계서류로 사용했다. 세입세출결산서는 단식부기이면서 현금주의로 작성되는데, 주로 세금으로 조달되는 현금자원을 세입으로 하고 예산과목을 기준으로 지출에 대한 세출계획을 수립하고 집행 및 통제하는 과정을 기록하는 보고서로써 다양한 정보이용자를 위한 체계적인 정보제공이 어려웠다(김경호, 2018; 김재선, 2002).

우리나라에서 정부회계 제도의 개혁은 IMF 경제위기 때부터 본격적으로 시작되었다.[5] IMF 등의 국제기구는 재정의 건전성, 효율성, 책임성, 투명성 등을 향상하기 위하여 개혁을 권장하였다. 특히, 1997년 말 외환위기를 해결하기 위한 IMF의 자금제공 조건이 기업들의 회계 투명성 제고를 위하여 국제적 정합성이 있는 회계기준을 민간전문기구가 제정할 것을 요구하였고 결과적으로 이러한 요구는 공공부문까지 확대되었다. 이와 더불어 개혁 선도국의 영향도 있었다. 뉴질랜드 등 여러 국가의 발생주의 정부회계 제도의 성공은 학자들에 의하여 소개되었다(국가회계기준센터, 2012).

---

5) 일본은 2000년에 발생주의 정부회계 제도 개혁을 시작하여 5년 이내에 완성한 것으로 알려져 있다. 그러나 재무제표는 현금주의 결산서의 보조의 용도로만 사용하여 국회에 공식적으로 제출하여 검토받는 과정이 없다(Moretti & Youngberry, 2018). 그리고 우리나라는 제도의 이전 과정에서 일본의 제도가 거의 소개되지 않은 점으로 미루어보아 일본의 영향을 받지 않은 것으로 판단된다.

1997년 대통령 선거에서 당시 김대중 후보가 발생주의 정부회계 제도의 도입을 공약으로 제시하고, 국정과제로 정부회계 제도 개혁을 추진하였다. 발생주의 정부회계 제도 개혁은 1998년 5월에 재정경제부가 도입방침을 제시하고 6월에 기획예산위원회가 발생주의 정부회계 제도 도입을 국정과제로 확정함으로써 시작되었다. 12월에는 정부회계 제도 개선추진협의회와 자문위원회가 구성되어 개편방향과 향후 추진대책을 검토하였다(국가회계기준센터, 2012; 이남국, 2003b; 편호범, 2004).

1999년 1월에는 정부회계 제도 개편방안을 마련하고 5월에 회계법인과 전산시스템개발업체에 발생주의 정부회계 제도 도입을 위한 연구개발용역을 위탁하여 정부회계기준 시안작성과 전산시스템의 개발을 추진하였다(국가회계기준센터, 2012; 김혁 외, 2004). 재정경제부는 회계법인의 용역 결과로 정부회계기준 초안(1차 정부회계기준 시안)이 마련됨에 따라 2000년 2월에 제1기 정부회계기준위원회를 구성하였다. 정부회계기준위원회는 지속적인 회의를 거쳐 2002년 2월에 2차 정부회계기준시안을 만들었다. 그리고 2002년 2월에 제2기 정부회계기준위원회가 구성되었는데 이 위원회는 2차 정부회계기준시안을 재검토하여 3차 정부회계기준시안을 만들었다(국가회계기준센터, 2012; 김경호, 2018).

이후 2004년 3월 국정과제회의에서 재정혁신과제로 예산회계 제도 혁신 및 국가통합재정정보시스템 구축을 국정과제로 추진하기로 하였다. 이에 따라 동년 5월 관계부처 공무원과 재정, 회계, IT 등 분야별 전문가로 디지털예산회계기획단을 구성하였다. 그리고 2004년 말까지 업무전략계획(Business Strategy Planning: BSP) 및 전략적 마스터플랜을 마련하고, 2005년 업무재설계(Business Process Reengineering: BPR) 및 정보전략계획(Information Strategy Planning: ISP)을 수립한 후 디지털예산회계시스템을 개발하였다(윤영진, 2014; 임동완, 2012; 전현철, 2005; 황혜신, 2010).

기획재정부는 정부회계법을 국가회계법으로 명칭을 변경하여 2005년 10월에 최종시안을 마련하였다. 그리고 관련 전문가 및 관련 기관의 협의를 거쳐 국가회계법 제정안을 마련하고 2006년 12월에 국회에 제출하였다. 이후 공청회를 개최하여 의견을 수렴하고 국회에서의 논의를 거쳐 2007년 7월 국회 재정경제위원회에서 수정가결되었고, 9월 본회의에서 통과되어 2009년 1월 1일부터 시행되었다. 한편, 2006년 6월에 정부회계기준위원회를 개편하여 국가회계기준심의위원회를 구성하였으며, 국가회계기준심의위원회를 중심으로 2007년 3월에 국가회계기준시안을 마련하였다. 그리고 국가회계기준에 관한 규칙(기획재정부령)은 2009년 3월 제정 및 공표되었다 (국가회계기준센터, 2012; 임동완, 2011; 심재영, 2010).

2007년 1월부터 디지털예산회계시스템을 운영하고 있다. 디지털예산회계시스템은 예산정보관리시스템(FIMSys)과 국가재정정보시스템(NAFIS)을 통합 및 확대 개편한 시스템으로, 예산과정 전반이 하나의 시스템에서 처리될 수 있으며 프로그램 예산제도, 발생주의 정부회계 제도 등 새로운 제도가 구현되었다. 특히, 디지털예산회계시스템은 발생주의 정부회계 제도의 효과적 적용을 위하여 정부 거래를 실시간 자동으로 분류하여 처리한 후, 재무제표를 산출하고 나아가 사업의 원가를 산출하여 성과관리에 활용할 수 있도록 하였다. 디지털예산회계시스템은 2011년 3월에 사업관리시스템 고도화를 완료하였고, 2011년 12월에 성과관리시스템 구축 및 국유재산시스템 고도화를 완료하면서 지속적으로 진화하였다(윤영진, 2014; 임동완, 2012; 전현철, 2005; 황혜신, 2010, 한국재정정보원, http://www.kpfis.or.kr/index.do/검색일자 2019.5.3).

기획재정부는 2010년에 국가회계제도 선진화 3개년 추진계획(국가회계운영시스템 정비 · 국가회계인력 전문성 제고 · 국가회계 인프라 구축)을 마련하였다. 그리고 발생주의 정부회계 제도의 정착과 발전을 위하여 국가회계기준센터를 설치하였다. 국가회계기준센터는 국가회계법 제11조 제4항에 따라 경쟁입찰의 방법으로 한국공인회계사회를 위탁기관으로 선정하였다. 국가회계기준센터는 2010년 7월 공식적으로 발족하였다. 이후 2014년 국가회계기준에 관한 업무 위탁기관은 한국공인회계사회에서 한국조세재정연구원으로 변경하였다(국가회계기준센터, 2012; 박성환 외, 2018; 임동완, 2017).

국가회계재정통계센터는 국가회계팀, 결산교육팀, 재정통계팀, 회계연구 TFT로 구성되어 있다(http://gafsc.kipf.re.kr/kor/center/org1.aspx/검색일자 2019.3.25). 국가회계재정통계센터는 국내 · 외 국가회계기준을 조사 및 연구하고, 재정분석기법을 개발 및 활용을 수행하며, 국가회계기준 개선을 위한 결산보고서 분석을 수행한다(국가회계법시행령 제2조의3).

2016년 7월에는 한국재정정보원이 개원하였다. 한국재정정보원은 디지털예산회계시스템 운영과 국제협력, e나라도움 운영, 사이버안전센터 운영, 재정정보분석 등의 업무를 수행한다(한국재정정보원법 제1조 및 제5조 제1항, http://www.kpfis.or.kr/ 검색일자 2019.5.2).

2) 제도의 특징

(1) 세입세출결산서와 재무제표

우리나라의 결산서는 세입세출결산서, 재무제표, 성과보고서 등을 포함한다. 이 중 세입세출결산서는 발생주의 정부회계 제도를 도입하기 이전부터 운영한 결산서로써 발생주의 정부회계 제도 도입 이후에도 계속 운영하였다. 이는 무엇보다 법령상 제약 때문이다. 헌법(제97조), 감사원법(제21조) 등은 국가의 세입세출의 결산을 명시하고 있어 발생주의 정부회계 제도 도입 이후에도 세입세출의 결산을 유지하는 것으로 판단된다.[6]

세입세출결산서는 발생주의 정부회계 제도의 원형에서는 존재하지 않는 것으로 현금주의 정부회계 제도가 발생주의 정부회계 제도 도입 이후에도 유지되고 있는 경로의존적인 특징을 나타낸다. 일반적으로 발생주의 정부회계 제도를 도입한 국가들의 재무제표는 재정운영표, 재정상태표, 순자산변동표, 현금흐름표 등을 포함하고 있고 국제공공회계기준(IPSAS)의 재무제표도 현금흐름표를 포함하고 있다. 그러나 우리나라는 다른 국가와는 달리 현금흐름표가 없고 세입세출결산서가 이와 유사한 기능을 수행한다(국가회계기준센터, 2012).

재무제표는 국가회계법에 규정되어 있는데 2009년에 시행된 국가회계법 제13조에 의하면 중앙관서의 장과 기금관리 주체는 회계연도마다 이 법으로 정하는 바에 따라 재무회계 방식의 결산을 수행하고 재무보고서를 작성하여야 함을 명시하였고, 동법 제14조에서 재무보고서는 재무보고총평, 재무제표 등으로 구성됨을 명시하였다. 그리고 동법 제16조에서는 재무제표가 재정의 상태를 나타낸 재정상태보고서, 재정의

6) 발생주의 정부회계 제도 도입 초기에는 세입세출결산은 국가재정법 제58조에 명시하였고, 재무제표는 국가회계법 제14조에 명시하였으나 이후 이를 통합하여 국가회계법 제14조에 함께 명시하였다.

운영 결과를 나타낸 재정운영보고서, 순자산의 변동 내역을 나타낸 순자산변동보고서 등으로 구성됨을 명시하였다. 그리고 재정상태보고서는 자산, 부채, 순자산으로 구분하여 표시하였고, 재정운영보고서는 사업별로 구분하여 사업별 원가로 표시하는 것을 원칙으로 하였으며, 자산・부채・순자산의 구분방법, 사업의 구분방법, 원가의 계산방법 등 재무제표의 작성에 관한 구체적인 사항은 국가회계기준으로 정하였다. 이후 재정상태보고서는 재정상태표, 재정운영보고서는 재정운영표, 순자산변동보고서는 순자산변동표로 명칭을 바꾸었다(전중열, 2017).

그리고 국가회계예규 등이 마련되어 현재 국가회계의 법령체계는 국가회계법, 국가회계법시행령(대통령령), 국가회계기준에 관한 규칙(기획재정부령) 및 국가회계예규(기획재정부 예규)를 규정한 체계로 되어 있다(김완희 외, 2015).

국가회계기준에 관한 규칙에 따르면 재정상태표는 자산, 부채, 순자산으로 구성된다(제7조 제1항). 자산은 유동자산, 투자자산, 일반유형자산, 사회기반시설, 무형자산, 기타 비유동자산으로 구분한다(제9조 제2항). 부채는 유동부채, 장기차입부채, 장기충당부채, 기타 비유동부채로 구분한다(제17조 제2항). 순자산은 기본순자산, 적립금 및 잉여금, 순자산조정으로 구분한다(제23조 제1항). 한편, 재정운영표는 프로그램순원가, 재정운영순원가, 재정운영 결과로 구분한다(제25조 제1항). 순자산변동표는 기초순자산, 재정운영 결과, 조정 항목, 기말순자산으로 구분한다(제52조 제4항).

(2) 검사보고서

발생주의 정부회계 제도 도입 이후에도 정부는 뉴질랜드 등의 국가에서 운영하는 감사 제도를 도입하지 않고 과거부터 운영한 검사 제도를 유지하였다. 발생주의 정부회계 제도 도입 초기 국가회계법 제20조에서는 감사원은 재정경제부 장관이 제출한 국가재무보고서와 첨부서류를 검사함을 명시하였다. 이는 헌법에 근거한 것으로써 헌법 제99조에 의하면, 감사원은 세입세출의 결산을 매년 검사하여 대통령과 차년도 국회에 그 결과를 보고하여야 함을 명시하였고, 유사하게 감사원법 제21조에 의하면 감사원은 회계검사의 결과에 따라 국가의 세입세출의 결산을 확인함을 명시하였다. 국가재정법도 제60조와 제61조 등에서 검사로 규정하였다. 이는 제도적 제약으로 인한 경로의존적 특징이 나타난 것을 의미한다.

그런데 감사원은 결산검사의 대상을 확대하였다. 즉, 기존의 회계검사는 세입세출결산서만이 검사 대상이었으나, 2011회계연도 이후에는 기존의 세입세출결산서 검사뿐만 아니라 재무제표도 검사의 대상으로 확대하였다(양은전 · 김경만, 2012).

이는 우리나라 헌법 제99조에서 명시하고 있는 '감사원은 세입 · 세출의 결산을 매년 검사하여'의 의미를 넓게 해석하는 것으로써, 세입 · 세출의 결산을 세입세출결산서와 재무제표를 포함하는 의미로 해석하거나 세입 · 세출의 의미를 예시적인 것으로 간주하여 결산에 재무제표 등을 포함하는 것으로 해석하는 견해이다. 또한 국가재정법 제60조에서 감사원이 국가결산보고서를 검사함을 명시하고 있고, 국가회계법 제13조에서는 국가결산보고서는 중앙관서결산보고서를 통합하여 작성한다고 규정되어 있으며, 동법 제14조에서 결산보고서는 결산 개요, 세입세출결산, 재무제표, 성과보고서 등으로 구성됨을 명시하고 있으므로 재무제표 검사도 감사원의 검사 대상에 포함되는 것으로 해석된다(안진회계법인, 2010; 임동완, 2015).

국가재정법 제60조 및 부칙 제2조에 따라 2009회계연도 재무제표 검사 및 2010회계연도 재무제표 검사는 감사원 검사와 국회 보고를 생략하였으나, 감사원은 2010년과 2011년에 3차례 시범점검을 수행하고 그 결과를 기획재정부에 송부하였다. 그리고 2011회계연도 재무제표 검사부터 중앙관서 재무제표 및 국가재무제표를 국가회계기준 등에 따라 작성되었는지 검사하여 그 결과를 국회에 제출한다(국가회계기준센터, 2012).

또한 발생주의 정부회계 제도 도입 이후 감사원은 재무제표 검사를 효율적으로 추진하기 위하여 다양한 노력을 수행하였다. 첫째, 재무제표 검사를 지원하기 위한 T/F를 구성하여 운영하였다. T/F는 감사원 직원과 회계법인 검사보조책임자로 구성하였고 T/F는 재무제표의 신뢰성을 높이기 위해 검사준비, 검사시행, 검사보고 과정을 총괄하고 국가재무제표 검사업무를 수행하였다. 둘째, 재무제표 검사를 위한 전문성제고 및 인력의 보완을 위하여 회계법인을 검사업무의 보조자로 활용한다. 2011회계연도 재무제표 검사부터 중앙관서를 수 개의 군으로 분류하고 경쟁입찰을 통하여 회계법인(컨소시엄)을 업무보조자로 선정하였다. 이는 재무제표 검사결과의 품질을 확보하고 한정된 검사자원을 효율적으로 활용하기 위함이다(양은전 · 김경만, 2012; 염호열, 2013; 임동완, 2017).

재무제표 검사는 기존의 세입·세출결산 검사와는 달리 재무제표 표시내용이 국가회계기준에 부합하는지를 판단하는 것이다. 따라서 재무제표를 검사하면서 준수해야 하는 검사기준을 마련하는 것이 필요하였다. 또한 검사업무의 책임을 명확하게 하고 행정환경에 부합하는 표준검사메뉴얼을 마련하는 것이 검사위험 관리를 위하여 필요하였다. 그러나 아직 기업의 재무제표 감사기준과 같은 재무제표 검사기준은 없다(양은전·김경만, 2012; 염호열, 2013; 이종운, 2010; 임동완, 2017).

국가회계법 제24조 제1항에서는 중앙관서의 장은 회계처리의 적정 여부와 결산보고서의 신뢰성을 평가하기 위하여 회계책임관이 이에 관한 사항을 관리·감독하는 등 내부통제를 하게 하여야 함을 명시하고 있다. 내부통제 제도는 오류와 부정을 최소화하기 위한 제도적 장치로서 신뢰할 수 있는 정보를 창출하는 것을 목적으로 한다. 재무제표를 감사할 때에는 회계 정보가 생산된 과정을 추적하고 점검하게 되는데 내부통제 제도의 평가가 필요하다. 회계감사는 내부통제 제도를 평가한 후에 재무보고서의 정보를 확인하기 때문에 내부통제 제도가 갖춰지는 것이 필요하다(윤성식, 2004). 그러나 감사원은 재무제표 검사에 국가회계기준 등에 따라 작성되었는지는 점검하나 내부통제는 점검하지 않고 있다(박재환·이남주·허웅, 2012).

제 4 절 제도의 토착화를 위한 제언

1. 재무제표의 작성

뉴질랜드는 국제회계기준 및 공공회계기준을 근간으로 정부회계기준을 마련하고 다양한 재무제표를 작성하여 정보이용자에게 제공하고 있으며 통합재무제표의 범위를 확대하여 국가 전체의 자산, 부채, 비용, 수익 정보 등을 제공하고 있다. 반면, 우리나라는 세입세출결산서를 운영하면서, 국제회계기준과는 다른 정부회계기준을 마련하고 소수의 재무제표만 작성하고 있으며 통합재무제표의 범위도 중앙정부만 포함되어 있다. 그 결과 뉴질랜드와는 달리 재무제표 활용에 제한이 있다. 우리나라에서 재무제표 작성에 대한 토착화 방안은 다음과 같다.

첫째, 뉴질랜드는 국제회계기준(IFRS) 및 국제공공회계기준(IPSAS)을 근간으로 정부회계기준을 운영하고 있다. 이는 뉴질랜드는 정부회계기준위원회가 민간 공인회계사회 소속으로 발전하였기 때문이다. 현재는 외부보고위원회(XRB)에 산하의 뉴질랜드 회계기준위원회에서 회계기준을 마련하고 있다(김상노 외, 2013; 주인기・박현영・김종선, 2012; Athukorala & Barry, 2003; https://www.xrb.govt.nz/검색일자 2019.3.29). 반면, 우리나라는 국가회계기준을 운영하고 있는데 이는 국제회계기준이나 국제공공회계기준과는 차이가 있다. 이는 국가회계제도심의위원회가 전문성을 갖추고 있지만 기획재정부 소속으로 운영되면서 우리나라의 특성을 반영한 정부회계기준을 제정하였기 때문이다(정성호, 2016a; 2016b). 그 결과 국가 간 비교가 어렵고 활용에 제한적이다. 따라서 국제적 기준에 적합한 정부회계기준을 마련하는 것이 필요하나 급격하게 변경하기보다는 우리의 실정을 반영하여 단계적으로 변경시키는 것이 필요하다.

둘째, 뉴질랜드는 정보이용자에게 다양한 정보를 제공하기 위하여 재무제표의 종류를 점차 확대하였다. 현재 뉴질랜드의 재무제표는 재정성과표, 기능별 비용분석표, 포괄손익표, 순자산변동표, 현금흐름표, 재정상태표, 부문표, 주석 등을 포함한다(주인기・박현영・김종선, 2012; http://www.treasury.govt.nz/검색일자 2019.3.29). 반면, 우리나라의 재무제표는 재정상태표, 재정운영표, 순자산변동표 등을 포함한다(국가회계법 제14조 제3호). 이와 같이 뉴질랜드는 재무제표의 종류가 다양하여 제공되는 정보가 많아 정보이용자의 활용 가능성이 높지만 우리나라는 그러하지 못하다. 따라서 헌법, 감사원법 등에 명시되어 있는 세입세출결산서는 유지하더라도 우리나라에서 필요한 정보를 조사하고 관련 법령을 개정하여 유용한 재무제표를 생산하여 제공하는 것이 필요하다.

셋째, 뉴질랜드는 통합재무제표의 범위를 점차 확장하여 공공부문도 통합재무제표에 포함된다. 반면, 우리나라의 통합재무제표는 국가회계기준 및 국가회계예규 등에 따라 회계・기금별 재무제표를 소관 중앙관서별로 통합한 중앙관서별 재무제표와 중앙관서별 재무제표를 통합한 국가재무제표가 작성된다. 그 결과 중앙정부 이외에 다른 공공부문이 포함되지 않아 국가 전체를 포괄하는 재정상태 및 재정운영의 명세를 알기 어렵다. 따라서 통합재무제표의 범위를 지방자치단체와 공공기관을 포함하는 방향으로 단계적으로 확장하는 것이 필요하다. 그런데 우리나라는 중앙정부, 지방정부, 공공기관이 별도의 회계개혁을 추진했기 때문에 각각의 회계기준위원회와 다른 법령을 운영하고 있다. 따라서 이들의 연계를 위하여 회계기준조정위원회를 설립하거나 회계기준위원회를 통하는 방안 등을 고려하는 것과 함께 회계기준을 개정할 때에는 공공부문의 회계기준이 연계될 수 있도록 기준을 정비하는 것이 필요하다(임동완, 2017; 임석식 · 정기영, 2004).

2. 재무제표 검사

뉴질랜드의 재무제표에 대한 감사는 회계법인 또는 공인회계사를 활용하는데 민간에서 감사를 수행하고 입법부 소속의 감사원이 승인한다. 또한 감사의 신뢰성을 확보하기 위하여 국제감사기준을 근간으로 재무감사, 준법감사, 내부통제감사 등을 수행하고 감사의견을 표명한다. 한편, 우리나라의 재무제표에 대한 검사는 재무제표가 국가회계기준 및 국가회계예규 등을 준수하여 작성되었는지를 확인한다. 그리고 재무제표의 오류를 제시하지만 결산검사보고서에 검사의견을 표명하지는 않는다(박재환 · 이남주 · 허웅, 2012; 윤지경 · 전성만 · 임동완, 2015). 그 결과 재무제표의 신뢰성 확보에 어려움이 있다. 우리나라 검사 제도의 바람직한 토착화 방안은 다음과 같다.

첫째, 뉴질랜드는 국제감사기준을 근간으로 정부 재무제표에 대한 감사를 수행하고 있다(https://www.xrb.govt.nz/검색일자 2019.3.29). 감사기준은 외부보고위원회(XRB) 산하의 뉴질랜드 감사 · 인증기준위원회(NZAuASB)에서 제정한다(김상노 외, 2013). 그런데 우리나라는 헌법, 감사원법 등에 의하여 감사 제도가 아닌 검사 제도를 활용하고 있으나 우리나라 법령에서는 정부 재무제표 검사에 대한 명시적인 정의가 없다. 따라서 법령 등에 정부 재무제표 검사의 의미를 명시하는 것이 필요하다. 그리고 정부 재무제표 검사의 절차 및 방법을 체계적으로 제시하는 것이 필요하다. 이를 위해서는 국제감사기준을 고려하여 정부 재무제표 검사기준과 관련 매뉴얼을 체계적으로 관리할 필요가 있다.

둘째, 뉴질랜드 감사원은 감사기준에 따라 재무제표를 감사할 때 내부통제를 포함한다(박재환 · 이남주 · 허웅, 2012; 안진회계법인, 2010). 뉴질랜드 감사원의 감사는 단순한 계수 확인의 단계를 넘어 재무제표에 대한 내부통제시스템의 효과성 검토, 대상 기관의 통제시스템이나 절차상의 개선방안 도출까지 포함하여 재무제표에 대한 신뢰성을 높이고 있다(허명순, 2013). 그런데 우리나라 감사원의 결산검사는 예산집행의 위법사항 및 부당사항을 확인하는 세입세출결산검사와 재무제표가 회계기준 및 예규에 따라 작성되었는지에 대한 재무검사를 수행하나 내부통제에 대한 검사는 미흡하다. 현행 국가회계법 제24조는 내부통제에 관해 규정하고 있으므로 결산보고서의 신뢰성을 향상시키기 위하여 회계처리의 적정성을 제고하는 내부통제 검사도 수행할 필요가 있다(임동완, 2015). 다만, 내부통제는 우리나라에서 뉴질랜드와 같은 방식으로 수행되기에는 능력과 자원의 부족이 있으므로 내부통제에 대한 개념이 명확히 정의되고 시스템이 구축되어 운영 경험이 축적된 이후에 체계적으로 도입할 필요가 있다.

셋째, 뉴질랜드 감사원은 의회 소속으로 행정부로부터 독립성이 확보된다. 한편, 우리나라는 행정부 소속이다. 의회 소속인 경우 정부가 작성한 재무제표에 대한 감사를 독립적으로 수행하는 데 적합한 것으로 판단된다(Moretti, 2016). 우리나라는 헌법에 감사원 설치가 명시되어 있어 소속을 변경하기는 어려우나 독립성은 보장되어 있다. 그리고 헌법, 감사원법, 국가재정법에는 감사원이 검사주체로 명시되어 있으므로 검사보고서 등을 작성할 때에는 감사원이 검사주체가 되어야 한다. 그래서 기존에 수행하던 업무와의 함께 재무제표 검사를 감사원 인력으로 수행하기 어려워 회계법인의 인력을 검사보조자로 활용하여 검사를 실시하고 있다. 다만, 관서의 업무 특성 및 관련 자료의 중요성에 따라 일부 관서는 감사원에서 직접 실시하기도 한다(박재환 · 이남주 · 허웅, 2012; 윤지경 · 전성만 · 임동완, 2017; 임동완, 2015). 실무에서 회계법인을 활용하는 경우가 많으므로 관련 법령에서 검사보조자를 활용할 수 있음을 명시하는 것도 필요하다. 또한 회계법인의 검사 품질관리를 위한 품질감리기준을 감사원규칙으로 마련하여 자격 있는 회계법인을 검사보조자로 활용하여야 한다(박재환 · 이남주 · 허웅, 2012).

넷째, 검사보고와 관련하여 의견제시에 대한 논의가 필요하다. 뉴질랜드는 감사원장 명으로 감사의견을 제시하고 있다. 또한 감사받은 재무제표를 재무부 또는 감사원 홈페이지에 공시하고 있다. 감사의견으로는 적정의견, 한정의견, 부적정의견, 의견거절이 있다. 우리나라 감사원은 뉴질랜드와는 달리 감사의견을 제시하지는 않는다. 따라서 재무제표에 대한 신뢰성이 확보되었는지 확인하기 어렵다. 따라서 감사원법, 국가회계법 및 동법 시행령 등을 개정하고 검사기준을 마련하여 검사의견을 제시하는 것을 명시하는 것이 합리적 방안이다(박재환 · 이남주 · 허웅, 2012; 임동완, 2015).

제 5 절 결 론

뉴질랜드는 1980년대 이래로 1986년 공기업법, 1988년 공공부문법, 1989년 공공재정법 등을 제정하여 공공부문 개혁을 시행하였다. 이러한 개혁의 일환으로 시행된 발생주의 정부회계 제도는 공공부문의 효율성, 투명성, 책임성을 향상하기 위함이었다. 많은 국가는 뉴질랜드의 발생주의 정부회계 제도를 도입하려고 시도하였고 뉴질랜드의 정부회계모델은 여러 국가로 확산하였다. 그런데 현재 제도의 본지는 대체로 유사하게 전파되고 있으나 운영 형태는 다양한 모습으로 확산하고 있다. 이는 국가와 지역별로 제도적 맥락에 차이가 존재하기 때문이다.

우리나라는 외환위기 이후 재정경제부가 주관이 되어 발생주의 정부회계 제도 개혁이 시작되었고, 정부회계기준위원회(국가회계기준심의위원회, 국가회계제도심의위원회) 구성, 디지털예산회계시스템 운영, 국가회계법과 국가회계기준에 관한 규칙의 제정 등이 이루어져 시행되고 있다. 그런데 우리나라의 발생주의 정부회계 제도는 제도의 원형을 받아들인 부분도 있지만 원형과는 다른 형태로 운영되는 부분도 있다. 구체적으로 살펴보면 뉴질랜드와 같이 재무제표를 산출하고 있으나 현금흐름표가 존재하지 않고 세입세출결산서를 운영하고 있으며 감사 제도가 아닌 검사 제도를 운영한다. 이는 제도적 맥락에 의한 제도적 제약으로 인하여 경로의존적 특징과 경로창조적 특징이 함께 나타나고 있기 때문이다.

이처럼 우리나라의 발생주의 정부회계 제도는 제도의 원형과는 다른 형태로 운영되고 있는데, 발생주의 정부회계 제도가 그 본지를 시행하는 바람직한 방향으로 토착화되기 위해서는 우리나라의 제도적 맥락에 적합한 개선방안이 모색되어야 한다. 우리나라에서 발생주의 정부회계 제도가 바람직한 방향으로 토착화하기 위해서는 세입세출결산서를 운영하면서도 발생주의 정부회계기준을 점차 국제적 기준에 적합하게 정비하여야 하고, 재무제표의 종류를 다양화하여야 하며, 통합재무제표의 범위를 확대하여야 한다. 그리고 검사 제도를 유지하면서도 검사의 의미를 재무제표에 대한 감사를 포함하는 의미로 확대하여 해석하는 것과 함께 회계법인을 적극적으로 활용할 수 있는 법적 기반을 마련하고 감사기준에 준하는 검사기준으로 정비하여 내부통제를 시행하고 감사의견을 제시하여야 한다.

제도는 맥락을 반영하여 운영된다. 따라서 모든 국가에 적용되는 최선의 방법은 없으며 제도를 도입하고자 하는 국가의 제도적 맥락을 인지하고 이를 제도 발전에 반영하는 것이 필요하다. 뉴질랜드에서 성공적으로 운영되고 있는 발생주의 정부회계제도를 도입한다고 해서 우리나라에서도 제도가 성공적으로 운영되는 것은 아니다. 뉴질랜드와 우리나라는 제도적 맥락이 차이가 있으므로 뉴질랜드와 같은 방식으로 발생주의 정부회계 제도를 운영할 수는 없다. 재정의 효율성, 투명성, 책임성을 향상하려는 발생주의 정부회계 제도의 본지를 구현하기 위해서는 우리나라의 제도적 맥락을 고려하여 우리의 실정에 맞는 운영방법을 합리적으로 개발하여야 한다.

CHAPTER 04

정신보건 제도의 도입과 토착화 :
정신질환자의 탈원화와 지역사회 정신보건을 중심으로

하경희*

미국을 비롯한 선진국의 정신보건 제도는 1950년대 이후 탈원화와 지역사회 정신보건으로 패러다임을 전환해 왔다. 한국은 1995년 정신보건법의 제정으로 정신보건 제도가 본격적으로 도입되었으나 여전히 많은 비판을 받고 있다. 이에 이 글에서는 한국에 정신보건 제도가 도입된 이후 왜 외국과는 큰 차이를 보이고 있는지를 분석하고자 하였다. 이를 위해 제도 수출국으로서 미국과 일본을 살펴보고, 한국적 맥락과 외국 제도의 정합성 문제와 도입 이후의 토착화 과정에 대해 분석하였다. 한국은 도시화, 산업화로 인해 정신질환자에 대한 가족보호가 취약해지고, 정신질환 관련 범죄가 사회적 이슈가 되면서 의료계를 중심으로 정신보건 제도가 도입되었다. 하지만 정신질환에 대한 사회적 태도의 차이, 통합적인 정책 기제 부재, 재원의 부족, 의료적 패러다임이라는 네 가지 요인으로 인해 탈원화의 실패와 지역사회 정신보건의 미흡이라는 결과를 가져왔다. 이후 OECD 등 국제기구의 비판과 입원절차 헌법불합치 결정, 2000년대 이후 당사자 조직의 결성과 운동, 의료계의 저항 등 내·외부적 압력에 부딪혀서 2016년 정신건강복지법으로의 소극적인 제도 변형이 이루어졌다. 하지만 여전히 제도 수출국인 미국과는 현저한 차이를 보이며, 일본과는 탈원화는 유사하되 지역사회 정신보건은 큰 차이를 보이고 있다.

이 글은 『한국사회와행정연구』 제30권 제1호에 게재된 논문을 수정·보완한 것임.
* 아주대학교 공공정책대학원 부교수(hayosa@naver.com)

제1절 서 론

한국에서 1995년 정신보건법이 제정되고 20여 년이 지난 2016년은 정신보건 제도를 둘러싸고 가장 뜨거운 논쟁이 붙은 해였다. 정신보건 제도 개선에 대한 국내·외적 압력, 정신질환자 당사자 단체를 중심으로 한 급진적 개혁의 주장, 그리고 변화에 비판적인 의료계까지 첨예하게 부딪혔다. 그 과정을 통해 정신보건법은 '정신건강증진 및 정신질환자 복지서비스 지원에 관한 법률(이하 정신건강복지법)'으로 전면 개정되었다. 개정된 법이 정신질환자의 인권보호와 복지증진에 기여했다는 평가도 있지만, 실제적인 변화를 가져오기에는 여전히 선언적 구호에 그치고 있다는 비판도 크다. 특히, 최근 정신질환자의 범죄가 큰 사회적 이슈로 등장하면서, 정신보건 제도의 개선에 대한 관심과 요구가 그 어느 때보다 높아지고 있다.

한편, 각국 정부는 정책결정 과정에서 다른 국가나 국제기구의 성공한 정책이나 제도를 참고 또는 채택하는 사례가 증가하고 있다. 이는 특정한 문제를 해결하기 위한 정책형성 과정에서 가장 손쉬운 대안탐색 및 개발의 방법일 뿐만 아니라, 이미 유사한 정책을 추진하였거나 추진하고 있는 다른 국가들의 경험을 참고함으로써 정책 집행상의 시행착오를 최소화할 수 있는 장점이 있기 때문이다(Dolowitz, 2004). 한국의 정신보건 제도 또한 일찍이 정신보건 제도를 구축해 오고 있는 선진국의 제도를 참고하거나 채택해 오고 있다.

전 세계적으로 정신보건 제도는 1950년대 이후 큰 패러다임의 전환을 맞이하였다. 정신질환자에 대한 수용과 감금의 역사가 끝나고 이들이 병원이나 시설이 아닌 지역사회에서 통합적으로 살아가기 위한 지원체계가 강조되었다. 즉, '탈원화'와 '지역사회 정신보건'이 정신보건 제도의 핵심이 되었다. 이를 위해 정신병원의 입원병상 수를 축소하고, 부적절한 입원을 최소화할 수 있도록 입원 절차를 강화하고, 입원하지 않고도 지역사회에서 살아갈 수 있도록 사례관리, 주거, 고용 등의 지역사회 서비스 체계를 구축해 나갔다.

한국은 1970년대까지 대가족 제도와 농촌형 지역사회로서, 정신질환자에 대한 돌봄은 가족의 책임과 보호 하에 있었다. 일부 부랑인이 있었지만 사회문제로까지 발전하지는 않았다. 하지만 1980년대 이후 도시화, 산업화가 진행되면서 가족지지체계가 약화되고, 정신질환자가 더 이상 적절한 보호를 받지 못하면서 범죄 등 사회적 문제에 휘말리게 되거나 기도원과 무허가시설에 감금되는 일이 만연하였다. 특히, KBS TV의 '추적 60분'을 통해 비참한 기도원의 실상이 폭로되거나, '여의도 질주사건'과 같이 정신질환 관련 범죄가 큰 이슈가 되면서 정신보건 제도 도입에 대한 사회적 요구가 높아졌다.

이에 1980년대부터 정신의학계를 중심으로 정신보건법안이 제안되고 몇 차례에 걸친 시도 끝에 1995년 정신보건법이 최초로 제정되었다. 이는 그동안 민간에게 맡겨졌던 정신질환자에 대한 치료와 보호를 공적인 제도화하였으며, 지역사회 서비스 체계의 기반을 마련하였다는 데 큰 의의를 가진다. 하지만 이후 20년 간 정신보건 제도는 '탈원화'와 '지역사회 정신보건'을 핵심으로 하는 서구의 정신보건 제도와는 역행하는 방향으로 추진되어 왔다. OECD국가 중 정신병상 수가 유일하게 증가하고 있고, 입원에 대한 결정 권한을 가족과 정신과전문의에게 과도하게 부여하고 있으며, 지역사회 정신보건은 형식적인 체계만을 갖추고 있다는 비판을 받고 있다.

하지만 한국의 정신보건 제도 자체에 대한 연구는 아직까지 많이 이루어지지 못하고 있다. 정신보건 분야는 의학, 간호학, 사회복지학, 심리학 등 다학제적인 연구들이 이루어지고 있지만 주로 임상적 치료와 서비스 중심의 연구가 이루어지고 있으며 정책적인 연구는 매우 제한적이다. 일부 선행연구에서 한국의 정신보건 제도에 대한 비판과 제언을 하고 있다(김종석 · 김준현, 2010; 김문근 외, 2015; 박선주, 2017; 서동우, 2007; 신권철, 2018; 이용표, 2005; 홍선미 외, 2009; 홍선미 외, 2016). 이 연구들은 한국에서의 탈원화와 지역사회 정신보건의 한계를 지적하면서, 외국의 프로그램이나 정책들을 대안으로 제시하고 있다. 하지만 정신보건법이 제정된 지 20년 간 이러한 논의들이 실제 정책에는 거의 반영되지 못하였다. 즉, 한국 정신보건 제도가 어떠한 맥락과 과정을 통해 토착화되어왔는지에 대한 검토 없이, 제도의 도입만을 주장하는 것은 한계가 있다.

이에 이 글은 한국에 정신보건 제도가 도입된 이후 왜 외국과는 큰 차이를 보이고 있는지를 분석하고자 한다. 이를 위해 정신보건 제도 수출국으로서 미국과 일본의 제도에 대해 살펴보고, 이들 국가의 정신보건 제도가 한국에 도입되고 토착화되는 과정을 살펴봄으로써 '한국적 맥락과 외국 제도의 정합성'문제와 '도입 이후의 토착화 과정' 두 가지를 분석하고자 한다. 구체적으로는 1995년 정신보건법 제정 과정에서 도입 추진과 저항이 어떻게 나타났고, 그 결과 정신보건 제도가 어떤 모습으로 최초 도입되었는지 분석하고자 한다. 그리고 이후 제도의 추진 과정이 어떠했고, 이에 대해 내·외부의 어떠한 압력으로, 어떻게 수정되면서 토착화되어왔는지를 살펴보고자 한다. 이러한 연구를 통해 한국의 상황과 맥락을 고려한 정책적인 제언을 도출할 수 있을 것이다.

제 2 절 이론적 논의 및 분석틀 구성

1. 제도 이전

제도 이전은 "한 시점·장소에서의 정책, 행정장치, 제도 등에 대한 지식들이 다른 시간·장소의 정책, 행정장치, 제도 등의 발전에 사용되고 있는 것"으로 정의된다(Stone, 1999). 이는 자발적 교훈 도출뿐만 아니라, 확산과 억압적 이전까지 포괄하는 좀 더 넓은 개념이다.

제도 이전이 어떠한 과정을 거치는가에 대해 시몬스 등(Simmons et al., 2006)은 이전의 강제성 여부에 대한 설명을 넘어 좀 더 '제한된 합리성'의 측면을 강조하면서, 정책이 자율적으로 결정되는 것이 아니고 의존적이라는 측면에서의 다음의 네 가지 메커니즘을 주장한다. 첫 번째는 강한 국가들이 약소국들로 하여금 자신들이 선호하는 정책을 받아들이도록 하는 강제적 확산, 두 번째는 좀 더 분권화되고 비강제적인 방법으로 경쟁을 통한 확산, 세 번째는 성공적인 국가나 사례에 대한 학습을 통한 확산, 그리고 마지막으로 모방이다. 모방은 정책결정에 있어서, 어떤 정책이 최고인지 알기 어렵고, 사회적 맥락에 의해 좌우될 수 있기 때문에 전문 지식인 집단이 정부의 정책 확산에 영향을 주게 된다는 것이다. 또한 사회적으로나 문화적으로 이웃이라고 생각되는 국가의 선택에 영향을 받는 경우도 있다(배유일, 2010).

한 사회에 어떤 새로운 제도가 도입되면 기존 사회의 맥락에 따라 긍정적이든 부정적이든 상호 변화의 과정을 통해 토착화가 일어난다. 토착화란 특정 문화 속에서 외생적이든 내생적이든 새로운 아이디어가 기존의 아이디어를 대체하여 정착되어 가는 과정을 가리킨다(이종범, 2003). 제도의 토착화도 어떠한 제도가 새로운 환경에 적응되면 불가피하게 변증법적인 재탄생 과정을 거치게 된다.

수입된 제도가 수입국의 환경에 적응하는 토착화는 세부적으로 두 가지 유형으로 나눌 수 있다(하태수, 2019). 첫째, 수입될 때는 수출국의 제도 형태로 도입되었다가, 시간이 지나면서 제도와 환경의 부조화를 불편하게 느끼는 세력에 의해 토착화가 일어나는 유형이다. 둘째, 수입되는 시점에서 이미 새로운 환경에 맞게 변형되었다가 시간이 흐르면서 제3의 형태로 토착화되는 유형이다. 도입할 때에는 수입국에서 권력을 가지고 있는 세력이나 사람들이 자기들에게 유리한 수정을 하여 새로운 제도를 수입하지만, 새로운 제도를 도입한 취지나 효과가 구현되지 않으면 시간이 흐르면서 제도 본래의 취지를 구현하는 쪽으로 변화가 필요하다는 비판이 제기될 가능성이 높다. 이런 비판들이 일부라도 수용되면 수출국의 제도도 아니고, 수입국이 처음 도입한 제도도 아닌 제3의 형태로 토착화가 일어나는 것이다.

2. 제도의 이전에 영향을 미치는 요인

제도의 이전에 영향을 미치는 요인은 다음의 일곱 가지로 논의될 수 있다. 첫째, 맥락 종속성으로 이전되는 제도가 한 나라의 고유한 요소들이 적을수록 이전 성공 가능성이 높아지며, 맥락 종속성이 높으면 그런 맥락을 갖추지 못한 나라로의 이전은 어렵게 된다. 둘째, 제도 이전・집행 기제의 특수성 정도로서, 특수성이 높을수록 이전의 가능성이 낮고, 전달 기제의 대체 가능성이 높을수록 이전의 가능성은 높아진다. 셋째, 자원의 충분성 정도로서 제도의 집행에 필요한 재원, 인력, 법 등의 자원이 충분하면 이전의 가능성이 높지만 그렇지 못할 경우 단지 외양만 도입되고 실제적인 이전은 어려울 수 있다. 넷째, 제도의 복잡성 정도로서 이전되는 제도의 논리 구조가 복잡할수록 상세한 구조를 이해하기 어렵고 세부사항에 대한 이의제기로 인해 이전 가능성이 낮아진다. 다섯째, 이전되는 제도가 기존 맥락을 변화시키는 정도로서, 제도 이전으로 인해 큰 변화를 가져올수록 기득권 세력으로부터의 저항이 강해지고 이전 가능성을 낮아질 수 있다. 여섯째, 제도 이전 국가들 간의 상호의존성과 권력 차이로서, 상호의존성이 강하고 권력 불균형으로 제도 이전의 압력이 커질수록 제도 이동의 가능성은 높아진다. 일곱째, 가치 정합성 정도로서, 제도가 지향하는 가치와 정책결정자들의 가치 사이에 정합성이 높을수록 지속적인 관심을 받으면서 이전 가능성이 높아진다(Rose, 1993).

3. 제도 이전 관련 행위자

에반스와 데이비스(Evans & Davies, 1999)는 정책이전에 있어서 구조적인 요인과 더불어 행위자(agency)를 이해하는 것이 정책이전의 본질을 이해하는 데 중요하다고 보았다. 구조적인 요인이 외부요인이라면, 행위자는 정책이전을 제한 혹은 촉진하는 내부요인을 의미한다.

제도나 정책의 이전을 담당하는 행위자들은 크게 공식적 행위자와 비공식적 행위자들로 구분할 수 있다. 공식적 행위자는 관료나 공무원, 준정부조직 등으로서, 정책의 상수를 정하고, 공공담론의 성격을 정당화하며, 새로운 프로그램의 채택을 승인한다. 비공식적 행위자는 OECD 같은 국제조직, 초국적 정책공동체, 전문가, 압력집단, 자발적 조직 등이다(Dolowitz & Marsh, 2000). 주된 행위자들은 정책 과정의 단계에 따라 다르게 나타난다. 정책의제설정 단계에서는 정책이전을 옹호하는 행위자들이 노력하는 반면, 정책채택 단계에서는 이전 반대자들이 부정적인 의견을 제기하게 된다. 행위자들의 동기 또한 다양하다. 실용적 동기는 제도를 진지하게 수입하려고 하고 좀 더 일관성 있는 이전을 초래하지만, 상징적 동기는 단지 수사(rhetoric)와 이념의 이전에 그칠 수 있다(Stone, 1999).

4. 분석틀 구성

이 글은 1995년부터 시작된 한국의 정신보건 제도 도입과 토착화에 대하여 분석하고자 한다. 이 글에서는 정신보건 제도 중 중증정신질환자에 대한 '탈원화'와 '지역사회 정신보건'을 중심으로 분석하고자 한다. 구체적으로 탈원화에 대해서는 ① 정신병원 병상 수 축소, ② 입원 절차 제도를, 지역사회 정신보건에 대해서는 ③ 지역사회 서비스체계를 살펴볼 것이다. 이에 대한 구체적인 내용은 다음과 같다.

첫째, 1960년대 이후 대부분의 국가에서는 대형화된 정신병원의 병상 수를 적극적으로 축소해 나간다. 대형 정신병원이 가진 인권침해의 문제와 막대한 의료비용으로 인해 병원을 폐쇄하거나 병상 수를 감축하였다. 영국과 같이 국가의료보장체계인 나라들에서는 공공의료 정책을 통해, 미국과 같이 민간부문이 큰 나라에서는 의료비용 통제 방식을 통해 정신병상 수를 축소하였다. 이에 OECD 국가의 정신병상 수 추이를 살펴보면, 인구 천 명당 병상 수가 1960년대에 3개 수준에서 1980년대 이후에는 대부분 1개 수준으로 낮아졌다(OECD, 2003). 둘째, 입원 절차 제도의 개선을 통해 정신질환자의 불필요한 입원이나 장기입원을 최소화하도록 한다. 특히, 강제입원의 경우 심각한 인권침해의 요소가 될 수 있기 때문에 공식적인 시스템을 통해 결정하도록 한다. 호주나 영국 등의 국가들은 의료인 또는 법조인이 중심이 된 공적인 위원회가 입원결정을 좌우하며, 독일이나 프랑스 등은 후견법원판사나 인신보호판사 등 사법체계가 입원에 대한 최종적 결정권을 갖는다(신권철, 2014). 국제연합(UN)이나 세계보건기구(WHO) 등에서도 입원 제도에 대한 규범적 기준을 끊임없이 각 나라에 각인시키고 있다. 셋째, 정신질환자에 대한 입원 치료를 최소화하는 대신, 이들이 지역사회에서 통합적으로 살아갈 수 있도록 지역사회 서비스체계를 구축하고 있다. 대부분의 국가에서는 지역에 거점을 둔 공공 정신보건체계로서 '지역사회정신보건센터'를 설치하여 정신질환자가 입원하지 않고도 적절한 치료와 관리를 받을 수 있도록 지원하고 있다. 이에 서구에서는 정신건강예산을 지역사회로 적극적으로 확대해 가며, 특히 탈원화로 절감된 의료비용을 지역사회 서비스체계를 확대하는 데 투입하고 있다.

이에 이 글에서는 탈원화와 지역사회 정신보건을 중심으로 제도 수출국인 미국과 일본에 대해 살펴보고자 한다. 미국은 정신보건개혁을 가장 먼저 시작하였고, 한국 정신의학의 원조라고 할 수 있다. 또한 일본은 한국이 사회복지 제도를 가장 많이 수입해 오는 국가이다. 이들 제도가 한국에 도입되는 과정에 대해서는 이전에 영향을 미치는 요인과 주요 행위자들을 중심으로 분석할 것이다. 영향을 미치는 요인은 앞서 제시한 일곱 가지 요인 중 제도의 맥락 종속성, 제도 이전·집행 기제의 특수성, 관련 자원의 충분성, 수입국의 기존 맥락 변화 정도 네 가지 요인을 중심으로 살펴보고자 한다. 제도 논리 구조의 복잡성과 정책결정자들의 가치 정합성 정도는 제도의 맥락 종속성과 함께 논의하고자 하며, 제도 수출국과 수입국 간의 권력 불균형 문제는 한국이 자발적으로 수입한 경우이기 때문에 분석에서 제외하고자 한다. 제도 도입 과정에서의 행위자는 1995년 정신보건법 제정까지의 과정에서 공식적, 비공식적 행위자들 중 누가 제도 도입을 옹호하고 누가 반대했으며, 그 동기가 실용적 동기인지, 상징적 동기인지를 중심으로 분석하고자 한다.

제도 이전 이후 토착화 과정에 대해서는 1995년부터 2015년까지 20년 간의 제도 추진 과정에 대해, 그것이 정신보건 제도의 목적인 '탈원화'와 '지역사회 정신보건'을 얼마나 달성하였는지를 중심으로 분석하고자 한다. 그리고 이를 비판하는 내·외부적 압력이 어떻게 표출되고, 그 결과로서 2016년 정신건강복지법으로의 개정이 어떻게 이루어졌는지를 살펴보고자 한다. 이러한 분석 과정을 통해 한국에서 정신보건 제도의 토착화 경로가 수출국인 미국, 일본과 비교하여 어떠한 형태로 토착화되었는지를 제시하고자 한다. 이러한 분석틀을 도식화하면 [그림 4-1]과 같다.

그림 4-1 정신보건 제도 도입과 토착화 분석틀

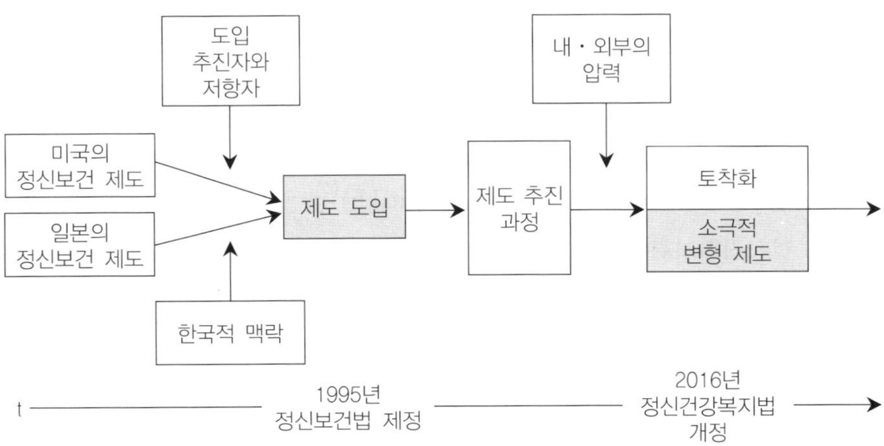

제 3 절 정신보건 제도의 등장: 미국과 일본

1. 정신보건 제도의 등장 배경

정신질환에 대한 전통적인 사회적 개입은 수용과 감금의 역사였다. 1800년대 중반부터 정신의학이 현대 의학의 한 전문 분야로서 시작되었으나, 여전히 사회로부터 격리하여 치료하였으며, 이는 정신병원의 대형화로 이어졌다.

근대적인 정신보건 제도는 1950년대 이후에야 본격화되었으며, 주요한 등장 배경은 다음과 같다(한국정신보건사회복지사협회, 2016). 첫째, 제2차 세계대전 이후 참전군인 및 그 가족들의 높은 스트레스와 정신질환 발병에 대해 국가적인 책임이 강조되었다. 이전까지는 정신질환을 개인의 문제로 간주하였으나, 전쟁이라는 사회적 요인으로 인한 발병은 국가적인 책임을 요구받게 되었다. 둘째, 1950년대 말부터 항정신병 약물이 발견되면서, 심각한 정신과적 증상들이 생리학적으로 조절되었고, 더 이상 정신질환자가 격리상태로 감금되어 있을 필요가 없게 되었다. 셋째, 1960년대 서구 사회를 지배하던 인도주의 이념은 대단위 정신병원의 열악한 생활환경 조건과 정신병원에서의 비인간적 처우 등에 반기를 들게 하였다. 이에 인도주의 운동가들은 정신질환자들을 장기수용 상태에서 해방시켜 지역사회로 복귀시킬 것을 주장하였다. 넷째, 그 당시 100여년의 역사를 갖는 대형 정신병원들은 매우 낙후하여 건물 자체의 유지에만도 엄청난 비용이 들기 시작하였다. 또한 장기 입원 환자들의 24시간 보호에 필요한 인력에 투입되는 비용을 절감하고자 하는 의도가 높았다.

이러한 사회적 배경 하에 1950년대 이후 현재까지 '탈원화(deinstitutionalization)'와 '지역사회 정신보건(community mental health)'은 정신보건 제도의 핵심이 되고 있다. 즉, 정신질환자를 병원에 격리하여 치료하기보다는 지역사회에서 통합적으로 살 수 있도록 제도적 기반을 마련하고 있다. 이와 같은 정신보건 제도는 1950년대 미국을 중심으로 본격화되었고, 이후 서구에서의 국제적인 흐름이 되었다. 이에 미국을 중심으로 정신보건 제도의 과정과 특성을 살펴보고, 한국의 제도 도입에 직접적으로 영향을 미친 일본의 정신보건 제도도 함께 살펴보고자 한다.

2. 미국의 정신보건 제도 등장 과정

미국의 정신보건 제도는 1946년 정신보건법 제정으로 본격화되었다. 국립정신보건연구원을 설립하여 정신건강문제에 대한 분석과 자원조사를 전국적으로 실시하였으며, 1961년 '정신보건을 위한 행동(Action for Mental Health)'이라는 조사결과보고서가 발표되었다. 1963년 '지적장애인시설과 지역사회정신보건센터설립법'이 통과되어 주립병원에 장기수용되어 있던 정신질환자들이 최소한의 규제를 보장하는 곳에서 치료와 보호를 받도록 하는 탈시설화 정책이 본격화되었고, 지역사회 보호를 확대하기 위한 '지역사회정신보건센터'가 설립되었다.

이후 정신병상 수는 급격하게 감소하였고, 많은 정신질환자들이 지역사회로 나오게 되었으나, 아직까지 이들을 치료하고 지원할 수 있는 지역사회 정신보건 서비스는 충분히 갖추어지지 않았다. 즉, 탈원화는 본격화되었으나 이들이 지역사회에서 통합적으로 살아갈 수 있는 지원체계를 구축하는 데에는 소극적이었다. 이로 인해 퇴원한 정신질환자들이 오히려 노숙자가 되거나, 교도소에 가거나, 또 다른 시설로 보내지는 결과를 낳았다. 이에 지역사회 정신보건 서비스 확대에 대한 요구가 높아졌다.

이는 지방정부가 정신보건에 대한 행정적, 재정적 권한을 갖게 됨으로써 본격화된다. 즉, 1981년 레이건(Ronald Reagon) 대통령은 일괄예산조정법(Omnibus Budget Reconciliation Act)을 승인하여 정책교부금 방식으로 주정부가 정신보건 계획의 수립과 예산의 배분 및 운용을 담당하도록 하게 하였다. 또한 1986년 State Mental Health Plan Act의 제정으로 지역사회 정신보건 서비스에도 메디케이드 수가가 지급되기 시작하였다. 이후 1990년 장애인법의 제정으로 장애인의 불필요한 시설 격리를 차별로 규정하고 지역사회에서 통합적인 서비스를 받도록 의무를 규정하였다.

탈원화와 지역사회 정신보건이라는 측면에서 미국의 정신보건 제도를 살펴보면 다음과 같다. 첫째, 정책적으로 정신병원의 병상 수를 대폭 축소하였다. 주립병원을 중심으로 1950년대 500,000개의 정신병원 병상을 1990년대 38,000개까지 축소하였다(Dumont & Dumont, 2009). 정신보건 정책과 예산에 대한 책임을 지방정부에게 위임하면서 입원비용을 최소화하고 지역사회 기반 서비스를 확대하도록 하였다.

둘째, 불필요한 입원을 최소화하기 위한 제도로서 사법입원과 이용 적정성 심사를 제도화하였다. 1972년 연방대법원은 레살드 대 슈미트(Lessard vs Schmidt) 사건에서 최소 침해의 원칙에 따라 비자발적 입원이 형사소송과 마찬가지로 인신구속 절차를 밟아야 한다고 판결하였다. 이에 대부분의 주에서는 정신병원 입원과 관련하여 정신질환자들이 법률지원 서비스를 받도록 하고, 각 주립정신병원에 변호사를 지정하여 입원환자들을 만나게 하고 있다(Teed et al, 2007). 또한 관리의료체계에서 서비스 이용 적정성 심사체계를 통해 고비용의 입원치료 서비스에 대한 관리를 엄격한 기준에 따라 실시함으로써 입원을 최소화하고 있다.

셋째, 지역사회 정신보건 서비스를 확대하였다. 1963년 지역사회정신보건센터설립법에 따라 인구 7만 5천 명에서 20만 명 수준의 관할구역별로 지역사회정신보건센터를 설립하여 단기입원치료와 응급치료, 외래치료, 부분입원을 제공하고 퇴원환자의 추후관리, 아동 및 노인치료, 입원 전 평가, 자문 및 교육, 주거시설 제공 등의 서비스를 제공하였다. 즉, 정신병원이 아닌 지역사회에서 대체적인 치료와 서비스를 받을 수 있도록 하였다. 또한 정신질환자 지역사회 정신보호체계 내에서 보건 및 재활, 취업, 주거, 교육, 지지, 사례관리 등의 서비스를 통합적으로 제공하고 있다. 특히, 메디케이드의 이양은 정신보건 서비스에 대한 행정적 책임성뿐만 아니라 재정적 책임성까지 지방정부로 일원화하여 모두 갖게 됨으로써, 정책적 효과성을 높이는 데 상당한 성과를 가져왔다(김연희 · 하경희, 2006). 즉, 정신과 응급 서비스에서 지역사회 거주 서비스까지를 포함하는 통합적인 서비스 전달체계를 구축하고, 서비스 간의 조정과 연계, 그리고 비용통제 및 질 관리체계까지 지방정부가 책임지게 되었다.

이후 2000년대에 미국은 부시보고서(Achieving the Promise: Transforming Mental Health Care in America)를 통해 회복(recovery) 중심의 정신보건체계 구축을 국가적 비전으로 제시하였으며, 2010년 12월에 발표된 Healthy People 2020의 비전 안에 정신보건개선 분야 4개 과제, 치료 접근성 향상 분야 8개 과제가 포함되었다. 이를 통해 지역사회 기반의 통합적인 서비스체계를 지속적으로 확대해 나가고 있다.

3. 일본의 정신보건 제도 등장 과정

일본 정신보건 제도의 발전은 한국의 정신보건 제도 도입 시기 이전과 이후로 구분하여 살펴보고자 한다. 일본은 1900년 정신병자감호법과 1919년 정신병원법 제정으로 정신질환자에 대한 개입이 제도화된다. 정신병자감호법은 가족이 감호책임자가 되어 가택에 감치할 수 있도록 합법화하였으며, 정신병원법은 정신병원 설치 및 공사립정신병원을 지정할 수 있도록 하였다. 하지만 정신질환자에 대한 치료보호보다는 사회로부터 이들을 격리수용하고, 지역의 공공안정을 유지하는 사회치안의 기능이 강조되었다. 1950년에는 정신위생법이 제정되면서 정신질환에 대한 치료와 보호가 정책의 대원칙이 되었고 정신병원의 병상 수를 확대해 나갔다. 특히, 정신병원이 특수병원으로 분류되어 치료 인력의 확충에 특혜를 받게 되었으며, 의료금융공고가 창설되어 민간투자를 촉진하였고, 조치입원 시 국고부담률을 1/2에서 8/10으로 증가함으로써 입원에 대한 가족의 부담을 줄였다.

1984년 우쓰노미야(宇都宮)병원에 입원 중인 환자가 간호직원의 폭행으로 사망한 사건을 계기로 정신보건 제도의 문제점이 제기되었고, 유엔에서도 일본의 정신병상 수의 증가 및 장기입원 등의 문제에 대해 실태조사를 실시하여 지역사회 정신보건에 대해 권고하였다. 이에 1987년 정신보건법이 제정되었으며, 비로소 탈시설화와 지역사회 정신보건이 본격화되었다. 정신보건법에는 입원 절차를 규정하고, 사회복귀시설을 신설함으로써, 정신질환자가 불필요하게 입원하는 것을 최소화하고 지역사회에서 서비스를 받을 수 있는 기반을 마련하였다. 1993년에는 장애인기본법에 정신장애인을 대상으로 포함하였으며, 1995년에는 정신보건 및 정신장애인복지에 관한 법률이 제정되었다. 이 법에서는 정신장애인보건복지수첩제도 등을 통해 정신장애인의 사회복귀 등을 위한 보건복지시책을 충실히 하였다.

이상의 과정을 통해 1990년대까지의 일본의 정신보건 제도의 특성을 살펴보면 다음과 같다. 첫째, 일본에서는 정신병상 수가 지속적으로 증가하여 실제적인 탈원화를 실현하지는 못했다. 일본은 전통적으로 정신질환자에 대하여 가족의 일차적 책임을 강조하고, 사회보호라는 명분 아래 격리감금을 우선시해왔다. 또한 서양의학의 도입으로 치료모델이 강화되면서, 특수병원 특혜, 민간투자 촉진, 국고지원 확대 등을 통해 국가가 정신병상 수를 늘리는 정책을 강화해왔다. 특히, 민간병상의 급격한 증가는 이후 병상 수 축소와 탈원화에 장애요인이 되었다. 일본의 정신병상 수는 1955년 164,027개에서 1995년 362,154개까지 꾸준히 증가하고 있으며(홍선미 외, 2009), 현재까지도 OECD 국가 중 가장 많은 정신병상 수를 가지는 것으로 나타나고 있다.

둘째, 정신보건법의 제정으로 정신질환자에 대한 부적절한 입원을 최소화하기 위한 규정을 마련하였다. 자의입원 제도 등의 입원 절차 규정을 마련하였으며, 정신의료심사회, 정신보건지정의 제도를 통해 정신질환자의 인권을 보호하고, 보다 공공의 절차를 통해 입원이 이루어질 수 있도록 하였다. 특히, 공공에서 일정한 자격을 갖춘 정신보건지정의를 지정하여 정신과병원에 상근하도록 하였다. 정신보건지정의는 입원의 필요성과 행동제한 여부 등을 판단하고, 처우개선을 위한 조치를 하도록 함으로써 공공성을 강화하였다.

셋째, 정신질환자가 지역사회에서 살아갈 수 있는 제도적 기반이 마련되었다. 정신보건법에 정신보건센터 및 사회복귀시설이 신설되어 정신병원이 아닌 지역사회에서의 서비스 전달체계가 구축되기 시작하였다. 특히, 정신질환자도 장애인의 범주에 포함하여 치료를 넘어 자립과 사회생활 참여를 위한 복지 서비스 제공을 제도화하였다. 이는 지원 서비스에서 불리한 위치에 있었던 정신적 장애에 대하여 행동지원을 규정하고, 활동보조 등에 필요한 인정조사 제도 등을 개혁함으로써 정신장애인 대상의 장애인복지 서비스 체계를 확대해 나갔다. 여기에는 지방정부의 역할이 컸다. 도도부현은 정신보건에 대한 예산편성에서부터 제도의 운영에 있어 적극적인 역할을 하고 있다.

한국에 정신보건법이 도입된 이후 2000년대에 일본은 정신보건의료 복지의 개혁 비전을 통해 '입원의료 중심으로부터 지역생활 중심으로'라는 구호 아래 낙후된 정신보건의료 복지체계를 개편하고, 향후 10년 간 7만 명을 퇴원시키는 목표를 세웠다. 의료법 개정으로 각 도도부현이 지역의료계획을 통해 의료기능을 체계적으로 정비하도록 하였으며, 공적병상 규제가 사적병원에도 적용될 수 있도록 함으로써 필요 병상 수 이상으로 병상이 증가하는 것을 막았다. 또한 병상을 응급, 급성, 만성으로 구분하여 급성치료에 더 많은 인력 및 재정지원을 보장함으로써 장기입원을 방지하고자 하였다. 이러한 정책의 변화로 2000년 이후 정신병상 수의 증가세는 약소하게나마 감소세로 돌아서고 있다. 2016년 기준 정신병상 수는 249,903개까지 감소한 것으로 나타났다(厚生労働省, 2016).

2005년에는 장애인자립지원법의 제정으로 장애인 복지 서비스로 일원화되었으며, 2012년에는 장애인의 일상생활 및 사회생활을 종합적으로 지원하기 위한 장애인종합지원법으로 개정되었다. 정신장애인의 경우 진단일로부터 6개월 이상 경과하면 장애 정도에 따라 보건복지수첩을 발급받을 수 있고, 장애인 등록을 하지 않고도 보건복지수첩을 발급받을 수 있도록 하였다. 보건복지수첩이 있는 경우 의료비 및 소득보장을 받을 수 있으며, 단기입소에서 자립훈련까지 지역사회 기반의 다양한 복지지원 서비스를 이용할 수 있다. 2013년에는 정신보건복지법의 개정으로 보호자 제도의 폐지와 퇴원 후 생활환경상담원 제도가 도입되었다. 이러한 흐름은 정신질환자도 장애인복지체계와 통합함으로써, 보건이 아닌 복지체계를 기반으로 지역사회 정신보건을 확대해 나갈 수 있도록 하였다.

제 4 절 도입 과정 및 도입 직후의 정책

1. 한국의 환경적 맥락: 도입에 영향을 미치는 요인 분석

한국에서 정신보건 제도를 도입하는 데 있어서 영향을 미치는 요인을 살펴보고자 한다. 크게 네 가지로서 제도의 맥락 종속성, 제도 이전 · 집행 기제의 특수성, 관련 자원의 충분성 정도, 수입국의 기존 맥락 변화 정도를 살펴본다. 이때 제도 수출국으로서의 미국과 일본과 비교하여 한국의 환경적 맥락을 분석하되, 정신보건법이 제정된 1997년 시기를 중심으로 살펴보고자 한다.

1) 제도의 맥락 종속성

제도의 맥락 종속성에 있어서는 의료보장 제도와 사회적 태도라는 두 가지 맥락을 고려할 수 있다. 첫째, 의료보장 제도에 있어서 미국은 시장 기제에 따른 민간보험체계를 중심으로 운영되기 때문에 의료비용이 매우 높고, 반면에 지역사회 거주 비용은 상대적으로 낮다. 따라서 탈원화와 지역사회 정신보건은 비용효율적인 제도가 될 수 있다. 또한 고비용인 의료비용에 대한 통제 기제가 강력하게 작동하기 때문에 저소득층과 장애인을 위한 의료급여인 메디케이드의 경우에도 공공의 적극적인 개입이 가능하다.

일본은 전국민의료보험을 실시하고 있으며, 저소득층에 대한 공적부조로서 의료부조를 실시하여 의료비 전액을 공비로 부담한다. 특히, 조치입원 시 국고부담률이 1/2에서 8/10으로 증가함으로써, 입원에 대한 부담을 감소시켰다. 이와 더불어 민간정신병원의 확대를 정책적으로 지원하여 전체 정신병상 수의 90% 가까이가 민간병원이다. 이러한 의료보장 제도의 특성은 정신질환자를 병원에 입원시키는 것이 가족의 입장에서는 비용을 절감할 수 있고 민간의료기관에서는 수익을 극대화할 수 있도록 하여(Kantata, 2015), 사실상 탈원화를 어렵게 만들고 있다. 한국의 경우에도 전국민의료보험과 의료보호 제도를 실시하고 있고, 민간의료기관의 비율이 매우 높다는 측면에서 일본과 매우 유사한 제도의 맥락을 갖고 있다.

두 번째, 정신질환에 대한 사회적 태도의 차이이다. 미국의 경우 1970년대 전후 활발해진 민권운동과 소비자 운동에 영향을 받아 정신질환자 당사자 운동이 시작되었다. 미국 최초의 당사자 단체인 '오리건 정신장애인 자유전선(Oregan Insane Liberation Front)'을 시작으로 다양한 단체들이 생겨났다. 정신질환자들은 자신들을 정신보건 서비스의 소비자 혹은 억압적인 정신보건체계에서 살아남은 생존자로 규정하면서 정신보건제도 개혁에 적극적인 목소리를 내고, 정책결정 과정에 주요한 이해당사자로서 참여하게 된다(Frese & Davis, 1997). 또한 미국장애인법(Americans with Disabilities ACT)에서 정신장애인을 정당하지 않은 방법으로 정신병원에 장기 입원시켜 분리하는 것을 차별로 규정하고, 장애인 권리옹호체계(Protection & Advocacy for Individuals with Mental illness) 등을 통해 인권보호 장치를 강화하였다. 이러한 흐름은 정신질환자에 대한 사회적 태도에 영향을 미치고, 정신보건 제도가 정신질환자의 권리를 보장하는 방향으로 추진될 수 있도록 하였다.

반면에 일본의 경우 정신질환자에 대한 접근이 당사자의 권리옹호보다는 사회방위적 입장에서 가족에게 책임을 전가해 오고 있다. 일본은 1900년대 정신병자감호법을 통해 가족이 감호책임자가 되어 가택에 감치할 수 있도록 합법화하였으며, 이후에도 정신질환자에 대한 보호의 일차적인 책임과 치료에 대한 의사결정 권한을 가족에게 부여해 왔다. 또한 정신장애인의 권리보장보다는 정신질환자의 범죄로부터 사회를 보호하기 위해, 이들을 격리하는 것이 우선적인 목표가 되었다(Ishikawa, 1990). 한국 또한 정신질환에 대해 사회방위적 질병관이 주류를 차지하고 있으며, 가족에게 치료와 보호의 일차적인 책임을 부여하고 있다는 측면에서(서동우, 2007) 일본과 매우 유사하다.

2) 제도 이전 · 집행 기제의 특수성

제도 이전 · 집행 기제의 특수성으로서 탈원화와 지역사회 정신보건을 추동할 수 있는 정책적인 기제를 살펴볼 수 있다. 즉, 병상 수를 축소하고, 입원을 통제하며, 지역사회 정신보건 서비스를 확대할 수 있는 일원화된 정책적 기제가 작동하는가이다.

미국의 경우 정신보건 제도에 대해 지방정부가 행정적 · 재정적 권한을 가지고 있다. 특히, 메디케이드의 이양을 통해 지방정부가 빈곤층에 대한 정신보건 서비스에 관한 행정적 권한을 갖게 되었다. 또한 공적관리의료체계(managed care)에 따라 의료이용을 통제할 수 있고, 환자진료를 관리하게 되었다. 지방정부가 정신보건 서비스의 이용자격, 급여유형, 양, 기간, 범위, 서비스 보상 수준, 행정 · 관리 등을 결정하게 되었다(김창엽, 2005). 이러한 지방정부의 행정적 · 재정적 권한은 입원을 최소화하며, 지역사회 정신보건 서비스를 확대할 수 있는 실제적인 기제가 되었다.

일본의 의료보장 제도는 중앙에서 운영하며, 지역의 정신보건행정은 지방정부가 중심이 된다. 즉, 병상 수를 축소하거나 입원을 통제하는 것은 중앙정부의 행정적 영역이며, 지역사회 정신보건에 대해서는 도도부현과 시정촌이 예산편성에서부터 제도 운영까지 담당한다. 이와 같이 의료와 지역사회가 분리된 정책적 기제를 가짐으로써 정신보건 제도를 효과적으로 실시하는 데에는 한계가 있다(홍선미 외, 2009). 한국은 일본과 마찬가지로 의료보장 제도를 중앙에서 운영하지만, 지역사회 정신보건에 있어서는 아직 지방분권이 본격화되지 않은 상황에서 중앙정부가 행정적 책임을 지고 있다.

3) 관련 자원의 충분성 정도

지역사회 정신보건 서비스를 확대해 나가기 위해서는 무엇보다 재원의 확보가 중요하다. 결국 정신보건 제도가 얼마나 잘 구축되는가는 이 재원이 얼마나 충분한가에 달려 있다. 미국의 경우 탈원화를 통해 입원비용을 최소화하고, 이를 통해 확보한 재원은 지역사회 서비스체계 구축을 위해 가용할 수 있는 중요한 재원이 되었다. 특히, 메디케이드의 급여 범위를 사례관리 등 지역사회 서비스에도 지불할 수 있도록 함으로써, 막대한 의료재정이 지역사회 서비스 확대의 중요한 재원이 되었다.

일본은 의료보장 제도의 급여 범위가 요양급여 등 의료기관에서의 치료 서비스에 한정되며 지역사회 서비스는 포함하지 않는다. 즉, 탈원화를 통해 줄어든 의료비용을 지역사회 서비스로 전환할 수 없고, 지역에서 추가적인 예산을 확보하여야 함을 의미한다. 다만, 일본은 지방분권과 높은 재정자립도를 기반으로 지역사회 정신보건에 대해서 비교적 재원을 적극적으로 투입할 수 있었다. 또한 2000년대 이후에는 정신장애인을 장애인복지체계와 통합함으로써 보건이 아닌 복지재정을 통해 지역사회에 투입할 수 있는 더 큰 자원을 확보하였다(김문근 외, 2015).

한국은 일본과 마찬가지로 의료보장 제도가 치료 서비스에 한정되어, 지역사회 서비스 구축을 위해서는 이에 투입할 새로운 재원을 확보해야 한다. 하지만 정신보건법이 시행된 1997년은 IMF 구제금융이 시작되던 때로 공적재원의 여력이 없었다. 또한 2005년 정신보건이 지방이양사업이 됨에 따라, 재정자립도가 낮은 지역에서는 지역사회 정신보건 서비스가 구축되기 더욱 어려운 여건이 되었다.

4) 수입국의 기존 맥락 변화 정도

새로운 제도나 정책이 수입국의 기존 맥락을 어느 정도 변화시키느냐이다. 탈원화와 지역사회 정신보건은 정신보건제도의 패러다임이 변화함을 의미한다. 단지 치료의 장소가 병원에서 지역사회로 바뀌는 것을 넘어, 정신질환에 대한 전통적인 의료적 접근이 사회재활적인 통합적인 접근으로의 변화를 필요로 한다. 미국 등 서구에서 정신보건 제도가 본격화되면서, 의사 중심에서 간호, 심리, 복지 등 다양한 분야의 역할이 확대되고, 당사자를 중심으로 한 권익옹호단체들이 보다 주도적으로 참여하게 된다.

한국에서는 역사적으로 정신보건 제도를 정신과 의사의 주도로 추진해 왔다. 정신보건에 대한 사회적 어젠다(agenda)를 만들고, 국가를 설득하고, 정책에 대한 의사결정 과정에 의료계가 주도성을 가져 왔다. 이는 정신질환자를 치료의 대상으로 보는 치료이데올로기를 지속적으로 강화시켜 왔으며, 의료기관 중심의 서비스 공급을 확대하는 데 기여했다(이용표, 2005). 또한 의료전문가 집단이 자신들의 지위와 권한을 유지 혹은 더 확보하기 위한 노력과 결합되고, 의료기관의 이해를 반영함으로써 탈원화와는 상충적인 힘으로 작용할 수 밖에 없다(박선주, 2017).

특히, 1980년대 이후 의료급여 제도와 시설보호 제도와 맞물리면서 민간의 정신병원과 정신요양시설의 확대가 급속히 진행된 상황에서 정신보건 제도의 도입은 이들의 이해와 충돌될 수밖에 없었다. 일본이나 한국의 경우 의료의 공공성이 취약하고, 민간 의료부문이 서비스 제공의 주도권을 가지고 있는 경우 정신병상 수 축소 등의 변화는 기존의 의료 영역의 맥락을 변화시키며, 큰 저항에 부딪힐 수밖에 없다.

2. 한국에서의 도입 과정: 추진과 저항

정신보건 제도에 대한 논의는 정신의학계에서 시작되었다. 1968년 처음으로 대한신경정신의학회에서 정신보건법안을 마련하고 의협안을 거쳐 1970년 '보건사회부안'이 마련되었으나 흐지부지되었다. 1970년대 이후 산업화, 도시화를 겪으면서 그동안 전통적인 가족 제도와 지역사회가 책임졌던 정신질환자에 대한 보호가 사회적으로 표출되기 시작하였으나, 체계적인 서비스의 미비로 인하여 대부분 격리된 미인가 시설 혹은 무허가 기도원에 수용되었다.

1983년 KBS TV의 '추적 60분'을 통해 비참한 기도원의 실상이 사회적 파장을 낳으면서 정신질환자 문제가 사회적 쟁점으로 부각되었다. 이에 보건사회부는 '정신질환 종합관리대책'을 1984년 10월에 대통령에게 보고하였고, 당시 대통령이었던 전두환은 정신보건법 제정을 지시하였다. 대통령의 지시에 따라 정부는 정신질환자들에 대한 보호와 치료책임을 국가와 가족들에게 의무화시키는 것을 주요 내용으로 한 정신보건법 제정을 추진하여 1985년 9월에 법안을 성안하고 1985년 11월 국회에 제출하였다. 그 이후에도 1985년 보건사회부가 국회에 법안을 제출하였으나 통과되지 못했다.

이때에는 법의 대상을 "정신질환으로 인하여 공익상 위해를 가하거나 그 가능성이 있는 자"로 규정할 정도로 사회방위적 시각이 뚜렷하였다. 또한 "행정기관이 정신과전문의 2명 이상의 의견을 들어 강제입원을 할 수 있도록"한 조항 때문에 인권문제 시비를 불러 일으켰다. 당시 정신질환자 인권에 대한 사회적 인식이 낮고, 격리수용 중심의 사회방위적 시각이 너무 강하여 재야 인권단체와 법조계, 의료계 등 18개 관련 단체가 연합하여 '정신보건법 저지 공동대책위원회'를 구성하고 인권옹호 차원에서 법안 제정을 반대하였다. 인권의식이 희박한 군사독재 시절이었던 당시 전체주의 국가인 소련처럼 정치범을 정신병원에 감금하기 위해 정신보건법을 악용할지도 모른다는 우려도 반대의 이유가 되었다(서동우, 2010).

이에 정부는 인권 관련 독소조항을 다소 수정하여 보완된 법안을 다시 마련하였으나, 당시 정부 여당은 법안의 국회통과에 따른 정치적 부담을 피하기 위해 1988년 2월, 이 법안을 자동 폐기시켰고 결국 정신보건법 추진은 무산되었다. 하지만 정신질환자에 대해 더 이상 가족에게만 보호의 책임을 부여할 수 없는 상황에서, 의료급여제도와 시설보호 제도의 시행은 정신병원과 요양시설이 늘어나는 결과를 가져왔다. 즉, 정신질환자를 입소시킴으로써 가족에게는 부담이 감소되고 병원 및 시설의 이익은 확대되는 두 이해관계가 맞물리게 된다. 따라서 1980년대 이후 민간 정신병원과 요양시설은 양적으로 급격히 확대되기 시작하였다.

이후 1991년 가을, 사회에 분노한 한 젊은이가 어린이 여러 명을 사상하게 한 여의도 차량질주사건과 대구의 한 나이트클럽에서 출입을 거절당한 한 농민이 수십여 명을 사상에 이르게 한 방화사건이 발생하면서 다시금 정신질환자 범죄를 막기 위한 법 제정의 논의가 시작되었다.

또한 이 당시 군사독재에서 법치적 민주주의로 전환되는 시대에 들어서면서 정신보건법의 악용에 대한 우려도 상대적으로 낮아졌다. 정부 내에서도 정신질환자를 병원이나 수용시설에 격리 혹은 입원시켜 관리하는 방식 대신 지역사회에서 치료하며 재활시키는 지역사회 정신보건을 주요한 정책 방향으로 받아들이게 된다. 이에 정부도 지역사회 정신보건에 대한 이론적 토대 구축과 시범사업 운영을 위한 연구용역을 발주하는 등 달라진 모습을 보이기 시작하였다(김종석 · 김준현, 2010). 이에 대한정신의학회를 중심으로 다시 범안이 마련되고 1992년 보건사회부안이 국회에 제출되었다. 이 법안은 과거에 비해 인권침해 소지가 상당부분 해소되었으며, 보건사회부의 변화된 정책적 지향이 반영되어 1995년 국회를 통과하게 되고 1997년부터 시행되기 시작했다.

이상의 도입 과정을 통해, 정신보건 제도의 추진자와 저항자가 누구인지를 살펴볼 수 있다. 제도 이전의 가장 적극적인 행위자는 의료전문가들이었다. 이들은 정신질환자들의 보호와 치료의 책임을 국가의 의무로 제도화하고자 하였으며, 서구의 정신보건 제도 도입을 위해 노력하였다. 정부부처는 정신질환자의 범죄가 큰 사회적 이슈로 터질 때에서야, 이에 대한 대응으로서 정신질환자를 관리하기 위한 제도 도입에 나섰다. 이에 대한 저항자는 군사독재에 반대했던 재야의 인권, 법률, 의료 단체들이었다. 이들은 정신보건 제도가 정신질환자가 아닌 반정부인사에 대한 탄압의 도구로 활용될 위험성에 반대하였다. 즉, 정신질환자의 인권이나 치료적 권리보다는 그것이 민주화 운동에 미칠 부정적 영향에 더 주목하였고, 민주정부가 들어서면서 정신보건 제도에 대한 관심은 줄어들었다. 따라서 행위자들의 동기는 탈원화와 지역사회 정신보건이라는 제도의 본질보다는 사회방위적 시각에서 이들을 치료하고 관리하는 것에 일차적으로 있었다.

3. 1995년 제도 도입 직후의 정신보건 제도

정신보건법 제정으로 시작된 정신보건 제도의 주요한 내용은 다음과 같다. 첫째, 정신질환자의 권리와 국가의 의무를 선언적으로 명시하였을 뿐, 탈원화를 위한 실제적인 내용은 없었다. 정신보건법의 목적으로 '정신질환자의 의료와 사회복귀'를 규정하였으며(법률 제1조), 기본이념으로 인간으로서의 존엄과 가치, 최적의 치료를 받을 권리, 차별대우 금지, 자발적 입원의 권장, 자유로운 환경의 보장을 제시하고 있다(법률 제2조). 하지만 병상 수 축소나 탈원화와 관련된 내용은 없으며, 입법 과정에서 존치 여부가 논란이 되었던 정신요양시설도 결국 그대로 유지하는 것으로 개정되었다.

정신의료기관의 경우 병상 수를 300인 이하로 제한한 것 외에는 탈원화를 위한 제도적인 노력이 전혀 이루어지지 못하였다. 특히, 의료급여 제도가 도입된 이후 수가지불방식을 일당정액제로 계속 유지해 오면서, 민간의료기관이 점차 확대되고, 부적절한 장기입원을 양산하는 제도적 유인책이 되었다(최지숙 외, 2015).

둘째, 입원 절차를 제도적으로 규정하였으나, 가족과 정신과전문의의 판단에 의존하도록 하였다. 입원의 절차는 자의입원, 동의입원, 평가입원, 시・도지사에 의한 입원, 응급입원으로 규정하였다(법률 제24조~제28조). 동의입원의 경우 보호의무자의 동의와 정신과전문의의 진단만 있으면 입원할 수 있고, 입원기간도 6개월로 장기간 입원을 허용하여 사실장 입원에 대한 공적 관여를 최소화함으로써 무분별한 입원의 위험성이 있었다. 특히, 대부분의 선진국에서 보호자는 입원을 신청하는 역할을 하는 것에 비해 한국에서는 보호의무자가 사실상 환자의 입원을 결정한다는 특징이 있다. 그 외에도 보호의무자는 피보호자인 정신질환자로 하여금 적정한 치료를 받도록 노력하여야 하며, 보호하고 있는 정신질환자가 자신 또는 타인을 해치지 아니하도록 유의하여야 하며, 정신과전문의의 진단에 따라 입원할 수 있도록 협조하여야 한다. 보호의무자는 정신질환자의 재산상의 이익 등 권리보호를 위하여 노력하여야 하며, 정신질환자를 유기하여서는 아니 된다(법률 제23조). 이러한 조항들은 정신질환자의 치료와 보호의 의무를 가족에게 일차적으로 부여하고 있음을 알 수 있다.

셋째, 지역사회 정신보건 서비스에 대한 규정을 마련하였다. 정신질환자를 정신의료기관에 입원시키지 아니하고 사회복귀 촉진을 위한 훈련을 행하는 시설로 '사회복귀시설'을 신설하였으며(법률 제15조), 시설의 유형을 생활훈련시설과 작업훈련시설로 나누었다. 또한 국가 및 지방자치단체는 보건소를 통하여 정신질환자의 발견・상담・진료 및 사회에 복귀한 만성정신질환자를 관리할 수 있도록 하였다(법률 제12조). 이와 같이 지역사회 기반의 공적 전달체계와 서비스 기관을 규정함으로써 지역사회 정신건강이 본격화되는 계기가 마련되었다.

이러한 정신보건법은 일본의 1987년도 정신보건법을 80~90% 정도 번역하다시피 하여 제정되었다(서동우, 2007). 법의 명칭에서 구조, 내용, 심지어 사회복귀시설이라는 한국에서 다소 생소한 용어까지 그대로 반영하였다. 한 가지 차이점이라면, 일본의 경우 일정한 자격 기준과 연수를 수료한 전문의를 후생성이 정신보건지정의로 지정하고, 2명 이상의 의견이 일치할 때 입원 여부를 결정하도록 한 것이다. 즉, 입원에 대한 결정 과정에 최소한의 공적 자격을 갖춘 전문가가 관여하도록 하였다. 하지만 한국의 경우 정신과전문의 누구나 판단할 수 있도록 함으로써, 입원 절차의 엄격성을 전혀 확보하지 못하였다.

제 5 절 토착화 과정

1. 정신보건 제도 추진 과정(1997~2015년)

1) 탈원화의 실패

(1) 정신병원 병상 수

1997년 정신보건법의 시행 이후 정신병원 병상 수는 꾸준하게 증가해오고 있어 결과적으로 탈원화에 실패하였다. 연도별 정신병상 수 추이를 살펴보면(국립정신건강센터, 2017), 1990년 14,109개에서 2016년 83,405개로 6배 가까이 증가하였으며, OECD 국가들 중 유일하게 꾸준하게 증가 추세에 있다. 특히, 사립병원 병상 수는 1990년 4,964개에서 2016년 42,021개로 10배 가까이 증가하여 전체 병상 수의 절반을 차지하고 있다. 이로 인해 정신과 의료비용이 지속적으로 증가하여 의료급여 상병별 진료비 중 가장 높은 순위를 차지하고 있으며, 건강보험에서도 악성 신생물 다음으로 높아, 의료재정의 큰 부담으로 작용하고 있다. 그나마 국공립정신병원에서는 탈원화를 위한 병상 수 축소 및 퇴원계획과 지역사회연계 등의 적극적인 노력을 기울이고 있어, 2013년 병상 수 8,481개를 최고점으로 2016년 6,847개까지 점차 감소 추세에 있다(서울시정신보건통계, 2019). 한편, 정신요양시설 또한 초기 전환 시설을 제외하고 현재까지 59개소가 그대로 유지되어 있으며, 입소자들의 절반 이상이 10년 이상의 장기입소 중이며, 사회복귀를 위한 서비스 또한 부족하여 탈원화에 큰 문제점으로 비판받고 있다(김문근 외, 2015).

(2) 입원 절차

정신보건법 시행 이후 입원 절차에 대한 비판의 목소리가 높았다. 정신과전문의와 가족에게 위임된 입원 제도는 강제입원을 방관하고, 정신질환자의 인권을 침해하는 심각한 문제점을 낳았다. 실제로 가족 등에 의한 강제입원의 비율이 2010년 80%로서, 서구 대부분의 국가가 20% 이내인 것과 비교할 때 매우 높은 수치를 보이고 있다. 특히, 재산문제나 이혼 요구 등으로 가족에 의해 부당하게 강제 입원되는 사례들이 언론을 통해 보도되었고(주간경향, 2007), 국가인권위원회에서도 실태조사 및 권고조치 등을 통해서 사회적으로 문제제기를 하였다. 이러한 분위기 속에도 입원 절차에 대한 규정은 큰 변화가 없었다. 2008년 정신보건법의 개정으로 보호의무자 1인의 동의에서 2인의 동의로 강화된 것이 전부이다. 여전히 가족과 정신과전문의에 의한 결정에 위임해 놓았다.

2) 지역기반사회 서비스의 미흡

지역사회 정신보건에 있어서는 1997년 정신보건법의 시행으로 한국에서도 처음으로 지역사회 기반의 서비스가 시작되었다. 우선 강남구를 시작으로 전국의 시도 및 시군구 단위에 정신보건센터가 설치되었다. 초기에는 보건소의 시범사업으로 시작되어 사업의 불안정성이 크다는 문제점이 지속적으로 제기되었고, 2004년, 2008년 법 개정을 통해 정신건강증진센터 설치에 대한 조항이 마련되었다(정신보건법 제13조). 2017년 현재 전국적으로 243개 센터가 설치됨으로써, 지역 기반의 공적 정신건강 체계를 구축하는 성과를 가져왔다.

하지만 정신보건센터는 구조적으로 공공성에 취약점을 갖고 있었다. 전국 센터의 80% 이상이 위탁형으로 운영되고 있으며, 위탁 주체를 살펴보면 90% 이상이 의료기관에 의해 운영되고 있음을 알 수 있다(이명수, 2013). 이는 정신질환자의 장기입원을 통해 의료기관의 이윤을 극대화할 수 있는 구조 하에서, 정신보건센터까지 의료기관에 위탁 운영함으로써 정신질환자의 탈원화를 온전히 기대하기란 사실상 어렵다. 정신의료기관에게 고용된 센터 직원들이 갈등을 유발하면서까지 정신질환자의 입퇴원 관리를 적극적으로 할 수 없다는 것은 쉽게 짐작할 수 있는 부분이다(박선주,

2017).

지역사회 정신보건의 또 한 축은 사회복귀시설이다. 정신보건법 시행 당시 2개소를 시작으로 2017년 341개까지 확대되었다. 전체적인 규모는 확대되었지만 지역 간 편차가 크다. 전국 사회복귀시설의 절반 정도가 수도권에 밀집되어 있으며, 지방에서는 초창기 이후 거의 확대가 이루어지지 않고 있다. 이는 2005년 지방분권 확대에 따라 사회복귀시설 운영도 지방으로 이양된 것도 중요하게 영향을 미쳤다. 앞서 살펴본 것과 같이 정신질환에 대한 의료비용이 매우 큼에도 불구하고 서구에서와 같이 이를 줄여서 지역사회로 전환할 수 있는 기제가 한국에서는 전혀 없다. 따라서 지역사회 정신보건을 위한 추가적인 예산을 확보해야 하는 상황에서, 자치단체장의 관심에 따라 사업이 좌우될 수밖에 없다. 특히, 재정자립도가 낮은 여건에서 정신질환자에 대한 사업은 정치적으로 우선순위에서 밀릴 수밖에 없다.

2. 정신보건 제도에 대한 내 · 외부의 압력

1) 국내 · 외 환경으로부터의 비판

이러한 상황에서 2013년 OECD는 한국의 정신보건 체계에 대한 조사를 통해 다음과 같이 권고하였다(김태희 · 양윤준, 2013). 시설 입원 중심에서 지역사회 의료 중심으로 정신보건 모델 변경이 필요하다. 한국의 정신보건의료체계는 병원 중심이며 지역사회 의료는 제한적이다. 지역사회 치료 확대와 1차 의료 역할 확장으로 방향을 바꾸어야 한다. 이를 위해 현재 입원시스템의 구조적인 문제와 입원 선호 유발요인에 대한 개선이 필요하며, 지역사회 치료를 지원하는 방향으로 사회보장체계의 개혁이 필요하다. 현재 입원에 초점을 두고 있는 예산을 지역사회 중심 서비스에 좀 더 투입해야 한다.

2014년 UN에서는 입원심사기관은 사법 및 기타 독립적인 공정한 기관으로 운영할 것과 자격 있는 정신보건 전문가 1인 이상의 조언을 권고하였다. 또한 UN 장애인권리위원회는 장애인에 대한 의학적 치료에 대해서는 당사자의 사전 동의가 필요하다고 권고하였다(이주갑 외, 2017). 2017년에는 WHO에서도 강제입원 요건에 대해

치료 필요성과 자타해 위험을 모두 충족하는 것이 WHO와 국제인권 기준에 부합한다는 입장을 표명하였다.

한편, 국내에서는 정신보건법이 헌법재판소에서 위헌판결이 났다. 2013년 자녀가 재산상의 문제로 인해 모친의 우울증 치료경력을 이유로 정신병원에 강제 입원을 시키게 된다. 2014년 모친은 병원 내 공중전화로 이웃주민에게 구조를 요청하여, 서울중앙지방법원에 '인신보호구제청구'를 하였으나 다음날 자녀의 요청으로 다시 강제 입원 되었다. 이후 모친이 감금을 이유로 자녀를 고소하자, 고소를 취하하는 조건으로 퇴원에 동의하여 사회로 복귀하였다. 퇴원 후 다른 병원에서 심리검사를 받은 결과, 어떤 정신병적 문제도 드러나지 않았다. 이에 모친은 본인의 억울한 사정을 유발한 정신보건법에 대해 위헌법률심판제청 신청을 하였고, 헌법재판소 9인 재판관 전원일치로 헌법불합치 결정이 났다. 이러한 국제적, 사회적 압력은 정신보건법의 개정이 불가피하도록 만들었다.

2) 당사자의 주체화

한편, 2006년부터 사회복귀시설을 주축으로 정신질환자들의 당사자 활동이 시작되었다. 전국 단위의 협력 사업들을 계기로 2009년 한국정신장애인협회라는 당사자 조직이 결성되고, 이는 2012년 한국정신장애인자립생활센터를 설립하게 되었다. 센터는 정신장애인 당사자를 위한 권익옹호 및 자립지원 활동들을 해오고 있으며, 정신보건법 개정, 차별 철폐, 강제 치료 중단, 불공정 보도 항의 등을 위해 적극적인 목소리를 내고 있다.

파도손은 한국 최초로 정신장애인 당사자들이 사단법인으로 등록한 단체이다. 파도손은 2009년 온라인 모임으로 시작하여, 2013년 준비위원회를 결성하고, 2017년 사단법인으로 창립하였다. 2014년부터 정신장애인 강제입원 폐지, 정신보건법 폐지, 정신장애인 차별 철폐, 언론보도 항의, 법률 개정 운동 등을 주도하며 전면적으로 투쟁에 나섰다. 이외에도 2016년 대구에서 정신장애인협회가 결성되는 등 온·오프라인의 당사자 단체들이 확대되고 정신보건 제도의 개선에 대한 목소리를 적극적으로 내기 시작했다.

이러한 외부적 압력과 당사자 단체의 요구 속에서 정신보건법의 문제점은 제19대 국회에서도 여러 방면으로 지적되었고, 10여 개가 넘은 강제입원 제도 개선법안들이 발의되었다. 정부도 2013년 정신보건법 전부개정안을 입법예고한 후 2014년 1월 국회에 정부법안을 제출하였다. 그 이후 2015년 이명수 의원이 정부의 호응 아래 강제입원 제도 개혁의 내용이 담긴 개정안을, 김춘진 의원이 당사자 단체의 호응 아래 정신장애인 복지를 중심으로 한 '정신장애인 복지지원법안'을 각각 발의하여 정부안과 함께 병합심의되었다. 최종적으로 이 세 개의 법안을 통합하여, 2016년 '정신건강증진 및 정신질환자 복지서비스 지원에 관한 법률(이하 정신건강복지법)'로 전면개정하게 된다. 이러한 과정은 의료계가 주축이 되었던 1995년 정신보건법의 제정 당시와는 매우 다른 지형을 형성하였다(신권철, 2018).

특히, 정신장애인 당사자 단체의 참여가 두드러졌다. 이들 단체를 중심으로 2014년부터 추진해 온 '정신보건법폐지공동대책위원회'는 '정신장애인복지지원법추진공동행동(이하 공동행동)'을 결성하였다. 정신보건법에 대한 소극적 비판이 아닌 복지 중심의 새로운 법률로서 '정신장애인 복지지원법' 제정을 추진하였다. 여기에는 당사자 단체뿐만 아니라 사회복지계, 장애인단체, 법조계가 함께 힘을 실어주었다. 이들이 추진한 법안은 일본의 정신장애인 복지체계를 적극 반영하였다. 즉, 일본의 정신보건 제도가 2005년 장애인자립지원법의 제정으로 장애인복지 서비스로 일원화되고, 2012년 장애인 종합지원법으로 개정됨에 따라 지역사회에서 정신장애인의 삶을 종합적으로 지원하는 체계로 전환한 것을 적극적으로 반영한 것이다. 즉, 기존의 정신보건법의 틀을 벗어나 새로운 복지체계 마련을 주장한 것이다. 하지만 개정된 정신건강복지법은 기존 정신보건법에 복지 서비스에 대한 규정을 추가하는 정도로 반영되었고, 이에 대해 당사자 단체는 '후퇴'한 법률이라며 반발하였다.

3) 의료계의 저항

의료계에서도 정신건강복지법으로의 개정에 대한 강력한 저항이 일어났다. 정신건강복지법은 좁게 정의된 정신질환 기준과 자·타해 위험 요건을 모두 만족시켜야 강제입원이 가능하도록 개정되면서 필요한 치료를 적시에 받지 못하고 환자와 보호자를 위험에 처하거나 고통스럽게 하는 문제를 야기하고 있다고 주장하였다(윤제식 외, 2018). 특히, 강제입원의 기준과 절차를 엄격하게 한 것에 대해 의료계에서는 '치료권리 박탈'(연합뉴스, 2017), '정신과 보이콧 현실화되나'(청년의사, 2017), '돌볼 준비 안되었는데… 정신질환 1만 9,000명 퇴원 예정'(조선일보, 2017) 등의 언론기사를 쏟아냈다. 입원 요건 강화로 인해 정신질환자들이 무더기로 퇴원하고 이는 사회적으로 큰 위험이 될 것이라며 강력하게 반발하였다. 이에 정신환자의 치료받을 권리를 보장하지 못하고, 인권도 제대로 보호하지 못하는 정신건강복지법의 전면적인 개정이 시급하다고 주장하였다.

이러한 의료계의 저항에 대해, 이용표(2017)는 정신보건 제도를 변화시키는데 20여 년 간의 장기간이 소요된 주요한 요인이라고 비판하였다. 정신건강복지법에서 입원자의 인권보호 강화는 의료전문가의 행정적 업무와 책임을 확대하고, 강제입원의 통제는 경제적 이익을 감소시킬 수 있다고 보았다. 또한 정신장애인에 대한 복지지원 확대는 의료 전문가들에게는 정신의료기관 퇴원자의 증가에 의하여 병상 수의 감소를 가져올 수 있는 위협요인이 될 수 있기 때문이라고 보았다.

3. 토착화: 2016년 정신건강복지법으로의 개정

이와 같이 정신건강복지법은 당사자와 의료계 양측의 반발 속에 짜깁기 식의 대안이었지만, 기존의 정신보건법에서 다음과 같은 개선이 이루어졌다. 첫째, 입원 기준과 절차가 보다 강화되었다. 즉, 강제입원의 기준을 입원치료의 필요성 외에 자·타해 위험성도 함께 요구하였으며, 2주 이상의 입원을 위해서는 공공이나 지정의료기관에 소속된 진단전문의를 포함하여 2인 이상의 진단을 요구하도록 하였다. 또한 1개월 이상의 입원을 위해서는 입원적합성심사위원회와 정신건강심사위원회를 거치도록 하였다. 이는 그동안 정신질환자의 입원을 정신과전문의 개인의 판단에 맡겨놓았던 것에서 보다 공공의 절차를 거치도록 강화한 것이다.

둘째, 복지 서비스의 장을 새롭게 추가하였다. 즉, 고용 및 직업재활, 평생교육, 문화·예술·여가·체육활동, 지역사회 거주·치료·재활 등 통합지원, 가족에 대한 정보제공과 교육 등의 내용을 신설하였다. 이는 정신질환자에 대한 치료와 보호를 넘어 지역사회에서 통합적으로 살아갈 수 있도록 보다 적극적으로 지원할 수 있는 기반을 마련하였다는 데 의의가 있다.

정신건강복지법으로의 전면개정에도 불구하고 탈원화와 지역사회 정신보건의 실제적인 성과를 기대하기에는 한계가 크다. 우선 입원의 요건을 강화하였지만, 기존 병상 수를 축소할 수 있는 제도적 장치나 재정적 기제는 여전히 없는 상황이다. 또한 복지 서비스에 대해 법으로 규정하였지만, 이를 실행할 수 있는 제도나 예산에 대해서는 전혀 구체화된 내용이 없어서 여전히 선언적 의미에만 머물 가능성이 높다.

제 6 절 한국에서의 정신보건 제도 도입 및 토착화 분석

이상의 논의를 바탕으로 수출국인 미국과 일본의 정신보건 제도, 한국의 도입 직후 및 2017년 이후 정신보건 제도의 주요 내용들을 비교하여 정리하면 <표 4-1>과 같다. 이를 바탕으로 정신보건 제도의 도입 및 토착화 유형을 규정해 보면 [외국제도→산호형→절충형]이라고 할 수 있다.

외국 제도는 수출국인 미국의 탈원화와 지역사회 정신보건 제도를 의미한다. 산호형은 일본의 도입 직후로서, 탈원화와 지역사회 정신보건을 위한 법과 제도적인 형식은 갖추었으나, 실제적으로는 오히려 병상 수가 증가하고 지역사회 정신보건이 실제적으로 이루어지지 않음을 의미한다. 나비형은 현재의 일본으로서, 장애인복지체계와의 통합을 통해 미국과는 다른 방식의 체계를 갖추었으며 이를 통해 점진적인 병상 수의 감소와 복지 확대를 이루어가고 있다. 그리고 한국의 도입 직후는 산호형으로서, 일본의 도입 직후와 마찬가지로 법과 제도의 형식을 갖추었으나, 병상 수가 증가하고, 지역사회 정신보건이 매우 취약함을 의미한다. 절충형은 한국의 현재로서 내・외부적인 압력 속에 정신건강복지법 개정을 통해 입원 절차를 강화하고 복지 서비스 규정을 마련하는 등의 변화를 시도하고 있으나, 기존 병상 수를 축소할 수 있는 제도적 기제가 마련되지 못했고, 복지 서비스 확대 방안이 구체화되지 못했다는 측면에서 여전히 제도 수출국인 미국이나 일본과는 차이가 있다. 이러한 토착화 경로

표 4-1 미국, 일본과 한국의 정신보건 제도 비교

		외국(미국)의 제도	일 본		한 국	
			산호형 (1950~1994)	나비형 (1995~)	산호형 (1997~2015)	절충형 (2016~)
법률		정신보건법 (1946) 지역사회정신보건 센터설립법 (1963) 요양시설개혁법 (1987) 장애인법(1990)	정신위생법 (1950, 1965) 정신보건법 (1987, 1993) 장애인기본법 (1993)	정신보건 및 정신장애인 복지에 관한 법률(1995) 장애인자립지원법 (2005) 장애인종합지원법 (2012)	정신보건법 (1997) 장애인복지법 개정 (2000)	정신건강증진 및 정신질환자 복지서비스 지원에 관한 법률 (2016)
탈원화	병상 수 변화	500,000 (1950년대)→ 38,000(1990년대)	304,469(1980) → 362,154(1995)	249,903(2016)	36,837(1999) → 83,696(2015)	좌동
탈원화	입원 절차	사법입원	가족, 정신보건지정의에 의한 입원	가족, 정신보건지정의에 의한 입원	가족, 정신과 전문의에 의한 입원	가족, 정신과 진단전문의에 의한 입원
지역사회 정신보건	서비스	지역사회정신보건 센터 지역사회지지체계	정신보건 복지센터	지역사회 이행/정착지원 장애인복지 서비스	정신보건센터 장애인복지 서비스 (등록제)	좌동 (정신건강복지센터로 명칭 변경)
지역사회 정신보건	재정	지방정부로의 의료급여 이양	지방정부의 일반예산 중 보건 예산	장애인복지 체계로의 통합	지방정부의 일반 예산 중 보건 예산	좌동
성과	병상 수[1]	0.21(2015)	2.63(2016)		1.25(2016)	
성과	거주 서비스[2]	15.2	15.3		4.7	

출처: 1) 인구 1,000명당 정신병상 수. OECD(2018) OECD Health Staticstics Datatbase. 서울시 정신건강 통계 seoulmentalhealth.kr.
2) 인구 10만 명당 거주 서비스 정원. Mental Health Atlas Country Profiles(2014). 2017년 국가정신건강 현황 3차 예비조사 결과보고서.

를 살펴보면, 정신보건 제도는 미국을 중심으로 시작되었으며, 한국은 일본식의 제도를 도입하였으나, 여전히 정신보건 제도가 소극적 · 형식적으로 이루어지고 있어 미국이나 일본 두 나라의 제도와는 다소 거리가 있다.

미국은 1800년대부터 정신병원에서의 치료적 접근이 시작되고, 정신병원의 대규모화가 1950년대에 최고점에 이르러 탈원화와 지역사회 정신보건이 시작된다. 일본과 한국은 전통적으로 정신질환자를 가족의 책임에 맡기고 감금과 방치를 사회적으로 용인해 왔다. 이후 일본은 1950년대에 서구 정신의학을 본격적으로 받아들였고, 한국은 1980년대 의료보장 제도의 정착으로 의료적 접근이 비로소 시작되었다. 일본과 한국은 정신질환자에 대한 의료적 개입이 매우 늦게 시작되었을 뿐만 아니라, 민간의료기관의 확장과 가족의 보호부담 회피라는 두 가지 이해관계가 맞물리면서, 탈원화와 반대로 정신병상 수가 급격히 증가하는 결과를 가져왔다. 이는 OECD 국가 중 일본은 정신병상 수가 가장 많은 국가로, 한국은 정신병상 수가 가장 빠르게 증가하는 국가로 나타나고 있다.

물론 미국의 경우 의료 서비스가 시장 기제에 의해 작동하기 때문에 일본이나 한국보다 민간의료기관이 더욱 많다. 하지만 미국은 탈원화와 지역사회 정신보건이라는 두 가지 측면이 하나의 정책적 기제에 의해 작동하도록 하였다. 즉, 의료보장의 책임을 지방정부에게 위임하여 의료비용을 통제할 수 있도록 하고, 의료 수가를 지역사회에까지 확대함으로써, 탈원화를 통해 절감한 입원비용을 지역사회 서비스로 전환하여 투입할 수 있었다. 반면에 일본과 한국은 의료보장 제도가 중앙에서 운영되며, 병원에서의 치료 서비스에만 한정되어 미국과 같은 기제가 작동하기 어렵다. 이로 인해 지역사회 정신보건을 확대하기 위해서는 추가적인 재원을 확보해야 한다.

이러한 상황에서 일본은 장애인복지체계와의 통합을 통해 지역사회 정신보건을 확대해 나갔다. 즉, 의료가 아닌 복지체계로의 통합을 통해, 정신질환자가 지역사회에서 자립적으로 살아갈 수 있도록 다양한 지원체계를 구축해 나갔다. 일본은 미국과는 다른 방식으로 지역사회 정신보건을 실현해 나가고 있으며, 이는 미약하게나마 정신병상 수를 감소시키는 데에도 기여하고 있다. 반면에 한국은 복지 서비스에 대한 법적 규정을 새롭게 마련하였으나, 이를 구체화할 수 있는 정책 대안이 없는 상황에서 여전히 선언적 구호에 머물고 있다.

결과적으로 한국은 여전히 탈원화에 역행하며, 지역사회 정신보건의 형식만 갖추고 있는 상황이다. 앞으로 정신보건 제도를 어떠한 방향으로 추진해 나가는가에 대해 현재 관련 행위자들 간에 치열한 논쟁이 진행 중이다. 즉, 탈원화에 저항하는 의료기관과 정신요양시설 운영자들, 탈원화와 지역사회 정신보건을 강력하게 주장하는 정신질환자 당사자들과 지지단체들, 제도 추진에 무관심 혹은 소극적인 행정가들 간의 이해가 다양하게 부딪히고 있다.

제 7 절 결 론

이 글은 정신보건제도의 '탈원화'와 '지역사회 정신보건'이 한국에서 어떠한 과정을 통해 도입되었고, 토착화되어 갔는지를 분석하였다. 전통적으로 정신질환자에 대한 보호가 가족과 지역 공동체에서 이루어지던 것이 1980년대의 산업화와 더불어 무허가 시설과 범죄의 문제로 대두되었다. 정신의학계를 중심으로 정신보건 제도 도입에 대한 주장이 제기되었고, 정신질환자 범죄가 사회적 이슈화되면서 정부부처도 이에 대한 대응으로서 제도 도입을 추진하였다. 반면에 군사독재라는 사회적 배경 속에 재야단체에서는 악용의 소지를 문제 삼아 반대하였으나, 이후 민주주의로 전환되는 시대에 들어서면서 이들의 관심은 줄어들었다. 결국 1995년 정신보건법이 제정되었으나 정신질환자의 인권이나 치료적 권리보다는 범죄 예방이라는 사회방위적 시각과 정신의학적 치료의 동기가 높았다.

실제로 정신보건 제도가 도입되고 20여 년이 지나는 동안 탈원화는 실패하였고, 지역사회 정신보건은 여전히 미흡하다. 정신병상 수는 6배 가까이 증가하였으며, OECD 국가들 중 유일하게 증가 추세에 있는 나라가 되었다. 특히, 정신병상 수의 대부분을 차지하는 사립병원 병상 수는 10배 가까이 증가하여, 의료재정의 큰 부담으로 작용하고 있다. 입원 절차는 대부분의 국가에서 공적인 위원회나 사법체계를 통해 강제입원을 결정하는 것과 달리, 정신과전문의와 가족에게 위임되어 강제입원을 방관하고, 정신질환자의 인권을 침해하는 심각한 문제를 낳고 있다. 지역사회 정신보건은 형식적인 서비스 체계는 갖추었으나, 정신보건센터를 의료기관에 위탁함으로써 공공성을 갖기 어렵고, 사회복귀시설은 지방 이양된 후 지역적인 편차가 커져 지역사회 정신보건이 실제적으로 구축되었다고 보기에는 매우 미흡하다.

이에 대하여 OECD, UN 및 WHO 등 국제기구들의 제도개선 권고가 있었고, 입원 절차에 대한 헌법불합치 결정이 나는 등 국내·외적 압력에 부딪혔다. 특히, 2000년대 중반부터 정신질환자 당사자 조직들이 결성되고, 이들이 제도 개선을 위한 목소리를 적극적으로 내기 시작하였다. 반면, 그동안 제도 추진의 중심에 있던 의료계는 입원절차 강화 등에 대해 저항하며 비판적인 목소리를 냈다. 이러한 흐름 속에 2016년 정신건강복지법이 전면개정되었다. 입원 절차가 진단전문의 및 입원적합성심사 등으로 보다 강화되었으며, 복지 서비스에 대한 내용이 새롭게 추가되어 통합적인 지역사회 정신보건의 기반을 마련하였다.

한국에서 정신보건 제도가 도입되고 토착화해온 과정은 제도 수출국인 미국과는 현저한 차이를 보이며, 일본과는 탈원화는 유사하되, 지역사회 정신보건과는 큰 차이를 갖고 있다. 이러한 차이가 왜 나타나는지를 앞서 언급한 제도 이전에 영향을 미치는 요인들을 중심으로 살펴보면 몇 가지 시사점을 얻을 수 있다. 첫째, 정신질환에 대한 사회적 태도의 차이이다. 미국 등 서구에서는 정신보건 제도가 정신질환자가 동등한 시민으로서의 권리를 사회적으로 보장받을 수 있도록 추진해왔다. 반면에 한국은 정신질환자의 범죄로부터 사회를 보호하기 위해 이들을 격리하는 것을 목표로 가족에게 온전히 책임을 부과해 왔다. 따라서 정신보건 제도가 본연의 목적을 실현하기 위해서는 정신질환자의 인권과 복지에 대한 사회적 인식에 변화가 필요하다. 특히, 최근 정신질환자 범죄와 관련해서 무분별한 언론보도들은 또 다른 혐오와 차별을 낳고 있으며, 치료에 대한 거부감을 높임으로써 문제를 더욱 악화시킬 수 있다. 따라서 정신보건 제도의 확대를 위해서는 인식개선을 위한 정책적인 노력이 필요하다. 정신질환에 대한 올바른 이해와 편견해소, 그리고 국민 누구나 정신질환으로부터 도움을 받을 수 있는 안전한 체계의 필요성을 확산시킬 필요가 있다.

둘째, 탈원화와 지역사회 정신보건을 추동할 수 있는 정책 기제에 대해 고려하여야 한다. 미국은 지방정부가 정신보건 제도에 대한 행정적·재정적 권한을 가지고 입원을 최소화하며, 지역사회 정신보건 서비스를 확대할 수 있는 실제적인 기제가 작동할 수 있다. 반면, 한국은 의료보장 제도는 중앙에서, 지역사회 정신보건은 지방정부에서 담당하고 있어서 분리된 정책 기제를 가지고 있다. 특히, 지방정부의 낮은 재정자립도와 정책적 무관심은 지역 간 편차를 크게 만들고 있다. 따라서 한국의 현 상황에서 중앙정부와 지방정부의 역할을 보다 명확하게 제시할 필요가 있다. 우선 현재와 같이 지방정부의 정책적 의지가 낮은 상황에서는 중앙정부가 탈원화와 지역사회 정신보건에 대한 명확한 정책적 목표를 보다 적극적으로 제시하고 추동해 나갈 필요가 있다. 특히, 중앙 단위의 건강보험 정책이나 인프라 구축의 역할이 중요하다. 지방정부는 정신질환자 관리와 지원에 대한 일차적인 책임성을 가지고, 탈원화와 지역사회 정신보건에 대한 일원화된 정책을 추진할 수 있도록 해야 한다. 즉, 응급의료체계, 정신건강복지센터, 정신재활시설 등의 운영과 연계체계, 그리고 지역사회 중심의 통합돌봄체계를 구축해야 한다. 이를 위해 지방정부에 정책과 재정에 대한 실제적인 권한을 위임할 필요가 있다.

셋째, 지역사회 정신보건 서비스를 확대하기 위해서는 결국 재원의 확보가 중요하다. 미국은 탈원화를 위해 감축한 예산을 지역사회로 전환함으로써, 일본은 장애인 복지체계와의 통합을 통해 복지 예산을 활용함으로써 가능하였다. 한국에서 여전히 지역사회 정신보건이 미흡한 것은 이를 실현할 수 있는 재원 마련이 어렵기 때문이다. 입원병상 수의 증가로 인해 비용 부담은 이미 전체 의료비용 중 가장 높은 순위를 차지하고 있지만, 현재로서는 이를 지역사회로 전환할 수가 없다. 따라서 의료 수가를 지역사회 서비스로까지 확대하거나, 의료급여에 대한 지방정부의 재정 권한을 늘림으로써 의료재정을 지역사회로 전환할 수 있는 구조를 만들어야 한다. 또한 장애인등록제의 전면적인 개선을 통해 정신질환자가 장애인복지 서비스를 이용할 수 있도록 문턱을 낮추어야 한다.

마지막으로 정신보건 제도가 의료적 패러다임에만 머물러서는 안 된다. 미국과 일본에서는 정신질환자에 대한 '치료'를 넘어 '복지'로 패러다임을 전환하여 왔고, 그것이 정신보건 제도의 변화에 반영되었다. 한국에서는 정신의학계를 중심으로 치료적 접근이 강조되어 왔고, 의료계의 이익을 강화하는 방향으로 제도가 지속되어왔다. 최근 정신질환자 당사자들이 조직화되고 목소리를 높임으로써 의료 중심의 판도가 변화되는 것은 정신보건 제도의 방향을 전환해 가는데 중요한 계기가 될 것이다. 따라서 정신질환들이 정책 과정에 주요한 이해당사자로서 참여할 수 있도록 보장하고, 권리옹호의 역할을 할 수 있도록 보다 적극적으로 지원해야 한다.

PART 02

아메바형에서 나비형으로

CHAPTER

05 문화영향평가 제도의 도입과 토착화

양혜원*

그간 정부 정책이 미치는 문화적 영향을 사전적으로 평가하여 해당 정책의 수정과 보완을 추구하는 '문화영향평가(Cultural Impact Assessment)'는 여러 국가에서 다양한 형태로 시도되어 왔으나, 대부분은 일부 지역에서 자체적으로 시행하거나 환경영향평가 제도 내의 하위 영향평가로 시행하는 경우가 대부분이었다. 반면, 한국의 경우 법률에 의해 문화영향평가의 실시를 국가와 지방자치단체의 의무로 규정하여 국가 차원에서 전국적으로, 타 영향평가 제도와는 독립적으로 시행하고 있다. 문화영향평가 제도가 유독 한국에서 왜, 그리고 어떻게 이렇게 자리잡을 수 있었는가? 이 글은 이러한 질문에 대한 답을 한국에서 문화영향평가에 대한 도입 논의와 제도화, 즉 문화영향평가의 토착화 과정에 대한 고찰을 통해 규명하였다. 이를 위해 제2절에서는 먼저 토착화와 관련된 이론적 논의를 살펴보고, 제3절에서는 국제사회에서 문화영향평가의 대두와 전개 과정을 살펴보았다. 제4절에서는 한국의 문화영향평가 도입 과정을, 제5절에서는 2013년 문화영향평가 법제화 이후 토착화 과정의 분석을 통해 시사점을 도출하였다.

분석 결과 한국에서 문화영향평가의 법제화는 문화융성을 국정기조로 내세웠던 박근혜 대통령의 강력한 의지, 문화체육관광부와 국회 간 긴밀한 공조, 과거 노무현 정부 시기 진행되었던 연구 및 논의를 통한 인식 및 이해의 제고에 힘입어 이루어질 수 있었다. 그러나 정권의 강력한 의지에 따른 정부 주도의 하향식 추진에 의해 이루어졌고, 정치적 지지 확보를 위한 상징적 동기에 의해 이루어졌기에 실제 내용은 상당 부분 모호하고 불충분한 특성을 갖는다. 또한 다른 국가들과 한국이 처한 상황적 맥락과 정책적 맥락이 상이했기에 한국의 문화영향평가는 해외 모델이 가지고 있는 주요 요소들을 차용하기보다는 국내 기존 논의의 연장선상에서 설계되고 진화되는 양태가 나타났으며, 이러한 독자성은 평가지표, 평가방법, 평가 대상, 평가유형 및 평가추진체계의 설계 전반에 나타나고 있음을 확인할 수 있다.

* 한국문화관광연구원 예술정책연구실장(dreamer75@kcti.re.kr)

제1절 서 론

문화영향평가(Cultural Impact Assessment)는 "국가나 지방자치단체가 각종 계획과 정책을 수립할 때에 문화적 관점에서 국민의 삶의 질에 미치는 영향을 평가하여 긍정적 영향을 강화·확산시키고 부정적 영향을 최소화할 수 있는 방안을 제시함으로써 문화적 가치가 사회적으로 널리 확산될 수 있도록 하기 위한 제도"를 의미한다. 2013년 12월 「문화기본법」이 제정되면서 법제화되었으며, 2년 간의 시범평가(2014~2015년)를 거쳐 2016년부터 본격적으로 평가가 시행되고 있다.

> **「문화기본법」 제5조(국가와 지방자치단체의 책무)** ④ 국가와 지방자치단체는 각종 계획과 정책을 수립할 때에 문화적 관점에서 국민의 삶의 질에 미치는 영향을 평가(이하 이 조에서 "문화영향평가"라 한다)하여 문화적 가치가 사회적으로 확산될 수 있도록 하여야 한다.

그간 정부 정책이 미치는 문화적 영향을 사전적으로 평가하여 해당 정책의 수정과 보완을 추구하는 '문화영향평가'는 여러 국가에서 다양한 형태로 시도되어 왔다. 특히, 문화영향평가를 시행하고 있는 대표적인 국가에 해당하는 뉴질랜드, 미국, 캐나다 등은 지역 토착민(원주민)의 고유한 문화를 보호하거나 지역 고유의 문화유산·문화경관을 보존·보호하는 것을 주된 목표로 추구하고 있으며, 그 범위 또한 중앙정부 차원에서 전국적으로 시행하는 것이 아니라 일부 지역에서 자체적으로 시행하거나 환경영향평가 제도 내의 하위 영향평가로 시행하는 경우가 대부분이다. 반면, 한국의 문화영향평가 제도는 문화영향평가의 실시를 국가와 지방자치단체의 의무로 규정하여 국가 차원에서 전국적으로, 타 영향평가 제도와는 독립적으로 시행하고 있으며, 평가의 대상 범위 또한 중앙정부의 정책 및 계획뿐 아니라 지방자치단체의 정책 및 계획까지 모두 포괄하고 있다. 즉, 현재까지 법률에 의해 문화영향평가를 독자적인 평가 제도로 도입한 사례는 한국이 유일하다.[1)]

1) 다만, 최근 대만에서도 한국의 사례를 벤치마킹하여 문화기본법을 제정하고 문화영향평가를 제도화하기 위한 시도가 이루어지고 있다.

그간 국제사회에서 담론이나 환경영향평가의 하위 평가체계로 운영되어왔던 '문화영향평가'가 유독 한국에서 왜, 그리고 어떻게 이렇게 자리잡을 수 있었는가? 이 글은 이러한 질문에 대한 답을 한국에서 문화영향평가에 대한 도입 논의와 제도화, 즉 문화영향평가의 토착화 과정에 대한 고찰을 통해 규명해보고자 한다. 이를 위해 제2절에서는 먼저 토착화와 관련된 이론적 논의를 살펴보고, 제3절에서는 국제사회에서 문화영향평가의 대두와 전개 과정을 살펴보았다. 제4절에서는 한국에서의 문화영향평가 도입 과정을, 제5절에서는 2013년 문화영향평가 법제화 이후 토착화 과정의 분석을 통해 시사점을 도출하고자 하였다.

제 2 절 이론적 논의 및 분석틀

1. 제도 이전

제도 이전은 정책이전(policy transfer)으로 이야기되며, "한 정치체제에서 나타난 정책, 행정장치, 제도, 아이디어에 관한 지식이 또 다른 정치체제의 정책, 행정장치, 제도, 아이디어의 발전에 사용되는 것"으로 정의된다(Dolowitz & Marsh, 2000: 5-12). 이러한 제도의 이전은 사회학적 신제도주의에서 강조하는 동형화(isomorphism)라는 개념을 통해 설명될 수 있는데, 동형화란 "제도적 압력에 의하여 조직들이 사회적으로 인정받는 조직 형태를 구성함으로써 시간이 경과함에 따라 서로 유사해지는 것"을 의미한다(하연섭, 2003; DiMaggio & Powell, 1983).

디마지오와 파월(DiMaggio & Powell, 1983)은 동형화의 유형을 강제적 동형화(coercive isomorphism), 모방적 동형화(mimetic isomorphism), 규범적 동형화(normative isomorphism)로 구분했는데, 강제적 동형화는 권력 관계 속에서 상급조직의 압력이 법령 등을 통하여 강제함으로써 자원의존적인 조직들이 이를 수용할 수밖에 없을 때 발생하며, 모방적 동형화는 조직들이 불확실성에 직면하였을 때 해당 분야에서 성공적이거나 정당성 및 영향력이 있는 것으로 인지되는 조직을 모방하여 나타난다. 규범적 동형화는 전문조직 및 전문협회 등에서 특정 제도가 유용함을 공유하여 그 필요성을 주장하고 이를 조직의 정책결정권자가 수용함으로써 나타내며, 이러한 동형화의 제도적 압력은 둘 또는 세 가지가 동시에 일어날 수도 있다(하연섭, 2003; Carpenter & Feroz, 2001; DiMaggio & Powell, 1983; 윤성일 · 임동완, 2019). 한편, 제도나 정책의 이전을 담당하는 행위자들은 크게 공식적 행위자와 비공식적 행위자로 구분할 수 있는데, 공식적 행위자는 관료나 공무원, 선거직 공무원, 중앙정부부처 및 관청, 지방정부, 준정부조직, 정부임시대책반, 정부의 조사위원회 등이며, 비공식 행위자는 OECD와 같은 국제조직, EU와 같은 지역조직, 정당, 다국적 기업들, 초국적 정책공동체, 싱크탱크, 연구소, 컨설턴트, 기업가적 학자들, 압력집단, 자발적 조직 등을 들 수 있다(하태수, 2019; Stone, 1999).

이러한 행위자들의 동기는 다양하게 나타나는데, 어떤 행위자들은 실용적 의도에서 앞선 제도를 진지하게 수입하려고 하는 반면, 다른 행위자들은 단지 상징적 목적 달성 혹은 정치적 지지 확보를 위한 전략적 수단으로써 제도를 수입한다. 중요한 점은 제도 이전의 동기에 따라 제도 이전의 성격과 결과가 크게 달라진다는 점이다. 실용적 동기는 제도와 정책들의 좀 더 일관성 있는 이전을 초래하는 반면에, 상징적 동기는 임시방편적이고 파편적인 이전을 초래하는 경향이 있다(하태수, 2019; Stone, 1999).

2. 토착화와 맥락 의존성

한 나라에 수입된 외국의 제도는 대부분 제도를 수입한 나라의 제도적 맥락에 적응되는 과정에서 변화를 겪게 되는데, "외국에서 들여온 제도가 그 제도를 도입한 사회의 풍토에 맞게 정착하는 것"을 토착화라고 한다(박명재, 2005; 박흥식, 2005; 하태수, 2002; 윤성일 · 임동완, 2019).

이러한 토착화의 과정과 결과는 제도를 이식한 해당 국가의 맥락(context)에 따라 달라지게 되는데, 맥락이란 사회의 정치적, 사회적, 경제적, 문화적 구조에 배태되어 있는 것으로써 맥락을 통해 제도의 유지와 변화가 이루어진 배경을 고찰할 수 있다. 맥락은 제도를 독립적으로 존재하게 하지 않고, 다양한 환경, 제도, 행위자 등을 연결시켜 제도의 다차원적인 모습을 형성하게 하므로, 맥락은 제도의 유지와 변화를 설명하고 제도의 원형과의 유사점 및 차이점을 비교하는 데 유용하다(윤성일 · 임동완, 2019; 김윤권, 2006; 하연섭, 2003; Immergut, 1998).

제도는 맥락에 의하여 경로의존이 나타나기도 하고, 경로진화가 나타나기도 하는데, 경로의존이란 넓은 의미로는 시간적으로 사전적 단계가 그 다음 단계에 인과론적인 영향을 미친다는 것이고, 좁은 의미로는 사회현상이 일단 어떤 경로를 택하게 되면, 다른 경로로 전환하는 데 소요되는 비용이 시간이 지나면 지날수록 점점 더 커지기 때문에 그 경로로부터 이탈하기가 더욱 어려워진다는 의미를 갖는다(하연섭, 2003; 윤영근 · 도명록, 2019). 경로진화는 이식된 제도가 시간이 흐름에 따라 변화되는 것을 의미한다(윤성일 · 임동완, 2019; 남재걸, 2012; 하태수, 2010; Mahoney & Thelen, 2010).

제 3 절 문화영향평가의 대두와 전개

문화영향평가는 기존의 환경영향평가만으로는 다양한 사회적 · 문화적 문제를 접근하는 데 한계가 있음을 인식하게 되면서 등장한 사회영향평가의 확산과 밀접한 관련이 있다. 1970년대 초 미국 내무부(Department of the Interior)가 앨라스카를 관통하는 송유관 부설에 대한 환경영향평가를 공개한 데 대해, 지구의 벗(Friends of the Earth)과 환경보호기금(the Environmental Defense Fund) 등의 환경단체들이 정부의 환경영향평가가 토착민에 대한 사회적 · 경제적 영향을 고려하지 않았다는 주장을 펼쳤다. 그 후 1980년에 국제영향평가협회(IAIA)가 창설되고, 1994년에 미국 상무부(Department of Commerce) 등 일부 연방정부 기관이 공동으로 사회영향평가의 지침과 원칙을 제정하였다. 또한 1988년에는 유엔환경계획(UNEP)에 의해 사회적 · 경제적 영향평가의 중요성을 강조한 첫 번째 국제적인 개발계획 지침이 만들어지면서 사회영향평가가 급속히 확산되기에 이르렀다(이상열 · 이경진 · 안지현, 2018; Burdge & Vanclay, 1995; 이정환, 2004).

1990년대에 문화영향평가는 환경영향평가의 틀 내에서 각종 개발사업이 고고학적 · 역사적 문화유산, 토착민이나 원주민 공동체에 미치는 영향 평가를 위해 유산영향평가나 사회영향평가의 형식으로 이루어졌다(Edward & Chad, 1995; Gilder, 1995; Robert, 1997; Williams, Davies, Ergin, & Balas, 2000). 따라서 문화유산, 민족과 지역문화, 경관 등에 대한 항목을 평가하는 경우가 많았고, 지역적으로는 원주민의 인구구성이 높은 뉴질랜드, 호주, 캐나다, 하와이 등지에서 시행되었다(이상열 · 이경진 · 안지현, 2018; 김성하 외, 2017). 특히, 호주에서는 1990년대 말에 지역개발의 격차 문제가 대두되고 지역영향평가에 대한 논의가 확산됨에 따라 관련 제도가 마련되었다(Dyanna, 2007a; 2007b).

문화영향평가가 독자적인 평가체계로 정립된 계기는 2002년에 개최된 '문화다양성 국제네트워크(INCD)'의 제3차 연례회의라고 할 수 있다. 이 회의에서는 2001년 유네스코 총회에서 채택한 「세계 문화다양성 선언」에 기반하여 개발도상국에서의 개발 정책 및 사업이 그 지역사회의 문화적 다양성을 존중하고 정체성을 보전하는데 도움이 될 수 있는 기본적 틀을 마련하기 위한 논의가 이루어졌고, 이는 개발도상국에서 행해지는 각종 정책과 사업 등이 문화에 미치는 영향을 본격적으로 논의하는 전환점이 되었다(이상열 · 이경진 · 안지현, 2018; Sagnia, 2004).

문화다양성 국제네트워크는 2004년 문화영향평가 프레임워크 개발 연구를 진행하였고, 여기에서 문화적 영향을 "문화생활의 일부로 자신들이 살고, 일하고, 사회화하고 조직하는 방식뿐만 아니라 사람들의 삶에 대한 규범, 가치관, 신념, 관행, 제도 및 방식을 크게 변화시키는 공공 정책이나 사적인 정책과 행동이 인구에 초래하는 결과"로 개념화하고(이상열 · 이경진 · 안지현, 2018; Sagnia, 2004), 문화영향평가를 "제안된 개발이 특정집단이나 공동체의 삶의 방식에 미칠 수 있는 영향을 평가하는 과정"으로 정의하였다(Partal & Dunphy, 2016). 또한 다음과 같은 문화영향평가의 기본원칙을 제시하였다.

이 시기를 전후하여 각국에서 문화영향평가 사례가 조금씩 증가하기 시작했으나, 2000년대에도 여전히 환경영향평가 체계 내에 포함하여 시행하는 경향이 강했다. 다만 축제, 해안개발, 주택개발, 도시재생, 사회간접자본 구축, 지하자원 개발, 에너지와 수자원 관리 등 다양한 사업을 대상으로 확장되는 경향을 보였다. 이 시기에 환경

표 5-1 INCE의 문화영향평가 기본원칙

연번	원 칙	내 용
1	공적 관여, 협의 및 참여	공공의 참여가 필수적이고, 영향을 받는 사람들이 어떻게 그러한 과정에 적극적으로 참여할 수 있는지 결정
2	영향의 동등성 분석	개발에서는 이득을 얻거나 피해를 보는 이들이 항상 있음을 전제하고, 그와 같은 집단을 모두 식별하여 영향을 균형있게 분석(특히, 빈곤층, 저소득층, 소수집단 등과 같이 개발에 좀 더 민감하게 영향을 받거나 부정적 영향을 받는 사람들을 식별)
3	평가의 집중	평가에 주어진 한정된 시간과 자원을 고려하여 우선순위를 정하여 가장 중요한 영향, 특히 공공이 파악한 영향에 초점을 두고 평가 진행
4	방법 및 가정 식별	공공이 문화영향평가를 평가할 수 있도록 평가에 사용된 방법 및 가정들을 공표
5	중요도 규정	각 영향요인 중 어느 것이 더 중요한지 규정
6	프로젝트 기획자에게 피드백 제공	평가가 기초연구나 컨설팅 보고서의 형식을 취하지 않도록 추진. 평가대상 소관기관과 평가자 사이에 평가 절차 전반에 걸쳐 적극적인 환류 추진
7	전문적인 실무자 활용	숙련된 문화 전문가와 전적한 전문적 방법을 사용하여 최상의 결과 제공 – 인류학자, 고고학자, 민족학자, 민속지학자, 문화지리학자 및 평가 대상과 관련된 직업(예: 사회학, 사회사, 언어학, 음악학 등)의 실무자 참여 및 양성
8	모니터링 및 완화 프로그램 구축	영향 및 분석 결과를 평가 대상 소관기관에 제공하여 부정적 영향을 완화하는 프로그램 구축에 기여 관계기관과 공동체가 해당 프로그램에 대한 모니터링을 수행
9	데이터 소스 식별	분석의 기반이 되는 데이터와 정보의 출처를 확인 – 출판된 문헌, 설문조사나 인터뷰 자료 등의 1차 데이터, 정부기관 등에 의한 통계자료나 보고서 등의 2차 데이터를 모두 포함
10	데이터 격차에 관한 계획	평가 과정에서 필요한 모든 데이터를 수집하지 않기 때문에 필요한 데이터와 수집된 데이터 사이의 차이를 인정하고 불확실성 해소를 위한 전략 마련

출처: 이상열·이경진·안지현(2018) 재인용.

영향평가 또는 사회영향평가의 일환으로 문화영향평가를 활발하게 수행한 곳은 캐나다, 미국 하와이, 호주, 뉴질랜드 등으로, 이들은 각종 계획이나 사업이 원주민의 권리, 전통적 가치와 전통문화, 문화유산 등에 미칠 영향에 대한 사전적 평가에 초점을 맞추었고, 지역사회, 원주민 공동체, 지주나 이해관계자 등을 평가 과정에 참여시켰다. 특히, 미국 하와이의 경우 환경영향평가 내에서 문화영향평가가 더욱 강화됨에 따라 독자적인 문화영향평가 보고서가 발간되기도 하였다(이상열·이경진·안지현, 2018).

한편, 국제기구 차원에서는 국제영향평가협회(IAIA), 세계지방정부연합(UCLG), 유네스코(UNESCO)를 중심으로 문화영향평가에 대한 논의가 간헐적으로 이루어졌다. 먼저 국제영향평가협회(IAIA)의 경우 개발 계획의 담당자나 영향평가 관련 실무자를 대상으로 문화영향평가 교육 과정(Integrating Cultural Impact Assessment into Development Planning)을 개발했다(Gibson, O'Fairchaellaigh & MacDanald, 2008). 여기에서 국제영향평가협회는 문화영향평가의 목적을 제안된 개발의 효과를 검증하고, 문화적 가치와 유적지에 대한 부정적 영향을 미연에 방지하거나 그 영향을 완화시키는 방법을 확인하는 것으로 보고, 관련 이해관계자 및 지역사회가 문화적 환경에 미치는 영향을 최소화하면서 전반적인 의사결정 및 계획을 수립·지원하는 것으로 보았다. 또한 개발이 미치는 문화적 영향을 유산자원, 문화경관, 문화의 유지라는 세 개의 영역으로 설정하고, 영향평가의 절차를 ① 범위설정(scoping), ② 기초 데이터 수집(baseline data collection), ③ 영향 식별과 예측(impact identification and prediction), ④ 영향의 유의성 결정(impact significance determination), ⑤ 적절한 완화 방안 규정(identifying appropriate mitigation), ⑥ 후속조치 및 모니터링(follow-up and monitoring)으로 제시하였다. 또한 충실한 자료분석과 설문조사, 표적집단면접(FGI), 지도작성, 지명 조사 등과 함께 문화인류학적, 문화지리학적 접근 및 방법론을 중요하게 활용할 것과, 지역사회의 맥락에 기반한 평가의 중요성 및 그 과정에서 참여자의 역할과 책임의 중요성, 그리고 개발사업으로 영향을 받을 수 있는 사람들이 평가 과정에 참여해야 함을 강조하였다.

세계지방정부연합(UCLG)은 2004년 문화어젠다 21(Culture 21: Agenda 21 for Culture)을 수립하고, 지역 단위에서 그 실행을 위한 도구 중 하나로 문화영향평가를 제시하였다. 또한 실행계획 제25조에서 "도시의 문화적 삶에 중대한 변화를 초래하는 공공 또는 민간 이니셔티브(initiative)의 필수 고려사항으로서 문화영향평가 형태의 실행을 장려한다"고 규정하며, 문화영향평가의 적용을 권고한 바 있다(이상열·이경진·안지현, 2018; James, 2014).

유네스코(UNESCO)의 경우 국제기념물유적협의회(ICOMOS)를 중심으로 세계유산 및 각국의 유형·무형 토착유산의 보존 및 관리를 위한 유산영향평가(Heritage

Impact Assessment)를 권고하고 있다. 유산영향평가는 문화영향평가의 하위 유형이라 볼 수 있으며, 전 세계의 토착유산 보존과 세계유산 등재를 위한 탁월한 보편적 가치(Outstanding Universal Value: OUV)에 미치는 영향을 평가하는 것을 목적으로 한다. 국제자연보호연합(International Union for Conservation of Nature and Natural Resources), 문화재 보존·복원 연구센터(International Centre for the Study of the Preservation and Restoration of Cultural Property)의 세계유산 권고사항과 2009년 9월 프랑스 파리에서 개최된 국제워크숍 결과를 반영하여 2011년 1월에 유산영향평가 지침이 마련되었는데, 동 지침은 환경영향평가에 기반한 기존의 영향평가가 종합적인 관점보다 개별 평가 대상에 한정된 접근방식을 택하고 있으며, 이로 인해 대상지에서 나타나는 '탁월한 보편적 가치'의 표현을 포착하기 어렵고 누적된 영향과 부정적인 점진적 변화를 발견하기 어렵다는 점을 지적하고 있다. 또한 유산영향평가를 위한 범위 설정, 관련 당사자와 사전협의, 관련 당사자 교육, 평가 과정의 적절성, 평가결과의 효과적 활용, 평가보고서의 투명성, 설계 과정에 대한 피드백, 평가도구의 적절성, 세계문화유산의 이해와 세계유산등재의 중요성에 대한 맥락적 속성, 세계문화유산의 특성 및 조건에 대한 기본자료 등을 고려해야 함을 제시하고 있다.

그림 5-1 해외에서 문화영향평가의 대두와 전개 과정

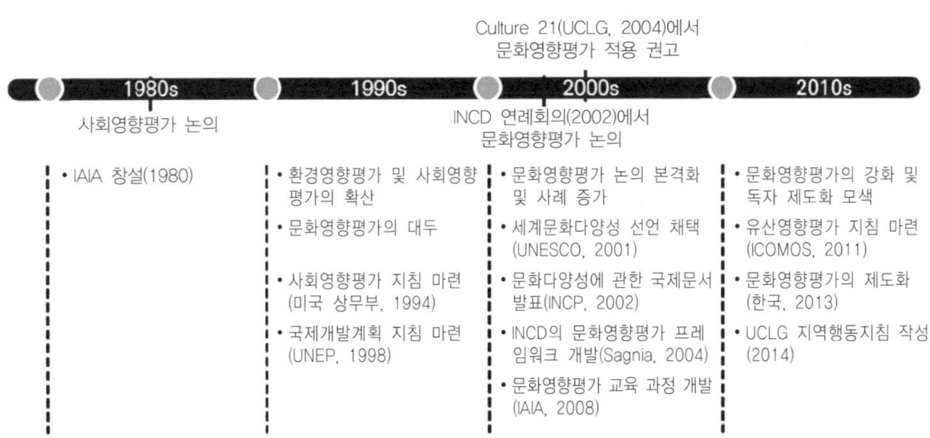

출처: 이상열·이경진·안지현(2018) 재인용.

제 4 절 한국에서의 문화영향평가 도입 과정[2)]

1. 문화영향평가 도입의 모색과 실패(2003~2012)

한국에서 문화영향평가의 도입이 논의된 것은 2003년 노무현 정부 시기였다. '참여정부'라 불리던 노무현 정부는 '분권과 자율'을 국정원리의 하나로, 국정목표의 하나로는 '더불어 사는 균형발전사회'를 내세웠다. 이에 따라 문화관광부 역시 '자율, 참여, 분권'이라는 국정기조에 맞추어 민간 문화예술전문가들로 구성된 '문화행정 혁신위원회'를 구성하고, 문화관광부 공무원, 문화예술계, 학계, 문화관광부 산하 연구기관 등과의 논의를 거쳐 「창의한국: 21세기 새로운 문화의 비전」이라는 종합적 문화정책비전을 마련했다. 창의한국은 이전 정부와 달리 정부 차원의 일방적 정책수립이 아니라 다양한 영역의 많은 민간 현장의 전문가들이 공무원과 함께 협업하여 약 10개월에 달하는 오랜 기간 논의와 토론회 등을 거쳐 완성한 계획서로, 특히 동 계획의 수립에는 1980년대부터 민중문화운동을 주도해 온 '한국민족예술인총연합(이하 민예총)'과 서구의 신사회운동을 모델로 한 시민문화운동을 주창한 '문화개혁시민연대(이하 문화연대)'와 같은 진보적 성격의 문화예술 분야 NGO들이 주도적인 역할을 수행했다.

이렇게 수립된 창의한국은 문화적 가치를 국정운영 전반에 도입하고 이를 사회에 확산하기 위한 구체적 법적 수단으로 '(가칭)문화기본법'을 제정하고 (가칭)문화영향평가제를 도입'하는 것을 주요 과제로 제시했다. 당시 '문화기본법'의 경우 문화개념 확대에 따른 정책 영역의 확장과 사회문제의 문화적 처방에 대한 이념적 · 제도적 준거틀을 마련하는 것을 주요 내용으로 했으며, '문화영향평가제'는 "국가 또는 지방자치단체의 각종 정책 · 제도 · 사업에 대해 경제적 파급효과 외에 문화적 타당성을 검증하여 시행토록 하고, 그 타당성 검증 과정에 시민참여를 제도화하여 국정운영철학으로 문화논리 도입과 참여문화복지 구현"을 주요 내용으로 했다(문화관광부, 2005).

---

2) 양혜원(2019). 문화영향평가. 박광국(편). 『문화와 국민행복: 문화국가 만들기』, 도서출판 대영문화사.

특히, 문화영향평가 제도 도입의 필요성과 관련해서는 그간 다양한 정책·제도에 대한 경제적 효과 분석은 이루어졌으나 문화적 효과에 대한 분석은 부재한데, 이는 사회발전과의 관계에서 문화가 독자적 가치로 인정되기보다는 종속적 혹은 사회변동의 결과로 인식되어 왔기 때문이라고 진단하고, 문화의 시대로 대변되는 21세기에 국가발전전략으로서의 문화의 중요성을 인식하고 이를 사회적으로 확산하기 위해서는 "국가 또는 지방자치단체의 각종 정책·제도 수립 시 국민의 문화적 삶과 국가의 문화적 정체성에 미치는 장·단기적 영향, 즉 문화적 타당성에 대한 분석, 검증을 거쳐 확정·시행토록 하며, 문화적 타당성 검증 과정에 국민 참여를 제도화"하는 것이 필요하다고 보았다. 또한 이러한 문화영향평가 제도의 도입을 통해 문화의 사전적·계획적 관리를 통한 국민의 문화적 삶의 질 제고, 정책·제도의 사회적 수용 가능성 및 정책실행 가능성(feasibility) 제고, 문화영향평가 과정에 국민의 주체적 참여를 통해 문화민주주의 구현, 문화국가 이미지 제고를 통한 대외 국가경쟁력 강화에 기여할 수 있을 것이라 기대했다.

이에 따라 문화영향평가제를 실질적으로 도입하기 위해 2003년에는 문화연대 부설연구소인 (사)문화사회연구소의 주도로 『문화영향평가제도 연구』(문화사회연구소, 2003)가 이루어졌고, 문화관광부 산하 출연연구기관인 한국문화관광정책연구원을 중심으로 『문화영향평가제도 해외사례조사 연구』(김규원, 2003), 『문화적 가치의 사회적 확산을 위한 제도 도입 방안 연구』(한국문화예술진흥원, 2004)가, 2006년에는 『문화영향평가 지표개발 및 법제화 방안 연구』(문화체육관광부, 2006) 등이 이루어졌다. 2003~2006년 사이에 이루어진 연구에서 제시된 문화영향평가의 추진방향(안)은 다음의 <표 5-2>와 같다.

시기별로 내용상의 차이는 있으나, 문화영향평가 제도는 "문화발전, 즉 국민 다수의 문화적 역량 제고를 통한 삶의 질 향상에 부정적 영향을 주는 요인을 규명하고 이를 최소화하여, 문화적 가치를 사회적으로 확산하기 위한 긍정적 대안을 제시하며 인간의 삶을 둘러싼 제반 문화적 관습과 신념에 대한 전면적인 평가 및 대안을 제시하는 평가 제도"로 정의되었으며, 문화영향평가 제도의 목적은 정치·경제적 사회체계가 일상적 생활세계에서 개개인의 삶의 질 향상에 미치는 가시적 또는 비가시적인 영역을 포함하여 긍정적 또는 부정적 영향관계를 규명함으로써 국민 다수의 문화적

표 5-2　2003~2006년 연구에서 제시된 문화영향평가 추진방향(안)

구 분	문화사회연구소(2003)	한국문화예술진흥원(2004)	문화체육관광부(2006)
정의	문화발전, 즉 국민 다수의 문화적 역량 제고를 통한 삶의 질 향상에 부정적 영향을 주는 요인을 규명하고 이를 최소화하여, 문화적 가치가 사회적으로 확산하기 위한 긍정적 대안을 제시하며, 인간의 삶을 둘러싼 제반 문화적 관습과 신념에 대한 전면적인 평가 및 대안을 제시하는 제도		
목적	정치·경제적 사회체계가 일상적 생활세계에서 개개인의 삶의 질 향상에 미치는 가시적 또는 비가시적인 영역을 포함하여 긍정적 또는 부정적 영향관계를 규명함으로써 국민 다수의 문화적 역량의 제고를 통한 삶의 질 향상 및 문화적 가치의 사회적 확산		
시행방향	국민정책 및 계획에 대하여 사회문화 전반에 미치는 부정적 영향을 평가하여 문화적 가치를 실현하고자 하는 규범적 평가로, 문화적·창조적 요소가 형성·유지되도록 유도 및 지원적 성격을 갖는 제도		
평가주체	평가위원회를 구성하여 1차 평가 대상을 스크리닝한 후 평가진행		
평가 대상	• 문화발전을 위한 객관적인 환경과 물리적 수단으로서의 도시공간, 문화시설, 문화콘텐츠 및 프로그램 • 사회적 제도, 관습, 패러다임의 정책·법제 영역(예: 국정과제, 중앙부처, 지방자치단체 정책, 문화관광부 정책 등)	• 개별사업: 물리적 사업(H/W), 프로그램 사업(S/W) • 정책사업: 국가정책, 지역정책	• 국가 차원: 정책/제도 도입, 중장기계획 및 주요 종합시책 • 자치단체/산하기관 차원: 사업계획
평가내용 (지표)	• 체계 차원: 국정목표 및 국정과제, 중앙부처 및 지방자치단체 정책의 문화적 영향 최소화 방안 및 문화정책과의 유기적 연계 • 생활 차원: 문화적 역량 개발, 문화민주주의와 문화복지, 공동체 형성, 생태, 문화적 생산성과 전문성	• 사회 발전 • 창조성 • 문화자원 • 다양성 • 사용과 향유	• 창조 • 계승 • 관용 • 형평 • 신뢰

역량의 제고를 통한 삶의 질 향상 및 문화적 가치의 사회적 확산으로 제시되었다.

즉, 노무현 정부 시기 문화영향평가 제도의 도입 시도는 디마지오와 파월(DiMaggio & Powell, 1983)이 이야기한 동형화의 유형 중 규범적 동형화(normative isomorphism)의 성격을 띠며, 민예총과 문화연대 등 진보적 성격의 문화예술 분야 NGO를 포함한 문화예술계와 문화체육관광부, 그리고 문화체육관광부 산하 싱크탱크인 한국문화관광정책연구원[3]을 중심으로 진행되었으며, 국정운영 전반에 문화적 가치를 도입하고 사회적으로 확산하기 위한 '실용적 의도'로 진행되었음을 알 수 있다.

3) 한국문화관광정책연구원은 2006년 한국문화관광연구원으로 명칭이 변경되었다.

그러나 이렇게 지속적으로 진행된 문화영향평가 연구와 실행방안 모색에도 불구하고 노무현 정부 시기에 문화영향평가 제도의 법제화는 실패하게 되는데, 이는 다음과 같은 이유에 기인한다고 볼 수 있다.

첫째, 해외에서 추진된 문화영향평가와 우리나라에서 도입하고자 했던 문화영향평가의 경우 그 맥락(context)이 매우 상이했다. 뉴질랜드, 호주, 캐나다, 하와이 등에서 추진된 해외 문화영향평가의 경우 지역적으로 원주민의 구성 비율이 높고, 각종 개발사업 등이 이러한 원주민의 삶의 방식이나 문화유산, 경관을 훼손하는 것을 방지하기 위해 도입된 측면이 강하다. 그러나 우리나라의 경우 인종이나 민족적 측면에서의 동질성으로 인해 별도의 토착민이나 원주민 공동체가 존재하지 않으며 당시만 하더라도 소수자(minority)나 지역적 고유성의 문제, 외국인 거주민의 유입으로 인한 사회적 문제가 크게 부각되지 않았기 때문에 문화다양성(cultural diversity)이나 문화유산(cultural heritage)의 보호라는 구체적 측면보다는 "국정운영 전반에 문화적 원리의 반영을 통한 문화가치의 사회적 확산"이라는 추상적 수준에서 제도 도입의 필요성이 제기되었다. 이렇게 제도의 맥락이 달랐기 때문에 한국의 경우 뉴질랜드, 호주, 캐나다, 하와이 등 해외에서 추진되어 온 문화영향평가의 틀을 그대로 적용하거나 모방하지 못하고, 한국적 맥락에 맞게 새로이 설계해야 하는 상황이었다.

둘째, 문화영향평가 제도가 가지는 특수성이다. 문화영향평가에 대한 개념이 1980년대부터 등장했으나 여전히 국제사회에서 문화영향평가를 위한 합의되고 통일된 평가지표나 방법이 존재하지 않는 것은 특정 정책이나 개발사업이 가져올 문화적 영향을 측정하고 평가하는 것이 그만큼 어렵기 때문이다. 특히, 한국에서 논의된 문화영향평가에서 '문화'의 개념이나 범주는 기존에 논의되던 협의의 문화 개념에 비해 훨씬 더 광범했던 것에 비해, 문화적 영향이나 효과를 측정하기 위한 방법론이나 수단(tool)은 매우 한정적이었다는 점에서 문화영향평가의 도입은 어려움에 봉착했다.

셋째, 영향평가 제도가 가지는 규제적 특성이다. 문화영향평가가 시행될 경우 중앙부처나 지방자치단체의 경우 정책을 입안하고 집행하는 데 있어 문화영향평가라는 하나의 평가 절차를 거쳐야 하며, 평가 결과에 따라서는 정책의 수정과 변경을 권고받게 된다. 즉, 영향평가는 본질적으로 타 부처나 지방자치단체에의 정책적 자율권을 침해하는 성격을 가지므로 이들의 입장에서는 새로운 영향평가 제도의 도입에 반대할 수밖에 없는데, 타 중앙부처나 지방자치단체의 저항을 완화하고 협력을 이끌어내는 제도적 기제 또는 상위 권력 차원에서의 강력한 의지가 없는 한 영향평가 제도의 도입은 어려울 수밖에 없는 것이다.

이러한 여러 가지 이유로 인해 2000년대 초·중반 당시 문화영향평가 제도의 도입은 실패로 돌아갔지만, 이 시기에 개발된 주요 개념과 목표, 지표 등은 이후 박근혜 정부 출범 이후 문화기본법 제정과 문화영향평가 제도의 설계 과정에서 주요한 영향을 미쳤다.

이명박 정부 하에서 문화영향평가제에 대한 논의는 소강기로 접어든다. 이는 이명박 정부 출범 초기에 불거졌던 '문화권력' 논쟁에서 엿볼 수 있듯이 보수적 색채가 강했던 이명박 정부 하에서 과거 노무현 정부 하에서 문화영향평가 제도의 도입을 주도적으로 이끌었던 민예총이나 문화연대와 같은 진보적 문화예술세력이 정책결정에 참여할 수 있는 공식적·제도적 공간이 크게 축소되었던 것에 상당부분 기인한 것으로 보인다. 한편, 4대강 사업 추진, 규제 완화 등과 같이 개발친화적인 성격이 강했던 이명박 정부의 입장에서는, 개발에 대한 반대담론이자 규제적 성격을 강하게 띠고 있는 문화영향평가 제도가 그다지 매력적인 정책 아이템으로 다가오지 않았다는 점도 그 이유로 들 수 있을 것이다.

2. 문화영향평가 제도의 법제화(2013)

문화영향평가 제도에 대한 논의가 재점화된 것은 2013년 박근혜 정부가 출범하면서부터였다. 박근혜 정부는 '문화융성'을 국정기조 중 하나로 내세웠으며, 「문화기본법」, 「지역문화진흥법」, 「문화다양성의 보호와 증진에 관한 법률」 등과 같은 주요한 문화 관련 법률을 제정하였고, 특히 문화영향평가를 「문화기본법」상의 법정영향평가로 법제화하기에 이른다. 「문화기본법」은 '문화'의 개념을 "문화예술, 생활양식, 공동체적 삶의 방식, 가치 체계, 전통 및 신념 등을 포함하는 사회나 사회구성원의 고유한 정신적·물질적·지적·감성적 특성의 총체"로 넓게 파악하고 문화가 가지고 있는 가치가 교육, 환경, 인권, 복지, 정치, 경제, 여가 등 우리 사회 영역 전반에 확산될 수 있도록 국가와 지방자치단체가 그 역할을 다하며, 개인이 문화표현과 활동에서 차별받지 아니하도록 하고, 문화의 다양성, 자율성과 창조성의 원리가 조화롭게 실현되도록 하는 것을 기본이념으로 천명하였다. 또한 동법 제4조에서는 "모든 국민은 성별, 종교, 인종, 세대, 지역, 사회적 신분, 경제적 지위나 신체적 조건 등에 관계없이 문화표현과 활동에서 차별을 받지 아니하고 자유롭게 문화를 창조하고 문화활동에 참여하며 문화를 향유할 권리(문화권)"를 가짐을 선언하고, 제5조에서는 국가와 지방자치단체의 책무의 하나로서 문화영향평가 제도를 법제화하였다.

아이러니한 점은 이 시기 제정된 주요 법률과 문화영향평가 제도 등은 「창의한국」 등을 통해 노무현 정부 시기부터 문화예술계와 시민단체에서 오랫동안 요구해온 사항이었다는 점이다. 보수정권으로 분류되는 박근혜 정부 하에서 이러한 변화가 가능했던 것은, 과거 박정희 대통령이 이루었던 제1의 한강의 기적을 넘어서 제2의 한강의 기적을 만드는 데 있어 '문화'라는 새로운 아이템이 필요했다는 점, 과거 창의한국 수립 당시 참여했던 문화부의 공무원들이 이 시기 문화체육관광부 내에 정책결정을 내리는 주요한 위치에 올라서게 됨으로써 창의한국에서 제시되었던 정책과제들을 보다 쉽게 소환할 수 있었다는 점 등을 들 수 있을 것이다. 한편, 이명박 정부에 이어 연달아 보수정부가 집권함에 따라 보수 對 진보 간 세력의 균형추가 보수 쪽으로 기울었다는 자신감도 일정 정도 작용했을 것으로 보인다.

특히, 문화기본법 제정은 박근혜 대통령의 후보시절 공약사항이었고, 문화 분야 첫 번째 국정과제로 뽑혔던 만큼 취임 이후 매우 빠른 속도로 법제정 준비 작업이 진행되었다. 다만, 과거 노무현 정부 당시와 달랐던 점은 문화기본법(안) 마련이나 문화영향평가 제도의 도입 논의 과정이 상당부분 정부 주도의 '하향식(top-down)'으로 추진되었다는 점이다. 박근혜 정부가 출범한 해인 2013년 문화체육관광부 출연 연구기관인 한국문화관광연구원의 「문화기본법 제정안 연구」가 진행되었고, 이명박 정부에서 문체부 제1차관을 역임했고 당시 새누리당 교육문화체육관광위원회 위원이었던 김장실 의원 등 14인이 2013년 5월 22일 국회에 문화기본법(안)을 발의했으며, 2013년 12월 10일에는 「문화기본법」이 제정되었다. 정권 초반 박근혜 대통령의 강력한 의지와 문화체육관광부 및 국회 간의 긴밀한 공조가 이렇게 빠른 시일 내에 문화기본법 제정이라는 결실을 가져온 것으로 보인다.

그러나 한편으로는 신속한 법제정을 위해 좀 더 폭넓은 의견수렴이 필요하거나 민감한 내용을 최소화하고, 하위 법령으로 넘겼기 때문에 이후 문화기본법의 법적 위상의 문제, 타법과의 관계에 있어서의 모호함, 법목적의 실질적인 구현에 있어서 어려움의 문제를 야기하게 된 것으로 평가된다. 제정 당시 총 13개 조항으로 구성된 「문화기본법」은 상당부분이 문화정책의 기본이념과 원칙, 그에 따른 법률의 위상 등 추상적이고 선언적인 내용으로 구성되어 있으며, 유일하게 구체적인 사항은 제5조 제4항 및 제5항에 규정된 '문화영향평가'에 불과하다. 동 규정은 "국가와 지방자치단체는 각종 계획과 정책을 수립할 때에 문화적 관점에서 국민의 삶의 질에 미치는 영향을 평가하여 문화적 가치가 사회적으로 확산될 수 있도록 하여야 한다"고 규정하고 있으나, 문화영향평가의 실행을 위해 필요한 대상, 절차 및 방법 등 대부분의 사항들은 하위 법규인 시행령에 위임하였다. 2014년 3월 24일 제정되고, 3월 31일에 시행된 동법 시행령에서도 이러한 모호성은 여전하여, 문화영향평가는 의무적인 평가라기보다는 임의적 평가의 성격을, 규제적 성격보다는 규범적 성격을 강하게 띠게 된다. 또한 문화영향평가가 규정된 문화기본법의 추상성과 모호성으로 인해 한국에서 실질적인 문화영향평가 제도의 설계와 실행은 문화체육관광부와 산하 연구기관인 한국문화관광연구원의 주도로 이루어지게 된다.

즉, 박근혜 정부 시기 문화영향평가 제도의 도입은 과거 노무현 정부 시기와 달리 박근혜 대통령의 강력한 의지에 따른 강제적 동형화(coercive isomorphism)의 성격을 띠며, 상징적 목적 달성 또는 정치적지지 확보를 위한 상징적 동기에 따라 이루어졌다고 볼 수 있다. 이로 인해 이 시기 문화영향평가 제도는 스톤(Stone, 1999)이 이야기한 것과 같이 과거 문화영향평가의 법제화에 장애가 되었던 맥락적 차이, 문화영향평가 자체가 가지는 복잡성과 어려움, 영향평가 제도가 초래하는 이해관계자의 저항 등 장애요인들을 우회하여, 임시방편적이고 파편적인 형태로 도입되었다고 할 수 있을 것이다.

제 5 절 문화영향평가 제도의 토착화 과정 분석

1. 시범평가를 통한 한국형 문화영향평가 제도의 설계(2013~2015)

문화기본법에 문화영향평가 제도가 명문화됨에 따라 '문화영향평가 제도'를 실질적으로 실행하기 위한 연구가 새로이 추진되었다. 2013년 『문화영향평가 실행을 위한 기초연구』(한국문화관광연구원, 2013)에서는 문화영향평가의 핵심가치와 대상을 도출하고 추진방향과 실행방안을 제시하였다. 본 연구에서는 박근혜 정부의 주된 국정 기조였던 '국민행복'과 '문화융성'을 위해 문화영향평가를 국민의 삶의 질과 국가의 문화성 제고 측면에서 접근할 것과 국가/지역/개인 등 관계적 측면에서 평가 대상 및 기준을 설정할 것, 규범적 제도로 효과적인 실천체계를 구축할 것 등을 제시하고 다음과 같이 평가 대상과 평가지표를 제시했다. 또한 평가의 독자성과 객관성, 전문성을 확보하기 위해 문화영향평가위원회를 중심으로 책임담당관제를 도입할 것을 제안했다. 이러한 모델은 여성가족부 주관으로 시행하고 있는 '성별영향분석・평가'와 유사하다고 볼 수 있는데, 이는 국내 다양한 영향평가모델에 대한 검토에 있어 환경영향평가나 인구영향평가, 교통영향평가, 재해영향평가, 건강영향평가 등이 규제

표 5-3 2013년 『문화영향평가 실행을 위한 기초연구』에서 제시된 문화영향평가 추진방향(안)

구분	내용
목 표	• 개인 및 지역 간의 문화적 격차 해소 및 문화기본권 보호를 통하여 일상생활 속 문화를 통하여 국민행복 달성 • 국민과 국가의 문화적 역량강화 및 가치 확산을 통하여 국가의 미래를 담보하는 문화융성시대 전개
평가 대상 (안)	• 국민의 일상생활과의 밀접성이 큰 정책 및 계획(예: 여가정책, 교육정책, 주거 및 도시환경 정책 등) • 국가 및 지역의 위상 및 경쟁력과 상관성이 큰 정책 및 계획(예: 국제관계, 산업단지 조성, 평생교육 정책 등)
평가지표 (안)	• 문화기본권 보장: 평등/다양성(문화격차 및 차별해소, 문화향유 및 창작기회 균등), 자유/자율(창작/표현의 자유 및 자율성 보장), 소통/교류(문화공유, 이해/학습, 발산) • 문화정체성 확립: 정신문화/관습(사회/역사의식, 공동체 문화 공유/확립), 문화유산/계승(문화유산보존, 진흥), 상생/발전(새 시대에 대응 문화변화 발전)

출처: 김효정(2013). 『문화영향평가 실행을 위한 기초연구』. 한국문화관광연구원.

표 5-4 2014년 『문화영향평가 실행에 관한 연구』에서 제시된 해외 문화영향평가 사례

유 형	국가	평가 사례	목 적	문화범주	내 용	방 법
독립적 문화영향 평가	뉴질랜드	클러타 지구 폐수배출 문화영향 평가	개발 사업을 추진하는데 그 지역의 정체성과 부족민들의 고유문화에 미치는 부정적 영향을 조사하여 대책 마련이 가능하도록 사전에 문화적 가치에 미치는 영향평가를 실시	역사 지리 생태환경	지역의 역사적·지리적 여건, 전통문화, 문화재, 풍속, 생태환경 등에 지역공동체와 생활문화, 정신적 가치, 자연에 대한 그들의 문화적 관점 등에 대한 논의	각종 문헌조사(간행물, 논문, 신문기사, 서적, 법규 등), 원주민들과의 직접면담, 현장조사(수량 및 수질조사) 등의 방법들을 통해 수집된 자료 및 분석결과를 토대로 정성적 평가 방법을 통한 서술 형식으로 구성
	미국	뉴욕 오렌지 카운티 문화영향 평가	도시의 문화적 자산 및 시민들의 문화적 요구조사·분석을 통하여 예술, 문화, 역사 발전에 관한 정책 수립 시 우선 과제를 선정하기 위해 실시	시민의 문화적 삶 확보	도시의 문화적 자산 및 시민들의 문화적 요구조사·분석	문화예술인과 시민들을 대상으로 문화적 요구조사(설문조사, 포커스그룹, 인터뷰, 공개토론회 방식)
환경영향 평가 내의 문화영향 평가	홍콩	홍콩 환경영향 평가 제도 내 문화유산 영향평가	환경영향평가 제도 내에 평가기준을 마련하여 개발사업 진행 시 문화유산을 보호	문화유산 보호	환경영향평가법 안에 제시하고 있는 평가요소 중 문화유산에 대해서는 별도의 독립된 가이던스를 제시	문화유산평가지침 별도 마련(강력한 기준에 의해 평가 관리)
도시지표·도시평가 시스템 내의 문화수준 평가	미국	뉴욕 지속 가능한 도시지표	도시평가시스템 안에 문화를 포함시켜 시민들의 문화적 소속감과 자긍심을 가질 수 있도록 유도하고, 문화정책 전반에 대한 성과를 평가하며 도시의 성장관리 측면에서의 문화 관련 중장기 계획 수립을 위한 참고자료로 활용	도시문화 수준	도시지표체계 안에 문화 영역이 포함되어 있으며 이 지표를 통해 매년 도시 전반의 문화 수준을 평가	도시방문객 수, 문화이벤트, 티켓판매 수 등 제시 – 건축, 공연, 미술, 예술가, 유물, 유적, 지역의 문학, 동물원, 영화, 인종별 문화분포 등 구성
	호주	로간 문화계획 지도	문화 관련 각 세부 분야의 정보를 데이터화하여 문화정책에 반영	문화환경 계획	현재의 문화시설, 활동, 프로그램을 조사·분석하여 미래 사회에 맞는 청사진을 제시	문화적 자산, 문화 관련 단체, 활동과 이벤트, 정체성 등 4개 분야로 구성(정보/통계조사)

출처: 문화체육관광부(2014). 『문화영향평가 실행에 관한 연구』의 내용을 토대로 재작성.

적 성격을 가지고 있는 반면, 성별영향분석평가는 규범적 영향평가로 분류되었기 때문인 것으로 생각된다.

2014년에는 문화영향평가를 위한 전담지원기관으로 '한국문화관광연구원'을 지정하고, 본격적 평가에 들어가기에 앞서 시범평가를 통해 운용지침을 개발하기 위해 『문화영향평가 실행에 관한 연구』(문화체육관광부, 2014)를 추진하였다. 동 연구는 <표 5-4>와 같이 해외 문화영향평가 사례를 리뷰하였으나, 시범평가를 위한 평가지표와 방법의 설계에 있어서는 이러한 해외 사례를 적극적으로 원용하기보다 그간 국내에서 진행되어온 문화영향평가 제도 설계(안)의 연장선상에서 제시하였다. 이는 앞서 전술한 바와 같이 한국에서 문화영향평가 제도 도입의 맥락이 해외의 그것과 상당한 차이가 있기에, 해외 사례의 모방보다는 한국형 문화영향평가 제도의 설계가 필요하다는 인식에 기인한 것으로 보인다.

2014년 문화영향평가 시범평가 대상은 국민의 문화환경에 미치는 영향이 큰 국가 및 지방자치단체의 정책 및 계획으로 국토교통부와 문화체육관광부의 4개 정책(문화로 행복한 학교 만들기, 산업단지·폐 산업시설 문화재생 사업, 도시재생사업, 행복주택)으로 선정되었고, 평가지표는 다음의 <표 5-5>와 같이 제시되었다. 특이할

표 5-5 2014년 문화영향평가 1차 시범평가의 평가지표와 내용

평가 영역		평가 항목	
		평가지표	내 용
문화기본권	소극적 권리	1. 문화인프라 충분성	문화공간 확보
		2. 문화인력 배치 계획	전문 인력 확보 및 배치
		3. 문화프로그램 계획	문화 공간 및 프로그램 운영 계획
		4. 문화재정 확보 정도	정책·사업계획에서 문화재정 확보 계획
	적극적 권리	5. 문화 수요와 표현 충족	향유·표현·교류 기회의 충분성
		6. 문화 장벽과 차별 해소	장애인·이주민·성적소수자 등의 표현 및 향유 기회 증진
문화정체성	지역 고유성	1. 지역 고유자원 보호	대상 공동체 및 지역사회의 특성 및 고유자원 고려
		2. 지역 고유자원 활용	공동체/지역 문화자원의 활용 검토
	공동체 소통·발전	3. 지역주민 참여와 소통	정책 및 사업 계획 시 갈등 가능성 고려 정책 계획 시 주민의 참여기회 및 의사소통 기회 제공
		4. 지역공동체 상생 및 발전	공동체 및 지역사회의 상생과 발전성 고려

점은 세부지표의 일부가 최소기준을 제시하는 형태로 설계되었다는 점이다. 예컨대, 문화인프라의 충분성을 평가하는 항목에서 세부지표는 “문화활동이 가능한 문화시설이 1개 이상 계획되어 있는지를 확인하고, 개별문화시설이 2개 이상이거나 복합시설일 경우 최소규모를 $3.5m^2$(1인 전시공간)×10명으로 제시한 뒤, 최소기준의 충족 여부에 따라 점수를 부여하는 방식”을 취했다. 평가방법은 서류평가와 현장평가, 설문조사를 거쳐 전문가로 구성된 평가위원이 최종판단하는 방식을 택했다.

2015년에는 1차 시범평가를 위해 개발된 평가지표와 평가방법이 지나치게 사업평가의 성격이 강하며, 정책이나 사업의 특성을 고려하지 못한 최소기준의 자의적 설정이 오히려 문제가 될 수 있다는 점을 인식하고, 다음의 <표 5-6>과 같이 2차

그림 5-2 2015년 문화영향평가 2차 시범평가의 평가모형

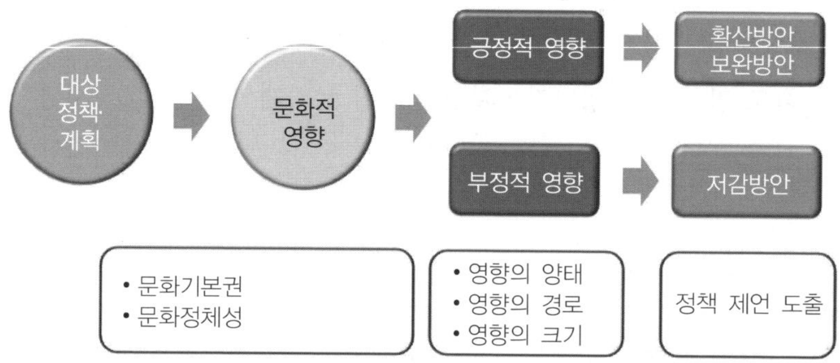

표 5-6 2015년 문화영향평가 2차 시범평가의 평가지표 및 평가방법

평가 항목	평가지표	측정 항목	평가방법
문화기본권	1. 문화 격차에 미치는 영향	• 영향의 양태 • 영향의 경로 • 영향력의 크기 • 영향력의 지속성	• 사업계획서 및 추진 현황 자료 분석 • 통계자료를 활용한 추세분석 및 시뮬레이션 • 설문조사 결과 활용 • 심층인터뷰 • 델파이기법 • 초점집단면접(FGI)
	2. 표현의 자유에 미치는 영향		
	3. 문화다양성에 미치는 영향		
문화정체성	4. 문화유산에 미치는 영향		
	5. 문화적 경관에 미치는 영향		
	6. 공동체에 미치는 영향		

시범평가를 위한 평가모형과 평가지표를 재정비하였다. 평가지표를 10개에서 6개로 축소하고, 영향의 양태, 경로, 크기, 지속성 등을 정성적·정량적 방식으로 평가하도록 하였고, 가능한 평가방법을 제시하되 이의 적용은 개별평가기관이 자율적으로 설정하도록 하였다.

시범평가 대상은 중앙부처의 정책뿐 아니라 지방자치단체의 정책까지 확대하여 총 5개의 정책[새뜰마을 사업(농림축산식품부), 글로벌 명품시장 육성사업(중소기업청), 세운상가 활성화 종합계획(서울시), 서울시 마을공동체 지원사업(서울시), 강원도 마을공동체 만들기 지원사업(강원도)]에 대해 수행하였으며, 민간의 평가전문연구기관에 대한 위탁용역을 통해 1차적인 평가를 수행하고, 한국문화관광연구원이 전문가 평가단을 구성하여 각 전문평가기관이 제시한 개별평가 결과에 대해 종합평가를 하는 방식을 취했다.

2. 본평가의 실시와 제도적 개선 과정(2016~현재)

1) 본평가의 실시(2016년)

이러한 3개년에 걸친 준비기간을 거쳐 2016년부터 문화영향평가 본평가가 시작되었다. 2016년 초에 한국문화관광연구원에 의해 수립된 「2016 문화영향평가 평가지침」에 따르면, 문화영향평가 제도는 "국가나 지방자치단체가 각종 계획과 정책을 수립할 때에 문화적 관점에서 국민의 삶의 질에 미치는 영향을 평가하여 긍정적 영향을 강화·확산시키고 부정적 영향을 최소화할 수 있는 방안을 제시함으로써 문화적 가치가 사회적으로 널리 확산될 수 있도록 하기 위한 제도"로 정의되었다. 또한 문화영향평가의 목적은 첫째, 국가나 지방자치단체의 계획 및 정책이 문화적 관점에서 국민의 삶의 질에 미치는 영향을 분석·평가하여 부정적 영향을 미연에 방지하고 문화적 가치를 적극적으로 반영하는 '정책의 문화화'를 통해 문화 가치의 전 사회적 확산 지원, 둘째, 문화적 영향을 고려한 공공정책의 수립과 실행을 통해 정책의 사회적 수용 가능성과 효과성을 제고하고 지속 가능한 성장을 견인, 셋째, 궁극적으로 국민의 문화역량 및 삶의 질 향상으로 제시되었다.

그림 5-3 2016년 문화영향평가의 의의와 목표 체계도

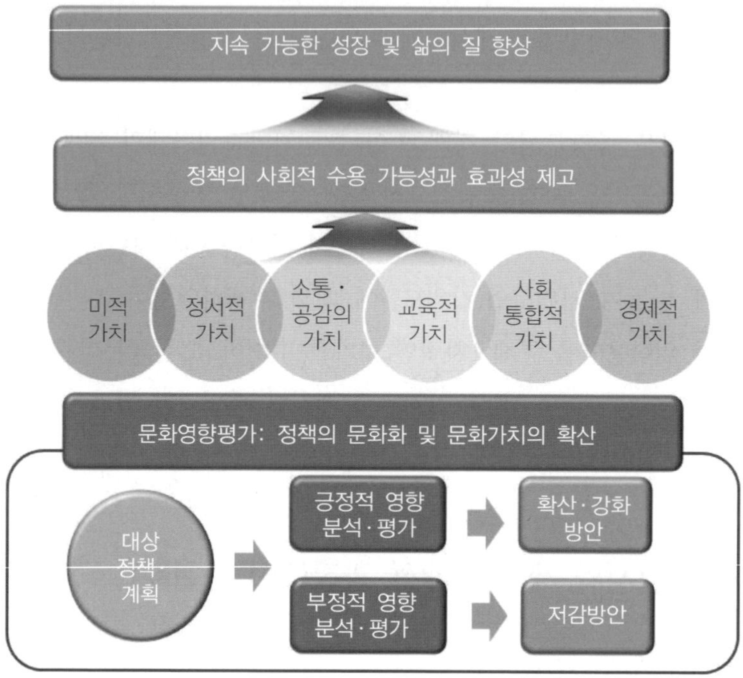

평가의 유형은 평가주체에 따라 중앙행정기관 및 지방자치단체 등에서 직접 자체적으로 평가를 수행하는 '자체평가'와 요청 또는 선정된 대상 정책 등에 대해 제3자인 전문평가기관이 수행하는 '전문평가'로 구분하고, 한국문화관광연구원의 주관 하에 '전문평가'를 중심으로 시행되었다. 전문평가는 경쟁공모를 통해 선정된 개별평가연구기관이 1개의 평가 대상에 대해 개별평가보고서를 작성하고, 개별평가 결과에 대해 한국문화관광연구원이 종합평가단을 구성하여 종합평가를 수행하는 방식을 취했다.

평가 대상은 문화기본법 시행령 제2조에 규정된 것과 같이 "문화적 가치의 사회적 확산 및 국민의 삶의 질과 밀접한 관련이 있는 계획과 정책"으로 하되, 지나치게 추상적이고 광범위하다는 점을 고려하여 지침에서는 여기에 해당할 수 있는 계획이나 정책을 분야별로 예시하였고, 실제 선정은 문화체육관광부 장관이 중앙행정기관, 지방자치단체, 국민, 전문가 등으로부터 문화영향평가 수요조사를 거치고, 선정 자문회

의 및 관계부처 협의를 통해 다음의 <표 5-7>과 같이 15개의 평가 대상을 선정하였다. 이 중 5건은 도시재생사업으로 구성되어 있는데, 이는 한국에서의 문화영향평가가 경제성장 패러다임에 근거한 개발 위주의 정책으로 소중한 문화적 가치가 파괴되고 있다는 문제의식에 의해 강하게 추동되었고, 특히 도시재생사업의 경우 문화적 요소의 결합이 중요한 성공요인이라는 점, 그리고 당시 박근혜 정부에서 추진한 '정부 3.0', 즉 부처 간 협업사업의 권장으로 국토교통부의 도시재생사업과 문화체육관광부의 문화영향평가 제도의 협업이 이루어졌기 때문이라고 볼 수 있다. 도시재생사업과 문화영향평가의 결합은 이후에도 지속되었으며, 특히 문재인 정부 출범 이후에는 도시재생 뉴딜사업이 중요한 정책과제로 대두되면서 이러한 경향은 더욱 확대되었다.

시행령 제3조에 규정된 '문화영향평가 협력체계'를 시범적으로 운영하긴 하였으나, 위원들이 주요부처 국장급 공무원으로 그 위상이 낮고 심의·의결 권한이 없는 단순

표 5-7 2016년 문화영향평가 평가 대상 및 평가주체

평가 대상(정책 및 계획)	주관 (소관기관)	평가주체 및 방법
제주시 원도심 도시재생사업	제주시	• 전문평가: 각 평가 대상별 1개의 평가연구 기관이 개별적으로 평가 진행 • 종합평가: 한국문화관광연구원이 진행 – 종합평가단: 13인의 전문가평가단 구성 및 운영 – 자문위원: 6인의 자문위원 구성 및 운영 • 평가 진행 과정에서 세 차례의 통합워크숍을 통해 평가진행상황 공유 및 이슈에 대한 논의
안동시 중구동 도시재생활성화계획	경북 안동	
광주 동구 도시재생사업	광주 동구	
광주 서구 오천마을 재생프로젝트	광주 서구	
대구 남구 대명공연문화거리 활성화사업	대구 남구	
농촌체험·휴양마을 사업	농림축산식품부	
로컬푸드 직매장 지원사업	농림축산식품부	
경기도 맞춤형 정비사업	경기도	
소통과 혁신의 경기도 신청사 건립	경기도	
인천시 배다리 근대역사문화마을 조성	인천시	
고양 삼송지구 대학생 연합 기숙사 건립 및 운영	교육부	
경기청년 협업마을 조성·운영사업	경기도 시흥시	
문화재 돌봄사업	문화재청	
지역문화재 활용사업	문화재청	
제주관광 질적성장 기본계획	제주도	

출처: 문화체육관광부(2016). 『2016 문화영향평가 종합평가보고서』.

협의체에 불과하여 실질적인 협의가 이루어지지는 못했고, 문화영향평가 제도에 대한 설명과 문화영향평가 대상에 대한 협조 요청이 이루어지는 데 그쳤다.

2016년 문화영향평가 평가지표는 기존 문화기본권과 문화정체성에 더해 문화발전 항목이 추가되었고, 이에 따라 새로이 평가지표가 재편되어, 다음의 <표 5−8>과 같이 '문화향유에 미치는 영향', '표현 및 참여에 미치는 영향', '문화유산 및 문화경관에 미치는 영향', '공동체에 미치는 영향', '문화다양성에 미치는 영향', '창조성에 미치는 영향'으로 6개로 구성되었으며, 이때 설정된 평가지표와 주요 측정개념은 2019년 현재까지도 큰 틀에서 유지되고 있다. 다만, 평가유형 및 평가 대상의 특성에 따라 필수지표와 선택지표 등이 달라진다고 하겠다.

표 5-8 문화영향평가 평가지표

구 분	평가 항목	평가지표	주요 측정개념
공통지표 (핵심지표)	문화 기본권	1. 문화향유에 미치는 영향	문화접근성 및 문화향유 수준
		2. 표현 및 참여에 미치는 영향	표현 및 참여기회, 생활문화예술 참여
	문화 정체성	3. 문화유산 및 문화경관에 미치는 영향	유・무형의 문화유산 및 문화경관의 보호와 활용
		4. 공동체에 미치는 영향	사회적 자본, 문화공동체
	문화 발전	5. 문화다양성에 미치는 영향	문화적 종 다양성, 소수집단의 문화적 표현
		6. 창조성에 미치는 영향	창조자본, 창조 기반
특성화지표 (자율지표)	개별평가기관에서 대상 과제의 특성을 고려하여 자율적으로 개발		

출처: 「문화영향평가 평가지침」(2016; 2017; 2018).

또한 문화영향평가에 대한 어려움을 고려하여 「2016년 문화영향평가 평가지침」에서는 평가기관이 따라야 할 '표준분석・평가 절차'를 제시하고, 평가지표별 주요 개념과 판단기준의 제시, 평가방법에 대한 상세한 설명, 평가보고서의 양식 등을 상세하게 제시하였다. 평가는 문헌분석, 현장조사, 정책관계자 인터뷰, 정책이해관계자에 대한 설문, 전문가 평가 등을 통해 6개 평가지표별로 해당 정책이나 계획이 미치는 영향을 정성적으로 기술하는 한편, 지표별 영향지수(0~100점)를 제시하도록 하였다.

다만, 문화영향평가의 목적이 사업의 중단이나 지속 여부를 결정하는 데 있다기보다는, 해당 정책이 문화적으로 바람직한 영향을 낳을 수 있도록 유도하는 데 있다는 점, 그리고 정책에 대한 서열화에 대한 우려와 문화영향평가 결과에 따른 불이익의 가능성을 우려하는 소관기관을 고려하여 각 지표별 점수를 합산한 종합지수는 산출하지 않도록 하였다.

평가지표 범주의 다양성과 평가 결과의 계량화(영향지수의 산출) 시도는 한국 문화영향평가 제도가 해외의 문화영향평가 제도와 비교하여 가지는 독특한 특징이라고 볼 수 있다. 먼저 평가지표 범주의 다양성은 앞서 서술한 바와 같이 한국의 문화영향평가가 원주민 문화나 문화유산의 보호를 위한 목적보다는 국정운영 전반에 문화적 가치를 도입하고 사회적으로 확산하기 위한 맥락에서 도입되었다는 측면에서 설명될 수 있다. 또한 정성적인 평가와 기술이 주를 이루고 있는 해외 문화영향평가와 달리 한국의 문화영향평가에서 지속적으로 그 영향의 크기를 정량화하기 위한 시도가 이루어지고 있는 것은, 계량지표를 중요시 여기는 한국 정부부문의 경향과 함께 규제적 성격을 가지고 있는 환경영향평가와 같이 문화영향평가를 통해 평가 대상 사업의 지속 또는 중단 여부를 판단할 수 있는 객관적 근거를 확보하고자 하는 정부

그림 5-4 문화영향평가(전문평가) 표준분석평가 절차(간략)

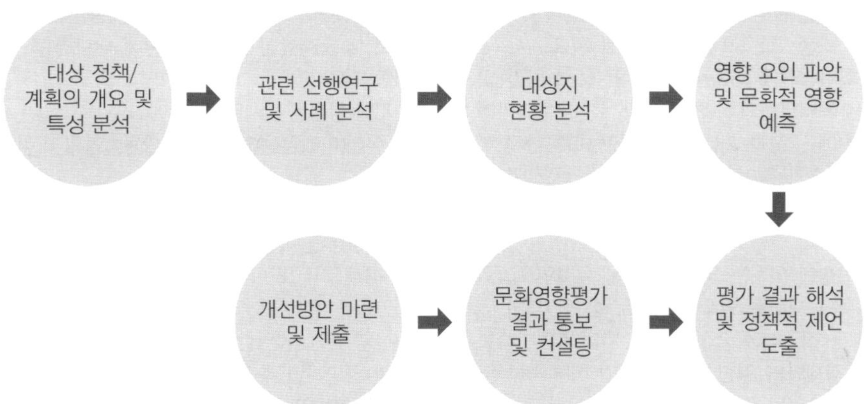

출처: 한국문화관광연구원 문화영향평가 홈페이지(http://www.kcti.re.kr/web/intropage/intropageShow.do?page_id=8fad00b55e234195b18b3659c929f684).

및 민간의 요구 때문이라 할 수 있을 것이다.

한편, 2016년 평가지침에서 제시된 문화영향평가의 절차나 방법론은 캐나다 맥킨지밸리 검토위원회(Mackenzie Valley Review Board)에서 발행한 2012년 문화영향평가 가이드라인(Cultural Impact Assessment Guidelines)과 국제영향평가협회(IAIA)에서 개발한 문화영향평가 교육과정(integrating Cultural Impact Assessment into Development Planning)을 일부 반영하여 작성되었다.

특기할 만한 점은 문화영향평가에서 컨설팅적인 요소가 매우 크게 포함되어 있다

표 5-9 2016년 문화영향평가 결과 요약(예시)

평가 결과	정책적 제언
• 문화향유에 미치는 영향: 새로운 문화공간의 창출과 주민대상 프로그램을 통해 문화향유 증진에 긍정적 영향 기대 • 표현 및 참여에 미치는 영향: 예술표현의 기회는 증대할 것으로 예측되나 계획 단계에서 주민참여 및 의견수렴 과정의 미흡으로 표현 및 참여에 미치는 영향은 제한적 • 문화유산 및 문화경관에 미치는 영향: 지역 문화유산의 보화・조화・활용에 긍정적 영향 기대. 다만, 전근대 역사문화자원에 국한하고 있어 근・현대사에 대한 조명이 아쉬움 • 공동체에 미치는 영향: 문화공동체의 활성화에 긍정적 영향이 기대되나 주민 대상 교류・소통 프로그램이 뒷받침될 필요 • 문화다양성에 미치는 영향: 전통문화공간 및 제주지역문화의 보호 육성으로 문화다양성 증진에 긍정적 기대 예상. 다만, 다양한 장르의 예술가 참여 유도, 실험적 대안공간의 생성, 개방적이고 투명한 공간 운영이 뒷받침될 필요 • 창조성에 미치는 영향: 새로운 문화인프라의 구축과 새로운 일자리 창출로 창의인재의 유입 등 창조성에 긍정적 영향 기대. 다만, 사회적 경제와의 결합 및 창조산업과 적극적 연계가 고려될 필요	• 물리적 인프라 조성 외에 문화프로그램 및 운영 계획 구체화 필요성 제시 • 사업인지도 제고를 위한 다각적 홍보전략 제안 • 사업추진 과정에서의 주민대표 참여보장 및 의견청취 기회 확대를 위한 계획의 구체화 제안(지역 차원의 생활문화활동과 결합 제안) • 원도심으로의 접근성을 강화하기 위해 원도심과 관련된 추억과 연계하는 콘텐츠의 개발 제안, 원도심 주민의 집합기억의 재구성을 위한 이야기공방 사업 제안 • 원도심에 존재하는 문화시설/기관/단체 등을 제시하고, 이들 간 협의체 구축 및 공동협력사업을 통한 원도심 문화벨트 조성 및 성공모델 개발 제안 • 사업지 내 문화유산 및 문화경관에 대한 맵핑 및 아카이빙 제안 • 조선시대 형성된 역사문화자원에 국한되지 않는 근・현대 유산(미래유산)의 적극적 활용방안의 마련 필요성 제안 • 젠트리피케이션으로 인한 문화다양성 위협 가능성에 대한 대응방안 마련(공유공간 확보, 건물주와 입주민 간의 상생협약 또는 신탁제도 등) 제안 • 창의인력을 유인할 수 있도록 창의인력 유인책 및 창의산업 연계를 위한 사업의 추가발굴 제안(다양한 유형의 공모사업 추진, 창의인력에 유리한 정주환경 제공을 위한 임대료 경감, 사회적 경제와 결합 등) • 원도심의 장소성을 보존할 수 있도록 '원도심 문화 지속성 모니터링단'의 구성 및 '원도심 도시디자인 가이드라인'의 제시 제안

그림 5-5 6개 평가지표별 영향지수의 예시(0~100점)

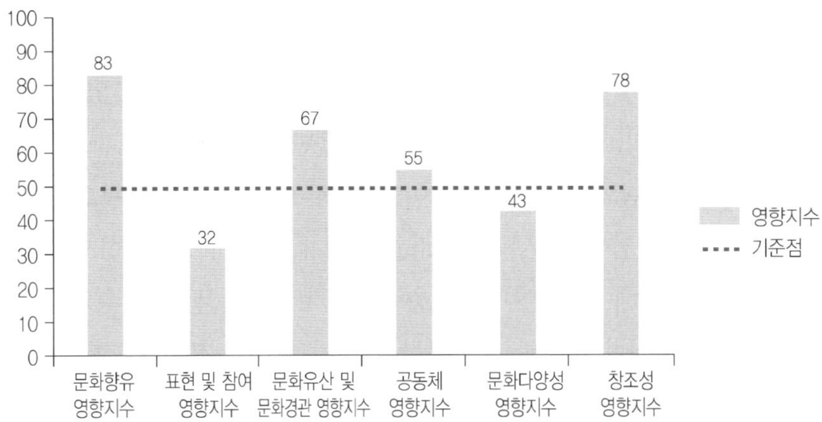

주: 50점이 긍정적 영향과 부정적 영향의 기준점에 해당함.

는 점이다. 여타의 영향평가 또한 평가 결과를 토대로 부정적 영향을 완화하기 위한 정책적 권고가 포함된다는 점은 공통적인 특징이라고 볼 수 있지만, 문화영향평가의 경우 정책적 권고의 수준이나 범위가 일반적인 영향평가에 비해 훨씬 더 구체적이고 실행적인 측면을 담고 있는데,4) 이는 평가의 시행에 대한 법적 강제력 및 평가 결과의 법적 구속력이 담보되지 않은 문화영향평가의 약한 제도적 위상을 반영하는 것과 동시에, 부정적인 영향을 완화하고 긍정적인 영향을 담보할 수 있는 방안의 고안이나 제시가 여타 부문에 비해 어렵기 때문이기도 한 것으로 판단된다. 실제로 본평가를 시행한 2016년부터 현재까지 문화체육관광부가 주도하는 전문평가의 경우 평가 결과를 토대로 소관기관(피평가기관)에 직접 찾아가 1 : 1로 '찾아가는 컨설팅'을 수행하는 것을 중앙정부 및 지방자치단체의 문화영향평가에 대한 수요 유발의 인센티브로 삼고 있다.

문화영향평가 본평가 1년차 시행 결과 다음과 같은 성과와 한계가 제시되었다. 먼

4) 예컨대, 여타의 영향평가의 경우 특정 지표나 항목에서 부정적인 영향이 예측되었을 때, 이를 저감할 수 있는 방안을 강구할 것을 제언하는 데 그치는 데 반해, 문화영향평가의 정책적 제언은 이를 저감할 수 있는 다양한 방법과 과정을 제시하는 수준, 즉 컨설팅에 보다 가까운 성격을 지닌다.

저 성과로는 첫째, 타 부문에서 수립되고 시행되고 있는 정책 및 계획이 미치는 문화적 영향을 다양한 측면에서 심층적으로 분석함으로써 공공정책이 내포하고 있는 문화적 영향에 대한 인식을 제3자의 관점에서 환기하고, 공공정책담당자들이 정책을 수립하고 시행함에 있어 문화적 영향에 대한 고려를 내면화시킬 수 있는 계기를 마련한 것으로 평가되었다. 둘째, 도시재생사업, 마을만들기사업, 각종 교육 및 복지사업에 있어 문화프로그램의 활용 등과 같이 문화적 요소의 고려가 필요한 정책들이 크게 증가하고 있는 시점에서 문화적 요소를 어떻게 효과적으로 결합시킬 것인지에 대한 정책 컨설팅을 통해 해당 분야에서 충족시키기 어려운 문화적 수요를 충족시키고, 문화적 가치를 반영한 다양한 융·복합 정책의 확대와 부처 간 협업 확대에 기여한 것으로 평가되었다. 셋째, 문화영향평가 과정에서 다양한 정책관계자에 대한 의견수렴 및 정책 반영을 통해 정책참여 기회를 제공하고, 다양한 정책관계자들 간 상호 이해와 공감대를 조성하는 데 기여한 것으로 평가되었다. 넷째, 주요 중앙부처 담당자로 구성된 문화영향평가 협의체의 구성, 국토교통부와의 협업을 통해 문화를 테마로 하는 도시재생사업 및 도시재생뉴딜사업에 대한 문화영향평가 실시, 서울시 및 경기도 등 지방자치단체 차원의 문화영향평가 도입에 대한 지원과 협력 등의 사례에서 보듯이 중앙정부 및 지방자치단체의 주요 관계자들과 문화영향평가의 지속가능성을 확보하기 위한 협력 기반 구축이 이루어졌다는 것 또한 성과로 제시되었다.

그러나 문화영향평가 대상의 모호성으로 인한 피평가기관의 소극적 참여와 평가 실행의 어려움, 사업계획의 변동 가능성과 평가정보의 부족에 기인하는 사전평가의 내재적 어려움, 평가지표의 적용과 해석에 있어서의 어려움, 평가범위 설정의 어려움, 문화적 영향의 계량화의 한계, 컨설팅에 대한 과도한 기대로 인한 평가의 왜곡 가능성, 평가 결과의 정책반영 제도화 기제의 미비, 평가추진체계 및 협력체계의 취약성 등은 향후 개선되어야 할 점으로 지적되었다(문화체육관광부, 2016; 양혜원, 2019).

2) 문화영향평가의 제도적 개선, 그리고 현재(2017~2019)

2017년에는 2016년 평가 결과를 환류하여 「문화영향평가 평가지침」이 개정되었다. 이 시기에는 평가 유형을 평가주체에 따라 전문평가와 자체평가로 구분하고, 전문평가는 다시 평가대상의 규모 및 성격에 따라 기본평가와 심층평가로 세분화했다. 개별평가기관의 역량 차이, 그리고 평가도구의 차이로 인해 나타나는 편의(bias)를 최소화하기 위해 전문평가의 표준분석평가절차와 방법론, 적용방법에 대한 안내는 더욱 상세해졌고, 정책관계자에 대한 표준설문지 보급 및 통합설문조사의 실시, 전문가 평가서의 표준화가 이루어졌다. 사업의 특성에 따른 세부평가 항목별 가중치의 설정을 위해 AHP 방식을 도입했고, 평가 결과의 정량적 제시방식 또한 서열화가 아닌 자기진단 및 항목별 개선의 유도 관점에서 기존의 막대형 그래프에서 다각형 그래프로 변경되었다. 현재까지 이 방식은 지속되고 있다. 2017년에는 총 14개의 정책사업 및 계획을 대상으로 전문평가가 시행되었으며, 소관기관에서 자체적으로 수행하는 자체평가의 평가지침을 새로이 추가하고 1건에 대한 시범평가를 수행했다.

그림 5-6 2017년 기준 문화영향평가의 평가지표별 영향지수 제시방식

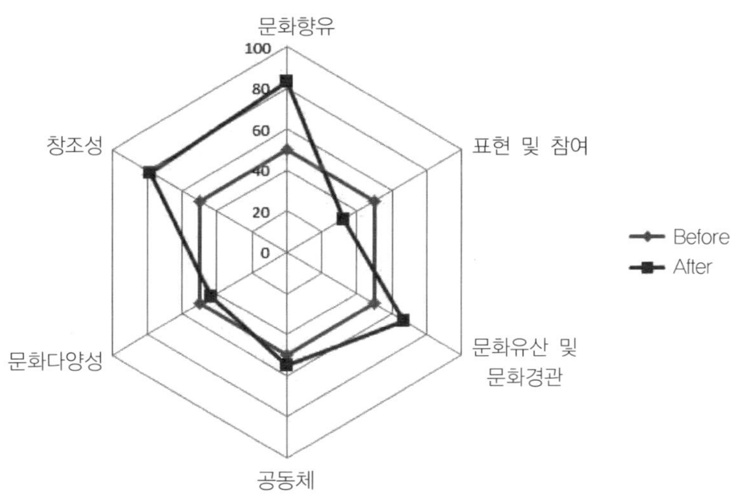

2018년에는 문화영향평가 건수의 대폭 확대가 이루어졌다. 총 25건의 전문평가가 실시되었으며, 이 중 상당수는 지방자치단체 출연연구기관 또는 지역대학 산학협력단을 통해 이루어졌다. 또한 소관기관의 정책담당자가 점검표(checklist)를 활용하여 자체적으로 시행하는 '약식평가(2017년에는 자체평가라고 지칭)' 시범평가가 10건에 대해 이루어졌다. 2019년에는 약식평가의 수를 더욱 확대하여 약 37건의 평가를 실시할 예정에 있다. 2019년 기준 문화영향평가의 유형 구분과 절차는 다음의 <표 5-10> 및 [그림 5-7]과 같다.

표 5-10 2019년 기준 문화영향평가의 유형

평가수행주체	평가방식	내 용
문화체육관광부 주관 (한국문화관광연구원이 전담 지원)	전문평가	문화에 미치는 영향을 심도있게 분석할 필요가 있는 정책이나 계획을 대상으로 전문성을 지닌 제3의 기관이 평가를 수행
	약식평가	정책소관기관(중앙행정기관 및 지방자치단체 등)의 담당자가 점검표(checklist)를 활용하여 문화에 미치는 영향을 스스로 점검
지방자치단체 주관		지방자치단체 조례 등에 따라 자체적으로 문화영향평가 실시 – 서울시(2017)와 경기도(2018)가 자체 조례 제정 및 평가 실시하고 있음

그림 5-7 2019년 기준 문화영향평가 절차

① 전문평가 절차

주: 평가 결과 컨설팅이 필요한 경우 전문가 컨설팅단의 '찾아가는 문화컨설팅' 실시

② 약식평가 절차

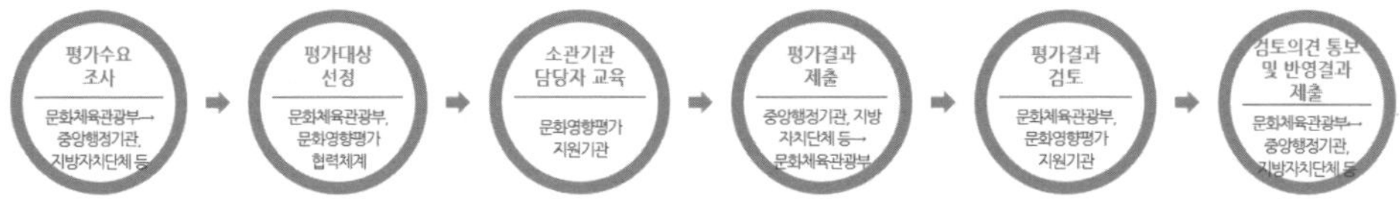

주: 평가 결과 컨설팅이 필요한 경우 전문가 컨설팅단의 '찾아가는 문화컨설팅' 실시

출처: 한국문화관광연구원 문화영향평가 홈페이지(http://www.kcti.re.kr/web/intropage/intropageShow.do?page_id=8fad00b55e234195b18b3659c929f684).

그러나 2019년 현재까지 문화영향평가와 관련된 「문화기본법」 및 동법 시행령과 시행규칙의 개정이 이루어지지 않았기 때문에 문화영향평가 대상의 모호성으로 인한 피평가기관의 소극적 참여와 평가 실행의 어려움, 평가 결과의 정책반영 제도화 기제의 미비, 평가추진체계 및 협력체계의 취약성, 컨설팅에 대한 과도한 기대로 인한 평가의 왜곡 가능성과 같은 근본적 문제점은 여전히 극복되지 못한 채로 남아 있으며, 평가 절차 및 방법론의 개선을 중심으로 문화영향평가의 확장이 이루어졌다고 볼 수 있다. 이상 2003년부터 현재까지 문화영향평가의 도입 및 토착화 과정을 도식화하면 다음의 [그림 5-8]과 같다.

그림 5-8 문화영향평가의 도입 및 토착화 과정 도식화

연 혁	시기(연도)	토착화 관련 특징
문화영향평가 국정과제 및 창의한국에 주요 과제로 포함, 도입을 위한 연구 추진	[노무현 정부] 2003~2007	• 진보적 시민/문화단체 주도의 상향적 추진 • 규범적 동형화, 실용적 의도 • 법제화 실패: 맥락의 상이성, 제도의 특수성, 영향평가의 특성
–	[이명박 정부] 2008~2012	• 문화영향평가에 대한 논의 수면 아래로 잠복
「문화기본법」 제정 및 문화영향평가 제도 법제화	[박근혜 정부] 2013	• 정부 주도의 하향식 추진 • 강제적 동형화, 상징적 동기: 임시방편적, 파편적 형태의 도입, 모호성과 상징성
「문화기본법」 시행 전담 지원기관 (한국문화관광연구원) 지정 1차 시범평가(전문평가 4건)	2014	• 한국형 문화영향평가 제도 설계: 경로의존성(제도설계에 있어 해외모델보다는 기존 국내 논의의 연장선상에서 진행), 평가 수용에 대한 인센티브 기제(수요조사를 통한 평가 대상 선정, 컨설팅적 요소의 강조), 평가지표 범주의 다양성, 평가 결과의 계량화 강조, 도시재생사업이 다수 포함, 성별영향분석평가 제도의 벤치마킹
2차 시범평가(전문평가 5건)	2015	
본평가 실시(전문평가 15건)	2016	
2차년도 평가 실시 (전문평가 14건, 자체평가 시범 1건)	[문재인 정부] 2017	• 양적 확대 및 절차/방법의 정교화 추진 • 제도적 모호성 여전 • 도시재생사업, 문화도시사업에 있어 문화영향평가 제도의 활용
3차년도 평가 실시 (전문평가 25건, 약식평가 10건)	2018	

또한 해외 문화영향평가와 한국의 문화영향평가 제도를 비교하면 다음의 <표 5-11>과 같다. 해외에서 문화영향평가가 먼저 이루어진 것은 사실이지만, 국가적 맥락의 상이성과 문화영향평가가 가지는 특성으로 인해 해외 문화영향평가와 차별성을 가진 소위 '한국형 문화영향평가 제도'가 도입되었고, 이러한 한국적 특성을 유지·강화하는 방향으로 문화영향평가 제도의 토착화가 이루어지고 있음을 확인할 수 있다. 이러한 한국형 문화영향평가의 모델에 대해 인접한 대만이나 일본에서 상당한 관심을 가지고 각국의 맥락과 요구에 부응하는 문화영향평가 제도의 도입을 추

표 5-11 해외 및 한국의 문화영향평가의 비교

	해외 문화영향평가	도입 초반의 한국 문화영향평가 (2013~2014)	본격적 시행기 한국 문화영향평가 (2015~2019)
초점	토착민(원주민)의 고유문화의 보존과 유지에 초점	국정운영 전반에 문화적 가치의 확산, 무분별한 개발로 인한 문화적 가치의 파괴와 훼손 방지	
독자성	환경영향평가나 사회영향평가의 하위 부문으로 시행되는 경우가 많음	타 영향평가 제도와 독립적으로 시행	
시행범위	지역정부 차원에서 시행	국가 차원에서 전국적으로 시행 중앙정부 차원에서 문화체육관광부가 주도	
법제화 여부	조례 또는 국제기구 차원에서의 가이드라인	「문화기본법」을 통한 법제화	
평가유형	전문평가	전문평가/약식평가/자체평가로 유형화	
평가지표	지역 및 원주민의 고유한 문화적 정체성과 관련된 지표로 구성(문화유산, 전통문화 등)	문화정체성 외에 문화기본권 영역의 강조	문화기본권, 문화정체성 외에 문화발전 영역 추가
평가 절차	범위설정 → 데이터 수집 → 영향식별 및 예측 → 영향의 유의성 결정 → 완화방안 제시 → 후속조치 및 모니터링	수요조사를 통한 대상의 선정 → 범위설정 → 데이터 수집 → 영향식별 및 예측 → 영향의 정성적 기술 및 계량화 → 정책적 제언 제시 → 결과통보 및 컨설팅 실시 → 후속조치 및 모니터링	
평가방법	문헌분석, 설문조사, FGI 등 활용 ※정성적 평가 및 주민참여적 요소의 강조	문헌분석, 현장조사, 설문조사, FGI, 심층인터뷰, 전문가평가 등 활용 ※정성적 평가 외에 정량적 평가의 병행, 전문가평가를 통한 평가 결과의 객관성·타당성 확보 강조	

주: 해외 문화영향평가의 경우 국제적으로 널리 통용되는 단일 모델이 없기 때문에 캐나다, 미국, 뉴질랜드 등에서 시행된 문화영향평가의 특징을 아울러 정리함.

진하고 있다는 사실[5] 또한 상기할 필요가 있을 것이다.

제 6 절 결 론

이상의 분석 결과를 토대로 한국에서 문화영향평가의 도입과 토착화 과정을 정리하면 다음과 같다. 처음 문화영향평가를 도입하자는 논의는 2003년 노무현 정부 시기부터 시작되었다. 그러나 원주민의 고유한 삶의 방식이나 문화유산을 보호하는 데 초점이 맞춰져 있었던 뉴질랜드, 호주, 캐나다, 미국 등과는 달리 우리나라의 경우 별도의 원주민 공동체가 존재하지 않고 국정운영 전반에 문화적 원리의 반영을 통한 문화가치의 사회적 확산이라는 목표를 달성하기 위한 효과적 수단으로 도입 논의가 이루어졌다는 측면에서 제도적 맥락의 상이성, 이로 인해 새로운 한국형 문화영향평가 제도를 설계해야 하는데서 오는 어려움, 영향평가가 가지는 규제적 성격으로 인한 타 부처나 지방자치단체의 저항 등으로 인해 실패로 돌아간다.

실제로 문화영향평가 제도가 도입된 것은 10년 후인 2013년 박근혜 정부 시기였다. 문화융성을 국정 기조로 내세웠던 박근혜 대통령의 강력한 의지, 문화체육관광부와 국회 간의 긴밀한 공조, 과거 노무현 정부 시기 진행되었던 연구 및 논의로 문화영향평가에 대한 인식 및 이해의 제고 등이 「문화기본법」의 제정과 문화영향평가의 법제화라는 결실을 가져온 것으로 평가된다. 그러나 이 시기 문화영향평가 제도의 도입은 정권의 강력한 의지에 따른 정부 주도의 하향식 추진 하에 이루어졌고, 정치적 지지 확보를 위한 상징적 동기에 의해 이루어졌기에 폭넓은 의견수렴이 필요하거나 민감한 내용을 최소화하고 하위 법령에 넘김으로써, 실제 제정된 「문화기본법」의 상당부분은 추상적이고 선언적인 내용을 갖게 되었으며, 문화영향평가의 실행을 위한 대부분의 사항, 즉 평가 대상, 절차, 방법 등 또한 모호하고 불충분한 형태로 규정되게 된다.

---

5) 실제 대만에서는 문화부를 중심으로 우리나라와 유사하게 문화기본법을 제정하고, 그 안에 문화영향평가 제도를 규정하는 방안을 추진하고 있다.

이렇게 도입된 한국의 문화영향평가 제도는 다음과 같은 특성을 보유하게 된다. 첫째, 문화영향평가를 시행하고 있는 다른 국가들과 한국이 처한 상황적 맥락과 정책적 맥락이 상이했기에 한국의 문화영향평가는 해외 모델이 가지고 있는 주요 요소들을 차용하기보다는 국내 기존 논의의 연장선상에서 설계되고 진화되는 양태가 나타난다. 즉, 2003~2006년에 노무현 정부 하에서 논의되고 연구되었던 문화영향평가에 대한 내용들이 이후 2013년 문화영향평가 추진방향과 평가모델을 설정하는 데 중요한 영향을 미쳤고, 이후에도 기본적인 평가설계나 운영방식, 추진방향은 시범평가와 평가 결과에 대한 환류를 통한 지침 개선 등 점진적 관점에서 이루어져 경로의존적(path dependent)인 모습을 보인다.

둘째, 한국의 문화영향평가는 원주민 문화나 고유한 문화유산 보호 목적보다는 국정운영 전반에 문화적 가치를 도입하고 사회적으로 확산하기 위한 목적에서 도입되었기 때문에, 해외의 문화영향평가에 비해 평가지표의 범주가 훨씬 다차원적이라는 특성을 갖는다.

셋째, 정성적 평가를 중심으로 하고 주민참여적 요소를 중시하는 해외의 문화영향평가와 달리, 한국의 경우 정성적 평가 외에도 정량적 평가를 병행하여 각 지표별 영향점수를 계량화하고 있으며, 이러한 정량적 평가 및 전문가 평가의 강화를 통해 평가결과의 객관성과 타당성을 확보하고자 하는 점 또한 중요한 특징이라 할 수 있다. 이는 문화영향평가가 규범적 평가를 표방하고 있음에도 불구하고 환경영향평가와 같이 대상 정책이나 계획의 지속이나 중단 여부를 판단할 수 있는 기준으로 역할하기를 바라는 공공 및 민간의 요구 때문으로 볼 수 있다.

넷째, 「문화기본법」 및 동법 시행령의 추상성과 모호성으로 인해 중앙부처나 지방자치단체에서 문화영향평가의 시행이 의무적 사항이라기보다는 임의적 선택사항이 되고, 평가 결과에 대한 구속력 또한 인정되지 않았기 때문에 이러한 제도적 한계를 극복하기 위해서 평가 수용에 대한 인센티브 기제, 즉 '수요조사를 통한 평가 대상의 선정' 및 '평가를 통한 정책 컨설팅'이라는 독특한 요소가 포함되게 된다. 그러나 수요조사를 통해 평가 대상을 선정하는 방식은 문화영향평가가 꼭 필요한 정책이나 사업이 누락되는 문제가 있으며, 컨설팅에 대한 지나친 강조는 평가 결과의 왜곡을 초래할 수 있다는 점에서 문제점으로 지적되고 있다.

다섯째, '도시재생사업'이 주요한 평가 대상 사업이 되고 있다. 이는 문화영향평가가 경제성장 패러다임에 근거한 개발 위주의 정책으로 인한 문제점을 타파하기 위한 제도적 기제라는 점에도 기인하지만, 박근혜 정부에서 강조한 '정부 3.0(부처 간 협업 권고)', 문재인 정부 출범 이후 '도시재생 뉴딜사업'의 대대적 추진이라는 정책적 기조에 따른 것이기도 했다. 이 역시 문화영향평가 대상이 법령에 명확하게 규정되지 않음에 따라 나타나는 정치적 영향의 하나로 볼 수 있을 것이다.

여섯째, 평가유형 및 평가추진체계의 설계에 있어 국내 타 분야 영향평가 중 '성별영향분석・평가' 모델에 대한 벤치마킹이 두드러진다. 이는 성별영향분석・평가가 타 영향평가에 비해 규범적 성격이 강하고, 적용범위 또한 하드웨어정책에서 소프트웨어정책까지 광범하게 아우르고 있기 때문이라 할 수 있다.

2013년 문화영향평가가 한국에 도입된 이후 만 5년이 지나고 있다. 그간 2차에 걸친 시범평가와 3차에 걸친 본평가를 통해 평가절차와 방법론은 지속적으로 개선되고 정교화되고 있으며, 누적 평가 건수 또한 74건에 이른다. 6개의 중앙 정부부처와 50개의 지방자치단체가 문화영향평가를 받았으며, 민간평가연구기관, 대학, 지방자치단체 출연 연구소 등 다수가 문화영향평가에 직접 참여하였다.

전 세계 어느 국가에서도 문화영향평가를 법률에 규정하고, 전국적 차원에서 시행하지 못하고 있다는 점을 고려할 때 한국의 문화영향평가는 매우 성공적으로 진화하고 정착하고 있다고 볼 수 있다. 또한 인접한 대만이나 일본에서도 한국의 문화영향평가 모델에 큰 관심을 가지고 벤치마킹하고자 하고 있어 한국형 문화영향평가의 정책수출이 조만간 성사될 것으로 기대되기도 한다. 그러나 이러한 양적인 확대와 점진적 개선에도 불구하고 도입 초기에 제기되었던 근본적인 문제, 즉 문화영향평가 대상의 모호성으로 인한 피평가기관의 소극적 참여와 평가실행의 어려움, 평가 결과의 정책반영 제도화 기제의 미비, 평가추진체계 및 협력체계의 취약성, 컨설팅에 대한 과도한 강조로 인한 평가의 왜곡 가능성 등은 여전히 극복되지 못한 채로 남아 있어, 한국형 문화영향평가 제도가 성공적으로 자리잡고 질적으로 고도화되기 위해서는 「문화기본법」의 개정을 통한 제도적 해결이 필요한 시점이라 할 것이다.

CHAPTER 06

규제비용관리 제도의 도입과 토착화

이혁우*

규제비용관리제는 2014년 영국의 OIOO를 모델로 도입된 제도이다. 규제 신설·강화와 기존규제 개혁을 연계한 이 제도는 정부 내 부처와 관료에 상시적인 규제관리 유인을 제공할 수 있을 것으로 평가받았다. 그러나 우리나라에 도입된 규제비용관리제는 2014년 정권교체와 함께 급속히 위축되었다. 정권교체는 제도의 지속성을 담보하는 데 큰 위협요인이다. 규제비용분석을 위한 고도의 전문성이 요구되는 규제비용관리제는 순환보직의 일반직 공무원으로 운영되는 우리나라 정부조직과는 조화되는 데 어려움이 있었다. 그 결과 관료들은 규제비용관리제를 큰 부담으로 인식했고, 어떻게든 그 적용을 받지 않기 위한 유인을 가지게 되었다. 생명·안전 관련 규제의 적용 제외는 이런 관료 유인과 결합되어 규제비용관리제 적용 대상 규제를 현저히 축소시키는 역할을 했다. 그 결과 2018년 현재, 규제비용관리제는 기존규제 개선의 성과는 급속히 위축되어 신설·강화규제의 타당성을 검토하는 규제심사를 위한 분석의 타당성을 검토하는 모습으로 바뀌고 있는 양상이다. 이 분석을 통해 외국 제도의 국내 도입은 수입국 제도의 국정체계, 공직체계, 관료유인 등을 고려한 화학적 결속이 필요한 문제임을 확인할 수 있었다.

이 글은 『한국사회와행정연구』 제30권 제2호에 게재된 논문을 수정·보완한 것임.

* 배재대학교 행정학과 교수(hwlee@pcu.ac.kr)

제 1 절 서 론

규제비용관리제는 2014년, 전격적으로 채택한 규제개혁 수단이다. 이 제도의 핵심은 규제비용의 총량관리라는 아이디어를 채택해 새로 규제를 도입하는 경우, 그것이 초래하는 비용만큼 기존규제의 개혁을 요구하는 것이었다. 사회 전체의 규제비용 수준을 적어도 규제비용관리제 도입 당시보다 높아지지 않도록 강력하게 관리하겠다는 것이다. 영국에서 최초로 고안된 이 제도의 도입은 당시 정부가 규제개혁을 국정의 최우선 과제로 제시하며 강력하게 규제개혁에 나서겠다는 것을 선명하게 보여주기 위한 의미도 있었다.

2019년, 현 시점을 고려할 때, 규제비용관리제가 도입된 2014년과 시간적 차이가 크지 않아 이 사례가 정책이전 사례로 적합한지에 대한 문제제기가 있을 수 있다. 그러나 규제비용관리제 도입을 위한 예비시범 단계가 2014년부터 시작되었다는 점, 2014년과 2019년 사이 정권의 교체라는 정부의 규제관리에 영향을 미치는 큰 변수의 영향이 있었다는 점, 2017년 정권 교체 이후, 약 3년의 시간이 지나 새로운 정부 내에 지난 정부에서 채택된 규제비용관리제가 여전히 작동되고 있다는 점에서 이 사례를 정책이전 사례로 채택해 분석하는데 제도 도입 이후 비교적 짧은 시간의 경과가 한계가 될 수는 없을 것으로 판단한다.[1)]

더구나 우리나라의 규제비용관리제는 영국에서는 없었던 생명과 안전에 대한 고려라는 항목이 포함되었다. 규제비용관리제의 적용을 보면, 2014년 도입 초기 각 부처의 혼란이 있었으나 정권 차원의 강력한 추진이 이루어진 까닭에 빠르게 각 부처가 적응하기 시작했으나, 2016년 박근혜 정부에서 문재인 정부로의 정권교체 이후 규제비용관리제에 대한 관심이 낮아지면서 규제비용관리제의 적용도 도입 초기보다

---

1) 영국의 OIOO가 한국 정부에 규제비용관리제로 도입되어 적용된 것은 여전히 현재진행형이다. 이것은 향후 정부가 이 제도를 보다 적극적으로 활용할 수도 있고, 그 반대로 제도 자체를 폐기할 수도 있을 것이다. 정부관심의 변화 및 자원투입의 변화, 정부 내 규제개혁추진체계의 변화에 따라 규제비용관리제의 적용양상이 달라질 수도 있다. 이것은 이 제도의 경우, 정책이전이 여전히 진행 중일 수 있음을 의미한다. 그러나 이 제도가 2014년 제도 도입 이후, 도입기, 확산기를 거쳐 2019년, 안정화기로 접어들었음을 고려한다면 이 연구의 분석 역시 이 범위 내에서 의미가 있다고 평가할 수 있다.

는 느슨해진 경향이 나타났다.[2] 그 결과 2019년 현재의 규제비용관리제는 영국의 원형과도 다를뿐더러 초기 정부가 이를 채택한 당시 기대한 대로 작동하고 있지도 않고 있다. 기존규제개혁 수단으로서 채택된 이 제도가 신설·강화규제의 타당성을 입증(검증)하는 데에 주안점을 두고 활용되고 있는 것이다. 한국의 규제비용관리제에서 발견되는 이런 모습은 이 사례가 정책이전의 연구 대상으로 타당성이 있음을 보여준다.

그렇다면, 한국의 규제비용관리제 정책이전 과정은 어떻게 이해할 수 있을까? 이 글에서는 국정체계, 공직체계 및 정책경향이라는 요인에 초점을 두고 분석하려 한다. 국정체계에는 대통령제의 특징에 기인한 정권 변화가 제도에 미치는 영향, 공직체계로는 순환보직과 같은 한국 관료제의 특징, 정책정향에 대해서는 규제개혁에 대한 정책정향과 규제비용관리제의 성격에 대한 해석에 초점을 두고자 한다. 규제비용관리제는 박근혜 정부에서 정부의 규제개혁의 의지를 보여주기 위한 상징적 수단으로 도입되었다. 그러나 이것은 이전 정부와 차별화를 고려하는 다음 정부로서는 제도운영에 관심을 덜 가지게 하는 요인이 되었다. 직업공무원제와 순환보직 제도로 인한 일반관리자로서의 성격을 갖는 관료조직의 특성으로 한국 정부의 규제분석 능력은 1998년부터 규제영향분석을 실시하고 있음에도 영국형의 규제비용관리제를 전면 채택하기에는 어려움도 있었다. 관료조직이 가진 규제비용관리제를 위한 자원투입의 한계도 중요한 변수였다. 비용분석과 점검을 위한 안정적인 자원의 투입이 필수였지만 이것에 기복이 발생하면서 규제비용관리제가 초기 의도한 기존규제의 개혁과 신설·강화규제의 연계, 그리고 이를 통한 관료의 상시적 규제개혁 인센티브 부여는 실현되지 못했다. 규제개혁으로 인한 생명과 안전과 같은 사회적 가치의 침해 가능성을 우려하는 측에서는 규제비용관리제의 적용 대상에 한계를 둘 것을 요구했다.

이 글에서는 이런 규제비용관리제 사례를 한국에서 외국 제도가 이전되는 과정을 이해할 수 있는 분석 대상으로 채택했다. 이를 위해 먼저 제2절에서는 정책이전의

---

2) 물론 규제비용관리제는 규제영향분석의 품질은 높이는 데 기여하고 있다. 이 제도의 도입으로 규제비용과 편익분석의 검증을 강화하였기 때문이다. 이런 분석품질의 확보는 규제비용관리제 작동의 전제가 된다는 측면에서 향후, 이 제도의 작동을 위한 부족한 전제조건들이 충족되는 경우, 규제비용관리제가 도입된 의도와 같이 규제의 상시적 관리를 위한 수단으로 작동할 수도 있을 것이다.

개념과 기존 연구와 같은 이론적 고찰을 시도하고, 제3절은 규제비용관리제의 원형으로서의 영국의 원인원아웃(One In, One Out)과 한국의 규제비용관리제를 소개하기로 한다. 제4절은 한국의 규제비용관리제의 정책이전 과정에 대해 분석하고자 한다. 이런 이 글의 시도는 규제비용관리제에 대한 이해를 심화시킴과 동시에, 정책이전 과정에서의 특징들을 포착하고 이를 이론적으로 전개하는 데 기여할 수 있을 것으로 판단한다.

제 2 절 이론적 논의 및 분석틀

1. 정책이전의 의의

특정한 시점, 특정한 지역(국가 또는 지방자치단체)에서 고안된 정책이 다른 시점이나 다른 지역에 적용되는 현상에 대한 연구는 오랫동안 이루어져왔다. 한 국가나 체제의 정책이나 제도가 정치 · 경제 · 사회 · 문화적 배경이 다른 국가나 체제에 도입되어, 도입된 체제에서 적응적으로 변화하는 과정은 흔한 현상이기도 하다. 기존 연구에서는 이런 현상을 정책이전(policy transfer) 개념을 중심으로 설명해왔다.[3] 기존의 정책이전에 관한 연구를 보면, 정책이전을 단순히 다른 국가나 체제의 정책을 채택하는 것이 아니라 그것의 수용과 적응 정도에 대해서도 논의를 하고 있어, 정책이전은 토착화를 포함하는 개념으로도 볼 수 있다.[4] 다만, 정책이전과 토착화는 동일한 현상을 대상으로 한 개념이지만, 전자는 한 체제의 정책이나 제도가 다른 체제에 채택 · 적용되는 것에, 후자는 이렇게 채택 · 적용된 이후의 기존체계와의 적응 양

3) 정책이전(policy transfer)에 대한 연구는 비교정치학(comparative politics)에서 주로 연구되어 온 것이다. 이 중 1940년대 이전에는 주로 공식적인 정부제도의 기술적 비교(descriptive comparative)에 초점을 맞추어져 있었던 것이 이후가 되면, 국가와 사회의 이해당사자 사이의 상호작용에 관심을 갖는 등으로 관점이 넓어졌으며, 1960년대가 되면, 정책 수준에서의 비교연구가 이루어지기 시작하였다(Dolowitz & Marsh, 1996: 344).

4) 토착화는 한 국가나 체제의 정책이나 제도가 정치 · 경제 · 사회 · 문화적 배경이 다른 국가나 체제에 도입되어, 도입된 체제에서 적응적으로 변화하는 과정으로 정의할 수 있다.

상에 초점을 둔 것으로 그 개념정의의 주안점에 차이가 있다고 볼 수 있다. 따라서 토착화의 의미를 명확하게 이해하기 위해서는 그동안 정책이전 개념을 중심으로 전개되어 온 이론적 논의들을 고찰해 볼 필요가 있다.

먼저 이들 중 정책확산(policy diffusion) 개념이 있었다. 1960년대 학자들에 의해 제시된 이 개념은 주로 혁신의 확산(diffusion of innovation)의 관점에서 영・미학자들을 중심으로 이루어졌는데,[5] 한 지역에서 이루어진 혁신이 지리적으로 인접한 다른 지역으로 어떻게 번지는지를 설명하는 데 관심이 있었다. 이들 이론에 의하면, 정책확산은 S-curve의 모습을 보인다고 한다. 즉, 확산 초기에는 상대적으로 점진적이며 작은 변화가 이루어지다가, 이후 도약 단계(take-off)가 되면 갑자기 정책채택이 급격히 단기간에 확산되며, 이후 다시 완만하거나 정체기에 들어간다는 것이다(Dolowitz, 2017: 36). 돌로위츠(Dolowitz, 2017)에 의하면, 이런 정책확산은 정책수용자의 역할을 지나치게 강조하면서도, 정책확산 과정에서 나타나는 정치적 이해관계나 확산의 전개 메커니즘에 대한 미시적 설명에 관심이 부족했다는 한계가 있다고 한다.

한편, 학습수행(lesson drawing)은 1990년대부터 사용되기 시작한 개념이다. 이것은 아이디어나 정책이 어떻게 확산되는지를 학습하여 자국에 정책을 도입할 때, 이를 고려한다는 데 주목한다. 즉, 지역 간 정책확산 메커니즘에 대한 학습을 강조하는 개념이다. 로즈(Rose, 1991)에 의해 제시된 이 개념은 정책결정자들이 다른 지역에서 성공적으로 설계・집행되고 있는 정책의 내용과 그 메커니즘에 대해 학습할 수 있으며, 이런 학습을 통해 자국에 정책을 도입할 때, 위험요소를 줄일 수 있다는 전제에 있다. 정책확산(policy diffusion)에서 혁신이 확산되는 모습을 추적하는 것이었다면, 학습수행(lesson drawing)에서는 그런 확산이 이루어지는 논리와 메커니즘을 정책결정자들이 점검하고 이를 자국의 문제해결을 위한 수단으로 활용할 수 있다는 데 주목하는 것이다. 그러나 이런 학습수행(lesson drawing) 접근법은 정책결정자를 합리성(rationality)을 갖는 학습자의 관점으로 설명하고 있다는 한계가 있다. 즉, 하

---

5) 대표적인 것이 워커(Walker, 1969)의 "The Diffusion of Innovation among the American States", *American Political Science Review*, 63(3): 880-899이다. 이 연구는 미국 내 각 주(state) 사이에 혁신정책의 확산에 대해 제한적 합리성(bounded rationality)을 적용해 설명을 시도했다.

나의 정책이 다른 지역이나 시점에 확산이 되는 것은 정책결정자의 의지적 노력이 아니라 단순한 모방이나 문화적 영향, 혹은 어떤 외부의 영향력에 의해 강제적으로 이루어질 수도 있기 때문이다(Dolowitz, 2017: 38).

한편, 정책이전(policy transfer)은 돌로위츠와 마쉬(Dolowitz & Marsh)의 1996년 발표된 "Who learns What from Whom?: a Review of the Policy Transfer Literature"에서 언급된 이후, 널리 사용되었다. 이들은 정책이전과 학습수행을 구분할 것을 주장하였다(Dolowitz & Marsh, 1996: 344). 이것은 학습수행이 자발적인 정책이전(voluntary policy transfer)에 국한된 반면, 정책이전은 자발적인 것과 강제적인 것을 모두 포함하는 것이기 때문이다. 더욱이 학습수행은 정책이전 이전에 이루어지는 것으로, 특정 지역의 성공적인 정책에 대한 학습에도 불구하고 정책이전이 이루어지지 않는 경우도 있다는 것이다. 이런 점을 반영해서 돌로위츠와 마쉬(Dolowitz & Marsh, 1996)는 정책이전(policy transfer)은 "특정한 시점이나 지역에 시행되고 있는 정책이나 행정방식, 제도 등에 대한 지식이 다른 시점이나 지역의 정책, 행정방식, 제도의 발전에 활용되는 과정"으로 개념화하고 있다.[6]

2. 정책이전의 방식과 영향요인

정책이전(policy transfer)은 자발성과 강제성이란 양 극단을 두고 하나의 스펙트럼에서 다양한 모습을 보인다. 돌로위츠와 마쉬(Dolowitz & Marsh, 1996)에서는 자발적 이전(voluntary transfer), 직접적인 강제적 이전(direct coercive transfer), 간접적인 강제적 이전(indirect coercive transfer)으로 구분하였다. 한편, 돌로위츠와 마쉬(Dolowitz & Marsh, 2000)는 이를 다시 구체화하여, 자발적 이전은 완전한 합리성(perfect rationality) 하의 학습수행(lesson drawing)을 의미하는 것이고, 강제적 이전은 직접적 강제(direct imposition), 이익집단이나 정당의 영향(pressure groups/

6) 영문으로 된 개념은 다음과 같다. a process in which knowledge about policies, administrative arrangements, institutions etc. in one time and/or place is used in the development of policies, administrative arrangements and institutions in another time and/or place(Dolowitz & Marsh, 1996: 344).

political parties), 정책기업가나 전문가에 의한 영향(policy entrepreneurs/expert)에서 발생된다고 제시하였다. 한편, 자발적 이전과 강제적 이전의 중간의 혼합 형태(Mixture)로는 제한적 합리성(bounded rationality) 하의 학습수행(lesson drawing), 국제적 압력, 이미지나 동의 혹은 인지적 측면의 외부효과에 의한 영향, 의견충돌, 사업의 거래조건에 의한 부채 등으로 발생된다고 하였다.

이런 정책이전의 대상은 정책목표(policy goals), 구조(structure), 정책수단(policy instrument)이나 행정적인 기법(administrative technique)과 같은 내용(content), 제도(institution)[7], 이데올로기(ideology)[8], 아이디어(idea)/태도(attitude)/개념(concept)[9], 부정학습(negative lesson)[10]이 있다(Dolowitz & Marsh, 1996: 350). 물론 이들이 모두 이전국가(transferred country)에서 원형대로 옮겨지는 것은 아니다. 정책환경, 정책결정자의 성향 등에 따라 같은 아이디어나 개념이라 하더라도 다른 맥락으로 해석되거나, 전체 구조 중 일부만 변형되어 적용되는 경우도 있기 때문이다. 또한 이들 중 행정적 기법을 이전하는 경우가 가장 빈번하게 이루어지지만, 정책수단의 이전에 대한 연구는 상대적으로 드문 편이다(Dolowitz & Marsh, 1996: 350). 이것이 정책이전에서 정책을 원래 고안한 국가와 제도를 수용하는 국가의 상황과 유인이 다름을 이해해야 하는 이유이다.

이런 정책이전의 대상에 대해 정책이전은 단순복제(copy), 채택(emulation), 혼합(hybridization), 결합(synthesis), 영감(inspiration)의 방식으로 이루어진다. 단순복제는 정책이나 프로그램의 근거가 되는 법령을 채택하는 것이다. 채택은 단순히 복제하는 것이 아니라 자국에서도 적용이 가능한 정책이나 프로그램의 특정한 측면을 수용하는 것이다.[11] 혼합이나 병합은 둘 이상의 국가에서 개발·적용된 프로그램을 혼

---

7) 돌로위츠 등(Dolowitz et al., 1996)에 의하면, institution은 다른 국가의 정부부처의 형태를 도입하는 것과 같은 구조적이고 유형적인 것을 주로 의미한다.

8) 레이건 대통령(Ronald Reagon)에 채택된 자유주의적 국가운영이 이후 여러 국가에 채택된 것을 예로 들 수 있다.

9) 1980년대 영국의 복지시스템이 미국에 채택된 것이 예이다(Dolowitz & Marsh, 1996: 350).

10) 학습은 긍정적인 학습과 부정적인 학습이 있다. 1970년대 미국의 자동차 배출가스 기준에 대한 조사 이후, 캐나다에서는 자국의 환경상황을 고려할 때 미국규제에서 요구하는 규제기준의 채택이 필요하지 않은 것으로 결정하였다(Dolowitz & Marsh, 1996: 351).

11) copy와 emulation은 복제라는 의미로 쓰이나, 저자의 경우 copy는 법령을 그대로 베끼는 것, emulation은 프로그램이나 정책 중 적용가능 한 부분을 채택해 오는 것으로 구분하고 있다. 이런

합하는 것을 의미한다. 한편, 정책이전은 다른 국가의 정책이나 프로그램, 법령을 그대로 수용하는 것이 아니라 이들로부터 영감을 얻어 자국의 정책설계나 프로그램에 활용하는 것도 있을 수 있다(Dolowitz & Marsh, 1996: 351).

한편, 정책이전의 영향이나 제약요인에 대해 로즈(Rose, 1991)의 경우, 정책이전의 목표가 단순하거나 이전하려는 프로그램이 단순할 경우, 이전 대상 정책과 해결하려는 문제와의 직접적 관계성이 있는 경우, 부작용의 가능성이 적은 경우, 이전하려는 프로그램의 작동에 대해 보다 많은 정보를 알고 있는 경우, 이전을 통한 결과가 쉽게 예측이 되는 경우, 정책이전이 상대적으로 용이하다고 가설을 제시하였다. 여기에 더해 돌로위츠와 마쉬(Dolowitz & Marsh, 1996)는 이전 대상 국가의 기존정책과의 정합성, 제도 혹은 구조적 제약, 정책집행을 위한 정치적, 관료적 경제적 자원이 처리되는 체계, 정치 이데올로기, 관료제의 규모와 효율성, 정책집행에 필요한 기술적 능력을 정책이전의 영향요인으로 추가하였다.

한편, 돌로위츠와 마쉬(Dolowitz & Marsh, 2000)는 이런 정책이전의 영향 및 제약요인을 고려하지 않고, 정책이전이 정확한 정보가 없는 상태에서 진행되거나, 부적절하게 이루어지거나, 불완전하게 이루어질 경우 정책실패를 야기한다고 지적하였다. 예를 들어, 외국에서 성공적으로 작동하고 있는 정책은 그런 정책이 작동할 수 있는 국가체계, 정부시스템, 공무원의 전문성 등과 같은 정보를 포함해서 이해한 후에야 이전하는 것이 가능하다. 이런 정책을 둘러싼 요소에 대한 정보, 혹은 이해 없이 정책만을 이전하는 것은 곤란하다는 것이다. 이를 두고 로즈(Rose, 1991)는 새로운 정책은 (아무 것도 없는) 녹색의 잔디밭 위에 건물을 올리는 것이 아니라, 기존의 정책이나 그 결과물들로 빽빽하게 둘러싸인 환경 속에서 어떤 새로운 정책을 들여놓는 것이라 했다.

3. 연구의 분석틀

이 글은 영국의 규제비용관리제를 한국에 이전하는 과정과 그 결과에 대한 분석이

의미에서 이 글에서는 emulation은 채택으로 번역하였다.

다. 규제비용관리제는 박근혜 정부 당시, 대통령이라는 정책기업가(policy entrepreneur)의 이니셔티브(initiative)에 의해 강력하게 추진된 것이다. 정책이전에 외부의 강제력이 없었다는 점에서 자발적인 이전유형에 해당하는 것으로 분류할 수 있다. 당시 정부는 영국의 제도원형에 대해 학습을 수행하였으며, 제도운영 환경에 대해서도 최대한의 지식을 얻기 위해 노력하였다. 정책이전의 유형으로는 영국의 제도를 단순히 복제(copy)한 것이 아니라, 영국의 제도를 원형으로 하되 설계 및 이후 집행의 측면에서 상당한 차이를 보였으며, 이런 점에서 채택(emulation)과 영감(inspiration)을 혼합한 것으로 평가할 수 있다. 다음 절에서 자세히 제시하겠지만, 한국의 규제비용관리제는 영국의 제도원형에 더해 한국의 상황을 고려한 제도적 변형을 가한 후, 새롭게 고안된 형태로 적용되었기 때문이다.

한편, 한국의 규제비용관리제 도입과 정착 과정에 대한 체계적 분석을 위해서는 돌로위츠와 마쉬(Dolowitz & Marsh, 2000)에 의해 정책이전을 설명하는 영향변수를 고려해 규제비용관리제 분석에 타당한 분석틀을 고안해야 한다. 그런데 본 연구 대상인 규제비용관리제의 경우 이들 변수 중 기존정책과의 정합성, 정책집행 과정의 정치시스템, 정책집행에 필요한 기술적 능력에 대해서는 해당 사항이 없어서 분석이 불필요하다. 한국에서는 1998년 이후, 규제심사를 위해 규제영향분석을 실시하고 있어서, 규제영향분석을 토대로 성립하는 규제비용관리제의 도입이 용이하며, 같은 이유로 규제비용과 편익분석과 같은 정책집행에 필요한 기술적 능력과 경험도 보유하고 있다. 정책집행 과정 및 체계 역시 규제개혁위원회를 통한 규제심사 및 규제개혁체계가 설치・작동되고 있어서 규제비용관리제 역시 이 체계 내에서 운영된 체계였다. 따라서 이 글에서는 이들 변수를 제외하고, 제도 또는 구조적 제약, 정치이데올로기, 관료제의 규모와 효율성에 대해 초점을 두어 분석을 할 필요가 있다. 실제로 다음 절에서 본격적으로 분석하겠지만 제도 및 구조적 측면에서는 대통령에 우월적 권한이 주어지는 국가정치행정 구조, 관료제의 효율성 측면에서는 폐쇄형의 순환보직을 토대로 운영되는 관료제 구조, 정치이데올로기 측면에서는 정책결정 과정에서 규범적 목표의 중시정향[12]은 규제비용관리제가 한국에 착상되는 데 중요한 영향을

12) 알몬드와 버바(Almond & Verba, 1963)는 정치문화 분석에서 정치정향(political orientation)의 개념을 제시하였다. 이 개념은 정치체계에 대해 사람들이 보이는 태도를 의미한다는 점에서 정치

표 6-1 이 글의 분석변수의 채택논리

영향요인 Dolowitz & Marsh(2000)	규제비용관리제에 적용 가능성		채택된 변수
	평 가	변수채택 필요성	
기존정책과의 정합성	규제영향분석 기 운영	×	
제도 또는 구조적 제약	–	○	국정체제
정책집행 과정 및 체계	규제개혁위원회 및 규제조정실을 통한 관리체계 구비	×	
정치이데올로기	–	○	정책정향
관료제의 규모와 효율성	–	○	공직체계
정책집행에 필요한 기술적 능력	규제비용/편익분석 능력 보유	×	

미친 변수였다.

먼저 국정체계 내 대통령이 가진 우월적 권한은 규제개혁의 이슈가 대통령 수준의 관심에 따라 그 운영상의 기복이 이루어지게 된다. 대통령이 규제개혁에 관심이 높으면, 각 부처의 규제개혁도 높은 수준으로 이루어질 수 있고, 이는 규제비용관리제의 경우도 마찬가지이다. 박근혜 정부에서 규제비용관리제를 도입하며 이를 정부부처 평가 항목으로 반영하였지만, 문재인 정부에서는 이 항목이 빠진 것이 그 한 예이다. 다음으로 폐쇄형의 순환보직의 특징을 가진 관료제는 규제비용관리제에 필요한 규제분석의 전문성과 노하우가 구축을 어렵게 한다. 규제비용관리제와 규제개혁은 제도적으로 유지되지만 이를 집행하는 담당 관료는 계속 변하기 때문이다. 특히, 관료의 순환보직은 규제비용관리제 운영에 있어서 적극성과 책임성을 약화시키는 원인이 된다. 마지막으로 정책결정 과정에서 규범적 목표를 중시하는 경향으로 인해 규제가 초래하는 비용보다 규제가 필요성을 반영하는 편익측면을 강조하거나, 추상적인 비용 항목을 분석에 반영하려 할 수도 있다. 이를 반영한 이 글의 분석틀은 [그

체계와 그 과정의 결과물인 정책에 대한 정향에 대해서도 적용할 수 있다. 정책정향(policy orientation)은 정책에 대한 인지적, 감정적, 평가적 정향을 의미한다. 즉, 어떤 정책에 대해 사람들이 당연하다고 수용하는 정도, 정책 자체에 대한 선호 정도, 정책이 추구하는 가치에 대한 평가적 의견을 포함하는 것이 정책정향이다. 이런 정책정향은 정책이나 제도의 채택과 운영에 핵심적인 영향을 미친다.

림 6-1]과 같다. 이 내용에 대해서는 다음 절부터 구체적으로 분석하고자 한다.

그림 6-1 이 글의 분석틀

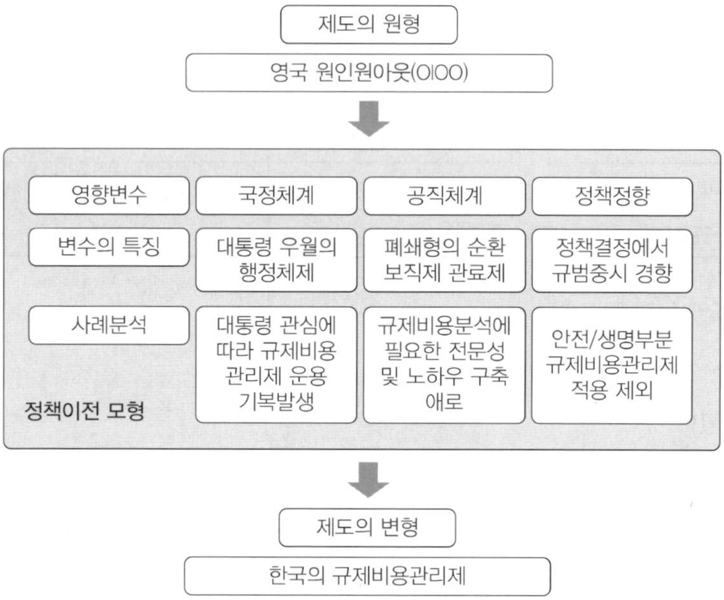

제 3 절 영국 원인원아웃의 등장과 한국 정부 규제비용관리제 채택

1. 영국의 원인원아웃 제도

1) 등장 배경

원인원아웃(One In, One Out) 제도는 영국에서 최초로 고안된 것으로 2011년부터 도입된 제도이다. 이후 영국의 제도는 여러 국가들에서 도입이 시도되었으며 한국 역시 2014년 시범사업 이후, 2015년 공식적으로 도입되었다.[13] 원인원아웃 제도의 핵심은 정부가 규제를 신설·강화하려고 할 경우, 그 상응하는 규제부담을 유발하는 기존규제를 개선토록 요구하는 제도이다(HM Government, 2011). 이를 통해 궁극적으로는 사회 전체의 규제비용 수준을 적어도 2011년 원인원아웃 제도 도입 수준보다 높아지지 않게 관리할 수 있다.[14)]

영국에서 원인원아웃 제도를 도입한 것은 규제개혁의 방향을 기존규제의 개혁이라는 저량(stock)에 기반에서 유량(flow) 기반으로 전환하기 위한 것이었다. 저량 기반의 규제개혁을 위해서는 정부부처 스스로 기존규제를 각각 확인해 불합리성을 검토하고 개선해야 하지만 규제개혁에 소극성을 가진 정부부처에게 이것을 기대하기

---

13) 영국의 원인원아웃은 이후 여러 국가에 도입이 되었는데 각 국가의 사정을 고려한 변형이 이루어졌다. 호주에서는 규제상쇄원칙(offset rule)을 정해 운영하고 있다. 이는 원인원아웃 제도의 아이디어와 같은 것으로 신규규제의 도입과 기존규제의 개선을 연계시켜야 한다는 것이다. 이를 위해 각 정부부처는 규제영향진술서(regulatory impact statement)에 신설규제의 비용에 대한 기존규제 비용의 상쇄 내력을 제시하도록 요구하고 있다. 호주의 제도에서 특이한 점은 기업 대상 규제에 국한하지 않고 원칙적으로 모든 규제에 그 적용을 요구하고 있다는 점이다. 그 외 예산상 문제, 규제비용의 공표가 시장왜곡이나 사행성 유발, 매우 절박한 사정이 없으면 규제상쇄 원칙은 적용된다. 비용에서도 영국에서는 기업에 대한 비용 혹은 편익만 고려한 것에서 호주는 기업뿐 아니라 개인, 지역단체 등에 초래되는 비용을 모두 포함시키고 있다(원소연, 2016: 13-115). 영국의 제도가 기업부담에 초점을 둔 제도라면 호주는 규제의 사회적 비용에 초점을 둔 제도로 보다 일반적으로 적용된다고 평가할 수 있다. 독일의 경우, 2014년 12월 연방내각의 결정으로 행정부담제어장치(Bürokratie-Bremse)라는 명칭으로 원인원아웃 제도가 도입되었다. 중소기업의 행정부담 완화에 초점을 둔 이 제도 설계는 역시 신설규제 도입에 기존규제 개혁을 요구한다는 점에서 원인원아웃 제도와 동일하다. 적용 대상은 국가재정 및 경제에 미치는 비용은 제외하고, 규제가 유발하는 직접적인 이행비용에 해당한다. 이들 이행비용의 분석은 행정비용(administrative cost)에 대해서는 표준비용모델(standard cost model)을 적용하고 있으며, 그 외의 비용들은 별도의 분석방식을 적용하고 있다. 한편, 독일의 경우 행정부담제어장치(Bürokratie-Bremse)의 적용제외 대상에 대해서 유럽연합의 규정에 의해 회원국이 져야 할 의무적 규제만을 제시하고 있다. 이외에도 규제총량제의 관점에서 유사 제도가 여러 국가들에서 도입되었다. 미국의 트럼프(Donald Trump) 정부는 2017년 1월 30일 규제비용총량제(Two for One Rule)를 도입하기 위한 행정명령 13771호를 발표하기도 했다. 다만, 미국의 제도는 1억 달러 이상의 비용을 유발시키는 중요한 규제에 한정되어 적용된다는 측면에서 다른 국가에 비해 적용범위가 제한적이다. 이후 행정명령 13777호를 2017년 2월 24일 발표하면서 규제비용총량제를 더욱 구체화하였다(한국행정연구원, 2017: 151).

14) 영국에서는 2013년부터 원인원아웃 제도를 강화하여 원인투아웃(One In, Two Out: OITO)을 적용하고 있다. 이것은 규제의 신설·강화 시 그 부담의 두 배 수준을 기존규제에서 개선토록 하는 것이다. 이후 2016년부터는 One-In, Three-Out(OITO)으로 강화되었다. 다만, 2019년 현재, One-In, Three-Out은 부처의 반대로 추진이 보류된 상태이다. 한편, 영국은 2016년부터 기업규제비용 감축목표제(Business Impact Target)를 도입하여, 2017~2022년 사이 90억 파운드의 규제비용감축을 목표로 하고 있다(김정욱, 2019: 39).

어렵다. 대통령이나 정치적인 외부의 이니셔티브(initiative) 없이 정부 스스로 규제개혁을 추진한 사례가 드문 것에서 이를 확인할 수도 있다.

반면, 원인원아웃 제도를 통해 규제개혁을 유량 기반으로 접근하게 되면, 정부는 규제를 신설・강화하기 위해서는 반드시 기존규제의 개선 성과가 있어야 하므로 각 정부부처는 평소에도 상시적인 규제개혁을 해야 한다. 규제는 정부가 상시적으로 발생하는 사회문제를 해결하는 핵심 정책수단이므로, 규제수단을 사용하지 않고서는 문제해결을 하기가 어렵게 될 것이고, 결국 그러려면 평소에 기존규제 중 불합리한 것을 꾸준히 개선하여 실적을 쌓아두어야 할 것이기 때문이다(이혁우, 2013: 5).

영국에서 이 제도가 2011년 채택된 것은 1985년부터 규제영향평가를 도입하여 규제 신설・강화 시 그것의 사회적 영향력을 분석해 온 노하우에 기반한 것이다. 이후 2002년에 경쟁영향평가가 의무화되었으며, 2006년에는 기존의 규제영향분석을 영향평가(impact assessment)로 개편해 기존의 규제영향분석에서 비용편익 데이터가 누락되고, 중요한 분석 항목이 다루어지지 못한 부분에 대해 개선을 시도하였다. 이처럼 영국의 원인원아웃은 정부가 꾸준히 규제영향분석 및 규제관리와 관련한 역량을 배양해 온 것을 토대로 도입된 제도이다.

2) 설계와 운영

영국에서 원인원아웃 제도는 설계와 운영은 적용범위, 적용제외 대상, 비용분석의 단위, 규제비용 기준 규제분류방식을 중심으로 파악할 수 있다. 먼저 적용범위는 기업(시민단체 포함)에 영향을 미치는 규제로 규제완화소위원회(Reducing Regulation Sub-Committee: RRC)의 승인이 요구되는 모든 기업 관련 규제의 신설・강화 시에 원인원아웃 제도가 도입된다(원소연, 2016: 106). 그러나 유럽연합 등 국제기구에 의해 도입해야 하는 규제, 재정위기를 해결하기 위한 재정조치, 시민사회의 위기에 대응하기 위한 조치, 왕실에 대한 비용, 12개월 미만 적용 규제, 자동일몰 규제, 수수료, 비용보전 차원의 부담금, 정부계약, 법원의 판결, 환경세에 대해서는 그것이 기업 관련 규제에 해당하더라도 원인원아웃의 적용이 배제된다(HM Government, 2011).

원인원아웃에서 비용분석의 단위는 연간 기업순비용(equivalent annual net cost

to Business: EANCB)이다. 이에 따라 각 정부부처는 원인원아웃 적용 대상 규제에 대해 비용과 편익을 분석하여, 순비용을 도출하고, 그에 상응한 수준의 비용을 기존 규제에서 제거해야 한다. 그리고 그 내용을 RRC에 확인을 받아야 한다. 이 과정에서 정부가 순비용을 분석한 규제들은 각각 IN, OUT, Zero Net Cost의 범주로 분류된다. IN은 EANCB가 (+)인 규제로 기업에 궁극적으로 비용을 유발시키는 신설·강화규제에 해당한다. OUT은 EANCB가 (−)인 규제로 기존규제를 개선해 편익을 증대시키는 경우에 분류된다. Zero Net Cost는 규제비용 변화에 대한 양적분석이 어렵거나, 비용과 편익을 상쇄한 결과 순비용이 영(0)이 되는 경우이다. 한편, 각 부처는 미리 평소에 기존규제를 개선한 실적을 적립해 이를 규제의 신설이나 강화에 활용할 수도 있다(이혁우, 2013).

한편, 영국에서는 원인원아웃은 영향분석(impact assessment)의 틀 속에서 이루어진다. 즉, 규제합리성을 제고하기 위해 2006년부터 채택된 영향분석의 틀 속에서, 원인원아웃을 운영하기 위한 EANCB을 추가적으로 분석해 이를 활용하고 있는 것이다. 이를 위해 정부부처 내에서는 기업혁신기술부(Department of Business, Innovation and Skills: BIS)를 신설하고 내부에 독립성을 보장받는 규제정책위원회(Regulatory Policy Committee: RPC), 규제완화소위원회(Reducing Regulation Sub-Committee: RRC), 규제개혁추진단(Better Regulation Executive: BRE)을 설치하고 있다(HM Government, 2011). 규제개혁추진단은 정부부처의 규제영향분석을 지원하기 위해 각 지침과 매뉴얼을 제공하고, 규제분석 시 컨설팅을 수행하며, 규제정책위원회는 독립자문위원회로 영향평가서와 기업연간순비용(EANCB)의 타당성을 점검한다. 이후 규제정책위원회는 각 부처의 분석 결과를 각각 Red(부적합), Green(적합), Amber(수정필요)로 구분하여 통보한다(원소연, 2016).

한편, 기업혁신기술부는 6개월마다 원인원아웃 운영보고서를 작성한다. 여기에는 각 정부부처별로 해당 시기 원인원아웃 운영 결과 각각 비용의 증감 정도를 분석해 순위를 매기고 있다. 이를 통해 각 부처가 규제개선에 대해 경쟁을 유발하려는 것이다. 이는 각 부처의 수동적인 규제개혁 태도를 의회나 대통령 등이 끌고 가던 과거의 저량 기반 규제개혁방식과는 차별화된 것이다.

2. 한국의 규제비용관리제

1) 도입 배경과 맥락

규제비용관리제는 집권 2년차에 들어선 박근혜 정부가 '경제혁신 3개년 계획'을 제시하며 규제개혁을 국정의 최우선 의제로 삼으면서 등장하였다. '더 이상 총량적인 측면에서 규제의 증가는 없다'는 규제개혁의 의지를 보여주기에 규제비용관리제의 도입이 주는 상징적 의미는 상당히 높았다. 더구나 이 제도는 2011년부터 영국에서 이미 고안해 실시하고 있는 정책으로 정부가 새로운 정책설계에 들여야 하는 부담이 상대적으로 적은 것이었을 뿐만 아니라 기존에 규제심사 제도에서 실시해 오던 규제영향분석을 활용한다는 측면에서도 정부에서는 제도 도입에 따른 부담이 적은 것이었다.[15)]

이에 정부는 2014년 3월 개최된 제1회 규제개혁장관회의에서 규제비용관리제의 도입을 발표하고,[16)] 곧바로 시범사업을 추진하였으며, 2016년 7월 총리훈령이 제정되고 나서 이를 근거로 바로 정식사업으로 채택하여 추진할 만큼 매우 빠른 속도로 규제개혁의 한 수단으로 자리잡았다.[17)]

이처럼 규제비용관리제는 대통령의 정책의제로 규제개혁이 채택되면서 정부 전 부처에서 이를 신속하게 받아들일 수밖에 없었고, 이것은 외부의 정책고객과의 이해조정의 필요성이 없는 정부 내 규제개혁 수단의 도입이라는 점에서도 기인한 것이었다. 이것은 2013년 3월 규제개혁장관회의 직후인 4월 '세월호의 침몰'이라는 극적인 사고로 전 사회적으로 안전문제에 대한 관심의 고조와 이를 대응하기 위한 규제강화의 요구, 규제개혁에 대한 우려가 동시다발적으로 나타난 이후에도, 규제비용관리제는 당초 계획에 따라 2013년 6월부터 시범사업 실시와 규제비용관리제 추진을 위한

---

15) 규제비용의 총량관리는 노무현 정부인 2004년에도 시도된 바 있다. 이는 영국의 모델과는 달리 규제 건수를 토대로 한 방식으로 각 정부부처를 실제로 개선의 의미가 큰 규제개혁에 나서도록 유인구조를 형성시키는 데는 실패했다.

16) 박근혜 정부는 2014년 들어 규제개혁을 강조하기 시작했다. 동년 1월 신년 기자회견에서 '경제혁신 3개년 계획'을 제시하면서 규제총량제를 규제개혁 수단으로 활용할 것임을 발표했고, 2014년에는 구체적인 내용이 국무조정실의 업무보고에서 이루어졌다(규제개혁위원회, 2016: 144).

17) 규제비용관리제는 시범사업 때까지는 규제비용총량제의 이름으로 불리었다. 이후, 2016년 근거훈령의 제정과 함께 정식출범하면서 규제비용관리제로 공식 명명되었다.

규제연구센터를 한국행정연구원과 한국개발원에 설치하는 등 단절 없이 추진되었다는 점에서도 확인할 수 있다.

한편, 규제비용관리제가 이렇게 신속하게 도입될 수 있었던 것은 1998년 도입된 규제심사로 인해 기존에 각 부처에서는 신설·강화규제 도입 시 규제영향분석을 의무적으로 작성하도록 의무화하고, 부처 내에 자체 규제개혁위원회와 대통령 직속으로 규제개혁위원회를 두고 그 타당성을 검토해 온 시스템을 구축해 놓았기 때문이다. 즉, 규제비용관리제는 기존의 규제심사, 규제영향분석의 틀 속에서 기업부담에 대한 비용만을 고려해 이를 지렛대로 기존규제의 개선을 요구하는 수단으로 활용할 수 있었던 것이다. 물론 1998년부터 시행되어 온 규제심사와 규제영향분석에도 불구하고, 각 부처의 규제영향분석의 전문성이나 충실성에 대해서는 비판적인 문제제기가 있어왔지만(국회예산정책처, 2007), 그럼에도 불구하고 이 제도를 운영해 온 것은 규제비용관리제의 도입에 친화적인 배경이 되었다고 평가할 수 있다.

2) 도입 과정

정부는 규제비용관리제 도입을 2014년 3월 제1회 규제개혁장관회의를 통해 발표한 이후, 약 3개월에 걸쳐 시범실시를 위한 설계안을 도출하였다. 그리고 2014년 7월부터 시범사업으로 규제비용관리제를 도입하여 약 2년 간 2차에 걸쳐 시범사업을 통해 제도를 지속적으로 정비하였다.[18] 아울러 2014년 7월, 규제비용관리제 운영을 위해 규제연구센터가 한국개발연구원(KDI)와 한국행정연구원 산하에 독립 센터로 설립되었다. 이들 센터에서는 각 부처가 분석한 규제비용을 분석·검증하는 기능을 수행하는 것으로 한국개발연구원은 경제 분야 규제, 한국행정연구원은 사회 분야 규제에 대한 비용분석을 검증하고 컨설팅하며, 규제개혁 전반에 대한 연구를 수행하도록 기능을 부여받았다.[19] 한편, 규제개혁위원회 내에는 비용분석전문위원회를 설치하

18) 정부는 2014년 7~12월까지 문화체육관광부, 농림축산식품부, 산업통상자원부, 환경부, 국토교통부, 해양수산부, 산림청, 중소기업청 등 등록규제 수가 많은 부처의 자발적 참여로 규제비용관리제 시범사업을 추진하였으며, 동 기간 중 국민의 생명 및 안전, 환경과 관련된 규제는 적용에서 제외되었다. 한편, 2015년 4월~2016년 2월에는 기존 8개 부처에 보건복지부, 미래창조과학부, 방송통신위원회, 행정자치부, 특허청, 관세청, 고용노동부를 추가하여 시범사업을 확대하였다(규제개혁위원회, 2015; 규제개혁위원회, 2016).

고, 정부부처에서 규제연구센터의 검증을 거쳐 최종 수정된 분석 내용에 대한 판단을 하여, 규제개혁위원회를 보조하도록 하였다.

규제비용관리제의 구체적인 설계 과정에서는 비용편익분석, 적용제외 대상에 대한 결정이 중요하였다. 먼저 그동안의 규제심사 및 규제영향분석 제도의 운영에도 불구하고, 비용편익분석의 질이 낮다고 평가받는 점(김태윤 외, 2008),[20] 각 부처의 규제비용 및 편익분석 역량 등을 고려할 때, 규제비용관리제에서 비용과 순비용 중 어느 것을 활용해야 할지를 두고 검토가 있었다(규제개혁위원회, 2015: 71). 순비용의 도출을 위해서는 비용과 편익 모두에 대한 분석을 실시해야 하므로, 각 부처는 비용만을 활용하는 것보다 더 많은 부담을 갖게 된다. 이런 이유로 정부는 각 정부부처에서 규제비용분석 시 어려움을 해소하기 위해 비용분석계산기를 고안해 보급하기도 했다.[21] 규제비용에 대한 분석이 가능하더라도 그 비용이 매우 미미하여 규제연구센터의 검증을 생략하는 간편심사제도 마련하였다. 이는 규제비용관리제의 운영이 각 부처에 부담을 주는 점을 감안하여 중요한 규제에 대한 분석의 역량을 집중시키며, 규제심사에 따른 행정부담과 기간 소요를 경감하기 위한 것이다. 이들 규제에 대해서는 규제연구센터가 아닌 국무조정실에서 비용분석의 적정성에 대한 심사를 하게 된다(하세정, 2014: 42). 한편, 규제의 성격에 따라 화폐가치로 순비용의 도출이 불가능한 경우에는 심사처리제를 적용하여, 규제의 강도와 파급효과 등을 고려하여 유사한 수준의 규제를 폐지・완화할 수 있도록 하였다.

규제비용관리제 적용제외 대상에 대해서는 안전과 생명이 중요한 이슈가 되었다. 2014년 3월 정부가 규제개혁을 최고 국정어젠다로 제시한지, 불과 한 달 후 '세월호 침몰' 사고가 발생하면서 규제라는 이슈에 대한 시각이 급격히 변화하였기 때문이다. 그것은 규제개혁의 결과, 안전과 생명에 대한 사회적 보장이 낮아질 수도 있고, 실제

---

19) 규제연구센터의 검증은 규제영향분석서가 접수된 때부터 10일 이내 완료해야 하고, 동의, 보완, 보완(재제출) 중에 결과를 통보하게 된다.

20) 김태윤 외(2008)의 연구에 의하면, 2001년 4월~2006년 12월까지 16개 부처 287건의 규제영향분석서를 평가한 결과, 한국 정부의 규제영향분석은 그 수준이 전반적으로 낮으며, 개선의 여지도 미약한 것으로 분석하였다. 규제필요성과 외부자문은 잘 분석된 반면, 정부개입 정당성, 할인율 적용, 집행 및 점검은 분석수준이 낮아지고 있으며, 비용편익분석 역시 적절히 분석되지 못하고 있다고 평가하고 있다.

21) 규제비용계산기는 2015년 4월 관련 TF가 구축되고, 개발을 거쳐 정부에 도입되었다.

'세월호 침몰'의 경우에도 그동안 선박 분야 등을 중심으로 진행되어 온 규제완화의 결과라는 주장이 지지를 받게 되면서 규제개혁에 대한 조심스러운 시각이 확대되었기 때문이다. 이에 대해 규제비용관리제 설계에는 적용제외 대상으로 생명과 안전과 관련된 규제를 포함시키는 것을 두고 논의가 이루어졌고, 최종적으로 이를 포함시키는 것으로 결론이 났다.

3) 도입 직후의 규제비용관리제

규제비용관리제의 도입 직후의 설계는 아래와 같다. 먼저 규제비용관리제의 추진 주체는 각 부처에서 규제비용분석을 실시하면 규제연구센터에서 규제비용에 대한 타당성을 검토하고, 이를 규제개혁위원회 내 규제비용전문위원회를 통해 심사한 후, 규제개혁위원회에서 최종적으로 심사하는 것으로 설계하였다. 한편, 우리나라에서 규제비용관리제는 원래 그 근거로 제안되었던 행정규제기본법 개정안의 국회통과가 실패하면서 총리훈령(2016.7.19)「국민부담 경감을 위한 행정규제 업무처리지침」 제정을 통해 시범사업을 마무리하며 전면 도입되었다.[22] 행정규제기본법의 국회통과가 실패한 이유는 당시 행정규제기본법 개정안에 규제비용관리제와 함께 포함된 네거티브 방식 규제원칙, 지역규제특구 제도 등으로 인한 규제완화에 대한 우려를 표한 당시 야당인 새정치민주연합 등의 반대가 있었기 때문이다.[23]

동 지침에 따라 정부부처 중 등록규제 수 30개 미만 및 외교나 안보 등 특수성을 고려한 기관[24]을 제외한 27개의 중앙행정기관은 규제비용관리제의 적용을 받게 되었다. 이들 기관은 기존규제의 개선을 통해 그 비용을 평상시에 적립(banking)해 둠으로써 향후 신설·강화규제의 관리에 활용할 수도 있었다. 그리고 만약 규제의 신설·강화 시에 그에 상응하는 기존규제의 개선을 하지 못할 경우, 1년 이내 사후에 정비하도록 요구하였다. 즉, 각 부처는 규제의 신설·강화(안)을 마련한 후, 규제영

22) 한국의 규제비용관리제는 'Cost−In, Cost−Out(CICO)'로 명명되었다.

23) 정부안으로 발의된 행정규제기본법 개정안은 다섯 차례의 회의에도 정무위원회의 법안심사소위원회를 통과하지 못한 채, 제19대 국회가 마무리되면서 폐기되었다(한국경제신문, 2015.8.12일자).

24) 외교부, 통일부, 국방부, 원자력안전위원회, 법제처, 조달청, 새만금개발청, 행복중심복합도시건설청, 국민권익위원회, 기상청, 국세청, 농업진흥청, 병무청, 통계청, 방위사업청이 해당된다.

향분석과 입법예고, 규제심사를 수행하며, 이후 규제연구센터와 규제비용전문위원회에 비용분석을 검증받아, 최종적으로 규제개혁위원회에 규제심사를 통과해야 했다.

따라서 이들 기관은 기업·소상공인 및 개인 등의 사업 활동에 비용부담을 발생시키는 규제를 신설하거나 강화하는 경우, 그에 상응하는 가치만큼의 비용을 기존규제의 개선으로 상쇄해야 하는 부담을 지게 되었다. 다만, 동 지침에 따라 국가적 위기상황에 긴급히 대처하기 위한 규제, 조약이나 그 밖의 국제협정의 이행을 위해 불가피한 규제, 국가의 질서유지, 국민의 생명·안전과 직접적으로 관련이 있는 규제, 금융·외환시스템 위기의 방지와 직접적으로 관련이 있는 규제, 환경위기 대응을 위한 규제 및 경쟁을 촉진하는 규범, 수수료, 행정질서벌 및 행정제재처분 등 규제비용의 관리가 적절하지 아니한 규제, 1년 이하의 효력상실형 일몰이 설정된 규제에 대해서는 규제비용관리제 적용이 제외되도록 결정되었다.

한편, 정부는 규제비용관리제 운영을 위한 순비용을 도출하기 위해 규제로 인해 피규제자에게 발생하게 되는 직접비용과 직접편익을 모두 고려하며, 분석 대상 기간은 10년으로 기본값을 설정하고, 규제에 따라 그 기간을 조정할 수 있도록 했다. 이들 10년의 기간 동안 각 년도에 발생하는 비용과 편익을 비교하기 위해 할인율을 적용 현재가치로 전환하는 방식을 채택하였다.

한편, 이런 규제비용관리제는 영국의 원형과는 다소 차이가 있는 것이었다. 운영주체 면에서 본다면, 영국은 각 부처가 분석한 규제비용을 규제개혁추진단(Better Regulatory Executive)에서 점검하고, 규제완화소위원회에서 판단하며, 이를 규제정책위원회에서 최종적으로 판단한다는 점에서, 우리나라에서 이를 각각 규제연구센터, 규제비용전문위원회, 규제개혁위원회가 수행하기 때문에 일견 유사한 체계를 갖는 것으로 볼 수 있다. 그러나 영국에서와 달리 우리나라의 규제연구센터는 각각 한국개발연구원과 한국행정연구원 내에 설치된 하나의 기구로 법적안정성과 분석을 위한 인적·물적 자원의 안정적인 유지에 한계가 있는 조직이다. 그리고 규제개혁위원회의 경우, 비상임의 위원으로 구성된 구조이며 그 사무국인 국무조정실 내 규제조정실의 경우, 정부의 규제개혁에 대한 관심도에 따라 규제개혁에 기복과 주안점이 변화할 수 있어서 규제비용관리제를 지속적으로 운영하는 데 한계가 있었다.

규제비용관리제 대상 규제와 관련해서 가장 큰 차이는 그 적용제외 대상이 확대되었다는 것이다. 질서유지, 생명·안전, 환경위기, 금융 및 외환위기와 관련이 있는 규제에까지 적용제외 대상으로 분류되었기 때문이다. 여기에 영국에서는 비용분석이 어려운 규제나 규제의 비용이 미미한 경우, ZNC(zero net cost)로 분류하였는데, 우리나라는 이를 간편심사제와 심사처리제로 구분하였다. 이는 심사처리제의 도입을 통해 규제비용분석이 어렵더라도 각 부처에 규제개혁을 위한 유인을 영국보다 강하게 부여하기 위한 것이었다.

그 외 규제비용관리제의 활용에 있어서는 영국과 우리나라 모두 주기적으로 각 부처의 규제비용관리제 운영실적을 분석, 이를 공표함으로써 각 부처가 규제개혁에 좀 더 노력을 기울이는 체제를 마련하였다. 특히, 우리나라의 경우, 규제비용관리제 운영실적을 부처 규제개혁 평가에 지표로 반영하여 규제개혁을 위한 보다 강한 인센티브를 부여하려 했다.

제 4 절 규제비용관리제의 정책이전 과정 분석

1. 국정체제: 우리나라 국정체제의 특징에 따른 영향

규제비용관리제는 2014년 1월, 대통령의 연두기자회견에서 '경제혁신 3개년 계획'에서 규제총량관리가 제시되고, 동년 3월 제1차 규제개혁장관회의에서 규제비용총량제로 구체화해 전격적으로 도입된 규제관리수단이다. 따라서 이 제도는 대통령 수준의 어젠다로 속전속결로 정부 내에 진입되었으며, 각 부처에 그 적용을 강하게 독려하였다. 그 결과 각 부처에서는 규제비용총량제에 대비하기 위해, 부처 특성을 고려한 비용분석 모델을 개발하는 등 이 제도에 적응하기 위해 적극적인 노력을 기울였다.[25] 이렇게 규제비용관리제가 전격적으로 추진될 수 있었던 것은 국정운영에서 대

25) 행정자치부 규제비용총량제 및 비용분석에 관한 연구(지방행정연구원, 2015), 규제비용총량제 도입에 따른 규제비용분석 연구(해양수산부, 2015), 규제비용총량제 도입에 따른 국토교통 분야 규제비용분석 연구(국토연구원, 2016), 규제비용총량제 도입에 따른 산림 분야 규제비용분석 연구(한국농촌경제연구원, 2015), 여성가족부 규제비용총량제 자체매뉴얼 개발(한국행정연구원, 2015),

통령의 영향력이 상대적으로 큰 한국의 국정체제의 특징에서 비롯된다.[26]

그런데 이런 국정체제의 특징은 2017년 5월, 대통령선거를 통해, 자유한국당에서 더불어민주당으로 정권이 교체되면서 규제개혁의 기조와 집행 전반에 대해서도 급격한 변화가 이루어지는 양상을 맞이하게 되었다. 이에 따라 강한 대통령의 권한은 정권교체에 따라 이전 정부에서 도입되어 운영되었던 규제비용관리제에 대해서도 소극적으로 만들게 된 것이다. 규제비용관리제의 경우, 이전 정부의 우선적 국정과제였던 규제개혁의 상징적인 부분이었고, 이에 대한 법적근거를 마련하기 위한 행정규제기본법의 개정안에 반대를 하였던 상황임을 고려하면 이를 예견할 수 있다.[27]

더구나, 우리나라와 같이 대통령의 국정에 대한 권한이 강력한 국가체제에서 정부의 교체에 따라 대통령, 혹은 집권계층이 변화하게 되면, 새롭게 정권을 인수하게 된 정당과 대통령은 기존에 추진되던 정책이라도 이를 수정할 수 있게 되고, 각 부처는 새롭게 정해진 국정과제를 추진하는 과정에서 이전 정부에서 추진해 왔던 과제에 대해서는 폐기하거나 소극적인 모습을 보여 왔다. 규제비용관리제를 도입한 박근혜 정부에서는 있었던 규제비용관리제 운영성과지표가 2017년 정권교체 이후 문재인 정

규제비용총량제 도입을 위한 비용분석방안 연구(방송통신위원회, 2015), 규제비용총량제 시범실시 운영(산업연구원, 2014), 식품의약품안전처 규제비용총량제 운영방안(한국행정연구원, 2014), 교육 분야 규제비용총량제 운영 매뉴얼 제작 및 규제비용분석 연구(이화여자대학교, 2014), 보건복지부 규제비용총량제 운영방안 연구(한국행정연구원, 2014), 법무무 규제비용총량제 운영 매뉴얼 제작(한국행정연구원, 2014), 규제비용총량제 도입에 따른 규제비용분석 연구(한국해양수산개발원, 2014), 규제비용총량제 실시 대비 문화체육관광부 규제비용분석 및 등급분류(한국문화관광연구원, 2014) 등 전 부처 차원에서 규제비용총량제에 대비하기 위한 노력이 있었다(http://www.prism.go.kr/검색일자 2019.4.3).

26) 물론 대통령제와 의원내각제 국가를 막론하고 정권의 교체는 이전 정부에서 추진하던 정책에 영향을 미치는 중요한 사건이다. 대통령제 국가인 미국의 경우에도, 오바마(Barack Obama) 정부에서 트럼프(Donald Trump) 정부로 교체되면서 복지정책, 국경정책, 무역정책 등에 있어서 큰 변화가 시도되었거나 마무리되었다. 그러나 한국의 경우, 특히 대통령의 권한이 강한 것으로 평가되고 있다(이홍구, 2002). 이것은 정권교체가 이전 정부의 정책 기조 및 제도화된 정책에까지 변화를 야기할 가능성이 더욱 크다는 것을 의미한다.

27) 규제비용관리제를 도입하기 위해 2014년 8월 17일 정부안으로 발의된 행정규제기본법 개정안에 대해 당시 야당인 새정치민주연합은 별개의 이슈인 규제개혁위원회의 역할을 축소하는 법안을 발의하면서 법안 지연이 이루어졌고, "규제비용총량제를 법률로 정하는 것은 난센스, 규제비용을 계산해 총량관리를 한다는 것 자체가 말이 안 된다" 등의 부정적 견해를 표시했다. 그 결과 정부안으로 발의된 행정규제기본법 개정안은 다섯 차례의 회의에도 정무위원회의 법안심사소위원회를 통과하지 못한 채, 제19대 국회가 마무리되면서 폐기되었다(한국경제신문, 2015.8.12일자).

부에서는 국무조정실의 규제개혁 부처평가 지표에서 제외된 것은 그 한 예이다.

이런 전체 정부 수준의 규제비용관리제에 대한 소극적 입장으로의 전환은 안 그래도 규제비용관리제로 인한 업무부담을 강하게 가지고 있던 각 부처에서는 규제비용관리제를 느슨하게 운영하게 만드는 유인을 제공하기도 했다. 한국행정학회(2017: 69-75)의 분석에 의하면, 비용관리제의 도입으로 공무원의 부담이 늘었다는 대답이 91.8%에 이르고 있으며,[28] 규제비용관리제가 기업과 소상공인의 규제부담을 줄이는 효과적인 수단이 아니라는 대답이 59.2%에 이르는 상황과 결합되면서 규제비용관리제의 운영이 급격히 위축되는 계기가 되었다.

이런 결과는 아래 규제비용관리제 운영 현황에서도 확인할 수 있다. 시범사업을 거쳐, 정식사업이 시작된 2016년 하반기에는 34건에 이르던 out 과제의 건수가 이후에는 각 반기마다 각각 13건, 29건, 14건으로 급격히 줄어들고 있다. 이런 건수의 변화는 정식사업에서는 26개의 부처인데 비해, 1차 시범사업에서 8개 부처에서 10건, 2차 시범사업에서 15개 부처에서 18건의 out 과제가 있었던 것과 비교하면 그 변화가 더 현저함을 알 수 있다. 규제비용관리제를 통해 개선된 순비용의 규모에 있어서도 2016년 하반기에는 5,586억 원이었던 것이 2017년 상반기 560억 원, 2017년 하반기 1,462억 원, 2018년 상반기에는 152억 원 수준으로 줄어들었다.

이것은 문재인 정부가 2017년 5월에 수립되었지만, 이전 6개월여 동안은 대통령 탄핵으로 국정기능이 최소화되었고, 대통령의 국정어젠다의 구현이 사실상 불가능했다는 점을 고려한다면, 이런 규제비용관리제 운영상황은 정확하게 정권교체의 시점으로 그 운영양상이 구분되고 있음을 보여주는 것이다. In에 대한 규제의 경우, 새로운 규제의 신설 및 강화와 관련된 부분이라 규제비용관리제가 아니더라도, 각 부처가 새로운 규제를 만들거나 기존규제를 강화할 경우, 규제심사를 위해 비용분석을 해야 한다는 측면을 고려한다면, 규제비용관리제의 핵심인 기존규제의 개혁, 즉 out 과제의 건수에 있어서 정권교체 이전과 이후의 급격한 변화는 매우 중요한 함의를

28) 실제 이에 대한 담당 공무원의 인터뷰를 보면, "공무원들은 규제비용관리제와 관련된 비용과 현재가치에 대해 익숙하지 않아 부담스러워합니다. 규제에 관련한 비용과 편익분석이 어렵습니다. 규제도입의 억제효과는 있지만 업무부담이 크다고 할 수 있습니다"(농림축산식품부 관계자, 2017.11.10)라고 한 것을 확인할 수 있다(한국행정학회, 2017: 119).

표 6-2 규제비용관리제 운영현황(2014.7~2018.6)

(단위: 개, 건수, 백만 원)

	1차 시범사업	2차 시범사업	정식사업			
참여 정부부처	8	15	26			
기간	2014.7~12	2015.4~2016.2	2016.7~12	2017.1~6	2017.7~12	2018.1~6
in(건수)	8	16	45	50	49	50
in(금액)	6,227	1,577	17,054	–	–	27,200
out(건수)	10	18	34	13	29	14
out(금액)	104584	78131	575720	–	–	42,400
순비용	-98,357	-79,708	-558,666	-56,000	-146,200	-15,200

주: 2017년도 하반기, 상반기 각각의 in(금액), out(금액)은 공개된 자료로 확인할 수 없었음.
출처: 1차, 2차 시범사업(원소연, 2016: 42-52).
정식사업(2017년도 규제개혁백서, 제397회 규제개혁위원회 회의록, 제408회 규제개혁위원회 회의록, 제418회 규제개혁위원회 회의록).

갖는다. 즉, 규제비용관리제의 경우, 정부의 교체로 신설·강화규제의 도입과 기존규제의 정비를 연계시킨다는 설계원칙에서 그 이전에 운영되었던 신설·강화규제에 대한 규제심사 중심으로 성격이 변화하였음을 알 수 있다.

2. 공직체계: 폐쇄형의 순환보직제 관료제

규제비용관리제의 운영은 우리나라의 공직체계, 즉 패쇄형의 순환보직 원칙의 관료제 시스템으로부터도 영향을 받았다. 이런 우리나라 공직체계의 특징은 국정의 여러 부문에 대한 다양한 경험을 하게 하여 일반관료(generalist)를 양성하는 데는 도움이 되지만, 특정한 분야에 전문성을 가지는 전문관료(specialist)를 양성하는 데는 한계가 있다(강성철 외, 2011: 309). 따라서 이런 순환보직 중심의 관료제 운영 방식에 규제비용관리제와 같은 고도의 분석 능력을 요구하는 제도가 도입되었을 때, 공직사회가 이를 수용하기에 어려움이 클 수밖에 없다(원소연, 2016: 94-96). 실제로 각 부처 규제비용관리제 담당 공무원에 대한 설문조사 결과를 보면, "규제담당자가 비용분석 결과를 제대로 도출할 만큼 충분한 전문성을 갖추었는가"라는 질문에 85.7%

가 전문성이 낮다고 대답하고 있었다(한국행정학회, 2017: 68).

> 저는 민간경력직으로 입직했기 때문에 장기근무를 하고 있지만, 법무담당관실의 경우, 평균적으로 1년 반 근무하는 것 같습니다. 전문성을 가지기 어려운 실정입니다(환경부 관계자, 2017.11.10). 법무담당관실에 약 2~3년 근무합니다. 뱅킹이나 비용편익분석에 대한 전문성이 필요한 실정입니다(농림축산식품부 관계자, 2017.11.10).[29]

물론 이런 한계점을 보완하기 위해 정부에서는 규제비용관리제에 필요한 지식을 제공하기 위한 교육 프로그램을 운영하기도 했다. 그러나 주기적인 부처 교육에도 불구하고 시스템 사용에 대한 교육 위주로 이루어졌으며, 실제로 비용분석 교육이 필요한 규제비용 담당 공무원이 참여하는 것이 아니라 규제비용관리제를 총괄하는 각 부처 법무담당관실 공무원만 참여하는 등의 괴리가 발생하기도 했다. 이에 대해 KDI의 관계자는 차라리 각 부처별 전문연구원을 고용하여 비용분석에 활용하는 것이 현실적인 방안이라 제안했지만, 이 역시 우리나라의 공무원에 대한 인사보수체계상 민간채용이 쉽지 않다고 지적하였다(한국행정학회, 2017: 123).

물론 규제비용관리제의 시행을 위해 정부에서는 한국행정연구원과 한국개발연구원에 규제연구센터를 설치해, 각각 17명과 23명의 전문인력을 배치, 2015~2017년에 걸쳐 각각 403건과 437건의 규제분석 안건에 대한 검증을 실시하는 등 정부의 규제비용관리제 운영을 위한 분석상의 전문성을 지원하는 장치를 마련하였다(한국행정학회, 2017: 48-55). 그러나 이들은 각 정부부처가 분석해 온 규제비용과 편익의 타당성을 점검, 컨설팅을 수행하는 기구로 최종적으로 도출된 규제비용과 편익의 타당성을 제고하는 데는 기여할지 몰라도 각 부처는 여전히 스스로 규제비용관리제에 필요한 비용과 편익분석을 실제로 수행해야 한다. 따라서 각 부처의 규제비용관리제 운영을 위한 분석상의 전문성 확보는 여전히 중요한 과제임에도 실제, 규제비용관리제 도입 이후에도 각 부처에서 이를 전문적으로 담당하는 인력이 추가적으로 확보된 예는 전무하다. 대신 각 부처는 규제분석 용역의 형태로 발주하거나, 부처 산하의 연구원에 의뢰하는 방식으로 해결하는 방식을 선택했다.

29) 한국행정학회(2017: 120).

이것은 규제 등 정책개발 단계에서 일반관료로서 여러 관련 사항을 고려해 포괄적으로 타당성을 갖춘 정책안을 도출하는 안목을 갖추게 하는 순환보직형의 관료 제도로서는 비용과 편익분석이라는 특정적 전문성이 필요한 업무에 대해 낯설 수밖에 없으며, 더구나 부처 내에 이런 분석을 위한 지원체계가 갖추어 있지 못한 경우에는 더욱 어려울 수 있다는 것을 보여주는 것이다. 실제로 규제비용관리제를 위한 공무원의 업무부담과 전문성의 한계를 보완하기 위한 인적·물적 지원 수준에 대해 응답대상 공무원 중 95%가 부정적으로 답하기도 했다(한국행정학회, 2017: 96).

따라서 이런 공직체계에서는 규제비용관리제와 같이 고도의 전문적 분석 능력이 필요한 제도가 원래 설계한 데로 자리를 잡는 데는 한계가 있었다. 더구나 순환보직체계는 1~2년 간의 근무경험으로 규제비용분석 능력이 일정 수준 축적이 된다고 하더라도 다음 보직을 받으면서 이런 노하우가 상실되는 구조를 형성하고, 이런 구조로 인해 공무원의 경우, 어차피 1~2년 후에는 다른 부서에 규제비용분석과는 무관한 업무를 수행할 것이고, 규제비용분석을 담당해야 할 1~2년 동안에도 비용분석과 관련된 업무는 1~2차례에 그칠 가능성이 높아 규제비용분석과 관련된 전문성을 구축하려는 유인이 낮아질 수밖에 없다(원소연, 2016: 91). 결과적으로 이런 공직체계의 성격은 규제비용분석에 대한 우리나라 정부부처 내에 전문성과 노하우가 축적되기 힘든 상태이며, 규제비용관리제 역시 제도의 형식적 도입 이후, 부처에 내재화되는 데 어려움이 있을 수밖에 없음을 알 수 있다.[30]

3. 정책정향: 안전 · 생명에 대한 규범중시 정향

규제비용관리제는 규제와 규제개혁에 대한 정부의 정책정향에도 영향을 받았다. 즉, 규제비용관리제에도 규제개혁에 대한 정부의 수용 정도, 선호 정도, 가치에 대한 평가가 반영이 된 것이다. 이는 규제비용관리제 도입을 공표한 2014년 3월, 직후 동년 4월 16일에 발생한 '세월호 사고'에 영향을 받는 것이었다. 476명의 총 승선원 중

30) 이것은 규제비용관리제 도입 이전, 규제심사에서 요구하는 규제영향분석에 대해서도 마찬가지로 나타난 현상이다. 국회예산정책처(2008)에 의하면, 2007년 정부에서 제출된 규제영향분석서 328건 중 107건, 즉 32.7%가 규제의 필요성에 대한 분석이 미흡한 것으로 나타났다.

304명의 사망자를 낸 이 사고는 한국 사회에 안전과 생명의 가치를 매우 깊게 각인시켰으며, 이는 정부정책에 있어서도 안전과 생명가치에 대한 강조를 우선시하는 것으로 나타났다. 특히, 세월호 사고와 관련해서도, 규제완화가 그 원인으로 지목되면서 규제개혁에 있어 안전과 생명에 대한 가치를 고수하는 것이 중요하다는 주장이 대두되었다.[31]

이런 경향은 시범사업을 위해 제도설계가 이루어지고 있던 규제비용관리제에 대해서도 영향을 미쳤다. 그 결과 신설·강화규제와 기존규제의 개혁을 연계시켜 규제의 상시적 개선을 위한 체계를 마련하려는 취지를 가진 규제관리를 위한 한 수단인 규제비용관리제에도 생명이나 안전과 관련된 규제는 그 대상에서 제외해야 한다는 논리가 포함되었다. 그런데 이것은 유사 제도를 도입하고 있는 외국의 예와 비교해 볼 때, 매우 이질적인 내용이었다. 생명과 안전의 가치보호를 이유로 규제비용관리제 적용 대상을 규정한 국가는 한국뿐이었기 때문이다.

그런데 이런 생명과 안전과 관련이 있는 규제의 제외는 실제로 어떤 규제가 이와 관련이 있는지에 대한 판단을 하는 단계에서 매우 모호한 경우가 많다. 이는 '안전'을 빌미로 다수의 규제가 규제비용관리제의 적용에서 제외되어, 이 제도의 적용 대상이 매우 협소해지는 문제를 유발하기도 했다(원소연, 2016: 165). 실제 규제를 그 목적과 필요성 측면에서 판단하게 되면, 국민의 안전과 생명이란 요소는 광범위하게 연결되어 있기 때문이다. 특히, 국민안전처나 식품의약품안전처와 같이 부처의 미션이 안전에 있는 경우, 이들 부처의 소관규제는 거의 규제비용관리제의 적용에서 제외될 수도 있는 상황이 벌어지기도 했다. 규제비용관리제 적용 대상 규제를 줄여 비용분석 부담을 줄이려는 유인이 있는 각 부처로서는 "생명·안전과 관련이 있는 규제에 대한 적용제외"라는 요건은 매우 유용하게 활용할 수 있는 기준이기도 했다. 실제로 이수일(2017)의 연구를 보면, 규제비용총량제 시범사업 기간 중 적용제외된 규

31) 세월호와 관련된 규제완화 내용 중, 국토해양부의 선령제한 완화가 있었다. 2008년 선령제한이 기존 20년에서 30년으로 완화되면서 일본에서 운용시한이 18년이 된 세월호를 청해진해운이 인수하여 운행할 수 있게 되었다는 것이다. 그러나 세월호 사고와 관련해서는 그 원인이 연안여객에 대한 가격규제가 보다 본질적이라는 주장도 있다. 선박의 경우, 정비만 제대로 하면 30년이 훨씬 넘는 기간 동안에도 운항을 할 수 있지만, 연안여객 가격규제는 해운산업의 영세화와 수익구조의 악화를 가져와 결과적으로 부실한 여객선 운항이 이루어질 수밖에 없게 만든다는 주장이 그것이다(최병선·이혁우, 2014).

제가 62%에 이르렀으며, 생명 · 안전과의 관계성을 이유로 제외된 규제도 30%에 이른 것에서도 이런 우려가 현실적으로 나타났음을 발견할 수 있다.[32)]

결국 이처럼 생명 · 안전규제에 대한 규제비용관리제 적용제외 기준과 이에 대한 관료의 적응경향은 국가의 규제관리의 상시화를 통해 규제의 품질을 높이겠다는 규제비용관리제의 제도 도입의 취지와는 무색하게 상당한 규제를 규제비용관리제의 대상에서 누락시키는 한계를 드러냈다. 사실 규제는 그 목적보다는 효과 측면에서 판단해야 한다. 규제가 불합리해지는 지점은 생명 · 안전과 같은 규제의 목적보다는 이런 목적을 지닌 규제가 실제로 설계, 혹은 집행되는 현장에서 개선의 여지가 있기 때문이다. 따라서 아무리 숭고한 가치를 지닌 규제라 하더라도 설계와 현장공무원의 집행방식에 따라 얼마든지 도입취지와 상이한 부작용을 초래할 수 있다. 이런 면에서 본다면, 유사 제도를 운영하고 있는 다른 국가와 달리 우리나라만 생명 · 안전과의 관련성을 규제비용관리제 대상에서 제외시킨 것은 이 제도의 운영을 위축시키는 결과를 초래한 것으로 평가할 수 있다.

표 6-3 규제비용총량제 적용비율

규제비용관리제 적용(38%)			규제비용관리제 적용제외(62%)			
비용분석	비용분석 (간편심사)	심사처리제	생명 · 안전	수익적 행위에 따른 수수료	행정질서벌 · 행정제재	기타
11%	24%	3%	30%	11%	11%	10%

주: 2014.7~2015.12, 15개 부처 대상 신설 · 강화규제 304개 법령 대상.
출처: 이수일(2016: 8). 규제비용관리제 동향과 정책과제.

4. 규제비용관리제의 정책이전 과정 종합

영국의 OIOO가 한국에 이전되는 과정을 종합하면, 우리나라의 규제비용관리제는

32) 동 세미나에서 발표한 규제비용관리제에 따른 비용분석 검증을 담당하고 있는 KDI 규제연구센터 이수일 소장은 "생명 · 안전규제 기준의 경우, 각 부처 공무원이 이를 규제비용관리제 적용제외 대상 규제 분류에 적극적으로 확대하려는 경향이 있어 문제"라고 지적하기도 했다(연합뉴스, 2016.9.28).

표 6-4 규제비용관리제 이전 과정 종합(영국의 원형, 도입 직후와 2018년 현재 한국 제도)

세부 항목	영국(A)	한국(a)	한국(a)
	2011년 당시 OIOO	2014년 도입 직후 제도	2018년 현재 제도
운영주체	부처(규제분석) – 규제개혁추진단(BRE: 검증) – 규제완화소위원회(심사) – 규제정책위원회(RPC: 최종심사)	부처(규제분석) – 규제연구센터(검증) – 규제비용전문위원회(검증) – 규제개혁위원회(최종심사)	2017년 정권교체로 규제개혁에 대한 방향성 전환, 규제비용관리제 추진에 있어서도 정치권의 지지급감, 부처의 관심도 저하
적용제외 대상	EU 규정들, 국제규범들, 재정위기를 해결하기 위한 재정조치, 시민사회 위기에 대응하기 위한 조치(Civil Contingencies Act 2004), 왕실에 대한 내용, 12개월 미만으로 적용되는 규정, 자동일몰이 규정된 규정, 수수료, 비용보전 차원에서 부과되는 부담금, 정부계약, 법원의 판결, 환경세	국가적 위기상황에 긴급히 대처하기 위한 규제, 조약이나 그 밖의 국제협정의 이행을 위해 불가피한 규제, 국가의 질서유지, 국민의 생명·안전과 직접적으로 관련이 있는 규제, 금융·외환시스템 위기의 방지와 직접적으로 관련이 있는 규제, 환경위기 대응을 위한 규제 및 경쟁을 촉진하는 규범, 수수료, 행정질서벌 및 행정제재처분 등 규제비용의 관리가 적절하지 아니한 규제, 1년 이하의 효력상실형 일몰이 설정된 규제	'생명·안전과 관련이 있는 규제' 기준을 활용 규제비용분석 적용제외 경향이 큼. 규제비용관리제 적용을 협소화시킴
분석 대상 규제와 비용분석 예외	규제비용분석 대상 규제 외 규제비용분석이 불가능하거나 비용이 미미한 경우, ZNC로 통합 운영(규제개선 부담 없음)	규제비용분석 대상 외 간편심사제(비용경미 시)와 심사처리제(비용계산이 불가 시)로 구분, 심사처리제 대상 규제는 규제개선 부담 있음	다수의 규제가 간편심사제와 심사처리제로 분류되어 실제비용분석 된 규제는 매우 작음
순비용 분석	직접비용과 직접편익만 고려 연간균등순비용 분석	직접비용과 직접편익만 고려 연간균등순비용 분석	Out 규제에 대한 분석은 정권교체 후 급감하였으며, 기존의 규제심사에 시 신설·강화규제에 대한 규제영향분석과 유사하게 운영됨

영국의 제도를 모형으로 삼을 만큼 매우 유사하게 설계되었음을 발견할 수 있다. 다만 적용제외 대상에 생명·안전과 관련된 규제 등이 포함된 것, 규제비용분석에서 비용분석에서 제외하거나 간편심사제와 같이 간이 절차를 도입한 것이 차별점이었다. 이것은 세월호 사고로 관심이 높아진, 안전에 대한 가치를 규제개혁에 반영함과 동시에 우리나라 정부의 규제영향분석 적용역량을 고려한 설계였다.

그런데 이런 제도설계는 우리나라에 이전되는 과정에서 당초 의도한 것과는 다른 변형이 이루어졌음을 알 수 있다. 2017년 정권교체로 규제관리와 규제비용관리제의 유효성에 대한 정부의 태도가 급격하게 변화하였으며, 이로 인해 각 부처에서는 규제비용관리제의 운영에 대한 관심도가 낮아질 수밖에 없었다. 순환보직으로 규제비용분석에 필요한 전문성을 구축하기 힘든 환경에서 각 부처와 공무원은 규제비용의 분석부담을 최대한 줄이려는 유인을 가지게 되었으며, 그 결과 생명·안전 관련 규제의 비용분석 제외라는 기준도 적극적으로 활용하였다. 그 결과 2017년 정부교체 이후, 규제비용관리제의 현황을 보면, 신설·강화규제의 도입과 기존규제의 개선의 연계라는 취지에 무색하게, 신설·강화규제의 도입은 이전 정부의 수준만큼 이루어지고 있는데 반해, 기존규제의 개선은 현저히 줄어드는 양상을 확인할 수 있었다.

그러나 이 규제비용관리제의 도입은 각 부처의 규제비용편익분석 역량에 관심을 갖게 하는 중요한 계기가 되었다. 한국개발연구원과 한국행정연구원에 설치된 규제연구센터의 경우, 각 부처의 규제영향분석의 타당성을 점검하는 기능을 수행하게 됨으로써 각 부처의 규제분석에 컨설팅을 하는 등, 그동안 정부 내 부족했던 규제비용의 전문성을 제고하는 장치를 마련한 것도 중요한 의의이다. 무엇보다, 규제비용관리제 이후, 각 부처는 산하 연구기관 등과 협력하게 규제도입 시 규제비용에 대한 분석을 좀 더 충실히 할 수 있는 기반을 갖추기도 했다.[33]

제 5 절 결 론

우리나라의 규제개혁 체계에 대한 평가는 긍정적인 편이다(OECD, 2017).[34] 이런

33) 예를 들어, 농림축산식품부는 한국농촌경제연구원과, 환경부는 한국환경정책연구원과, 국토교통부는 한국교통연구원과, 중소기업벤처부는 중소기업연구원과 규제분석에 대한 보다 적극적 협력관계를 구축하게 되었고, 규제도입 시 비용편익분석을 담당해 줄 전문연구 인력의 지원을 보다 체계적으로 받을 수 있게 되었다.

34) 2015년 OECD 규제정책 및 거버넌스 지표에 따르면, 우리나라는 규제영향분석, 이해관계자 참여 및 사후평가와 관련된 지표에서 평균을 상회하는 성과를 거둔 것으로 나타났다(OECD, 2017: 13).

긍정적인 평가는 그동안 규제개혁 분야에 도입된 다양한 제도들로 인해 규제개혁 수단을 체계적으로 갖추었기 때문이다. 실제 우리나라는 1997년 행정규제기본법 제정과 규제개혁위원회의 설치 이후, 규제영향분석, 행정조사, 규제일몰, 규제비용관리제, 2018년 들어서는 규제 샌드박스에 이르기까지 외국의 규제관리 제도를 도입·적용하는 데 매우 적극적이었다. 규제관리 분야에 있어서 세계 각국에서 평가받는 제도 도입에 매우 선제적이었던 것이다. 그런데 이런 화려한 외양과는 달리, 우리나라의 규제개혁의 성과는 여전히 경쟁국에 비해 높지 않는 것으로 드러나고 있다(이혁우, 2017). 왜 그럴까?

이 글에서는 규제비용관리제의 이전 과정을 분석하면서 이런 질문에 대한 답을 시도했으며, 향후 규제관리 분야의 새로운 제도 도입에 주는 시사점에 대해 고민해 볼 수 있었다. 먼저 새롭게 도입되었던 규제관리 수단들은 보다 합리적인 규제관리에 도움이 되는 장치를 구축하기 위한 것이었음에도, 정권 변화에 따라 지속되지 못하고 기복이 있었다. 이전 정부개혁의 상징으로 자리매김한 정책들에 대해서는 정부가 교체되면 관심의 사각지대로 급격하게 옮겨지는 기존 사례들이 규제비용관리제에서도 마찬가지였던 것이다. 이처럼 규제비용관리제가 정권의 변화와 함께 그 운영양상이 급격히 변화한 것도 불합리한 규제개선을 보는 시각의 상이성에 비롯된 것이었다. 이것은 새로운 제도의 도입과 운영이 국정운영체계의 변화에 따라 안정적으로 착상되는 데 영향을 받음을 보여주는 것이다.

또한 규제비용관리제와 같은 새로운 제도의 도입은 우리나라의 환경, 특히 이를 활용하는 정부부처나 조직, 공무원의 성격을 고려하여야 한다. 규제비용관리제 역시, 일반관료(generalist) 위주의 우리나라 공직체계에서는 전문성의 보완이 없으면 착상이 매우 어렵기 때문이다. 1998년 도입된 규제심사와 규제영향분석이 2018년에도 여전히 제대로 작동되는 데 의문이 있는 것은 이 때문이다. 따라서 규제비용관리제가 보다 제도적인 착상이 가능하기 위해서는 한국개발연구원과 한국행정연구원의 규제연구센터에 더해, 각 부처에서 규제분석의 전문성을 구축하기 위한 시스템을 고민했어야 했다. 무엇보다 정부 내에 규제개혁에 친화적인 관료가 형성되고, 규제비용의 분석과 관리에 따른 전문성을 가진 관료층을 형성하는 것이 필요했다.

규제비용관리제가 그 운영에서 가장 큰 혼란을 야기한 '생명·안전과 관련된 규제'라는 적용제외 항목이 포함된 것은 정책이전 과정에서 정책정향에 대한 고려가 필요하다는 것을 보여준다. 규제비용관리제 도입에서 '생명・안전과 관련된 규제'라는 적용제외 규정과 관련된 사례에서도 이 부분은 중요하다. 불합리한 규제를 관리해야 한다는 시각이 생명과 안전 등 가치가 있는 규제까지 없애버릴 수 있다는 시각으로 해석되면서 규제비용관리제는 그 지속성에 급속한 위축이 발생했기 때문이다. 그런데 정부정책은 어느 것이나 어떤 바람직한 목적을 가지고 있으며 그런 목적은 규범적으로 타당성을 갖는 것이 통상이다. 그런데 정책은 그 목적에 대한 판단도 중요하지만, 더 중요한 것은 실효성에 대한 판단이다. 규제비용관리제를 통해 규제개혁을 한다 것이 생명・안전과 관련이 있는 규제를 완화하자는 것이 아니라, 그런 목적을 가진 규제라도, 실제로 설계나 현장집행에서는 의도치 않은 불합리성이 나타날 수 있으니 규제개혁의 프로세스에서 이를 점검해 고칠 필요가 있다는 것을 의미하는 것이기 때문이다.

정부에서 다른 체제의 제도를 자신의 체제 내에 이식하는 것은 빈번히 이루어진다. 벤치마킹과 학습을 통해 새로운 제도를 이식함으로써 정부운영의 합리성을 제고시킬 수 있다는 기대 때문이다. 외국의 제도를 이식하면서 정부경쟁력을 향상시킨 무수한 예에서 이런 방식이 가진 장점을 확인할 수 있다. 그러나 다른 체제의 제도를 이식한다는 것은 다른 많은 선행요건에 대한 고려가 필요한 것도 사실이다. 이들 중에서도 규제비용관리제의 예에서처럼 국내 제도와의 정합성, 이데올로기적 정향, 국내 관료제의 전문성은 제도이식이 단순한 이전을 넘어 정합적으로 착상되고, 기대한 성과를 도출하는 데 필수적임을 알 수 있다. 이들 요소들에 대한 고려 없이 이루어진 단순한 제도만의 이전은 성공을 담보하기 힘든 것이다. 그동안 우리나라에서 채택한 성공적인 제도만큼이나 실패하거나 그 효과가 불분명한 제도가 많은 것도 이 때문이다.

앞으로도 다른 국가나 정부의 제도나 정책에 대한 학습과 이전은 지속적으로 이루어질 것이다. 그리고 이것은 정부경쟁력의 지속적 향상을 위해 필요한 것이기도 하다. 외부에 대한 학습 없이 우리 정부 내에서의 고립된 학습만으로는 보다 합리적 정부운영 모색이 힘들기 때문이다. 지속적인 외부평가와 학습은 거울과 같아서 우리가 부족하고 필요한 것을 알려주는 장치이기 때문이다. 다만, 이런 제도와 정책이식에서 항상 고려해야 할 것이, 과연 우리가 그런 제도를 이식할 기반이 갖추어졌는지, 부족한 부분에 대한 보완은 어떻게 할 것인지를 고민해야 한다는 것이다. 이런 치밀한 전략이 부족한 상태에서 도입된 정책이나 제도는 그 자체로 실패를 잉태하고 있을 가능성이 높다.

마지막으로 이 글은 영국의 원인원아웃을 우리나라에 규제비용관리제라는 이름으로 도입하는 데 따른 영향요인, 특히 국정체제, 공직체계, 정책정향의 관점에서 분석한 것이다. 그러나 규제비용관리제가 우리나라에 어떻게 착상되는지를 보다 온전히 이해하기 위해서는 규제비용관리제를 운영하는 행위자인 정부관료들, 이를 추진하려 하는 청와대와 국무조정실과 이를 수용해야 하는 정부 각 부처와 그 내부의 공무원들이 이해와 행태와 같은 보다 미시적인 분석이 필요하다. 이 부분은 향후 추가적인 연구에서 보완될 수 있을 것으로 판단한다.

CHAPTER 07

성인지 예산제도 도입과 토착화

박은순*

성인지 예산(gender sensitive budget)은 예산의 수립 · 집행 · 결산 등 재정운용 전 과정에서 성별 영향을 고려하는 것을 의미하며, 이것은 여성지원이나 양성평등을 위한 개별 사업 단위의 예산에 국한된 개념이 아니고, 재정 운용 전반에 걸친 제도로서의 의미를 갖는다. 우리나라 성인지 예산제도에 대한 토착화는 다음과 같이 설명된다. 첫째, 외국의 제도를 자발적으로 모방하여 도입하였다. 둘째, 성인지 예산서의 형식, 성평등 목표체계, 성인지 예산 작성 대상 사업 선정, 성인지 예산 분석방법, 성인지 예산제도와 성별영향평가의 연계, 추진체계의 개선과 공무원의 교육 등 관련 자원이 충분하지 않았다. 셋째, 도입 과정에서 여성단체와 국회 여성의원들의 역할이 컸다. 넷째, 도입 이후 제도를 정비하고 법적 근거를 강화하여 대상 사업 규모를 확대한다. 우리나라의 성인지 예산제도는 한국적으로 많이 변형된 형태를 가지고 있다. 관련 당사자에게 재정 제도로 인식되고 있으며 성평등 제고에 영향을 미치지 못하고 있다. 이렇게 된 이유는 정책결정자(국회)의 무관심과 실질적 업무추진 부서인 여성가족부의 위상이 낮으며, 공무원 교육 및 성별분석기법의 개발 미흡, 성평등에 대한 한국 사회의 인식 제고 필요성 등이다.

이 글은 『한국사회와행정연구』 제29권 제4호에 게재된 논문을 수정 · 보완한 것임.
* 경기대학교 일반대학원 행정학과 박사과정 수료(dceson@hanmail.net)

제 1 절 서 론

1995년 북경세계여성대회[1]를 계기로 개별 국가들과 국제기구들은 성인지 예산에 대한 행동강령을 선언하였다. 이들은 기존의 여성정책과 달리 실질적인 양성평등을 이룰 수 있는 적극적인 접근방법을 모색했고, 성주류화 전략을 채택하면서 그 일환으로 예산에 주목하였다(홍희정, 2015: 69). 2014년 현재 90여 개 국가가 시행 경험을 가지고 있는 것으로 알려져 있다. 국가마다 처해 있는 상황과 여건을 반영하여 그에 적합한 성인지 예산 방법과 도구들을 고안하기 때문에 그 형태는 다양하다(정안의, 2016: 2). 정부가 주도하는 형태의 국가가 있고 시민사회가 주도하는 형태의 국가도 있다. 2000년대 들어 오스트리아, 프랑스, 영국, 독일, 스위스, 스웨덴, 노르웨이, 덴마크, 핀란드 등 유럽 선진국에서 적극적으로 제도를 도입하여 시행하면서 제도로서 성인지 예산이 시행되는 국가는 점차 증가해 가고 있는 추세이다(기획재정부 · 여성가족부 · 한국여성정책연구원, 2015: 58). 우리나라[2] 역시 국가 차원에서 성인지 예산제도가 도입 · 추진된 경우로 2006년 국가재정법[3] 제정 시 성인지 예산서를 도입키로 명문화하고, 2010년도 정부예산안 편성 시 최초로 성인지 예산서를 작성하여 법정서류로서 국회에 제출하였다(이형우 · 김규옥, 2011: 171). 현재 정부부

---

1) 1995년 9월 중국 북경에서 열린 유엔 제4차 세계여성회의에는 189개국 정부대표, 유엔 관련 기구, 민간단체 대표 등 5만여 명의 인원이 참가해 여성 인권 향상을 위한 행동강령을 채택했다(여성신문, 2005년 5월 12일).

2) 우리나라는 1990년대 후반부터 여성단체의 예산운동을 통해 성인지 예산의 필요성이 공론화되기 시작하였다. 한국여성단체연합은 1998년부터 매년 전체예산 대비 여성 관련 예산을 분석하고 정부 부처와 정당에 예산 요구안을 제출하기 시작하였고, 2001년부터 한국여성민우회는 기초자치단체 여성정책예산을 매년 분석하였다. 2002년에 한국여성단체 연합은 국회에 「성인지적 예산정책마련을 위한 청원」을 제출하였는데, 이를 계기로 국회 여성위원회는 성인지적 예산편성 및 여성 관련 자료제출 촉구결의안을 채택하였으며, 이것은 동년 11월 국회 본회의에서 의결되었다. 이후 여성위원회 소속 의원들은 여성부와 기획예산처에 대한 대정부 질의, 전문가 간담회, 토론회, 국회 예산결산위원회 위원장과의 접촉 등을 통해 국회 내에서 성인지 예산을 의제화하였다(이형우 · 김규옥, 2010: 193).

3) 「국가재정법」상의 성인지 예 · 결산서 제도의 법적 근거는 국가재정법 제16조(예산의 원칙), 제26조(성인지 예산서의 작성), 제34조(예산안의 첨부서류), 제57조(결산보고서 등의 작성 및 제출), 제68조의2(성인지 기금운용계획서의 작성), 국가재정법 제71조(기금운영계획안 등의 첨부서류), 제73조의2(성인지 기금결산서의 작성)이다.

처들은 관련 규정에 의거하여 예산편성 시 부처예산을 성인지적 시각으로 분석・평가하는 '성별영향분석평가'를 수행하고 성인지 예산서를 작성하여 국회에 제출한다(정안의, 2016: 2).

"여성은 고용과 임금에서 남성과 동등한 권리와 기회를 공유한다. 지난 2001년 정부가 '남녀평등 사회를 실현하는 원년'으로 선언하고, 같은 해 7월 3일 여성부가 발표한 21세기 남녀평등헌장의 내용이다. 이후 17년이라는 시간이 지났지만 남녀불평등은 여전히 현재진행형이다. 국제노동기구(ILO)에 따르면, 한국의 임금 성격차는 2015년 기준 37%로, 경제협력개발기구(OECD) 주요 국가 중에서 가장 컸다. 이어 2위 인도 32%, 3위 일본 31%이고, 싱가포르가 3%로 가장 적었다"(쿠키뉴스, 2018년 1월 20일).

이러한 사회현상을 반영하듯 한국의 성격차지수[4](Gender Gap Index: GGI)는 2016년 현재 144개국 중 116위이다. 2006년 92위를 시작으로 한국의 성격차지수는 2007년 97위, 2008년 108위, 2009년 115위, 2010년 104위, 2011년 107위, 2012년 108위, 2013년 111위, 2014년 117위, 2015년 115위로 해마다 성불평등 정도가 심화되고 있다. 우리나라는 성인지 예산서를 재정당국이 직접 작성 제출하고, 작성 대상 사업의 분량이 방대하며 사업별로 성별수혜분석 통계를 작성하는 등 외국에 비해 상당히 선진화된 제도의 모습을 갖추고 있다(이형우・김규옥, 2011: 172). 그러나 선진화된 제도의 모습을 갖추고 있는 성인지 예산제도는 우리 사회의 성불평등 정도를 개선하는 데 영향을 미치지 못하는 것으로 나타나고 있다.[5] 이러한 가운데 성인지 예산제도는 해마다 대상 사업 건수와 예산규모가 증가하고 있고, 제도는 성불평등에 대한 개선안을 반영하지 못한 채 강제되고 있다. 이 글은 이러한 부분에 의문을 가지

4) 성격차지수(Gender Gap Index: GGI)는 2006년부터 세계경제포럼(World Economic Forum: WEF)에서 매년 발표하는 자료로 경제, 정치, 교육, 건강에 대한 성격차를 통해 성평등 정도를 파악하는 지수(한국여성정책연구원, 2018).

5) 2000년도 전후로 시작된 '예산에도 性이 있다'는 한국의 성인지 예산운동은 국가 및 지방재정법 내 '성인지 예산서・결산서' 조항을 마련하는 계기가 되었고, 지난 2006년부터 본격적으로 시행되어 온 지 10년이 되었다. 김희경 성인지넷 상임대표는 우리나라의 성인지 예산제도 도입 배경을 짚으며 현재 우리나라의 성인지 예산제도는 도입 당시의 취지와 맥락을 충분히 살리지 못하고 있음을 지적하며 정확한 성별정보 제공, 국회에서의 촘촘한 심사 과정 등을 기대하기 어려운 수준임을 발표하였다(해피TV, 2016년 6월 17일).

고 정책이전의 관점에서 성인지 예산제도의 토착화 과정에 대하여 연구를 진행하고자 한다. 수입된 나라의 제도 소개와 도입된 직후, 도입 이후 10년이 경과한 성인지 예산제도의 토착화 과정을 분석할 것이다.

제 2 절 이론적 논의 및 분석틀

1. 제도 이전의 개념과 종류

1) 제도 이전의 개념과 대상

제도 이전은 선행연구들에서 주로 정책이전(policy transfer)으로 논의되고 있다. 스톤(Stone, 1999)은 정책결정 엘리트들이 다른 국가에서 성공적으로 수행되었거나 되고 있는 정책이나 제도가 자신의 국가에서 동일하게 성공할 것이라는 믿음 하에 학습하려고 하는 과정을 의미한다. 에반스와 데이비스(Evans & Davies, 2000)의 분석에 따르면, 기존의 연구경향은 선진국으로부터의 이전, 유럽연합(European Union)과 같은 지역공동체 간의 이전, 지방정부 간의 이전 등 정책이전이 다차원(multilevel)에서 일어난다. 정책 아이디어의 이전이 일어나는 분야는 사실상 모든 정책 분야가 대상이지만 기존의 연구에서는 복지국가 및 복지정책의 이전, 이민정책, 교육정책, 공중보건정책, 경제정책, 재정정책, 부패방지정책, IT 관련 정책, 지방분권정책, 환경정책, 정부개혁, 세제(taxation)와 관련된 정책 등 많은 정책 분야에서 아이디어의 이전이 이루어졌다(배유일, 2010: 103).

2) 제도 이전의 종류

디마지오와 파월(DiMaggio & Powell, 1983)은 동형화[6]가 나타나는 과정을 다

6) 동형화는 사회적 적합성, 정당성을 강조하는 것으로 단순히 자원과 소비자에 대해서만 경쟁하는 것이 아니라 정치권력과 제도적 정당성(institutional legitimacy)을 위해서 경쟁한다는 것이다.

음과 같이 세 가지 유형으로 나누어 설명하고 있다. 첫째, 강제적 동형화(coercive isomorphism)이다. 강제적 동형화는 어떤 조직이 의존하고 있는 다른 조직(예를 들면, 자금의 원천 역할을 하는 조직)으로부터 공식적·비공식적 압력이 있거나 혹은 조직에 대한 사회의 문화적 기대라는 압력에 의해 조직 형태가 수렴되어 가는 과정을 뜻한다. 법률 및 기술 환경의 존재는 조직의 구조와 업무를 비슷하게 만든다(DiMaggio & Powell, 1991: 67). 둘째, 모방적 동형화(mimetic isomorphism)이다. 모방적 동형화는 정당성을 인정받고 있거나 성공적이라고 평가받는 조직을 모방(modeling)해 가는 과정의 결과, 조직 형태가 유사해지는 것을 말한다. 디마지오와 파월(DiMaggio & Powell, 1983)에 의하면, 이러한 모방은 조직의 목적이 뚜렷하지 않거나 조직의 환경이 불확실하기 때문에 조직의 나아갈 방향을 정하는 데 상당한 어려움이 있는 경우, 비슷한 기능을 수행하는 조직 중에서 성공했다고 평가받은 조직의 예를 쫓아감으로써 불확실성에 대처하는 방편으로 나타난다(DiMaggio & Powell, 1991: 69). 셋째, 규범적 압력(normative pressures)에 의한 동형화이다. 규범적 압력은 전문화 결과 나타나는 것이다. 좀 더 구체적으로 대학과 전문교육기관을 통해, 혹은 전문가 조직이나 협회 등을 통해 전문관리자들 사이에 조직 형태에 대한 규범이 보편화된다는 것이다. 즉, 전문화를 통해 조직의 관리자들이 조직 형태에 대한 규범을 공유하게 되고, 이것이 조직 형태의 동형화로 나타난다는 것이다(DiMaggio & Powell, 1991: 70). 우리나라의 성인지 예산제도는 여성단체의 사회운동으로 시작되었고 국회가 주도적으로 지속적인 관심과 다양한 노력을 기울여 외국의 제도를 도입한 모방적 동형화(mimetic isomorphism)의 유형으로 설명된다.

정책채택을 설명하는 두 가지 주요한 모형으로서 내부 결정요인모형(internal determinant model)과 확산모형(diffusion model)이 있다. 내부 결정요인모형은 정책을 채택하는 정부의 내부적인 정치적, 경제적, 사회적 특성들이 정책채택에 영향을 미치는 주요 요인이라고 가정한다(Berry & Berry, 1990; Mintrom & Vergari, 1998).

즉, 경제적인 적합성뿐만 아니라 사회적인 적합성을 위해 경쟁한다는 것이다(DiMaggio & Powell, 1983: 150; DiMaggio & Powell, 1991: 66). 동형화 메커니즘은 엄밀히 말해서 구별될 수 있는 것은 아니고, 특정 메커니즘만 작동할 수도 있고 복합적으로 나타날 수도 있다(김태은, “배출권거래 제도의 선택과 동형화 메커니즘 연구”, 『한국정책학회보』, 제24권 제2호, 2015. p.60).

다시 말해서, 지역적으로 더 크고, 부유하고, 산업화된 정부가 더 작고, 가난하고, 덜 산업화된 정부보다 새로운 정책이나 프로그램을 빨리 채택할 가능성이 높다는 것이다. 이 모형은 새로운 프로그램이나 정책을 채택하기 위해 외부환경보다 내부환경을 강조한다(장석준 외, 2015: 224).

2. 제도 이전 관련 행위자

에반스와 데이비스(Evans & Davies, 1999)는 정책이전에 있어서 구조적인 요인(structural factor)과 행위자(agency)를 이해하는 것이 정책이전의 본질을 이해하는 데 중요하다고 주장한다. 구조적인 요인은, 즉 외부요인을 의미하고 행위자는 정책이전을 제한 혹은 촉진하는 내부요인을 의미하는데 이 두 요인 간 관계를 이해하는 것이 정책이전의 본질을 이해하는 핵심이다. 구조적인 요인은, 즉 외부요인을 의미하고 행위자는 정책이전을 제한 혹은 촉진하는 내부요인을 의미하는데, 이 두 요인 간 관계를 이해하는 것이 정책이전의 본질을 이해하는 핵심이다. 첫째, 외부요인은 주로 세계화 경향에서 기인하는데 글로벌 경제와 통신의 발달이 정책이전의 기회구조(opportunity structure)를 확장하는 역할을 하며, 정치통합과 초국가적 거버넌스 체제를 촉진시키며, 국제기구는 물론 지식공동체의 정책이전에서의 역할이 활성화된다는 것이다. 세계화는 또한 국가 간 경쟁을 심화시켜 새로운 관리기법 및 정책의 도입을 촉진하게 만든다. 이에 따라 한 국가에서 일어나는 정책변화는 이러한 매크로 수준의 구조적 변화의 맥락에서 이해되어야 한다(배유일, 2010: 104).

3. 이전되는 제도나 정책의 원천

불확실성과 정책 아이디어는 떼놓을 수 없는 관계가 있다. 기존의 제도로써는 해결할 수 없는 문제와 불확실성은 기존 제도의 정당성을 약화시키고 사회적 비판에 직면케 한다. 현존하는 제도의 탈 정당화(delegitimation)는 극도의 불확실성으로 발전되며, 정책결정자로 하여금 기존의 제도에 근거한 의사결정을 불가능하게 한다

(Campbell, 2004). 이에 따라 정책결정자들은 기존의 당연시되어 왔던 제도와 정책을 재조사하는 과정을 거치게 된다. 인지된 문제 혹은 위기는 정책결정자가 정책실패나 국가경쟁력 문제 등을 해결할 수 있다고 판단되는 새로운 아이디어의 도입을 고려할 수 있도록 기회를 창출하며, 정책분석가들의 조언과 외국의 경험 등을 통해 아이디어가 수용되는 과정을 거친다(Sikkink, 1991). 예컨대, 1990년대 후반 세계 및 동아시아 경제위기 속에서 당시 가장 널리 통용되던 보편적 정부개혁 아이디어는 신자유주의였으며, 신자유주의 아이디어에 따라 경제위기 시 대처방안으로 사유재산권 강화, 민영화, 정부규제 축소 등을 골자로 하는 워싱턴 합의(Washington Consensus)가 국제통화기금(International Monetary Fund)을 중심으로 제시되었고, 미국, 영국 등의 선진국의 경험 등이 개발도상 국가의 리더 및 정책전문가들에게 크게 어필하였음은 정책 아이디어의 영향력을 직·간접적으로 알 수 있는 좋은 예이다(배유일, 2010: 100－101).

4. 제도의 이전에 영향을 미치는 요인

사회학적 제도주의(sociological institutionalism)에서 보는 정책 수렴현상이 항상 나타나지 않는 이유는 결국 각국의 능동적인 정책행위자들의 아이디어를 둘러싼 역할이 존재하기 때문이다(하연섭, 2006). 좀 더 구체적으로 보면, 정치지도자(top political leadership), 아이디어 중개자(idea brokers), 그리고 공중의 지지(public support)가 중요하다고 볼 수 있다(배유일, 2010: 109).

제도나 정책의 이전이 성공하느냐 여부에 영향을 미치는 요인들은 다음 일곱 가지 정도로 논의된다. 첫째, 이전 대상인 제도나 정책의 요소들이 한 나라나 지역에 고유한(unique) 정도이다. 둘째, 새로운 제도나 정책을 전달할 적당한 제도들의 특수성 정도이다. 수입된 새 제도의 집행이 특이하거나 모방하기 어려운 제도들에 의해서만 가능하다면 이전이 실패할 가능성이 높다. 셋째, 돈, 인원, 법 같은 자원들의 충분성 정도이다. 새로운 제도나 정책의 집행은 최소한 법, 공무원 인력, 예산 세 가지 자원을 필요로 하기 때문에 이런 자원들의 가용범위 내에서 집행이 될 수 있어야 이전이 성공할 수 있다. 넷째, 이전되는 제도나 정책의 논리 구조의 복잡성 정도이다. 다섯째, 새로운 제도나 정책이 수입국의 기존 맥락을 어느 정도 변화시키느냐 문제이다. 여섯째, 상이한 나라들의 제도들 간 상호의존성과 제도 수출국과 수입국 사이의 권력 불균형 정도이다. 일곱째, 이전되는 제도가 담지하고 있는 가치와 정책결정자들의 가치 정합성(congruity) 정도이다. 정책결정자와 제도의 가치들 사이에 일치성이 높을수록 제도 이전이 성공할 가능성이 높아진다(Rose, 1993: 17-18, 119-141).

우리나라의 성인지 예산제도의 경우 다양한 주체들이 성인지 예산활동을 이끌고 제도화 과정에 참여하고 있는 점이 특징이다. 법제화 이후 정부가 성인지 예산제도화를 주도하고 있지만 그렇게 되기까지 여성단체와 국회의 활동을 무시할 수 없으며 앞으로도 이들의 역할이 기대되고 있다(민말순 외, 2010: 27).

5. 수입된 제도의 토착화

조직혁신가들 또는 통치자들이 외국으로부터 어떤 새로운 제도를 도입한다고 해서 그것이 자동적으로 작동되는 것은 아니다. 하나의 제도가 새로운 환경에 도입되고 제대로 작동하기 위해서는 그것과 맞물려 있는 다른 제도들(선행조건들과 보상조건들)이 같이 도입되고 시행될 필요가 있다(Rose, 1993: 122-126; Dolowitz & Marsh, 2000: 17; 정정길, 2002: 3). 만일 이런 제도들이 충족되지 않은 상태에서 초점 제도만 도입된다면 그것은 기존의 환경에서 존재하던 다른 제도적 유산에 맞게 조정되거나 변경될 가능성이 높다(Beeson, 2001: 495). 그리고 이러한 토착화 과정이 없다면 외국의 제도를 모방·이식하는 것은 성공하기 힘들다(Westney, 1987: 6). 새로 이식된 제도가 토착화될 때 준거 틀로 작용하는 것은 그 나라의 역사를 통하여 형성된다. 그러나 이 측면을 강조하여 자국의 고유한 전통만을 고집해서는 안 된다. 그 이유는 오늘날 한국 고유의 역사적 전통으로 보이는 것들도 과거에는 외국이나 이웃 사회로부터 자발적으로 학습된 것이거나 강제적으로 부과된 토착화된 것이기 때문이다(하태수, 2002: 50).

6. 분석방법 및 분석틀

이 글은 2006년 도입된 성인지 예산제도의 도입 및 토착화를 분석하고자 한다. 선행연구들에서 정책이전을 분석한 사례들이 많지만 이 글은 성인지 예산제도를 분석대상으로 하고자 한다. 이전의 종류는 모방적 동형화((mimetic isomorphism) 관점에서 접근하고자 한다.

이를 위하여 성인지 예산제도의 도입과 운영 현황 및 운영체제를 확인하고, 선행연구를 분석하기 위해 2009년도부터 해마다 작성되는 중앙부처 성인지 예산서와 성인지 결산서를 중심으로 국회예산정책처의 분석보고서 및 한국여성정책연구원 등의 보고서를 집중 검토하였다. 제도 이전에 관련된 공식적 행위자로 기획재정부와 여성가족부를 살펴보고, 비공식 행위자로는 이 제도에 크고 지속적인 관심을 보였던 학자들을 살펴볼 것이다.

우리나라에 수입된 성인지 예산제도의 원천은 프랑스의 성인지 예산제도이다. 호주가 성인지 예산제도를 최초로 시행한 나라로 알려져 있으나 제도적 측면에서 가장 유사한 것으로 보이는 프랑스의 사례가 적절할 것이다.

제도의 이전에 영향을 미치는 상기 일곱 가지 요인들 중에서는 제도의 맥락 종속성, 이전 담당 기관의 특수성, 관련 자원의 충분성, 제도가 담지하고 있는 가치와 정책결정자들의 가치의 정합성 네 가지 요인을 집중적으로 살펴보고자 한다. 제도 논리 구조의 복잡성 여부와 수입국 환경 맥락과의 조화성 여부는 제도의 맥락 종속성과 제도 집행 기제의 특성에서 통합하여 논의하고자 한다. 제도 수출국과 제도 수입국 간 권력 불균형 문제는 우리나라가 자발적으로 수입한 경우이기 때문에 분석에서 제외하고자 한다.

도입 직후 분석에서는 2010년도 최초로 정부 예산안 편성 시 성인지 예산서를 작성하여 법정서류로서 국회에 제출한 사례에 대한 비판들을 살펴보고, 시간이 흐르면서 그런 비판들이 제도의 변화에 반영되는 과정과 내용들을 살펴본다. 토착화되는 과정에서 나타나는 현상을 분석하고 토착화된 제도를 설명한다.

그림 7-1 성인지 예산제도 도입 및 토착화 과정 분석틀

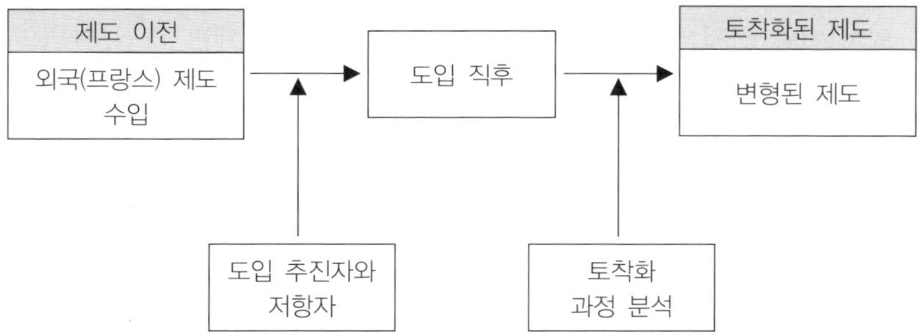

제 3 절 성인지 예산제도의 등장

1. 성인지 예산제도의 개념과 등장 배경

1) 성인지 예산제도의 개념과 의의

성인지 예산(gender budget, gender responsive budgeting, gender sensitive budget)에 대한 국외 전문가와 국제기구의 정의는 다양하다. 그러나 성인지 예산이 여성을 위한 별도의 예산이 아니며, 예산의 편성 및 집행 과정에서 성평등하게 국가의 재원을 배분(allocation)하는 행위이자 과정임을 강조한다는 점에는 공통점이 있다. 김영옥 외(2007)에서는 성인지 예산이란 여성과 남성에게 미치는 효과를 예산과정에서 고려하여 자원이 성평등한 방식으로 사용될 수 있도록 예산의 배분 구조와 규칙을 변화시키려는 일련의 활동이자 과정으로 정의하였다. 또한 국내에서는 여성과 남성의 불평등한 관계에 민감한 것(gender-responsive)을 '성인지'로 번역하였지만, 예산(budget)이 아닌 '예산 형성 과정'을 의미하는 budgeting에 대해서는 엄밀하게 '성인지 예산활동' 또는 '성인지 예산 과정'으로 번역하는 것이 적절하다고 하였다(이형우 · 김규옥, 2011: 174-175).

이러한 연구를 바탕으로 2009년 국회예산정책처는 성인지 예산(gender sensitive budget)은 예산의 수립 · 집행 · 결산 등 재정운용 전 과정에서 성별 영향을 고려하는 것을 의미하며, 이것은 여성지원이나 양성평등을 위한 개별 사업 단위의 예산에 국한된 개념이 아니고, 재정 운용 전반에 걸친 제도로서의 의미를 갖는다고 명시한다. 성인지 예산제도는 젠더 예산(gender budget), 여성 예산(women's budget) 등의 용어를 번역하는 데서 발생될 수 있는 사업 단위의 예산이나, 기금을 포함하지 않는 일반회계, 특별회계에 국한된 개념으로 오해되어서는 안 될 것이다. 또한 개별 사업이나 정책의 예산에 대한 성(gender) 측면의 분석을 의미하는 성인지 예산분석(gender sensitive budget analysis), 성 예산 조치(gender budget initiatives) 등과도 구별된 개념으로 이해되어야 할 것이다(국가예산정책처, 2009: 4).

그림 7-2 국가 재정 운용과 성인지 예산제도

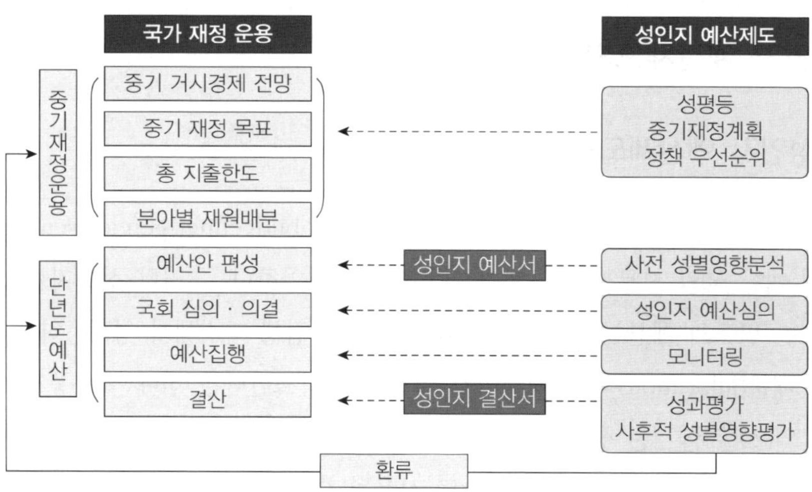

출처: 국회예산정책처(2010: 3).

2) 등장 배경: 성주류화

여성정책의 국제적인 패러다임이 여성의 발전 과정에의 통합과 불평등한 성별관계의 변화를 추구하는 GAD(Gender and Development) 접근의 논지에 부응하면서,

1995년 북경여성대회에서는 남녀평등이라는 궁극적인 목표를 이루기 위한 전략으로 성주류화(gender mainstreaming) 개념을 공식적으로 채택하였다. 행동강령에서 성주류화란 "체계적인 절차와 메커니즘을 향한 도약을 의미하며 젠더이슈를 주로 정부와 공공기관의 모든 의사결정과 정책실행에 고려하여야 하는 것"이라고 정의되었다(김양희 외, 2001: 31).

성주류화는 모든 영역에서 젠더 접근을 가능하게 하는 제도적 장치와 전략에 초점을 둔다. 이러한 성주류화 전략을 예산 과정에 적용하고자 하는 것이 성인지 예산제도이다. 예산은 정책의 구체적 표현인 동시에 정책의 우선순위를 결정하는 의사결정 결과이기 때문에 정책에 성평등 관점을 통합하기 위해서는 예산을 편성하고 지출하는 과정에 성인지 관점이 결합되어야 한다. 성인지 예산은 1990년대 중반 이후 급속하게 전 세계적으로 확산되고 있는 성평등 정책으로 1984년 호주에서 처음 도입될 당시에 여성예산(women's budgets)으로 불리던 것이 최근에는 젠더예산(gender budget)으로 불리며, 한국에서는 성인지 예산(gender-responsive budgeting)이라 부르고 있다(민말순 외, 2010: 5).

2. 프랑스의 성인지 예산제도

1) 프랑스 내 등장 배경, 내용, 전개, 효과

우리나라가 2000년 이후 도입 시행한 성인지 예산제도는 프랑스의 성인지 예산제도와 가장 유사하다고 볼 수 있다. 프랑스는 우리나라와 같이 명시적인 법적 근거를 가지고, 성인지 예산제도를 시행하고 있다. 2000년 '재정법률'[7]을 개정(99-1172호)하였고, 제132조는 "정부는 매년 정부 예산안 첨부서류로 여성의 권리 증진에 기여하는 재정적 노력에 대한 설명 자료를 제출해야 한다"고 명시하고 있다. 이에 따라 국회에 제출하는 정부 예산서 첨부서류로 성인지 예산서를 작성하도록 의무화하였다. 이에 2001회계연도에는 '여성의 권리 및 성평등을 위한 황색 보고서(Yellow

7) 프랑스는 예산안, 결산, 추가경정예산안이 모두 법률의 형태로 제출되고 심의, 의결된다(차인순, 2005: 58).

Budget Paper on Women's Rights and Gender Equality)'를 처음으로 작성하여 국회에 제출하였다. 예산안 편성 시, 재정부가 각 부처에 성인지 예산서 지침과 양식을 통보하면, 각 중앙부서는 이 지침과 양식에 맞추어 성인지 예산서를 작성하여 노동, 사회관계 및 가족유대부 내 여성권리와 평등실에 제출하게 되어 있다. 이후 법률이 개정되어 몇몇 변화[8]를 가져왔으며, 2010회계연도부터는 예산서라기보다는 성평등 관련 정책목표와 성과지표로 구성된 성과 보고서의 성격을 가지고 있다.[9] 즉, 2009년도의 법률 개정으로 성인지 예산서는 단순한 사업설명 자료가 아니라 의회의 심의를 필요로 하는 정책통합보고서가 된 것이다. 이 보고서는 표지가 오렌지색을 띄는 일명 '오렌지 보고서(Orange Paper)'로 각 부처들의 다양한 프로그램을 조정하고 통합할 목적으로 작성된다. 프랑스의 성인지 예산서는 이러한 15개의 정책통합보고서[10] 중의 하나(남녀평등정책보고서)이다(이형우 · 김규옥, 2011: 186).

현재 프랑스의 성인지 예산서("2010회계연도 재정법안 정책통합보고서-남녀평등정책")는 크게 두 부분으로 나뉘어져 있다. 첫 번째 다영역 정책 부분에서는 남녀평등, 교육, 취업, 사법, 청소년, 경찰 등 양성평등정책과 관련된 프로그램 목록(총 21개)과 책임자를 제시하고 있다. 그 다음으로는 직업생활, 사회생활, 개인생활 등 세 가지 영역에서의 양성평등과 관련한 정책 개요를 서술하고 있다(이형우 · 김규옥, 2011: 187).

두 번째 다영역 정책전략 부분에서는 첫 번째 부분에서 살펴본 직업생활(성별직업평등 및 직장-가정 양립), 사회생활(여성에 대한 폭력 및 존엄성 침해와의 전쟁), 개인생활(여성의 빈곤 및 사회적 소외를 야기하는 문제에 대한 대처)에 해당하는 정책목표를 제시하고, 관련된 프로그램별 성과지표[11]와 함께 정책수단을 설명하고

8) 2001회계연도부터 2009회계연도까지는 양성평등사업에 대한 설명자료로서 국회 예산심의 시 참고자료의 성격을 가졌으나, 2009년 법 개정을 통해 2010회계연도부터는 국회 심의 대상의 성격으로 변화하였다(이형우 · 김규옥, 2011: 186).

9) 프랑스의 예산서 관련 서류는 네 가지로 구분된다. 소위 청색서류는 프로그램별 성과계획을, 녹색은 확정된 예산을, 황색은 예산서 첨부서류를, 오렌지색은 정책통합보고서의 내용을 각각 담고 있다. 2010회계연도 전까지 성인지 예산서는 황색서류의 한 종류였으나, 2010회계연도부터는 오렌지색 서류의 한 종류로 바뀌게 되었다(이형우 · 김규옥, 2011: 186).

10) 정책통합보고서는 남녀평등을 비롯해, 외교활동, 국토개발, 사회통합, 기후변화, 청년진로 및 직업정책, 프랑스 해외령 정책, 이주민 통화 정책, 개발정책, 범죄예방, 시민안전, 도로안전, 도시, 마약퇴치, 국가안보 등 15개의 주제로 구성되어 있다(이형우 · 김규옥, 2011: 187).

표 7-1 2010년도 재정법안 정책통합보고서: 남녀평등정책

Ⅰ. 다영역 정책	Ⅱ. 다영역 정책 전략
1. 다영역 정책 관련 프로그램 목록 2. 다영역 정책 개요 ① 직업생활에서의 남녀평등 ② 사회생활에서의 남녀평등 ③ 개인생활에서의 남녀평등 3. 다영역 정책 관련 프로그램 개요 ① 남녀평등 ② 중고등 공교육 ③ 농업기술교육 ④ 학생생활 ⑤ 고등교육 및 농업 연구 (중략)	1. 성별 직업평등 및 직장-가정 양립 2. 여성에 대한 폭력 및 존엄성 침해와의 전쟁 3. 여성의 빈곤 및 사회적 소외를 야기하는 문제에 대한 대처 부록: 정책통합예산 총괄표

출처: 2010년도 재정법안 정책통합보고서, 프랑스 정부(이형우 · 김규옥, 2011: 187).

표 7-2 2010년도 재정법안 정책통합보고서 부록: 정책통합예산 총괄표

(단위: 유로)

프로그램과 사업번호 및 명칭	2008년 실행		2009년 예산 법률		2010년 예산 법안	
	예산투입허가	지불 예산	예산투입허가	지불 예산	예산투입허가	지불 예산
남녀평등	27,072,365	27,200,329	29,155,344	29,115,344	29,467,735	29,467,735
의사결정직에의 여성 진출	455,380	465,326	561,422	561,422	527,738	527,738
고용평등	5,302,333	5,456,979	5,513,647	5,513,647	5,513,647	5,513,647
인권과 존엄성의 평등	10,621,549	10,609,931	10,416,963	10,416,963	10,563,718	10,563,718
직장과 가정생활 양립	201,646	210,646	168,113	168,113	168,113	168,113
남녀평등프로그램 지원	10,489,457	10,466,447	12,455,199	12,455,199	12,694,519	12,694,519
중고등 공립 교육	40,000	40,000	40,000	40,000	40,000	40,000
교사와 진로상담자의 교육	40,000	40,000	40,000	40,000	40,000	40,000
(중략)						
합계	1,516,398,809	1,651,609,859	2,895,663,480	2,808,148,242	3,359,417,709	3,272,740,599

출처: 2010년도 재정법안 정책통합보고서, 프랑스 정부(이형우 · 김규옥, 2011: 188).

11) 성과지표는 2007, 2008년 실적과 더불어, 2009, 2010년도 추정치를 근거로 제시된다(이형우 · 김규옥, 2011: 187).

있다.

마지막으로 부록에서는 통합정책예산 총괄표라고 불리는 관련 프로그램별 예산을 총괄적으로 제시, 각 회계연도별로 양성평등 관련 예산의 증감 추이를 분석할 수 있도록 하였다.[12)]

2) 다른 나라들의 성인지 예산제도

호주는 1980년대 중반부터 약 10년 간(1984~1995) 성인지 예산제도의 선도국으로 자리매김하였으며, 페모크라트(femocrat: 페미니스트 여성관료)에 의해 세계 최초로 성인지 예산서를 작성하였다. 1990년대 중반 보수당의 집권으로 성인지 예산제도가 약화되는 과정을 거쳤다. 호주의 성인지 예산서는 '여성예산(Women's budget)'으로 불리웠으며, 1980년대 중반 노동당 집권 이후 연방정부 내에서 제도화되었다. 진보세력의 집권으로 진입한 다수의 페모크라트의 영향을 받은 내각은 연방정부가 예산이 여성에 미치는 영향을 분석하고, 여성에 대한 수혜가 개선되도록 하는 등의 방향 설정에 동의하였다. 1984~1985회계연도부터 1995~1996회계연도까지 연방정부 내 모든 기관들은 차년도 예산안을 요구할 때, 동 기관의 여성예산서를 제출하였다. 이러한 여성예산서는 내각 내의 여성지위청(Office of the Status of Women)이 최종적으로 취합하여 의회에 제출하였다. 세계 최초의 성인지 예산서가 작성된 1984~1985회계연도에는 연방정부의 약 50% 기관이 여성예산 프로그램(Women's Budget Programme)을 시행하였고, 다음 회계연도에는 연방정부 전체로 확대되었다. 1987~1988회계연도부터 여성예산 프로그램은 여성예산서(Women's Budget Statement)로 이름을 변경하였다. 여성예산서는 1995~1996회계연도까지 연방정부 내 모든 기관의 정책과 관련한 여성의 지위 현황, 양성평등 관련 사업 및 일반사업 수혜자의 성비와 양성평등에 대한 기여 정도, 향후 개선방안 등의 내용을 매년 300페이지에 걸쳐 담아내었다(Sawer, 2002). 1995~1996회계연도 이후 호주에서 여성예산서의 발간은 중단[13)]되었지만, 2000년대 중반까지 호주 정부는 매년 여성정책 및 관련 예산에 대한

12) 동 자료에는 연차별로 예산사업의 수혜자 중 여성 수혜자 통계와 양성평등을 나타내는 지표를 포함하도록 양식이 구성되어 있다(이형우 · 김규옥, 2011: 188).

13) 호주의 성인지 예산제도의 쇠퇴는 1990년대 중반 신자유주의 개혁을 주도한 보수당 정권 등장의

내용을 담은 간략한 보고서를 발간하였다(이형우 · 김규옥, 2011: 183-184).

스웨덴은 "예산 과정에 대한 성주류화의 적용"에 가장 근접한 방식으로 성인지 예산제도를 체계적으로 추진하고 있다. 사회 전반에 널리 퍼져 있는 성평등 인식을 자랑하는 스웨덴은 성인지 예산서뿐만 아니라, 정부부처 간 조정위원회 설치 등 성주류화를 위한 여러 노력들을 기울이고 있다. 스웨덴에서는 1987년의 '정부 성평등 정책 의안(The Government's Gender Equality Policy Bill)'에서 처음으로 경제정책에서의 성주류화가 논의되었다. 이후 재정부는 '여성과 남성의 경제적 자원 배분에 대한 예산서 부록(an appendix to the Budget Bill on the distribution of economic resources between the sexes)'을 2003~2004회계연도부터 의회에 제출하기 시작하였다. 프랑스와 달리 성인지 예산서에 관한 법률적 규정은 없으나, 2003년에 의회에서 결의한 "성주류화 계획(2004~2009)(Plan for Gender Mainstreaming in Government Office)"이 제도 시행의 근거라고 할 수 있다. 성주류화 계획은 6년에 걸쳐 정부의 모든 정책 영역에 성인지적 관점을 통합하기 위해 달성해야 하는 목표와 추진과제 등을 담고 있었으며, 특히 예산 과정에 있어서의 성주류화를 강조하였다. 스웨덴의 성인지 예산은 재정부와 성평등부의 협력 속에서 진행되고 있다. 스웨덴의 재정부(Ministry of Finance)에는 4명의 성평등 조정관(Gender Equality Coordinator)이 있으며, 이들은 정부 부처 간 성주류화 예산 관련 업무를 조정할 뿐 아니라, 성인지 예산서를 작성하고, 성인지적 예산편성을 위한 예산편성지침을 개발한다. 성평등부(Division for Gender Equality)는 성주류화 업무를 전담하는데, 정부 내 성평등 정책 관련 계획수립, 조정, 교육, 자문 등을 담당한다. 스웨덴 성인지 예산서는 두 가지 유형으로 구분되는데, 첫째는 각 부처의 일반예산 요구안에 포함되어 제출되는 예산서이며, 둘째는 재정부가 의회에 제출하는 예산안 부속서류로서의 보고서이다(이형우 · 김규옥, 2011: 188-189).

한국의 성인지 예산제도는 2007년 유엔여성차별철폐위원회로부터 긍정적인 평가

집권에 기인한다. 여성지위청은 집권당 교체로 인한 재정정책의 변화가 여성에게 미치는 부정적인 효과에 대해 재정당국을 설득하지 못했다(Sharp & Broomhill, 2002). 집권당은 여성예산서의 효과성에 의문을 가졌고, 1997년 이후 여성예산서는 중단되었다. 2001년 노동당은 여성예산서의 부활을 약속했지만, 선거에서 패배함으로써 재도입은 실패하였다(Elson, 2004).

표 7-3	주요국의 성인지 예산서 비교		
	호 주	프랑스	스웨덴
명칭	Women's Budget Statement	세정법안 통합보고서-남녀 평등정책	Distribution of Economic Resource Between Women and Men
도입시기	1984년	2001년	2003년
근거법령	없음	있음	없음
예산(안)과의 관계	무관(소책자 형식의 단순문서)	예산(안) 첨부서류	예산(안) 첨부서류
국회제출 여부	미제출	제출	제출
작성부서	총리실 산하 여성지위청	여성의 권리와 평등실	재정부(성평등국 협조)
대상	양성평등사업	양성평등사업	특정의제(고용 등)
내용	특정 의제 관련 사업별 성과와 예산	주요 의제별로 정책목표 및 성과지표 제시	경제적 자원배분 현황 분석
차년도 예산분석	미분석	미분석	미분석
특징	특정 의제에 한정하여 작성	과거 사업성과에 대한 서술식 분석	성별 경제적 자원배분 현황을 서술한 보고서를 병행 제출

출처: 이형우 · 김규옥(2011: 201).

를 받은 가운데[14], 아시아지역에서 벤치마킹[15]의 대상이 되었다. 일본의 경우은 일본은 한 대학에서 한국의 성인지 예산제도화 사례를 2007년부터 지속적으로 관찰, 방문, 연구하고 있다(차인순, 2009: 145-146). 실무담당자의 교육과 예산 계획 책정의 국면에서 성평등을 실질적으로 추진하는 것에 기여하였는지 포괄적인 젠더 예산제도가 한국 사회에서 어떤 영향을 주었는지 등을 모니터링하고 있다.[16]

---

14) 유엔여성차별철폐위원회(CEDAW), 대한민국 제5차 및 제6차 정기보고서에 대한 유엔여성차별철폐협약 이행 심의결과 최종권고문, 국회여성가족위원회 『2007년도 국정감사자료집』(차인순, 2009: 145-146).

15) 2008년 9월 16~17일, 베트남 의회 사회문제위원회와 베트남-UNDP 워크숍에서 한국은 성인지 예산 제도화의 우수사례로 초청을 받았으며, 2008년 12월 3~5일에는 UNESCO, UNDP, 한국양성평등교육진흥원 공동주체로 한국양성평등교육진흥원에서 아시아지역 10여 개국 공무원들에 대한 성인지 예산 교육이 있었다(차인순, 2009: 146).

16) 越智方美(2013-2015). "동남아에서의 남녀 공동 참여 정책의 비교연구: 한국에 있는 젠더 예산에 관한 교육훈련". 村松安子(2009). "한국의 사례에서 배울 젠더 예산". 『월간북경-JAC』.

제 4 절 한국의 성인지 예산제도 도입

1. 한국의 환경적 맥락: 도입에 영향을 미치는 요인 분석

앞의 분석방법에서 언급했듯이 성인지 예산제도의 한국 이전에 영향을 미치는 요인들은 ① 제도의 맥락 종속성 정도, ② 제도 집행 기제의 특수성 정도, ③ 관련 자원의 충분성, ④ 제도가 담지하고 있는 가치와 정책결정자들의 가치 정합성 등이다.

1) 제도의 맥락 종속성 정도

유럽 의회(European Parliament, 2003)는 성인지 예산제도를 정부정책의 공정성(fairness), 효율성(efficiency), 투명성(transparency)에 기여할 수 있는 수단으로 이해하였다. 성별로 다른 역할에 따른 예산의 차별적 효과를 고려하여 공공자원의 공정하고 균형 있는 분배에 기여하며(공정성), 성별로 다른 니즈(needs)에 부합하는 예산분배는 자원의 효율적 집행과 양질의 효과적인 서비스를 담보할 것이며(효율성), 예산의 편성, 심의, 집행, 결산 등 모든 예산 과정에서 성별로 미치는 정책효과를 고려하여 예산에 대한 투명한 인식을 갖게 한다는 내용이다(투명성). 즉, 성인지 예산제도는 정부의 재정정책이 성별로 미치는 영향에 대한 효과적인 이해를 도모하여, 경제주체들의 순응성을 담보할 수 있는 것(이형우 · 김규옥, 2011: 174)으로 이해한다. 제도에 대한 전반적인 이해를 기초로 한 프랑스의 성인지 예산제도는 제도화된 정책이 실효성을 가질 수 있는 사회적 분위기가 조성되어 있었다.

우리나라는 프랑스, 스웨덴 등의 선진국과 더불어 예산안 첨부서류라는 법정서류 성격으로 국회에 제출함으로써, 엄격한 국회의 통제를 받고 있다. 또한 대다수 국가들은 여성부 등 특정 부처 한 곳에서만 작성하지만 우리나라는 각 중앙부서에게 작성의무를 부여하여 좀 더 책임성 있는 성인지 예산서 작성을 유도하고 있다. 성인지 예산서의 대상 범위를 보면, 성인지 예산서의 선진국인 호주, 프랑스, 스웨덴에서도 양성평등사업이나 특정 의제에 국한하여 작성하고 있으나, 우리나라는 양성평등사업

뿐만 아니라 원칙적으로 전 사업을 대상으로 하고 있다(이형우 · 김규옥, 2011: 200).

2007년 시행된 「국가재정법」에 도입된 우리나라의 성인지 예산제도는 크게 재정 운용의 원칙, 「성인지 예산서」 및 「성인지 결산서」의 작성 및 국회 제출 등의 규정을 가지고 있다. 복식부기 발생주의 회계 도입에 따라 결산서 작성에 관한 사항은 「국가회계법」을 통해 규정하고 있으며, 「성인지 결산서」에 관해서도 「국가회계법」에 관련 조항을 가지고 있다. 법적인 근거를 갖추고 있는 우리나라 성인지 예산제도는 선진화된 모형을 갖추고 있음으로 설명된다.

표 7-4 「국가재정법」의 성인지 예산제도 내용

○ 제16조(예산의 원칙) 정부는 예산의 편성 및 집행에 있어서 다음 각 호의 원칙을 준수하여야 한다.
  5. 정부는 예산이 여성과 남성에게 미치는 효과를 평가하고, 그 결과를 정부의 예산편성에 반영하기 위하여 노력하여야 한다.

○ 제26조(성인지 예산서의 작성) ① 정부는 예산이 여성과 남성에게 미칠 영향을 미리 분석한 보고서(이하 "성인지(性認知) 예산서"라 한다)를 작성하여야 한다. ② 성인지 예산서의 작성에 관한 구체적인 사항은 대통령령으로 정한다.

○ 제34조(예산안의 첨부서류) 제33조의 규정에 따라 국회에 제출하는 예산안에는 다음 각 호의 서류를 첨부하여야 한다.
  9. 성인지 예산서

○ 제57조(성인지 결산서의 작성) ① 정부는 여성과 남성이 동등하게 예산의 수혜를 받고 예산이 성차별을 개선하는 방향으로 집행되었는지를 평가하는 보고서(이하 "성인지 결산서"라 한다)를 작성하여야 한다. ② 성인지 결산서의 작성에 관한 구체적인 사항은 대통령령으로 정한다.

○ 제58조(결산보고서 등의 작성 및 제출) ① 각 중앙관서의 장은 대통령령이 정하는 바에 따라 회계연도마다 그 소관에 속하는 다음 각 호의 서류를 작성하여 다음 연도 2월 말까지 기획재정부 장관에게 제출하여야 한다.
  4. 성인지 결산서

○ 부칙(법률 제8050호) 제5조(성인지 예산서 및 성인지 결산서의 작성 · 제출에 관한 적용례) 제26조의 규정에 따른 성인지 예산서의 작성 및 제34조 제9호의 규정에 따른 성인지 예산서의 제출, 제57조의 규정에 따른 성인지 결산서의 작성 및 제58조 제1항 제4호의 규정에 따른 성인지 결산서의 제출은 각각 2010회계연도 예산안 및 결산부터 적용한다.

2) 제도 집행 기제의 특수성 정도

프랑스의 경우 예산안 편성 시, 재정부가 각 부처에 성인지 예산서 지침과 양식을 통보하면, 각 중앙부서는 이 지침과 양식에 맞추어 성인지 예산서를 작성하여 노동, 사회관계 및 가족유대부 내 여성권리와 평등실에 제출하게 되어 있다. 2009년도의 법률 개정으로 성인지 예산서는 단순한 사업설명 자료가 아니라 의회의 심의를 필요로 하는 정책통합보고서가 된 것이다(이형우 · 김규옥, 2011: 186). 프랑스는 여성수혜 및 양성평등을 목적으로 하는 예산으로서 성인지 예산제도 유형을 가지고 있다. 정부 내 여성 및 양성평등 관련 사업의 예산의 규모와 내용, 전체 예산에서 차지하는 비중 등을 주된 분석 대상으로 하고 있다.

우리나라의 경우 여성가족부가 기획재정부와 협의하여 성인지 예산서 작성 기준을 마련하고 작성지침과 양식을 배포하고 있다. 산하기관인 한국양성평등교육진흥원과 한국여성정책연구원 성인지 예산센터는 작성교육과 컨설팅을 제공한다. 제도 집행 형식은 프랑스의 재정부가 하고 있는 역할을 기획재정부가 실시하고 있으나 우리나라는 여성가족부가 실질적인 주관부서이다.

성인지 예산의 분석 대상은 전체 일반예산에 대한 성별수혜분석을 실시한다. 성인지 예산서는 부처의 담당 공무원이 직접 작성하며 이를 위해 교육을 받는다. 일반적으로 공무원들은 성인지 예산의 필요성에 대해 공감하지 못하며, 예산편성이나 집행과정에서 형식화된 분석과 대응으로 관료적 저항을 표출하기도 한다. 우리나라의 경우에도 성인지 예산서 작성 및 집행을 담당하는 대부분의 공무원들은 아직도 수동적인 자세를 취하고 있다고 보이며, 성인지 예산서를 통해 재정상의 자원배분이 시정될 것을 기대하는 사람도 많지 않은 것으로 보인다. 이에 따라 담당 공무원들은 성인지 예산제도가 예산배분에는 실질적인 영향을 미치지는 못하면서 국회 심사 과정 등에서 성별 수혜 격차나 성과목표의 달성 미흡 등의 문제로 오히려 불이익을 받을지 모른다는 우려를 가지고 있다고 한다(이형우 · 김규옥, 2011: 203에서 재인용; 마경희 · 차인순 외, 2010). 우리나라의 경우 모든 사업을 대상으로 하고 있으며 범위가 넓은 특징을 가지고 있다.

3) 관련 자원의 충분성 정도

프랑스는 2000년 '재정법률'을 개정(99-1172호)하였고, 제132조는 "정부는 매년 정부 예산안 첨부서류로 여성의 권리 증진에 기여하는 재정적 노력에 대한 설명자료를 제출해야 한다"고 명시하고 있다. 이에 따라 국회에 제출하는 정부 예산서 첨부서류로 성인지 예산서를 작성하도록 의무화하였다. 2001회계연도에는 '여성의 권리 및 성평등을 위한 황색 보고서(Yellow Budget Paper on Women's Rights and Gender Equality)'를 처음으로 작성하여 국회에 제출하였다. 예산안 편성 시, 재정부가 각 부처에 성인지 예산서 지침과 양식을 통보하면, 각 중앙부서는 이 지침과 양식에 맞추어 성인지 예산서를 작성하여 노동, 사회관계 및 가족유대부 내 여성권리와 평등실에 제출하게 되어 있다. 이후 법률이 개정되어 몇몇 변화를 가져왔으며, 2010회계연도부터는 예산서라기보다는 성평등 관련 정책목표와 성과지표로 구성된 성과 보고서의 성격을 가지고 있다. 즉, 2009년도의 법률 개정으로 성인지 예산서는 단순한 사업설명 자료가 아니라 의회의 심의를 필요로 하는 정책통합보고서가 된 것이다. 이는 관련 자원의 충분성을 증명하는 것이라 하겠다.

「2010년도 성인지 예산서」에서 정부는 사업의 성격에 따라 유형을 구분하지 않았으며, 그에 따라 적절한 성별영향에 대한 분석도 이루어지지 못하였다. 이와 같은 문제는 성인지 작성 첫 분석 기법 개발 미흡 등 여러 가지 한계가 있었기 때문으로 보인다. 「2010년 성인지 예산서」에 포함된 사업 수와 예산규모는 지나치게 국가재정의 일부만을 포함하고 있으며, 사업 유형을 구분하여 적합한 분석 방법을 적용하지 못하였다. 정부가 제출한 「2010년 성인지 예산서」는 '예산이 여성과 남성에 미치는 영향을 사전적으로 분석한 보고서'라기보다는 단순히 각 부처가 기획재정부에 제출한 부처별 성인지 예산서를 단순 취합하여 대한민국 정부의 이름으로 국회에 제출한 것이다(국회예산정책처, 2009: 19-20).

윤영진(2011)은 성인지 예산서의 형식, 성평등 목표체계, 성인지 예산작성 대상사업 선정, 성인지 예산분석 방법, 성인지 예산제도와 성별영향평가의 연계, 추진체계의 개선과 공무원의 교육 등의 개선방안을 제시하였다. 성인지 예산제도의 필요성에 대한 낮은 공감대와 이 제도 자체에 대한 낮은 인식도를 개선하여야 한다는 것이다. 우리나라의 성인지 예산제도는 관련 자원이 충분하지 않음을 시사하고 있다.

4) 제도가 담지하고 있는 가치와 정책결정자들의 가치 정합성

프랑스는 잔 다르크(Jeanne d'Arc)와 시몬 드 보부아르(Simone de Beauvoir) 등

여성주의의 상징적 인물을 배출하였다. 프랑스는 비교적 양성평등이 잘 구현된 국가로 인식되어 왔다. 사회주의자인 프랑수와 올랑드(Francois Hollande) 대통령은 역대 최초로 남녀 동수 내각을 구성했으며, 현재 프랑스 의회의 여성 비율은 27%로 미국, 영국보다 높다(한국일보, 2012년 10월 31일). 성인지 예산제도가 담지하고 있는 성평등 추구에 대한 가치와 정책결정자들의 가치가 일치하고 있다.

김양희 G&L 리더십 대표는 '한국 성인지 정책의 발전을 위한 모색' 발표문에서 최근 우리 사회에서 논의되고 있는 여성지위 향상에 대한 저항과 반격에 대한 바른 인식이 필요하다고 강조했다. 또 향후 성주류화를 위한 발전과제를 여성정책 조정기능 강화, 여성특화(women–specific) 정책과 주류화 정책의 균형, 일–가정 양립과 같은 여성의 사회적 진출에 대한 적극적 조치, 관리직 공무원의 성인지 훈련 실시, 여성정책 담당 공무원의 역량 강화, 여성단체의 정책 모니터링 지원 등 7개 영역으로 나눠 제시했다. 김 대표는 특히 무엇보다 정책결정자의 관심과 지원을 통해 정책 패러다임을 변화시키는 것이 필요하다고 역설했다(뉴시스, 2009년 10월 9일). 우리나라의 경우 성인지 예산제도가 담지하고 있는 성평등한 관점에서의 예산정책은 정책결정자들의 충분한 이해로 출발하기보다는 관심과 지원이 요구된다는 정도로 설명된다.

2. 도입 추진과 저항: 추진자와 저항자

성인지 예산제도는 각국의 사례마다 매우 다양한 형태로 시행되고 있다. 그러나 우리나라와 같이 「국가재정법」의 명시적인 법적 근거를 가지고 국가재정 전반에 걸쳐 시행되는 사례는 찾아보기 어려우며, 국제사회의 주목을 받을 수 있는 매우 의미 있는 제도 도입이라고 할 수 있다. 우리나라에서 성인지 예산은 시민사회가 성인지 예산제도의 필요성을 제기하고 시범사업을 실시하면서 논의되기 시작하였다. 2001년 한국여성민우회에 의해 자치단체 예산에 대한 성인지적 분석이 처음으로 시도되었으며, 이후 국회가 주도적으로 성인지 예산제도의 도입에 관한 지속적인 관심과 다양한 노력을 기울여 왔다(국가예산정책처, 2009: 5). 국회 내 여성의원들의 적극적인 노력[17]의 결과로 2006년, 2007년에 각 부처에 시달된 기획예산처의 예산편성지침에는 "성별영향이 중요하다고 판단되는 사업에 대해 성별영향평가 결과를 감안한 예산편성"이라는 내용이 포함되었다(이형우 · 김규옥, 2011: 193).

2010년도 성인지 예산서를 보면 정부가 진정 성인지 예산제도를 도입할 의지가 있는가를 의심할 정도로 무성의하게 작성되었다. 성인지 예산서는 29개 기관이 제출한 기관별 성인지 예산서를 단순 취합한 형태로 하나의 책자로 만들어져 제출되었다. 각 기관의 사업별 분석정보도 매우 미흡한 실정이다. 2011년도 성인지 예산서도 약간의 보완은 있지만 2010년도와 마찬가지로 제도 본래의 취지를 제대로 살리지 못하고 있다.

2010년, 2011년도의 성인지 예산서가 부실하게 작성된 것은 여러 가지 원인으로부터 비롯되었다고 볼 수 있다. 첫째, 지적할 수 있는 것은 담당자들이 성인지 예산의 개념 및 분석 방법을 제대로 숙지하지 못하고 있다는 점이다. 둘째, 담당 공무원들이 업무 과부하로 인하여 충분하고 충실한 분석을 하지 못한 점을 들 수 있다. 성인지 예산분석 활동이 추가적 업무로 여겨져 수동적이고 회피적인 태도를 취한 결과인 것이다. 셋째, 성인지 예산서 작성의 총괄부서가 기획재정부 예산실 문화예산과인 점도 관련이 있다. 여성가족부 예산편성을 담당하는 문화예산과가 정부의 성평등정책의 총괄부서가 되기에는 한계가 있다(윤영진, 2011: 560).

3. 도입 직후의 성인지 예산제도

2009년 최초로 국회에 제출된 「2010년도 성인지 예산서」에는 총 29개 기관, 195개 사업, 7조 3,144억 원 규모의 예산에 대해 성별 영향을 분석한 결과를 제시하고 있다.

「국가재정법」에 따라 2009년 처음으로 「2010년도 성인지 예산서」가 국회에 제출된 것은 국회가 주도적으로 도입한 성인지 예산제도가 실질적으로 시행된 것으로 볼

17) 여성의원이 제16대 5.9%에서 제17대 13%로 두 배 이상 늘어났을 뿐 아니라 여성의원의 다수가 의정활동을 펼치기 이전부터 성인지 예산 의제를 미리 인지하고 있었다. 성인지 예산이 실현되기를 원했던 여성의원들은 초기에는 상임위원회나 본회의에서 질의하는 방식으로 기본적 의정활동을 통하여 이 현안을 풀고자 하였으나, 이것이 용이하지 않자 제도화를 위한 다양한 연대의 전략을 구사하였다. 여성위원회 차원의 논의에서 예산결산특별위원회, 운영위원회로 의정활동을 확대하였으며, 이 과정에서 초당적으로 연대하고, 남성의원들로 부터 서명을 적극적으로 받아내고, 여성단체와 의제를 지속적으로 공유했다(차인순, 2009: 167).

표 7-5 **2010년도 성인지 예산서 개요(29개 기관)**

(단위: 개, 억 원)

	소 관	사업 수	2010년	주요 사업
	합계	195	73,144	여성부·복지부 등 29개 기관
1	기획재정부	1	0.5	국제금융 전문인력 양성
2	교육과학기술부	19	6,561	장학금, 인턴십 지원 등
3	외교통상부	1	376	한국국제협력단 출연(국내 초청연수)
4	통일부	2	623	북한이탈주민 교육훈련 등
5	법무부	5	346	수형자 직업훈련, 법교육연수 등
6	국방부	3	14	여군편의시설, 청사어린이집 운영 등
7	행정안전부	10	328	공공기관 인턴, 자원봉사사업 등
8	문화체육관광부	14	722	문화예술교육활성화, 콘텐츠 인력 양성 등
9	농림수산식품부	22	2,153	농업인 교육훈련, 창업후계농업인 육성 등
10	지식경제부	4	638	무역·에너지·산업 인력 양성 등
11	보건복지가족부	27	50,843	보육료 지원, 기초노령연금 지급 등
12	환경부	5	310	자연환경안내원, 국립공원지킴이 등
13	노동부	11	4,570	미취업자 직업훈련, 글로벌 취업 지원 등
14	여성부	28	677	새로일하기센터, 가정폭력 피해자 지원 등
15	국토해양부	7	189	물류·우주항공 인력 양성 등
16	법제처	1	8	수요자 중심 법령정보 서비스
17	국가인권위원회	2	1	여성차별시정, 스포츠 분야 인권 개선
18	금융위원회	1	25	금융전문 인력 양성 사업
19	국세청	2	36	납세안내·세금교육지원 등
20	조달청	1	2	(직장 내) 서울청사어린이집 운영
21	통계청	1	14	통계전문교육 지원
22	문화재청	1	35	전통문화연수원 운영 지원
23	농촌진흥청	11	239	농업전문 인력 양성, 기술 지원 등
24	산림청	2	381	산림서비스 증진 등
25	중소기업청	8	3,994	기술개발, 아이디어상업화 지원 등
26	특허청	3	42	여성발명진흥, 발명교육 등
27	기상청	1	4	수치예보 전문인력 양성
28	해양경찰청	1	4	(직장 내) 보육시설 신축 사업
29	행정중심복합도시건설청	1	8	예정 지역주민 직업전환 교육

출처: 대한민국 정부(2009.10). 「2010년도 성인지 예산서」 재구성; 국회예산정책처(2009: 9).

수 있다. 또한 양성평등한 사회로 발전해 가기 위한 유용한 제도로서 국제사회의 주목을 받을 만한 의미 있는 제도의 시행이라고 할 수 있다.

「국가재정법」은 2007년부터 시행되었으나 '성인지 예산서의 국회 제출'은 부칙을 통해 2010회계연도부터 시행토록 규정하였으며, 이를 위한 준비기간을 확보했던 것으로 볼 수 있다. 2007년부터 한국여성정책연구원을 중심으로 성인지 예산제도 시행을 위한 기초연구를 수행하였으며, 2009년 4월 기획재정부는 성인지 예산서의 작성을 위해 예산안 편성지침에 '성인지 예산서 작성지침'을 각 부처에 제시하였다. 성인지 예산서 작성지침에는 성인지 예산서에 포함되는 대상 사업을 양성평등사업과 성별영향분석사업으로 구분하고 성별 차이에 대한 원인분석, 대안, 목표치, 성과지표 등 각 부처가 소관 예산에 대한 성인지적 접근을 제시하도록 규정하였다.

그럼에도 불구하고 국회에 제출된 「2010년도 성인지 예산서」에는 예산안 편성지침에 따라 각 부처가 제시했던 많은 정보가 누락되어 있으며, 「국가재정법」이 규정한 "예산이 여성과 남성에 미칠 영향을 사전적으로 분석한 보고서"라고 보기 어려운 수준의 서류를 국회에 제출하였다. 이번 「2010년 성인지 예산서」는 정부가 처음으로 작성하여 국회에 제출한 보고서이기 때문에 여러 가지 시행착오와 한계가 있을 수 있으나 「국가재정법」 시행 이후 3년의 준비기간을 고려할 때, 성인지 예산제도에 대한 보다 적극적인 정부의 추진 의지가 필요할 것으로 보인다(국가예산정책처, 2009: 10).

제 5 절 토착화 과정 분석

1. 2009년 이후 성인지 예산제도 변화

1) 제도 정비

성인지 예·결산서 작성 및 국회 제출은 「국가재정법」 부칙에 따라 3년 간의 준비기간을 거쳐 2009년 처음으로 시행되었다. 29개 중앙부처 195개 사업, 7조 3,144억 원 규모의 '2010년도 성인지 예산서'가 국회에 제출되었으며, 2011년에는 동 예산서에 바탕을 둔 성인지 결산서가 제출되었다. 2010년도 성인지 예·결산서는 예산사업만을 대상으로 하였고, 2010년 5월「국가재정법」개정을 통하여 기금사업까지 포함하도록 대상 사업을 확대하였다. 이에 따라 2011년도 성인지 예·결산서부터는 예산사업만이 아니라 기금사업도 대상 사업으로 포함되어 있다. 이후 매년 성인지 예·결산서의 내용에 대한 보완이 이루어져 왔는데, 2011년에는 성과목표 달성 현황 작성란이 추가되었다. 즉, 재정운용의 성인지적 성과관리를 위하여 해당 사업의 성평등 목표와 관련되는 성과목표를 설정하고 그에 대한 목표치와 실적치를 작성·제시하도록 하였다.

2012년에는 성인지 결산서 작성 내용에 평가란을 신설하여 해당 사업과 관련된 성평등 현황 및 추진실적, 결과에 대한 원인, 향후 개선사항 등을 작성하도록 하고 있다. 이는 성인지 예산제도의 취지를 살리기 위한 것으로 해당 사업과 관련된 성불평등 실태를 파악하고 그 원인과 해결방안을 도출하도록 한 것이다. 2013년의 경우 성인지 예산서 작성 대상 사업을 기존 '제3차 여성정책기본계획' 추진사업에서 '제4차 여성정책기본계획' 추진사업으로 변경하였다. 2015년에는 기존 기획재정부와 여성가족부에 의해 결정되어 각 기관별로 하향식으로 통보되던 성인지 대상 사업 선정 방식에 변화가 이루어졌는데, 기획재정부와 여성가족부는 성인지 대상 사업 선정기준만을 제시하고 각 부처가 자율적으로 대상 사업을 선정하여 제출하도록 하였다. 2017년에는 사업별 성인지 대상 사업 선정기준이 일부 변경되었다. 즉, 성인지 대상 사업 선정기준 중 하나인 '여성정책기본계획'추진사업에서 '양성평등정책기본계획' 추진사업으로 변경하였다(국회예산정책처, 2017: 5).

우리나라 성인지 예산제도는 새로운 제도의 정착을 위해 해마다 제도 개선을 실시하였다. 제도 정비를 통해 더욱 촘촘하고 견고해진 제도의 모습을 갖추었으며 이는 제도의 실효성을 강화하기 위한 노력으로 설명될 수 있다.

표 7-6 성인지 예·결산서 국회 제출 현황

	성인지 예산서	성인지 결산서	비 고
2009	「2010년도 성인지 예산서」		
2010	「2011년도 성인지 예산서」		
2011	「2012년도 성인지 예산서」	「2010회계연도 성인지 결산서」	기금포함
2012	「2013년도 성인지 예산서」	「2011회계연도 성인지 결산서」	
2013	「2014년도 성인지 예산서」	「2012회계연도 성인지 결산서」	성인지 결산서 평가 항목 개선 (성평등 현황, 추진실적, 결과에 대한 원인 및 개선사항 포함)
2014	「2015년도 성인지 예산서」	「2013회계연도 성인지 결산서」	상향식 성인지 대상 사업 선정 시도
2015	「2016년도 성인지 예산서」	「2014회계연도 성인지 결산서」	
2016	「2017년도 성인지 예산서」	「2015회계연도 성인지 결산서」	여성정책기본계획 사업에서 양성평등정책기본계획 사업으로 대상 사업 선정기준 변경
2017	「2018년도 성인지 예산서」	「2016회계연도 성인지 결산서」	

출처: 국회예산정책처(2017: 6).

2) 대상 사업 규모의 확대

국회에 제출된 「2018년도 성인지 예산서」 및 「2018년도 성인지 기금운용계획서」는 41개 중앙관서의 345개 대상 사업을 포함하고 있는데, 예산규모로는 34조 3,961억 원으로 정부 총지출의 7.4%를 차지하고 있다. 이는 전년 본예산의 42개 중앙관서, 350개 대상 사업, 29조 5,912억 원에 대비하여 사업 수는 1.4%인 5개 사업이 감소하였고, 예산규모는 16.2%인 4조 8,049억 원이 증가한 것이다. 회계별로는 예산사업이 260개 사업 23조 6,039억 원, 기금사업이 85개 사업 10조 7,922억 원으로, 2017년과 비교하여 예산사업은 3조 6,230억 원, 그리고 기금사업은 1조 1,819억 원 각각 증가하였다(국회예산정책처, 2017: 7). 2010년도에 비해 사업 수는 150개가 증가했고, 33조 6,647억 원이 증가하여 약 47배가 넘게 상승한 수치이다.

우리나라의 성인지 예산제도는 대상 사업 수와 예산규모가 점차 확대되었다. 그러나 표면적으로 확장되어진 성인지 예산제도는 성평등에 기여하는 정도가 미비하며 제도의 실효성 제고에 대한 의문이 제기되고 있는 실정이다.

표 7-7 성인지 예산사업 현황(2010~2018)

(단위: 개, 억 원)

		2010	2011	2012	2013	2014	2015	2016	2017	2018
중앙관서 수		29	34	34	34	42	42	43	42	41
회계	예산	7,314	84,233	93,694	112,929	149,021	174,587	182,110	199,809	236,039
	사업 수	195	202	208	224	257	254	244	263	260
기금	예산	–	17,516	19,026	20,138	81,325	87,852	97,516	96,103	107,922
	사업 수	–	43	46	51	82	89	87	87	85
합계	예산	7,314	101,749	112,720	133,067	230,346	262,439	279,626	295,912	343,961
	사업 수	195	245	254	275	339	343	331	350	345

출처: 2010년도~2018년도 성인지예산서, 2010년도~2018년도 기금운영계획서 재구성.

2. 제도의 토착화 유형

<표 7-8>을 바탕으로 우리나라 성인지 예산제도의 토착화 유형(type)은 외국제도 → 아메바형 → 나비형으로 규정할 수 있다. 사회 전반에 걸쳐 성평등한 분위

표 7-8 프랑스 성인지 예산제도, 우리나라 도입 직후 및 토착화된 성인지 예산제도 비교

세부 항목	프랑스의 성인지 예산제도	2010년(도입 직후) 성인지 예산제도(아메바형)	2018년 현재 토착화된 한국의 성인지 예산제도(나비형)
근거법령	있음	있음	있음
예산(안)과의 관계	예산(안) 첨부서류	예산(안) 첨부서류	예산(안) 첨부서류
작성부서	여성의 권리와 평등실	각 부처	각 부처
대상	양성평등사업	전 사업	전 사업
내용	주요 의제별로 정책목표 및 성과지표 제시	사업별 예산 및 성별수혜 분석	사업별 예산 및 성별수혜 분석
차년도 예산분석 여부	미분석	분석	분석
제출기관	–	29개 기관 195개 사업	41개 기관 345개 사업
특징	과거 사업 성과에 대한 서술식 분석(부록에 관련 예산 총계표 수록)	통계 위주 분석	통계 위주 분석

출처: 이형우·김규옥(2011: 201) 재구성.

기를 형성하기 위한 제반 여건이 갖추어진 프랑스에 비해 우리나라의 성인지 예산제도는 개별화된 사업의 일환(재정 분야)으로 인식되고 있다.

1) 정책결정자들의 무관심

법적 근거는 잘 갖추어져 있다고 평가되며, 제도 도입 초기를 제외하고는 현실적으로 국회 심의의 관심 대상이 되지 못하고 있었다. 일부 여성의원들을 중심으로만 제도에 대한 지지가 형성되고 있는 것으로 나타났다(조선주 외, 2014: 7). 2017년 11월 국회는 2018년도 예산으로 429조 원을 통과시켰으나, 예산안 심의 과정에서 성인지 예산에 대한 논의는 전무했다(여성신문, 2017년 12월 6일). 2018년 국회가 성인지 예산에 대한 심의기능을 제대로 수행하지 않았다는 지적이다. 초창기 국회의 심의 기능이 미약함을 지적하였으나 수 년이 지난 후에도 개선이 되지 못하고 있음을 보여준다. 성인지 예산제도에 대한 국회의 심의활동을 제고하기 위해서는 다음의 과제들이 우선적으로 해결되어야 한다. 의원의 정책 역량 강화를 위해 연수(교육) 및 정책 지원이 필요하다. 다음은 업무량이 많아 실제 꼼꼼히 심의를 하기는 어려운 상황이라는 것이다. 예산결산특별위원회 내 소위원회를 만들어 성인지 예산서만 검토하는 상시적인 심의기능이 가능할 수 있는 방안이 대안이 될 것이다.

2) 제도 집행의 환경적 요인(여성가족부와 기획재정부의 역할)

문광민・임동완(2008)은 여성업무 전담기구가 일찍이 설립되어 있는 국가일수록 성인지 예산의 제도화 수준이 높고, 우리나라는 1988년부터 여성 관련 전담기구가 설립되었고 1998년에 대통령직속의 여성특별위원회가 설립되었으며 2001년에 여성부로 발전하였다. 최근 2008년 정부조직 개편에서도 여성부가 존속된 것은 우리나라의 성인지 예산제도화에 긍정적인 영향을 미칠 것으로 보았다. 그러나 여성가족부는 중앙부처 중 가장 적은 예산으로 많은 업무를 처리한다. 가난하고 매우 분주한 소형 부처 중 하나다. 대상 중심 정책을 펼치다 보니 다른 부처에 전화해서 도와달라는 '아쉬운' 소리를 해야 하는 경우가 많다. 다른 부처들은 '선심 쓰듯' 여성가족부를 지원한다. 여성가족부는 NGO단체 같이 비춰질 수밖에 없다(여성신문, 2017년 5월 21일).

국회 기획재정위원회 유승희 더불어민주당 의원은 18일 기획재정부 국정감사에서 "지난 5년 간 성인지 예산 성과목표 달성률이 갈수록 감소하고 있고, 성인지 예산규모도 총지출 예산안의 7~8% 수준에 그치고 있다"며, "기획재정부의 소극적 태도가 성인지 예산제도 발전의 걸림돌이 되고 있다"고 지적했다. 유 의원은 "OECD 회원국 성별임금 격차 평균이 14.1%인데 비해 우리나라는 36.7%로 최하위 수준이며, 세계경제포럼이 발표한 2017년 성별격차지수(GGI)도 144개 회원국 중 118위로 최하위 수준"이라며, "성인지 예산제도가 도입된 지 10년이 지났어도 성별임금 격차 해소 등에 전혀 기여하지 못하고 있다"고 지적했다. 유엔여성차별철폐위원회(CEDAW)도 지난 3월 기획재정부의 성인지 예산제도 운용과 관련 적극적 조치를 권고했다. 2014년 6월부터 기획재정부, 여성가족부, 행정자치부, 통계청, 한국여성정책연구원 등 5개 기관과 민간위원으로 구성된 성인지 예·결산 상설협력체의 법적 근거를 마련하고 필요한 인력과 재정지원이 수반되어야 한다고 권고했다(아시아경제, 2018년 10월 18일).

3) 관련 자원의 불충분성(공무원 교육 및 헌법)

「2010년도 성인지 예산서」에서 정부는 사업의 성격에 따라 유형을 구분하지 않았으며, 그에 따라 적절한 성별영향에 대한 분석도 이루어지지 못하였음을 확인했다. 성별 분리통계의 부족, 성별영향분석기법 개발 미흡 등 여러 가지 한계가 있었기 때문으로 보인다. 2018년도 현재 성별 분리통계가 이루어지고 있지 않아 분석의 어려움이 있는 사례가 존재하며 성별영향분석평가와의 연계를 실시하고 있으나 성과목표가 연계되지 못하고 개별화로 분석·작성되고 있다.

성인지 예산서 작성을 위한 공무원 교육은 남녀 차이에 대한 인식을 인지하기 위한 감수성 교육과 성인지 예산서 작성 대상 사업 선정기준과 작성방법, 성인지 예산서와 성별영향분석평가와의 연계, 전년도 성인지 결산서 평가 결과의 환류를 통한 성과목표 설정방안 등 실무 위주의 전달과 실습교육으로 진행된다. 성인지 감수성 교육은 대부분 일방적인 전달식 교육으로 진행되며 교육시간도 2시간을 넘지 않는다. 그러다 보니 남녀의 사회문화적인 차이와 차별에 대한 이해를 돕는 교육은 충분하지 못하며 성인지 예산서 작성에 어려움이 생기게 되는 것은 자연스런 현상이다. 성인지 감수성 교육이 끝나고 실습에 들어가면 곧바로 자신의 업무와 연결하여 성인지 예산서를 작성하는 담당 공무원은 많지 않으며 어려움을 호소하는 경우가 상당수 있다. 그 결과 성과목표를 성별 수혜자 비율 조정으로 인식하고 성인지 예산을 여성과 남성의 예산나누기로 단순하게 생각하는 사례들이 발생한다. 교육을 통해 공무원의 성인지 예산에 대한 인식이 제대로 형성되지 못하고 있어 제도는 작동하는 데 어려움을 겪게 된다. 일반 공무원에게는 성인지 예산서 작성은 매우 생소한 작업이므로 교육 및 컨설팅이 내실 있게 진행됨이 필요하다.[18)]

국회 여성가족위원장인 더불어민주당 남인순(서울 송파구병) 의원은 "제헌헌법에서부터 성별에 근거한 차별을 금지하고 있지만 현실적으로 정치, 경제 등의 모든 분야에서 극심한 성별 격차는 줄어들지 않고 있다"며 대한민국헌법 성평등 조항의 내용과 한계를 지적했다. 성평등 실현을 위한 개정 방향으로 △ 남녀 동등권의 명문화 △ 성 평등 실질적 실현을 위한 국가 책무 부여, △ 차별금지사유 예시 확대, △ 성별 간 동등한 정치적 대표성을 위한 규정 명시, △ 성인지 예산 의무 명시, △ 일과 생활 균형 보장 등을 제안했다(충북일보, 2017년 8월 24일).

4) 성평등에 대한 한국 사회의 인식 제고

<표 7-9>를 보면 대학 진학률은 2005년에 비해 여성이 남성을 앞지르고 있다. 그러나 여성 고용의 질에 전혀 반영되지 않고 있다. 일단 10년 동안의 여성 고용률 증가가 1.8%에 불과한데다 여성 비정규직 비율은 남성보다 훨씬 높고 그 격차가 줄어들지도 않고 있다. 그런데 여성 비정규직 내에서 질 낮은 시간제 일자리는 급증하여 남성 비정규직은 4명 중 1명이 시간제라면 여성은 2명 중 1명이 시간제이다. 돌봄 격차를 보면 2014년 기준 여성은 여전히 1일 2시간 30분을 소요하는 데 반해 남

18) 2018년 성인지 예산서 대상 사업에서 총 12개 부처에서 49개의 부적절한 사례가 선정되었다. 이 중 사업부적절 사례는 8개 부처 19개, 성과목표 선정 부적절사업은 10개 부처 25개, 양성평등제고 효과미흡 사례는 5개부처 5개 사업이다(국회예산정책처, 2017). 사업선정의 부적절 건수는 2016년 23개, 2017년에는 34개로 차츰 증가하였다(국회예산처, 2015; 2016).

표 7-9 **성별 고용 격차 · 돌봄 격차 · 대학 진학률 비교**

(단위: %)

	경제활동 참가율	비정규직 비율	시간제 비율	가사노동*	자녀돌봄*	가사 노동**	대학 진학률	성별, 임금 격차
여	48.4('06) 50.2('16)	41.8('10) 41.0('16)	39.3('10) 50.1('16)	231분('99) 204분('09)	84분('99) 93분('09)	263분('07) 151분('14)	80.8('05) 73.5('16)	61.5('06)
남	71.6('06) 71.1('16)	27.1('10) 26.4('16)	16.1('10) 24.5('16)	19분('99) 26분('09)	13분('99) 20분('09)	21분('07) 17분('14)	83.3('05) 66.3('16)	64.1('16)

출처: *한국보건사회연구원, **여성가족패널조사(2016), 그 외 통계로 보는 여성의 삶(여성가족부, 2017).

성은 17분에 불과하다. 무려 9배 넘게 여성이 더 일하고 있다. 보건사회연구원의 자료를 보면 10년 동안 남성의 가사 · 자녀 돌봄 시간은 14분 증가에 그쳤다. 위의 통계 결과가 보여주는 것은 '남녀고용평등과 일 · 가정 양립정책'의 가치와 철학이 무엇이며 그것을 실현하는 정책방향이 무엇이어야 하는가에 대한 질문을 던지고 있다(오마이뉴스, 2017년 12월 29일).

각 국가들마다 성평등을 위해서 성인지 예산제도를 수용하는 제도적 모습들은 다양하다. 그러나 동일한 것은 가장 먼저 국가상황과 성불평등에 대한 인식을 바탕으로 성불평등 문제를 정의함으로써 국가적 차원에서 성평등 구현을 위한 거시적 방향이 설정된다는 점이다. 세계 여러 국가들은 그들이 인식한 성불평등 문제에 근거하여 성평등 목표를 정립하고 성인지 예산을 추진하는 과정에서 그 나라 예산제도에 맞도록 성인지 예산 영역과 그 범위 등을 설정하고 구체적인 성인지적 예산 분석기준과 방법을 정한다. 이는 국가가 성불평등 문제를 어떻게 이해하며 어떤 측면에서 성평등에 접근하고 성평등 목표를 무엇으로 설정하는가가 성인지 예산에서 대단히 중요한 사항임을 보여 준다. 국가 차원에서 성불평등 문제가 어떻게 인식되는가에 따라 예산이 추구하는 세부적인 하위 성평등 목표가 정해지고, 이에 준거해 예산이 추구해야 할 구체적인 사업목표와 사업 대상이 설정되기 때문이다(정안의, 2016: 7). 우리나라의 성불평등에 대한 사회적 인식은 여전히 임금 격차와 일 · 가정 양립 정책의 필요성에 나타난 바와 같이 10여 년이 지난 과정 속에서도 변화가 나타나지 않고 있어 성인지 제도를 제대로 시행하는 데 걸림돌이 되고 있는 실정이다.

제 6 절 결 론

성인지 예산제도에 대한 토착화는 다음과 같이 설명된다. 첫째, 외국의 제도를 자발적으로 모방하여 도입하였다. 여성단체의 사회운동으로 시작되었고 국회가 주도적으로 성인지 예산제도의 도입에 관한 지속적인 관심과 다양한 노력을 기울여 왔다. 둘째, 성인지 예산서의 형식, 성평등 목표체계, 성인지 예산작성 대상 사업 선정, 성인지 예산분석 방법, 성인지 예산제도와 성별영향평가의 연계, 추진체계의 개선과 공무원의 교육 등 관련 자원이 충분하지 않았다. 셋째, 도입 과정에서 여성단체와 국회의 여성의원들의 역할이 컸다. 넷째, 도입 이후 제도를 정비하고 법적 근거를 강화하여 대상 사업 규모를 확대한다. 우리나라의 성인지 예산제도는 한국적으로 많이 변형된 형태를 가지고 있다. 국회예산정책처가 2015년 10월 19~23일 성인지 예산서를 작성하는 20개 부처 예산 및 사업담당자 161명을 대상으로 설문조사한 결과, 응답자의 50.3%가 작성 교육에 참석하지 않은 것으로 나타났다. 예산 편성 시 성별영향을 고려했는지 여부에 대한 질문에 응답자의 53.4%가 고려하지 않았다고 답했다. 향후 예산집행 과정에서 성평등(성별 수혜) 제고를 위한 집행방식 개선 계획 여부에 대한 질문에는 계획이 없다는 응답이 58.4%로 절반이 넘었다(여성신문, 2015년 11월 12일). 관련 당사자에게 재정 제도로 인식되고 있으며 성평등 제고에 영향을 미치지 못하고 있는 것이다. 이러한 이유는 정책결정자(국회)의 무관심과 실질적 업무추진 부서인 여성가족부의 위상이 낮으며, 공무원 교육 및 성별분석기법의 개발 미흡, 성평등에 대한 한국 사회의 인식 제고 필요성 등으로 설명할 수 있다.

성인지 예산제도는 국가의 성평등 수준을 제고하기 위하여 성평등에 관한 법적인 기반을 마련하고, 예산사업의 성평등 분석범위를 확대하였다. 또한 성인지 예・결산서 작성을 위한 공무원 교육을 통해 성평등 인식제고에 기여하였다. 성인지 예산제도의 운영에 대해 여성가족부가 주도적으로 기획재정부와 각 부처를 뒷받침하고 있다. 또한 한국여성정책연구원을 중심으로 한 많은 연구물의 축적은 제도의 발전에 크게 기여해 오고 있다. 여성단체를 중심으로 한 시민사회의 영향력이 매우 크다. 성인지 예산제도의 도입에 여성단체의 역할이 컸을 뿐만 아니라 여성 국회의원들의 지지도 큰 힘이 된 바 있다(윤영진 · 이정화, 2013: 358). 그러나 토착화로 설명된 성인지 예산제도의 현주소는 외형적인 측면에서만 확대된 모형을 갖추고 있고, 실행력이나 본래의 취지에 맞는 성평등 기여에는 여전히 한계가 존재하고 있다.

이 글은 선진화된 형태를 갖추고 있는 '성인지 예산제도'에 대하여 토착화 과정으로 분석을 실시하였다는 것에 의미를 둔다. 도입된 지 10년이 지났지만 형식적인 제도의 한계를 벗어나지 못하고 있음을 확인하였다. 제도의 실효성을 담보한 토착화가 이루어지기 위해서는 국가재정이 남녀 모두에게 효율적으로 배분될 수 있도록 적극적 조치를 취해야 할 것이다. 국회의 심의를 강화하고 전담부서를 설치하여 인력과 재정 지원이 이루어져야 한다. 공무원 교육은 업무추진에 있어 성인지 감수성이 높아질 수 있도록 실질적인 지원이 이루어져야 하며 성별분석기법 등 불충분한 자원이 개발되고 성평등에 대한 한국 사회의 인식 확대를 위한 다양한 지원책이 마련되어야 한다.

이 글은 중앙 단위의 성인지 예산을 중심으로 분석을 실시하고 지방 성인지 예산은 자료 수립의 어려움 등으로 분석에서 제외된 한계점을 가지고 있다. 향후 이용 가능한 국가재정이 성평등을 포함한 정부의 목적을 달성하는 데 있어 효과적이고 효율적으로 활용되도록 하는 다양한 연구가 지속되기를 기대한다.

PART 03

앵무새형에서 나비형으로

CHAPTER 08

주민참여 예산제도의 도입과 토착화

윤성일* · 임동완**

주민참여 예산제도는 브라질 포르투 알레그레(Porto Alegre) 시에서 최초로 운영된 이래로 여러 나라들로 확대되었다. 우리나라에서는 광주광역시 북구에서 처음 도입한 이래로 다른 지방자치단체로 점차 확대되었으며, 2011년에는 「지방재정법」을 개정하여 모든 지방자치단체가 주민참여 예산제도를 의무적으로 시행하게 되었다. 이 글은 우리나라의 주민참여 예산제도를 토착화 관점에서 살펴보고 시사점을 제시하는 데 목적이 있다. 우리나라에서 주민참여 예산제도의 토착화는 제도 이식 후 경로의존모형과 경로진화모형으로 구분된다. 경로의존모형은 브라질 포르투 알레그레 시의 제도 원형을 도입한 이후 원형에서 큰 변화 없이 지속되는 유형으로 광주광역시 북구가 대표적인 지방자치단체이다. 경로진화모형은 제도를 도입한 이후 시간이 흐름에 따라 제도가 지속적으로 변화하는 형태로서 서울특별시가 대표적인 지방자치단체이다. 이 글은 주민참여 예산제도가 우리나라에 토착화하기 위해서는 제도의 본지 및 가치는 보전하면서 실제 운영은 지방자치단체의 실정에 맞는 형태로 운영되어야 함을 시사점으로 제시한다.

이 글은 『한국사회와행정연구』 제29권 제4호에 게재된 논문을 수정 · 보완한 것임.

* 한국지방행정연구원 부연구위원(leslieyoon@gmail.com)
** 단국대학교 공공관리학과 부교수(sum2@dankook.ac.kr)

제 1 절 서 론

주민참여 예산제도는 지방자치단체의 예산 과정에 지역주민의 직접적인 참여를 보장하여 지역주민의 의견을 구하고 지역사회에 필요한 사업을 수행하는 제도이다. 이는 지방자치단체의 실질적 주권자인 주민의 참여요구 증대에 부응하여 주민이 직접 예산 과정에 참여하는 장치를 강화할 필요성에 의하여 시행되고 있다. 따라서 주민참여 예산제도는 정부 주도의 예산운영의 한계를 극복하고 예산 과정의 투명성, 공정성, 책임성 등을 높임으로써 재정민주주의를 구현하는 데 의의가 있다(곽채기, 2005a; 윤성일 · 임동완, 2016; 정우열, 2014).

주민참여 예산제도는 브라질의 포르투 알레그레(Porto Alegre) 시에서 최초로 도입한 이래로 아메리카의 국가들뿐만 아니라 유럽 및 아시아 등의 다양한 국가로 확산되었다. 그런데 주민참여 예산제도는 다양한 국가들로 확산하는 과정에서 각국의 정치, 사회, 경제, 문화적 환경과 관련 제도의 차이로 인하여 다양한 형태로 운영되고 있다. 브라질을 비롯한 남아메리카 국가들의 주민참여 예산제도는 부패한 지방의회에 대한 견제기능을 수행하는 형태로 운영하고 있고, 서유럽 국가들의 주민참여 예산제도는 지방자치단체의 대의민주주의 한계를 극복하는 기능을 수행하는 형태로 운영하고 있으며, 동유럽 및 아시아 국가들의 주민참여 예산제도는 민주주의 경험 향상 및 국제기구들의 권고 등에 의하여 운영하고 있다(신진영, 2013; 안성민 · 최윤주, 2009; 임성일, 2011).

해외에서 운영하고 있는 주민참여 예산제도는 우리나라에서도 도입하여 운영하고 있다. 2003년에 광주광역시 북구에서 주민참여 예산제도를 최초로 시행하였고, 2005년에는 「지방재정법」을 개정하여 주민참여 예산제도의 법적근거를 마련하면서 주민참여 예산제도를 도입한 지방자치단체가 점차 확대되었다. 이후 2011년 「지방재정법」을 개정하여 주민참여 예산제도를 의무사항으로 하면서 전국적으로 실시되었다. 또한 2014년 「지방재정법」 개정에서는 지방자치단체의 장은 예산편성 과정에 참여한 주민의 의견을 수렴하여 그 의견서를 지방의회에 제출하는 예산안에 첨부하여야 함을 의무사항으로 하였고, 2018년 「지방재정법」 개정에서는 예산편성 등을 포함한 예산 과정 전반에서 주민참여 예산제도를 운영할 수 있게 하였다(윤성일 · 임동완, 2016; 윤성일, 2018). 그러나 「지방재정법」과 동법 시행령은 개략적인 사항만 규정하고 구체적인 시행은 지방자치단체의 조례에 의하도록 함으로써 지방자치단체마다 다양한 형태로 운영되고 있다.

이와 같이 주민참여 예산제도는 우리나라에서 토착화되면서 다른 국가들처럼 우리나라의 맥락을 반영하여 운영되고 있다. 이는 제도가 갖고 있는 연계성으로 인하여 제도가 뿌리를 내리는 환경을 반영할 수밖에 없기 때문이다. 이러한 배경 속에서 이 글은 주민참여 예산제도의 운영을 상이한 맥락(context)과 연관지어 분석하고자 한다(김윤권, 2006; 2009; 하연섭, 2003). 이를 통해서 우리나라의 맥락에서 도입된 주민참여 예산제도의 특징을 분석하여 궁극적으로는 주민참여 예산제도의 개선과 발달에 도움을 주고자 한다. 이를 위해 이 글은 브라질의 포르투 알레그레 시의 주민참여 예산제도를 살펴보고, 우리나라에 도입된 주민참여 예산제도를 광주광역시 북구 및 서울특별시의 사례를 통하여 토착화를 분석한다.

제 2 절 이론적 논의

1. 주민참여 예산제도의 의의

주민참여 예산제도(Participatory Budgeting)는 기존의 정부 중심의 폐쇄적이며 관료 중심적으로 운영되던 예산 과정에서 주민들이 직접 참여하여 주민들이 원하는 지방공공재의 배분을 결정하는 제도이다. 따라서 주민참여 예산제도는 지방정부에 대하여 사후에 실시하는 예산감시가 아니라 예산편성 과정에서부터 지역주민의 직접적인 참여를 통해 주민이 원하는 지역사회의 사업을 제안하여 민주성을 증대하고, 그 집행 과정의 투명성을 보장한다는 특징이 있다. 주민참여 예산제도를 통해 지역주민들은 자신들이 원하는 지방공공재에 대한 수요를 표출할 수 있고, 이에 대한 공적인 토론을 거쳐 지방정부의 예산으로 편성하기 때문에 세출의 효율성(efficiency)

을 제고할 뿐만 아니라 재정민주주의(fiscal democracy)를 구현할 수 있다(윤성일·임동완, 2016; 윤성일, 2017).

주민참여 예산제도의 핵심 개념은 다음과 같이 '주민', '참여', '예산'으로 구분하여 설명할 수 있다(윤성일, 2017). 첫째, 주민참여 예산제도에서의 '주민'은 지방자치단체의 구역 안에 주소를 가진 자로 규정하는 「지방자치법」보다 넓은 개념으로 주소를 가진 자뿐만 아니라 대개 해당 지방자치단체에서 배우거나 근무하는 사람까지도 포함하고 있다.[1] 둘째, 주민참여 예산제도에서의 '참여'는 참여의 시점과 수준으로 유형화할 경우 사후적·적극적 참여(주민소송 제도, 주민감사청구 제도 등), 사후적·소극적 참여(결산정보공개 등), 사전적·소극적 참여(예산편성안 공개 등)가 아닌 사전적·적극적 참여에 해당한다. 셋째, 주민참여 예산제도에서 지역주민들이 참여할 수 있는 '예산'은 해당 지방자치단체의 실정에 맞게 자체사업 본예산(인건비·법적경비·경상경비), 당초예산의 일반회계(법정경비 등은 제외), 해당 연도의 전체 예산, 해당 연도 전체 예산과 기금, 주민 다수의 복리증진 및 지역발전을 위한 사업(인건비와 법정경비는 제외) 등과 같이 다양하게 규정되어 있다.

브라질 포르투 알레그레 시에서 처음 도입된 주민참여 예산제도는 여러 국가로 확산되면서 제도의 형태도 다양하게 나타나고 있다. 유럽국가에 확산된 주민참여 예산제도는 유럽형 포르투 알레그레(Porto Alegre adapted for Europe) 모형, 이익집단 참여(Participation of organized interests) 모형, 지방수준의 공동자금(Community funds at local and city level) 모형, 공사 협상테이블(public/private negotiating table) 모형, 근린참여(Proximity participation) 모형, 재정협의(Consultation on public finances) 모형 등으로 유형화할 수 있다(Sintomer et al., 2008). 미국의 뉴욕 시의 경

1) 주민참여 예산제도의 근거조항인 「지방재정법」 제39조에서는 주민참여 예산제도에 참여할 수 있는 주민에 대해 별도로 규정하고 있지 않지만 지방자치단체의 주민참여 예산제도 운영조례에서 주민에 대하여 폭넓게 규정하고 있다. 「서울특별시 서대문구 주민참여 예산제 운영조례」에서는 주민을 서대문구에 거주하거나, 일하거나, 배우거나, 활동하는 모든 사람으로 규정하고 있다. 그리고 「서울특별시 시민참여 예산제 운영조례」에서는 서울시에 주소를 두고 있는 자, 시 관할지역에 소재한 기관에 근무하는 자, 시에 영업소의 본점 또는 지점을 둔 사업체의 대표자 또는 임·직원, 시 소재 「초중등교육법」과 「고등교육법」상의 학교 재학생과 이와 동등한 자격을 갖춘 자로 규정하고 있다. 한편, 서울시 시민참여 예산제도에서는 소속 공무원들이 동원될 우려가 있어서 서울시와 자치구의 공무원 및 산하 출연기관이나 투자기관에 종사하는 자를 시민에서 제외하고 있다.

우 시의원이 사용할 수 있는 재량적 자본예산(capital fund)의 배분에 지역주민들이 참여하고 있으며, 참여를 위하여 근린회의(Neighborhood Assemblies), 예산대표자회의(Delegate Meetings), 사업계획 박람회(Project Expos) 등의 제도적 장치를 두고 있다(엄태호, 2013). 한편, 일본 시키시(志木市)의 경우 지방자치단체와 별도로 제2의 시청이라 할 수 있는 시민위원회를 구성하여 독자적인 예산안을 편성하고, 시민 예산 설명회를 통해 시청이 작성한 예산안과 시민위원회가 작성한 예산안에 대한 토론을 통해 최종예산안이 결정되는 형태의 주민참여 예산제도를 운영하고 있다(이용환, 2011). 이와 같은 주민참여 예산제도는 제도의 운영 형태는 다양하게 나타날 수 있지만 그 기본원리는 '1인 1표제(one man one vote)'를 통한 시민에 의한 풀뿌리 민주주의(grassroots democracy) 실현, 예산배분을 통한 사회정의(social justice)의 구현, 주민참여예산위원회와 같은 위원회를 통한 주민통제(citizen control) 실현이라 할 수 있다(Sintomer et al., 2008).

2. 토착화

토착화는 외국에서 들여온 제도가 그 제도를 도입한 사회의 풍토에 맞게 정착하는 것을 의미한다. 즉, 토착화는 외국 제도의 이식을 전제로 하며 제도 이식 이후 안정화되는 과정을 포함한다(하태수, 2002; 박명재, 2005; 박흥식, 2005).

제도의 이식은 사회학적 신제도주의에서 강조하는 동형화에 의하여 설명할 수 있다. 동형화는 제도적 압력에 의하여 조직들이 사회적으로 인정받는 조직 형태를 구성함으로써 시간이 경과함에 따라 서로 유사해지는 것을 의미한다. 제도적 압력은 확산이라는 작동 구조를 통해 수렴하는 현상이 나타난다(하연섭, 2003; DiMaggio & Powell, 1983).

디마지오와 파월(DiMaggio & Powell, 1983)은 제도적 압력의 세 가지 유형으로 강제적 동형화(coercive isomorphism), 모방적 동형화(mimetic isomorphism), 규범적 동형화(normative isomorphism)를 제시하였다. 이를 분설하면 다음과 같다. 강제적 동형화는 자원의존 상황 하에서 상급조직의 명령에 의해 발생한다. 즉, 권력 관계 속에서 상급조직의 압력이 법령 등을 통하여 강제함으로써 자원의존적인 조직들은 이를 수용할 수밖에 없음으로써 나타난다. 모방적 동형화는 조직들이 불확실성에 직면하였을 때 해당 분야에서 성공적이거나 정당성 및 영향력이 있는 것으로 인지되는 조직을 모방하여 나타난다. 규범적 동형화는 전문조직 및 전문협회 등에서 특정 제도가 유용함을 공유하여 그 필요성을 주장하고 이를 조직의 정책결정권자가 수용함으로써 나타난다. 디마지오와 파월(DiMaggio & Powell)은 둘 또는 세 가지 압력이 동시에 일어날 수도 있음을 주장하고 있다(하연섭, 2003; Carpenter & Feroz, 2001; DiMaggio & Powell, 1983).

그런데 제도의 이식은 제도의 정착을 담보하지 않는다. 제도의 정착은 이식된 제도가 새로운 풍토에서 뿌리내리는 것으로 그 사회의 맥락을 살펴보아야 한다. 맥락이란 사회의 정치적, 사회적, 경제적, 문화적 구조에 배태되어 있는 것으로써 맥락을 통하여 제도의 유지와 변화가 이루어진 배경을 고찰할 수 있다. 맥락은 제도를 독립적으로 존재하게 하지 않고, 다양한 환경, 제도, 행위자 등을 연결시켜 제도의 다차원적인 모습을 형성하게 한다. 따라서 제도가 그 사회의 풍토와 결합하는 방식에 따라서 제도의 양태가 다양하게 나타날 수 있다. 따라서 맥락은 제도의 유지와 변화를 설명하고 제도의 원형과의 유사점 및 차이점을 비교하는 데 유용하다(김윤권, 2006; 2009; 하연섭, 2003; Immergut, 1998). 이러한 측면을 고려할 때 제도의 토착화는 제도의 이식과 더불어 맥락에 따른 제도의 정착도 함께 고려하는 것이 필요하다. 제도는 맥락에 의하여 경로의존이 나타나기도 하고 경로진화가 나타나기도 한다. 경로의존은 이식된 제도가 시간이 흐름에 따라 유지되는 것을 의미하여 경로진화는 이식된 제도가 시간이 흐름에 따라 변화되는 것을 의미한다(하태수, 2010; Mahoney & Thelen; 2010; 남재걸, 2012).

3. 분석모형

브라질의 포르투 알레그레 시에서 시작된 주민참여 예산제도는 우리나라에서는 광주광역시 북구에서 도입된 이후 다른 지방자치단체로 확산되며 다양한 유형으로 정착되고 있다. 이 글은 주민참여 예산제도의 토착화를 제도의 이식과 정착으로 구분하여 설명한다. 제도의 이식은 동형화 이론을 바탕으로 검토하고 제도의 정착은 맥락에 기초하여 모형과 경로의존모형과 경로진화모형을 바탕으로 논의하는 것을 목적으로 한다.

이를 위하여 이 글은 크게 세 가지 단계로 구분하여 분석하고자 한다. 첫 번째 단계에서는 제도의 이식과 관련하여 사회학적 신제도주의 이론에 의하여 주민참여 예산제도가 동형화가 나타나는지를 논의한다. 즉, 세계에서 최초로 주민참여 예산제도를 실시한 브라질의 포르투 알레그레 시 모형을 우리나라에 이식할 때 강제적, 모방적, 규범적 동형화가 나타나는지를 분석한다. 그리고 우리나라에서 이식되는 과정에서 원형이 그대로 유지되었는지 또는 변형이 이루어졌는지 대한 분석을 수행한다. 이를 위하여 우리나라에서 주민참여 예산제도를 처음으로 도입할 때 시민사회의 활동과 정치권의 영향 등은 어떠하였는지 및 도입 당시의 운영모형은 어떠하였는지를 분석한다.

두 번째 단계에서는 토착화 과정에서 그 사회의 맥락이 어떻게 반영되었으며 주민참여 예산제도가 경로의존(path dependence)과 경로진화(path evolution)가 나타났는지를 논의한다. 경로의존이란 우연한 사건으로 특정 시점에서 형성된 제도가 시간이 경과하여도 지속되는 것을 의미한다. 경로의존은 제도를 지속시키는 요인들과 제도의 변화를 제약하는 요인들을 분석하여 특정 제도가 지속되는 이유를 설명한다(하연섭, 2003; 하태수, 2010; 박용성·박춘섭, 2011; 남재걸, 2012).

그런데 제도는 경로의존의 성격을 나타내기도 하지만 경로진화의 성격을 나타내기도 한다. 경로진화는 기존의 제도의 안정과 제도의 변화를 설명한다. 이는 제도가 오랜 기간 동안 점진적으로 변화하고 있다면 제도는 안정적이면서도 진화하는 경향이 나타내며, 이러한 변화가 장기간 축적되면 원형과는 다른 제도의 형태가 나타날 수도 있다(남재걸, 2012, 2014; Streeck & Thelen, 2005). 경로의존과 경로진화는 지방자치단체의 사례를 중심으로 살펴본다.

세 번째 단계에서는 주민참여 예산제도의 경로진화의 유형을 분석한다. 경로진화는 층화(layering), 표류(drift), 대체(displacement), 전환(conversion)으로 구분되는데 이를 분설하면 다음과 같다. 층화는 기존 제도의 구성요소들에 새로운 요소들이 추가되어 기존 제도의 운영방식이 변화하는 경우, 표류는 제도가 존재하고 있으나 원래 의도했던 방식으로 운영되지 않거나, 의도했던 효과가 나타나지 않는 경우, 대체는 기존의 제도가 새로운 제도로 변화하는 경우, 전환은 기존의 제도가 새로운 목적이나 기능을 수행하는 것으로 바뀌게 되는 경우를 의미한다(남재걸, 2012; 2014; Mahoney & Thelen, 2010). 경로진화는 지방자치단체의 사례를 중심으로 경로진화의 유형을 분석한다.

이상의 내용을 그림으로 나타내면 [그림 8-1]과 같다. *PB*는 주민참여 예산제도의 원형으로 브라질의 포르투 알레그레 시의 모형이다. PB'는 우리나라에서 처음 도입한 주민참여 예산제도이다. 이는 브라질의 포르투 알레그레 시의 모형을 모방한 형태로 나타난다. 그런데 우리나라의 주민참여 예산제도는 경로의존모델과 경로진화모델로 구분된다. 경로의존모델은 시간이 흘러도 PB'의 형태가 그대로 유지하는 형태이다. 즉, 브라질의 포르투 알레그레 시의 모형을 그대로 유지하고 있는 형태이다. 한편, 경로진화모델은 초기에 PB' 모델로 나타났으나 시간이 흐름에 따라 PB'', PB'''로 변화하며, 이는 브라질의 포르투 알레그레 시의 모델을 변형시키는 것이다. 이는 경로진화 중 층화를 나타내며 포르투 알레그레 시의 주민참여 예산제도에 우리나라의 새로운 요소들이 덧붙여져서 포르투 알레그레 시의 주민참여 예산제도의 운영방식에 변화가 나타나는 형태이다.

그림 8-1 연구의 분석모형

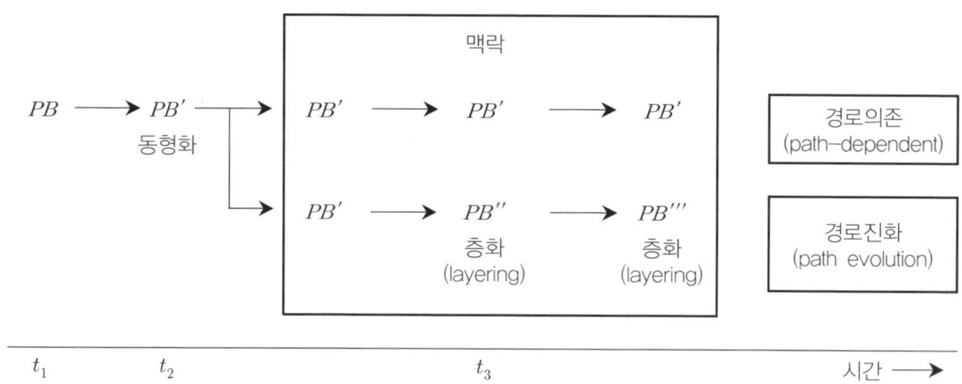

제 3 절 토착화 분석

1. 제도의 원형: 브라질 포르투 알레그레 시

1) 제도적 맥락

세계 최초로 주민참여 예산제도를 도입한 브라질의 포르투 알레그레(Porto Alegre) 시에서는 1988년 시장선거에서 승리한 노동자당(PT)의 정치실험에 의하여 도입되었다(나중식, 2004). 브라질은 당시 1964년부터 1985년까지의 군부 독재를 끝낸 상태였으며, 민주적으로 제정된 헌법에 의해 실시된 1988년 시장선거에서 수십 년 간 이어진 재정지출의 우선순위를 중상층과 상류층이 아닌 하위층에 맞추는 이른바 '지출 우선순위의 역전(inversion of spending priorities)'이라는 선거홍보문구로 노동자당은 시장선거에서 승리를 하였다(Wampler, 2007). 포르투 알레그레 시 시장선거에서 승리를 한 노동자당이 집권을 시작했을 때에는 이미 포르투 알레그레 시는 재정상태가 파산났으며, 체계적이지 못한 관료제로 운영되고 있었다. 새로 집권한 행정부는 열악한 재정상태를 해결하기 위하여 시민들이 정부의 정책결정에 직접 참여할 수 있는 역할을 부여하고, 재정지출의 우선순위를 바꾸는 전 행정부와는 다른 작동 기제(mechanism)를 고안하였으며, 이러한 실험 과정의 결과로 주민참여 예산제도가 1989년에 도입되었다(Wampler, 2007).

포르투 알레그레 시의 주민참여 예산제도는 브라질의 고유한 정치환경의 산물이라고 할 수 있다. 즉, 브라질은 1964년부터 20년이 넘은 군부 독재로 인해 고객주의(clientelism)와 호혜주의 정치문화가 만연하였고, 이로 인해 부정부패와 분배의 불균형이 심하였다(나중식, 2004). 이러한 상황을 해결하기 위하여 공식적인 제도의 개편으로 사회 변혁을 이루려는 제도주의적인 접근방법(institutionalism)과 시민사회와 개혁적인 정치가와의 연계를 통해 사회 변혁을 이루려는 시민사회이론적인 접근방법(civil society theories)이 제기되었는데 주민참여 예산제도는 이 중 시민사회이론적인 접근방법이라고 볼 수 있다(Wampler & Avritzer, 2004). 왜냐하면 포르투 알레그레 시의 주민참여 예산제도는 법률이나 조례로 제도화된 것이 아니기 때문이다(나중식, 2005).

2) 제도의 특징

주민참여 예산제도의 원형이라 할 수 있는 브라질 포르투 알레그레 시에서는 다음과 같은 운영 과정을 거치면서 주민의 의견을 수렴하고 있다(Moynihan, 2007; Wampler, 2007).

첫째, 제1차 지역회의(regional meetings)가 개최되는 단계이다. 지역회의는 포르투 알레그레 시를 인구 수에 따라 구분한 16개 지역에서 각각 개최된다. 제1차 지역회의는 3월에서 6월까지 개최되는데, 여기에는 시장, 공무원, 시민단체, 청년클럽이나 헬스클럽과 같은 근린조직 등의 다양한 단체의 사람들이 참여하고 있다. 제1차 지역회의에서는 먼저 시장과 담당 공무원들이 지난 회계연도에 집행한 예산에 대한 정보를 포함하여 예산에 관한 일반적인 정보를 참여자들에게 제공한다. 그리고 제1차 지역회의에서는 지역회의를 대표하여 지역의 우선순위를 정할 수 있는 시민대표(citizen－delegate)를 선출한다. 이때 선출되는 시민대표의 수는 지역회의에 참석하는 참가자 수에 비례하여 정해지기 때문에 지역주민들은 자기 지역의 현안이 주민참여 예산제도를 통하여 선정될 수 있도록 지역회의에 많은 관심을 가지고 참여를 한다. 선출된 시민대표는 지역의 지출 우선순위를 정하기 위한 근린회의(neighborhood meeting)를 보통 매주 개최한다.

둘째, 제2차 지역회의가 개최되는 단계이다. 6월에서 9월까지 개최되는 제2차 지역회의에서는 시민대표는 근린회의의 결과를 보고하고 다음 회계연도에 시정부가 집행할 사업이나 정책을 결정한다. 제2차 지역회의에서 참석자들은 지역을 위한 사업의 우선순위를 결정할 수 있는 충분한 정보를 가지고 제안된 정책에 대하여 토론을 하며, 현장에 대한 방문을 하고 최종적으로 투표를 통하여 차년도 주민참여 예산사업을 확정한다. 그리고 제2차 지역회의에서는 예산평의회(Participatory Budget Council: PBC)에 참석할 대표를 각 지역회의별로 2명씩 선출한다.

셋째, 예산평의회가 개최되는 단계이다. 예산평의회는 16개 지역회의에서 각각 2명씩 선출된 32명의 평의원과 지역과 상관없이 포르투 알레그레 시 전체를 위한 특정한 주제별 이슈(thematic issue)를 다루기 위해 선출된 10명의 평의원, 공무원노동조합 대표로 선출된 1명의 평의원, 근린협의체 대표로 선출된 1명의 평의원, 시정부 대표로 선출된 2명의 평의원 등으로 구성된다. 예산평의회는 7월부터 9월까지 일주일에 최소 1회 이상 개최되며 제안된 주민참여 예산사업을 논의하고 확정을 한 다음 최종적으로 9월 30일에 시장에게 제출한다.

넷째, 주민참여 예산사업이 확정되는 단계이다. 예산평의회로부터 받은 주민참여 예산사업에 대하여 시장은 이를 받아들이거나 예산평의회에 수정을 요구할 수 있다. 하지만 예산평의회는 평의원 전체의 3분의 2의 찬성으로 이를 기각할 수 있다. 시장은 제안된 주민참여 예산사업을 다음 회계연도의 예산에 포함시켜 지방의회에 제출한다.

그림 8-2 포르투 알레그레 시의 주민참여 예산제도 운영 과정

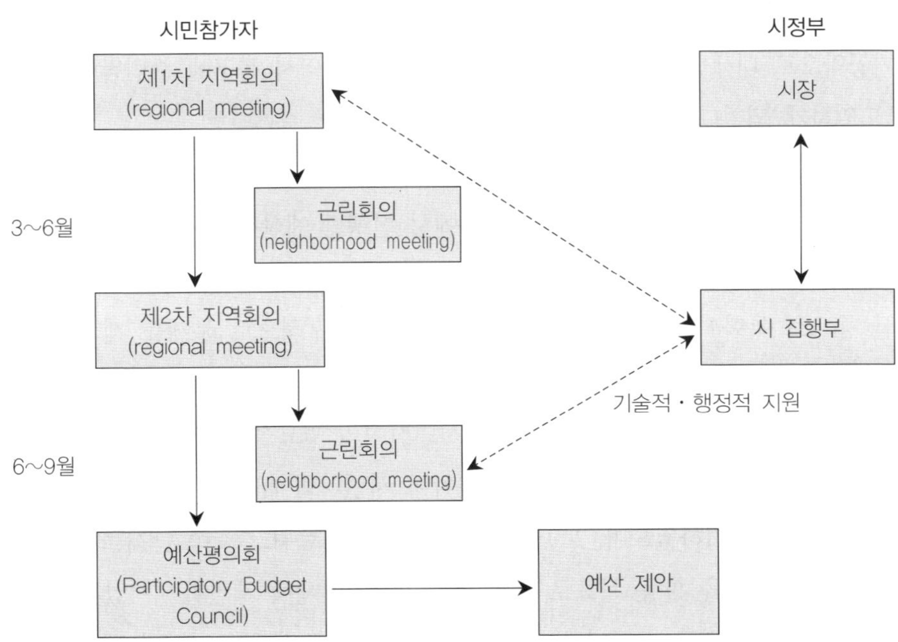

출처: Wampler(2000).

2. 제도 도입과 경로의존: 광주광역시 북구

1) 제도적 맥락

우리나라에서 주민참여 예산제도가 도입하게 된 것은 다음과 같이 정치권에서의 도입을 위한 적극적인 활동과 시민사회의 예산감시운동, 그리고 중앙정부의 제도적인 노력이라고 할 수 있다(풀뿌리자치연구소 이음, 2011; 김웅, 2002; 2003; 박광우, 2006; 박미옥, 2006; 엄태호, 2013).

첫째, 정치권에서의 주민참여 예산제도를 도입하려는 적극적인 활동으로 인해 우리나라에 주민참여 예산제도가 도입되었다. 민주노동당은 브라질의 포르투 알레그레시의 주민참여 예산제도의 영향을 받아 2001년에 「예산참여시민위원회 설치 및 운영에 관한 조례」 제정을 청구하는 캠페인을 민주노동당 서울시지부와 군산지구당, 그리고 순천의 시민단체를 통해 펼쳤다. 그 후 2002년 6·13 지방선거에서 민주노동당이 선거공약 중의 하나로 주민참여 예산제도 도입을 내세우면서 주민참여 예산제도가 공론화되기 시작하였다. 그리고 광주광역시 북구청장 선거에 주민참여행정을 선거공약으로 내세웠던 후보자가 당선되면서 광주광역시 북구에 주민참여 예산제도를 도입하게 되었다.

둘째, 시민사회의 예산감시운동의 영향으로 우리나라에서 주민참여 예산제도가 도입하게 되었다고 볼 수 있다. 시민사회에서 진행한 예산감시운동은 환경단체에 의한 환경 관련 예산, 문화단체의 의한 문화 관련 예산, 그리고 복지단체의 복지 관련 예산 등으로 특화되어 운영되었지만 기본적으로 사후적으로 문제를 제기하는 방식으로 운영되었다. 이러한 사후적으로 예산에 참여하는 방식이 가진 한계점을 치유하기 위해 사전적으로 예산편성 과정에서 시민참여의 필요성이 다양한 시민단체에 의하여 제기되었다. 2002년에는 정치권에 이어 시민사회에서도 주민참여 예산제도의 도입 필요성을 제기하였으며, 2003년에는 예산감시네트워크 소속 단체들이 시민참여 예산조례제정운동을 활동 목표로 정하고 지방자치단체에 제안할 수 있는 표준조례안을 작성하였다. 전국의 시민단체들은 지역의 특성에 맞게 주민참여 예산제도 조례제정운동을 전개하였다. 광주지역의 경우 예산감시네트워크의 참가단체인 '참여자치

21'이 주민참여 예산제도 도입을 제안하였으며, 2003년에 광주광역시 북구가 처음으로 주민참여 예산제도를 도입하였다.

셋째, 중앙정부의 지방분권화 정책은 지방자치단체에서 주민참여 예산제도를 도입하는 토대가 되었다. 2003년에 참여정부는 지방분권 추진 로드맵의 하나로 주민참여 예산제도의 도입을 제시하였으며, 2004년에는 지방자치단체 예산편성지침을 통해 주민참여형 예산편성 제도의 도입을 권장하였다. 이러한 중앙정부의 제도적인 노력으로 인해 광주광역시 북구는 우리나라 최초로 「주민참여예산제운영조례」를 제정하게 되었다.

2) 제도의 특징

우리나라에서 최초로 주민참여 예산제도를 도입한 광주광역시 북구는 현재 14단계를 거치면서 주민의 의견을 수렴하고 있다. 주민참여 예산제도가 도입되기 전에는 실무부서의 예산요구서에 대해 실국별 협의 및 조정을 통해 예산안이 편성되어 ① 예산편성지침 시달, ② 예산요구서 제출, ③ 예산안 심의·조정, ④ 예산안 확정, ⑤ 의회제출 등과 같은 5단계를 거쳐 진행되었다. 하지만 주민참여 예산제도가 도입된 이후 예산안 편성 과정이 재구축되어 다음과 같이 14단계를 거쳐 예산이 편성되고 사후에 관리되고 있다.

현재 광주광역시 북구의 주민참여 예산제도를 위한 주요 참여기구는 다음과 같이 예산참여지역회의, 예산참여시민위원회, 예산참여민관협의회, 주민참여예산제연구회 등으로 구분할 수 있다.

첫째, 예산참여지역회의는 행정체계의 최하위라 할 수 있는 동별로 진행되는 회의이다. 예산참여지역회의는 광주광역시 북구의 예산편성 방향과 부문 간 지출 우선순위에 대한 의견 수렴, 세입세출예산 편성 관련 주민의견의 수렴 및 집약, 결산에 관련 의견 수렴, 시민위원회 구성을 위한 지역회의 위원 추천 등의 역할을 수행하고 있다. 지역회의의 구성은 12명 이내로 하고 있으며 특정 성별이 전체의 60%를 넘지 않도록 하고 있다. 지역회의의 위원은 동 주민자치위원회가 추천한 주민자치위원 3명과 지역회의에 참석을 희망하는 주민의 공개모집 절차를 통해 선정된다.

표 8-1 광주광역시 북구 주민참여 예산 달력

예산정책토론회 (분야별 토론회)	지역회의 (사전설명회)	예산편성지침	예산정책토론회 (사전설명회)	주민의견수렴 및 예산요구서 작성
부서별 결산자료 설명 주민의견 수렴	동별 지역회의	예산편성지침 시달 예산편성매뉴얼	주민의견 수렴 (기획조정실)	주민의견 수렴 예산요구서 작성
5~6월	7~10월	8~9월	8~9월	9~10월

예산요구서 제출	예산요구서 공개	예산안 심의 · 조정	예산정책토론회 (분야별 토론회)	예산정책토론회 (총괄토론회)
의견수렴결과 예산요구서 제출 (실과소동→기획조정실)	예산요구서 홈페이지 등 공개	부서별 협의 및 조정 조정결과 보고	부서별 예산요구서 설명 및 토론 주민의견 수렴	주민의견 수렴
9~10월	10월	10월	10월	10~11월

예산참여민관협의회	예산안 확정	예산안 의회제출	주민의견 평가 및 환류
예산편성 관련 주민의견 심의 후 예산반영 여부 결정	주민의견 수렴 및 반영 구청장 결재	예산안 심의	주민의견 평가 및 환류
11월	11월	11월	12월

출처: 광주광역시 북구청 홈페이지.

둘째, 예산참여시민위원회는 주민참여 예산제도의 운영 과정에서 가장 큰 영향력을 행사하는 핵심적인 의사결정 단위로서 지역회의나 홈페이지 등 다양한 경로를 통해 제안된 안건을 수렴하여 우선순위를 결정하는 역할을 수행하고 있다. 구체적으로 예산참여시민위원회는 예산편성지침에 대한 의견수렴, 예산과 결산안에 대한 의견제출, 주민 및 청년위원회를 대상으로 한 예산교육, 예산정책토론회 개최, 결산 설명회 참여, 주민제안사업의 우선순위 심의 및 조정 등의 역할을 수행하고 있다. 예산참여시민위원회는 160명 이내로 구성하며, 특정 성별이 전체의 60%를 넘지 않도록 하고 있다. 예산참여시민위원회의 위원은 예산 및 행정에 대해 전문적인 식견이 있는 전문가로서 「비영리 민간단체지원법」에 의한 비영리민간단체의 추천을 받은 자, 동별 지역회의가 추천한 지역회의 소속 주민자치위원 2명과 공개모집한 주민위원 3명, 그리고 지방세 성실 납세자 중에서 선정한다. 예산참여시민위원회는 그 기능을 효율적으로 수행하기 위해 분과위원회를 두고 있다.

셋째, 예산참여민관협의회는 예산참여지역회의와 예산참여시민위원회 등을 통해 수렴된 주민들의 예산편성 관련 의견을 반영하기 위한 사항을 심의하는 역할을 수행하고 있다. 구체적으로 예산참여민관협의회는 지역회의와 시민위원회 등을 통해 수렴된 지역주민들의 의견을 예산편성에 반영하기 위한 사항의 심의, 예산편성의 우선

그림 8-3 광주광역시 북구 주민참여 예산제도 운영체계

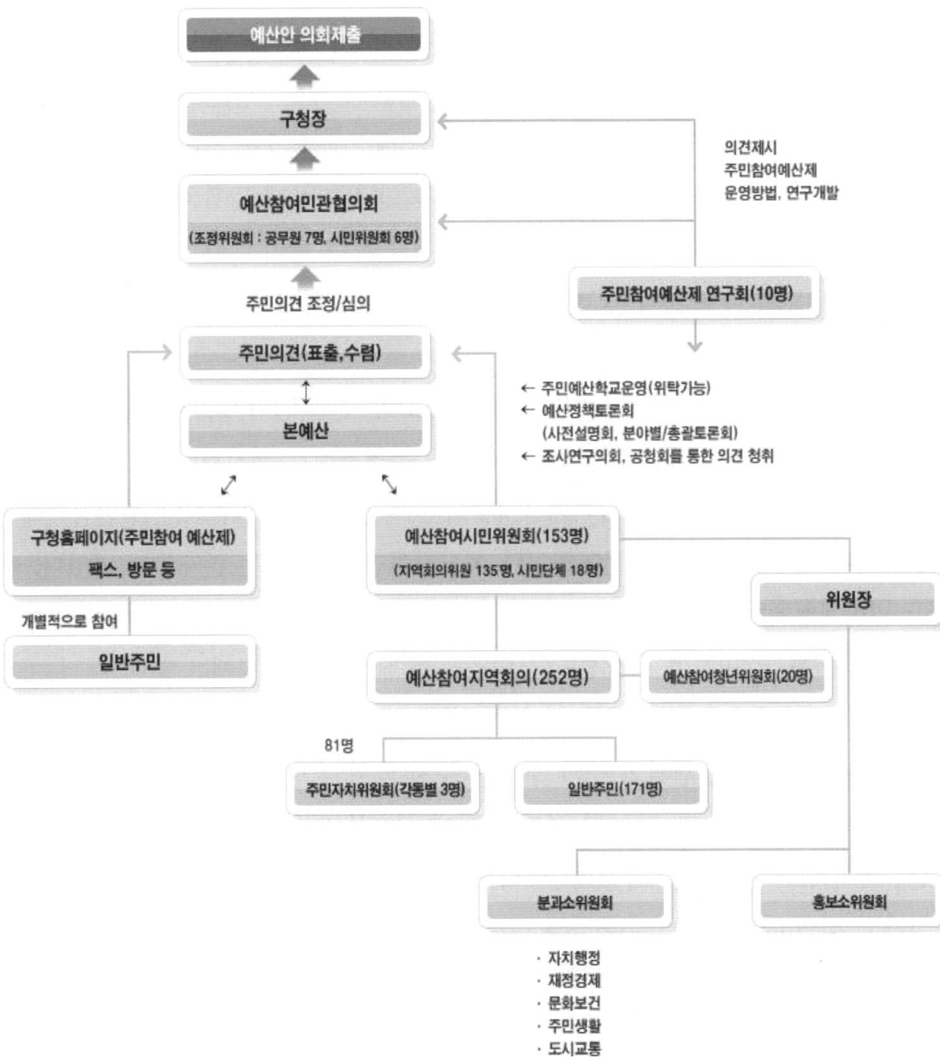

출처: 광주광역시 북구청 홈페이지.

순위 결정, 자체사업 예산편성 등 예산 관련 사항의 심의 및 조정, 그리고 예산 관련 구청장이 회의에 부치는 사항 등을 심의한다. 예산참여민관협의회는 위원장과 부위원장을 포함한 13명 이내의 위원으로 구성하고 있으며, 위원장은 구청장이 하며 부위원장은 부구청장으로 한다. 그리고 위원은 자치행정국장, 복지환경국장, 경제문화사업단장, 안전도시국장, 기획조정실장과 시민위원회의 위원장, 예산참여시민위원회 분과위원장으로 한다.

넷째, 주민참여예산제연구회는 주민참여 예산제도에 대한 운영방법, 정책수립, 연구개발 등을 수행하고 있다. 구체적으로 주민참여예산제연구회는 주민참여예산제운영조례 개정 연구, 주민참여 예산제도의 역기능 해소방안 강구, 의회와의 원활한 협조 방안, 주민참여 예산제도 도입에 따른 효율적인 운영방안 등에 대한 연구를 수행하고 있다. 주민참여예산제연구회는 전문가, 관련 분야 종사자, 시민단체관계자, 예산참여시민위원회 대표 등 10명 이내로 구성하되 특정 성별이 60%를 초과하지 않도록 하고 있다.

광주광역시 북구의 시기별 주민참여 예산제도의 주요 참여기구와 특징을 분석한 결과는 다음과 같다. 첫째, 주민참여 예산제도 운영조례가 제정되기 이전인 2003년에는 광주광역시 북구의 주민참여예산기구로는 예산참여시민위원회와 주민참여예산제연구회가 있었다. 예산참여지역회의와 예산참여민관협의회는 존재하지 않았다. 하지만 지방재정계획심의위원회가 주민의 의견을 조정하고 심의하는 역할을 대신 수행하였다. 둘째, 주민참여 예산제도 운영조례가 제정된 2004년에는 조례 제정 이전에 있었던 예산참여시민위원회와 주민참여예산제연구회의 근거 조항을 신설하였다. 이때에도 예산참여민관협의회 근거 조항을 두지 않아 지방재정계획심의위원회가 그 역할을 수행하였다. 셋째, 2006년 조례 개정에서는 동 단위의 주민의견 수렴을 위한 예산참여지역회의와 기존 지방재정계획심의위원회가 수행하던 수렴된 주민의견을 조정하고 심의하는 역할을 수행하는 예산참여민관협의회의 참여기구를 신설하였다. 넷째, 2008년 조례 개정에서는 기존에 있던 예산참여민관협의회와 주민참여예산제연구회의 인원을 소폭 수정하고, 지방세 납세의 모범이 되는 주민을 시민위원회 위원으로 위촉하는 조항을 신설하여 구정 참여권을 부여하였다. 다섯째, 2010년 조례 개정에서는 주민참여 예산제도의 참여 범위를 기존의 예산편성뿐만 아니라 결산 분야

표 8-2 광주광역시 북구 시기별 주민참여 예산제도 참여기구 분석

구 분	지역회의	시민위원회	민관협의회	연구회	기 타
2003년 (조례 제정 이전)		○ (132인)		○ (8인)	지방재정계획심의위원회가 주민의견 조정심의 역할 수행
2004년 제정		○ (80인 이내)		○ (9인 이내)	지방재정계획심의위원회가 주민의견 조정심의 역할 수행
2006년 개정	○ (10인 이내)	○ (100인 이내)	○ (12인 이내)	○ (9인 이내)	
2008년 개정	○ (10인 이내)	○ (100인 이내)	○ (13인 이내)	○ (10인 이내)	지방세 모범 납세자를 시민위원회 위원으로 위촉하는 항목 신설
2010년 개정	○ (12인 이내)	○ (100인 이내)	○ (13인 이내)	○ (10인 이내)	참여범위를 결산 분야까지 확대
2016년 개정	○ (12인 이내)	○ (160인 이내)	○ (13인 이내)	○ (10인 이내)	예산참여청년위원회(20명 이내)

까지 확대 도입하는 항목을 신설하였다. 여섯째, 2016년 조례 개정에서는 다양한 통로를 통한 주민의견 수렴을 위하여 예산참여청년위원회를 신설하였다.

이상에서 보는 바와 같이 광주광역시 북구는 사회학적 신제도주의의 모방적 동형화와 규범적 동형화와 같은 동형화 이론과 같이 주민참여 예산제도 원형이라고 할 수 있는 브라질 포르투 알레그레 시의 운영 모형을 사용하여 2003년 도입 이래 큰 변화 없이 운영되어 경로의존(path dependence)적인 경향을 보이고 있다고 볼 수 있다. 즉, 브라질 포르투 알레그레 시의 주요 참여기구라 할 수 있는 지역회의, 근린회의, 시민위원, 예산평의회(PBC) 등을 모방(mimic)하여 광주광역시 북구에서는 지역회의, 시민위원, 민관협의회 등을 두고 있다. 하지만 주민참여 예산제도의 연구를 위한 주민참여예산제연구회는 브라질 포르투 알레그레 시와는 다른 제도적 구성요소라 할 수 있다. 광주광역시 북구의 주민참여 예산제도 운영모형은 울산광역시 동구와 대전광역시 대덕구와 같이 우리나라 주민참여 예산 1세대 지방자치단체의 원형이 되고 있다.

3. 경로진화와 층화: 서울특별시

1) 제도적 맥락

서울특별시에서 주민참여 예산제도를 도입하게 된 것은 다음과 같이 중앙정부의 적극적인 노력과 정치권력의 변화로 설명할 수 있다. 첫째, 서울특별시를 포함한 전국의 지방자치단체에 주민참여 예산제도를 도입하려는 중앙정부의 적극적인 노력이 있었다. 2005년 6월 「지방재정법」 개정을 통해 주민참여 예산제도에 대한 법적근거를 마련하면서 지방자치단체에서 주민참여 예산제도의 도입 및 실시 여부를 임의규정으로 하였다. 2006년 8월에는 행정자치부가 '주민참여예산제 표준조례안'을 만들어 지방자치단체에 권고하면서 전국의 지방자치단체에 공통적으로 적용할 수 있는 최소한의 기준을 제시하였으며, 2007년에는 지방재정분석의 30개 평가지표 중 하나로 주민참여 예산제도의 운영조례 제정 여부를 포함시켰다. 2010년 11월 행정안전부는 기본적인 정보공개와 함께 주민참여예산위원회를 임의규정으로 권고하는 수준으로 주민참여를 선언적으로 표시한 '모델안 1', 주민참여예산위원회 설치를 의무화한 '모델안 2', 위원회의 설치와 더불어 분과위원회까지 명문화한 '모델안 3' 등의 세 가지 운영모델을 포함하고 있는 「주민참여예산제 운영조례 모델안」을 지방자치단체에 제시하였다. 2011년 3월 「지방재정법」 개정을 통해 예산편성에 있어서 주민참여 예산제도를 의무규정으로 하였다.

둘째, 서울특별시의 주민참여 예산제도가 도입하게 된 것은 정치권력의 변화로 설명할 수 있다. 2011년 「지방재정법」의 개정으로 인해 아직 주민참여 예산제도를 도입하지 않은 지방자치단체에서는 의무적으로 도입해야 하는 상황에 처했다. 이 당시 서울시에서는 2010년 지방선거 이후 서울시의회의 다수당인 민주당과 서울시는 무상급식과 한강 르네상스 등의 정책으로 인해 갈등을 빚고 있었으며, 주민참여 예산제도를 도입하기 위해 무상급식과 주민참여 예산제도의 도입 등의 패키지 제안을 서울시에 하였으나 오세훈 시장의 거부로 인해 주민참여 예산제도의 도입이 무산되었다(이상아, 2014; 우소영, 2013). 2011년 8월 서울시의회와 갈등이 계속되면서 무상급식 찬반 투표를 통해 오세훈 시장이 사퇴하고, 2011년 10월 시민운동가 출신인 박원순 후보가 서울시장으로 당선되면서 주민참여 예산제도의 도입을 위한 새로운 국면을 맞이하게 되었다. 2012년 1월부터 서울시 정부는 여러 지역에서 주민참여 예산제도에 대한 포럼 또는 워크숍을 진행하고 있던 희망제작소, 좋은예산센터, 풀뿌리자치연구소 이음 등과 같은 시민단체와 한국지방행정연구원과 같은 전문가 집단에게 자문을 구하였다(이상아, 2014). 이후 서울시 주민참여 예산제도 도입을 지지하는 서울 풀시넷, 희망제작소, 좋은예산센터 등을 비롯하여 28개 시민단체들은 서울시와 단일화된 대화채널을 구축하고 통일된 요구안을 만들기 위해 서울시 참여예산 네트워크를 구성하였다(서울시, 2012). 2012년 2월부터 서울시 주민참여 예산제도 도입을 위해 서울시와 시민단체, 그리고 전문가가 모여 논의를 이어나갔고, 4월에 주민참여 예산제도 운영조례안을 서울시의회에 제출하기로 결정하였다(서울시, 2012). 이후 2012년 5월 서울특별시조례 제5296호로 「서울특별시 주민참여예산제 운영조례」가 제정・공포되었다.

2) 제도의 특징

서울시는 주민참여 예산제도의 도입 6년 차에 접어드는 2017년에 시민참여가 기반인 주민참여 예산과 협치사업을 '시민참여예산제'로 확대 개편하여 재정 분야의 시민참여 영역을 더욱 확장하였고, 2017년 7월 「서울특별시 시민참여예산제 운영조례」를 개정・공포하였다. 이에 따른 현재 운영되고 있는 서울시의 시민참여 예산제도는 다음과 같이 시정 분야의 시정참여형 사업과 시정협치형 사업, 그리고 지역 분야의 지역참여형 사업, 구단위계획형 사업, 동단위계획형 사업으로 구성되어 있다(서울시, 2018a). 첫째, 시정참여형 사업은 여성, 경제・일자리, 복지 등 시정 주요 분야에 대하여 2개 이상 자치구의 시민편익 향상과 광역도시의 문제해결을 위하여 총 350억 원 규모로 운영된다. 둘째, 시정협치형 사업은 시민이 제안한 사업을 시사업부서와의 숙의 과정을 거쳐 예산에 편성하고, 사업실행 전 과정(기획－실행－평가・환류)을 민・관이 협의하여 함께 추진하는 사업으로 총 100억 원 이내의 규모로 운영된다. 셋째, 지역참여형 사업은 지역사회의 주민불편 해소를 위한 생활 밀착형 사업으로 자치구 주민참여 예산제도에 대한 평가와 적격심사를 통해 총 125억 원 규모로

운영된다. 넷째, 구단위계획형 사업은 지역사회의 문제를 해결하기 위해 주민참여 예산사업을 구 단위의 지역혁신계획과 통합하여 운영하는 자치구에 대하여 인센티브를 지급하는 사업으로 총 100억 원 이내의 규모로 운영된다. 다섯째, 동단위계획형 사업은 육아, 안전, 복지, 교육, 경제, 공간, 문화, 위생 등 주민들이 일상에서 느끼는 요구와 문제를 다른 주민들과 함께 모여 숙의와 공론 과정을 통해 도출된 동 단위의 사업을 대상으로 동별로 3천만 원을 지원하는 사업으로 총 27억 원 규모로 운영된다.

표 8-3 서울시 시민참여 예산제도의 사업 구분

구 분		사업 내용	사업심사 주체
시정 분야	시정참여형	2개 이상 자치구의 시민편익 향상과 광역도시 문제해결 사업	서울시 시민참여예산위원회
	시정협치형	도시문제 해결을 위해 사업 선정·집행 등 전 과정에 민관이 공동 참여하는 사업	
지역 분야	지역참여형	지역사회 주민불편 해소를 위한 생활 밀착형 사업	자치구 참여예산위원회
	구단위계획형	지역사회 문제를 해결하기 위한 구(區)지역 사회혁신계획 사업에 참여예산사업을 통합추진하고 인센티브 부여	자치구 민관협치회의
	동단위계획형	마을 단위 문제해결을 위한 마을계획단 등 발굴사업	동별 마을계획단, 동회의 등

출처: 서울시(2018a).

서울시 시민참여 예산제도를 구성하고 있는 시정참여형 사업, 시정협치형 사업, 지역참여형 사업, 구단위계획형 사업, 동단위계획형 사업은 다음과 같은 과정을 거쳐 운영되고 있다(서울시, 2018a).

첫째, 시정참여형 사업은 ① 사업 공모, ② 제안사업 분류, 통·폐합 및 적격 검토, ③ 제안사업 심사 및 시민투표 대상 사업 선정(민관예산협의회), ④ 시민투표 대상 사업 공고, ⑤ 사업홍보 및 시민투표, ⑥ 한마당 총회를 통한 시민참여 예산사업 선정, ⑦ 예산안 편성(실·본부·국), ⑧ 예산안 심의 확정(서울시의회) 등의 과정을 거친다. 시정참여형 사업은 실·본부·국에 설치하는 민관예산협의회 심사에 회부를 하며, 제안사업을 분류하여 시정협치형 사업은 서울혁신기획관에서 협치형 사업 심사기준과 절차에 따라 시행하고, 지역참여형 사업은 해당 자치구로 이관한다. 민관예산협의회의 사업심사에 있어서 분야별 총 한도액의 170% 사업에 대하여 1차 제안사업으로 선정하고, 현장확인과 사업 내용 숙의 및 심사를 통하여 총 한도액의 130%를 우선순위로 결정하여 총회에 상정한다. 한마당 총회를 통하여 사업을 선정할 때에는 분야별 민관예산협의회가 결정한 총회 상정 사업에 대하여 참여예산위원, 예산학교 회원, 제안자 및 일반시민들이 전자투표를 실시한다. 또한 거리와 현장에서 일반시민들의 현장투표 결과도 사업선정에 반영하고 있다.

둘째, 시정협치형 사업은 ① 사업신청, ② 사업부서 검토, ③ 사업심사(1차), ④ 숙의 과정 1(협치학교), ⑤ 숙의 과정 2(집중 워크숍), ⑥ 숙의 과정 3(코칭 포럼), ⑦ 사업제안서 최종 제출, ⑧ 사업승인, ⑨ 시민투표 등의 과정을 거친다. 시정협치형 사업은 접수된 시민 제안에 대하여 분야별 사업부서에서 서면 검토를 한 후 민관예산협의회에서 심층심사를 하여 전체 사업규모의 140%, 즉 140억 원으로 선정한다. 이후 협치학교와 집중 워크숍, 그리고 코칭 포럼을 통하여 숙의 과정을 거친 다음 민관예산협의회에서 전체 사업규모의 110% 이내로 선정한다. 시정협치형 사업은 한마당 총회의 투표를 통하여 우선순위가 높은 100억 원 이내의 규모로 최종적으로 결정된다.

셋째, 지역참여형 사업은 ① 사업신청 및 심사(자치구), ② 구 참여예산제 평가 및 사업 적격심사(시), ③ 자치구 지원범위 및 사업결정 등의 과정을 거친다. 지역참여형 사업은 사업 내용이 자치구 간 전파하여 시너지 효과를 유발할 수 있는 사업과 사업 실행력과 효과성이 있으며 다수의 주민에게 혜택이 돌아가는 사업 등을 대상으로 자치구별 주민참여예산위원회를 통하여 사업을 심사하고 선정한다. 이후 자치구별로 총 11억 원 이내의 사업 우선순위 리스트와 자치구 주민참여 예산제도 평가자료를 서울시에 제출한다. 이후 서울시 시민참여예산위원회의 온예산분과는 25개 자치구에 대하여 정량평가와 정성평가를 통하여 자치구 주민참여 예산제도를 평가한다. 그리고 서울시의 주관부서와 민관예산협의회는 자치구가 제시한 주민참여 예산사업에 대한 적격심사를 실시한다. 자치구 주민참여 예산제도에 대한 평가를 통해 상(4.5억 원), 중(5.0억 원), 하(5.5억 원)로 지원범위를 확정하고, 적격심사를 거친 사업에 대하여 한마당 총회의 승인을 통해 지역참여형 사업이 결정된다.

넷째, 구단위계획형 사업은 ① 구단위계획형 시민참여예산 안내, ② 사업접수, ③

그림 8-4 서울시 시민참여 예산제도(시정 분야) 운영 과정

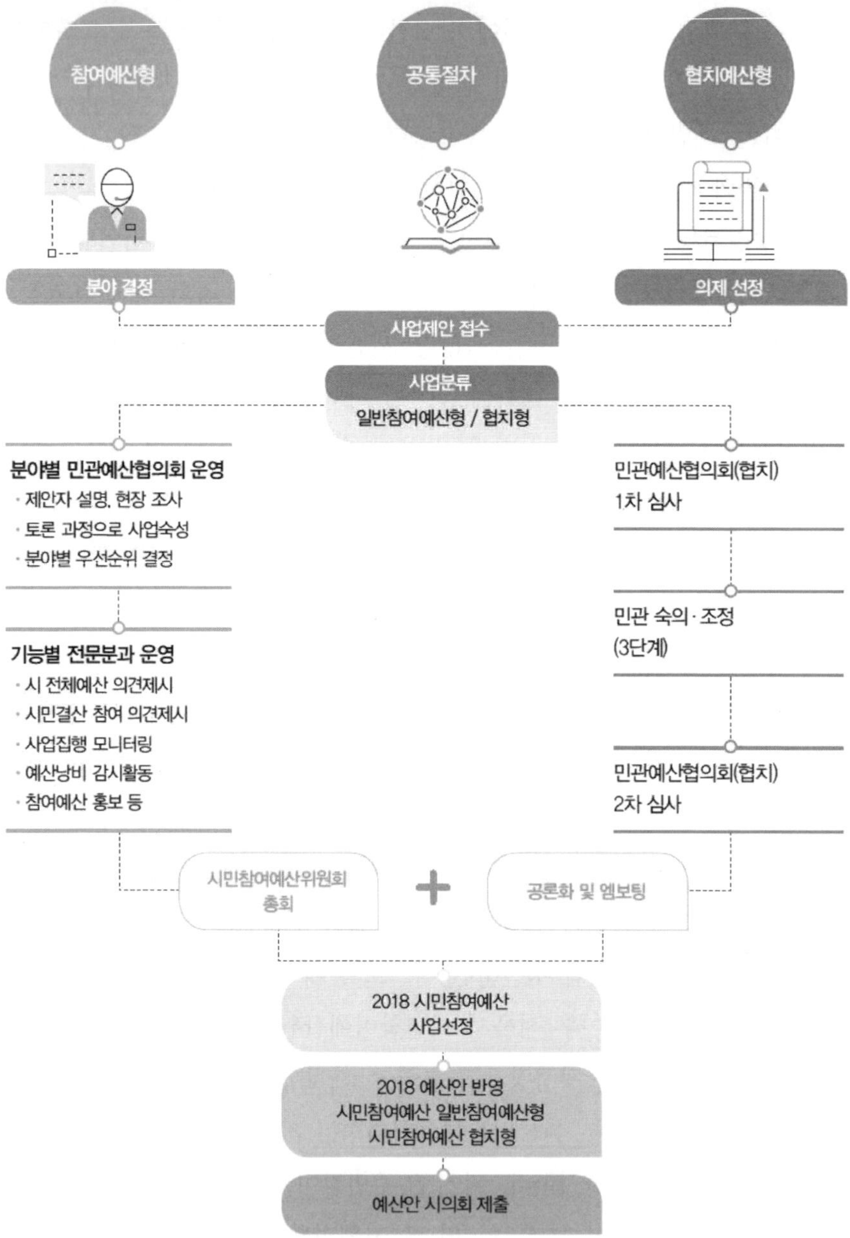

출처: 서울시(2018b).

1차 협의조정, ④ 구단위계획형 시민참여예산 제출, ⑤ 2차 협의조정, ⑥ 최종 선정, ⑦ 시민참여예산위원회 최종 승인 등의 과정을 거친다. 구단위계획형 사업은 지역사회혁신계획을 주민참여예산과 융합하는 사업으로 2017년도에는 7개 자치구가 참여하였으며, 2018년도에는 8개 자치구가 참여하였다.[2] 구단위계획형 사업에 대하여 서울시의 설명회 개최 후 자치구 민관협치회의(협치추진민관 TFT 포함)가 서울시에 사업신청을 한다. 이후 지역주민들의 숙의와 공론의 과정을 통하여 1차 협의조정을 한 결과를 서울시로 제출한다. 그리고 수정 제출된 구단위계획형 사업에 대하여 2차 협의조정을 하며, 최종적으로 시민참여예산위원회의 최종 승인으로 구단위계획형 사업이 결정된다.

다섯째, 구단위계획형 사업은 ① 동단위계획형 사업 참여 안내, ② 동회의(주민자

그림 8-5 서울시 시민참여 예산제도(지역 분야) 운영 과정

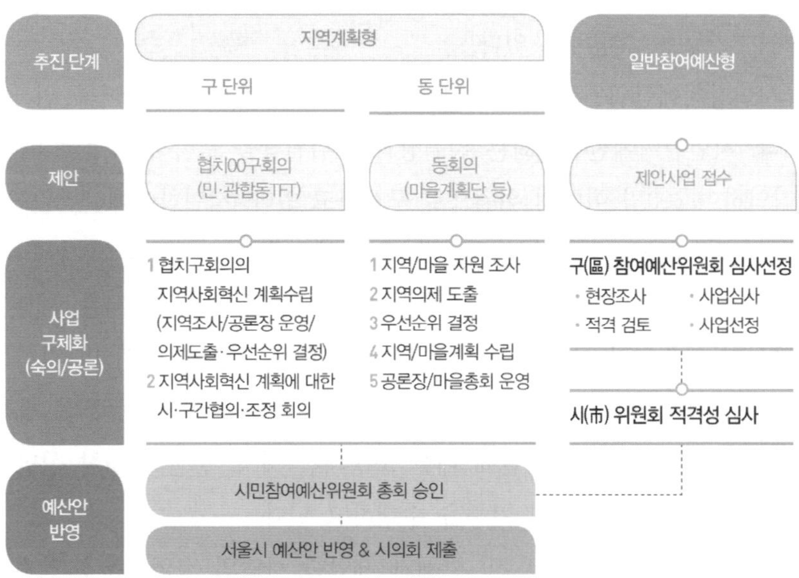

출처: 서울시(2018b).

2) 2017년도에는 성동구, 동대문구, 도봉구, 서대문구, 금천구, 영등포구, 관악구 등 7개 자치구가 참여하였으며, 2018년도에는 종로구, 성북구, 노원구, 은평구, 양천구, 강서구, 동작구, 강동구 등 8개 자치구가 참여하였다. 향후 서울시는 25개 자치구 전체로 확대할 계획이다.

치회 등) 운영, ③ 시민참여예산위원회 최종 승인 등의 과정을 거친다. 동단위계획형 사업은 찾아가는 동주민센터 마을계획 종료 이후 추진되고 있는 주민자치회 시범사업의 자치계획이 주민 중심으로 안착될 수 있는 기반을 마련하기 위하여 서울형 주민자치회 시범사업과 연계하여 추진하고 있는 사업이다. 동단위계획형 사업에서는 운영체계구상, 자원조사 및 의제발굴, 실행계획 수립, 마을총회, 선정의제 제출 등의 숙의 및 공론 과정에서 주민이 주도적으로 참여할 수 있다.

현재 서울시의 시민참여 예산제도를 위한 주요 참여기구는 다음과 같이 시민참여예산지역회의, 시민참여예산위원회, 민관예산협의회, 기능분과, 총회, 시민참여예산지원협의회 등으로 구분할 수 있다.

첫째, 시민참여예산지역회의는 서울시의 자치구별로 시민의 의견을 수렴하기 위하여 두는 회의이다. 25개 자치구별로 이미 주민참여예산위원회가 설치되어 운영되고 있는 경우 이를 시민참여예산지역회의로 간주한다. 시민참여예산지역회의는 자치구의 시민의견사업을 수렴하고 우선순위를 정한 후 7월 말까지 시민참여예산위원회에 제출하는 기능을 수행하고 있다.

둘째, 시민참여예산위원회는 서울시의 예산편성 과정에 시민참여를 위하여 두는 위원회이다. 시민참여예산위원회는 위원장과 부위원장을 포함하고 성별과 연령대별 비율을 감안하여 300명 이내의 위원으로 구성하고 있다. 시민참여예산위원회는 중장기 예산편성 및 대규모 투자사업 예산에 대한 의견제출, 시민들의 의견을 수렴하기 위한 현장방문, 공청회, 토론회 등의 개최, 예산편성에 대한 의견제출, 지역회의 및 시민이 제안한 시민의견 사업을 민관예산협의회에 심사 부의, 시민 및 지역회의, 민관예산협의회, 기타 기능분과의 의견 심의 · 조정 · 결정, 총회 · 기능분과 개최 및 민관예산협의회에 참여, 예산편성안에 대한 조정의견 제시, 결산에 대한 설명회 참여, 위원회 사업에 대한 평가 등의 기능을 수행하고 있다.

셋째, 민관예산협의회는 시민 및 단체가 제안한 사업의 심의 · 조정 등을 위하여 실 · 국 · 본부별로 구성하여 운영하는 참여기구이다. 민관예산협의회는 분야별로 시민참여예산위원, 공무원, 전문가 등 20명 내외로 구성하되, 시민참여예산위원이 3분이 2 이상 참여하도록 하고 있다. 민관예산협의회는 시민 및 단체게 제안한 사업에 대한 검토 및 우선순위 결정 등의 기능을 수행한다. 민관예산협의회는 현재 시민참여예산위원회의 분과위원회로 여성, 경제・일자리, 복지, 교통, 문화관광, 환경, 도시안전, 주택, 공원, 협치 등 주요 시정 분야에 10개로 설치하고 있다.

넷째, 기능분과는 서울시의 재정 분야에 관한 시민 의견수렴 등의 기능을 수행하기 위하여 구성한 참여기구이다. 기능분과는 현재 온예산분과 5개와 홍보・교육분과 1개로 구성되어 운영되고 있다. 온예산분과는 복지・여성, 문화・관광체육, 환경・공원, 도시안전・교통 주택, 경제일자리・행정 등 5개 분야별 분과로 구성하여 서울시 전체 예산에 대한 의견개진과 사업모니터링 기능을 수행하고 있다. 온예산분과는 분과별로 15명 내외, 총 75명 내외로 구성하고 있다. 홍보・교육분과는 총 25명 내외로 구성한 시민참여 예산제도 홍보 및 시민교육 전문 독립분과로 시민참여 예산제도 홍보 콘텐츠 제작, 자료수집, 각종 행사에 시민참여 예산제도 홍보, 교육 모니터링 등의 기능을 수행하고 있다. 기능분과 역시 민관예산협의회와 함께 시민참여예산위원회의 분과위원회로 구성되어 있다.

다섯째, 총회는 시민참여 예산사업이 최종적으로 선정되는 참여기구이다. 시민참여예산위원회는 총회를 개최하여 예산편성안에 대한 최종적인 조정의견을 시장에게 제출한다. 총회는 시민참여예산위원 과반수로 성립되며, 참여 위원 과반수의 동의로 의결되는데, 총회의 결정 과정에 일반시민의 의견을 반영할 수 있다. 즉, 예산학교 회원과 시민참여예산사업 제안자, 그리고 시민의 전자투표와 현장투표의 결과를 총회의 의사결정에 반영할 수 있다.

여섯째, 시민참여예산지원협의회는 시민참여예산위원회의 전문성을 보완하여 시민참여 예산제도 운영계획 수립 및 동제도의 발전과 운영을 지원하는 기구이다. 시민참여예산지원협의회는 예산 관련 전문가, 비영리민간단체 관계자, 시민참여예산위원회 추천자, 관련 공무원 등 25명 내외로 구성하되, 공무원이 전체 위원의 2분의 1을 넘지 않도록 하고 있다. 시민참여예산지원협의회는 시민참여 예산제도 운영조례 및 규칙 제・개정에 대한 의견 제시, 예산교육, 시민참여 예산제도 홍보, 예산 관련 토론회・공청회 개최 등에 대한 활동, 지역회의, 시민참여예산위원회 개최 등 시민참여 예산제도의 전반적인 운영에 대한 활동 지원, 시의회와의 원활한 협조방안 모색, 시민참여 예산제도 평가 및 개선방안 마련 등의 기능을 수행하고 있다.

서울특별시의 시기별 시민참여 예산제도의 주요 참여기구와 특징을 분석한 결과는 다음과 같다. 첫째, 2012년 주민참여 예산제도 도입 시에는 자치구의 주민참여예산위원회를 서울시의 지역회의로 간주하고, 주민참여예산위원회와 한마당 총회를 통하여 주민참여 예산사업을 최종 선정하였다. 주민참여예산위원회는 서울시의회의 상임위원회 기준으로 8개 분과위원회로 구성되었으며, 사업박람회 형태로 운영된 총회에서는 주민참여예산위원들의 스티커를 통한 현장투표로 최종 사업이 선정되었다.

둘째, 2013년에는 2012년과 같은 참여기구를 통해 주민의 의견을 수렴하였으며, 총회에서는 주민참여예산위원들의 PC를 통한 현장투표로 최종 사업이 선정되도록 변경하였다. 또한 각 자치구 기반의 위원들을 분과별 최소 1인 이상 배정하여 지역별 형평성을 보장하였으며, 주민참여 예산사업 부적격사업 탈락기준 등 심사기준을 마련하였다. 그리고 사업심사결과 설명과 주민참여예산위원과의 간담회 등을 통하여 시의회와의 연계를 강화하고, 예산편성에 대한 의견제시뿐만 아니라 모니터링을 통하여 주민참여예산위원회의 기능을 보완하였다.

셋째, 2014년에는 시·구 공무원 및 자치구의 출연기관이나 투자기관 종사자에 대하여 참여를 제한하고, 제안사업의 심사기준을 구체화하여 심사 시 적격·부적격에 대한 혼선을 최소화하였다. 또한 총회에서 주민참여예산위원뿐만 아니라 일반주민의 참여를 강화하기 위하여 2,500명의 총회 시민참여단을 구성하여 PC를 통한 현장투표로 최종 사업이 선정되도록 변경하였다.

넷째, 2015년에는 2014년과 같은 참여기구를 통하여 주민의 의견을 수렴하였으며, 총회에서 최종 사업 선정 시 엠보팅 앱을 통한 전자투표를 처음 도입하여 주민참여예산위원뿐만 아니라 일반시민들도 최종 사업 선정에 참여할 수 있게 되었다.

다섯째, 2016년에는 2015년과 같은 참여기구를 통하여 주민의 의견을 수렴하였으며, 기존과 다르게 분과위원회를 의회 상임위원회 기준이 아닌 서울시 실·국 기준으로 10개로 구성하였다. 또한 사업제안을 처음으로 시정참여형 사업, 지역참여형 사업, 그리고 동지역회의 사업으로 구분하였으며, 시민 역량 및 활동 강화를 지원하기 위하여 컨설팅단을 운영하고 예산학교 교육 과정을 강화하였다.

여섯째, 2017년에는 시민참여가 기반인 주민참여 예산과 협치사업을 '시민참여 예산제도'로 확대 개편하여 재정 분야의 시민참여 영역을 더욱 확장하였다. 그리고 온예산분과와 홍보·교육분과 등의 기능분과를 신설하여 재정 분야에 관한 시민 의견

수렴 등을 담당토록 하였다. 또한 시민 모두에게 예산학교를 개방하고 예산학교의 이수장 중에서 무작위 추첨으로 시민참여예산위원을 선정하도록 하였다. 그리고 민관예산협의회를 신설하여 민관의 숙의와 공론을 통한 사업심사 공정성 제고 및 시민참여 예산사업의 품질 향상 등에 초점을 맞췄다. 또한 사업제안을 시정참여형, 시정협치형, 지역참여형, 구단위계획형, 동단위계획형 등으로 구분하여 다양한 도시 문제를 민관협치로 해결하고자 하였다.

표 8-4 서울특별시 시기별 시민참여 예산제도 참여기구 분석

구 분	지역회의	시민위원회	민관협의회	총 회	지원협의회	기 타
2012년	○ (자치구 간주)	○ (250인 이내)		○	○ (15인 이내)	의회 상임위원회 기준 8개 분과위원회 현장투표(스티커)
2013년	○ (자치구 간주)	○ (250인 이내		○	○ (15인 이내)	현장투표(PC)
2014년	○ (자치구 간주)	○ (250인 이내		○	○ (15인 이내)	시민참여단의 현장투표 (PC)
2015년	○ (자치구 간주)	○ (250인 이내)		○	○ (15인 이내)	전자투표 (엠보팅 앱)
2016년	○ (자치구 간주)	○ (250인 이내)		○	○ (15인 이내)	서울시 실 · 국 기준 10개 분과위원회 시 · 자치구 사업구분
2017년	○ (자치구 간주)	○ (300인 이내)	○ (분야별 20인 내외)	○	○ (25인 이내)	협치사업 포함 시민참여 예산제 개편 기능분과 신설

이상에서 보는 바와 같이 서울특별시는 전문가에 의한 규범적 동형화와 중앙정부에 의한 강제적 동형화 압력에 의하여 주민참여 예산제도의 도입을 시작하였지만 서울시의 상황에 맞게 운영모형을 변형시켜 제도의 층화(layering)를 통한 경로진화(path evolution)가 일어났다고 볼 수 있다. 즉, 서울시는 주민참여 예산제도의 원형이라 할 수 있는 브라질 포르투 알레그레 시의 지역회의, 근린회의, 시민위원, 예산평의회(PBC) 등의 주요 참여기구를 도입하고, 광주광역시 북구의 특징적인 제도적 구성요소라 할 수 있는 주민참여예산제연구회의 기능을 확대하여 시민참여예산지원

협의회를 구성하였다. 또한 브라질 포르투 알레그레 시와 광주광역시 북구에서의 민관협의회는 주민제안 사업을 최종 선정하는 참여기구라 할 수 있는데 서울시에서는 민관협의회는 시민참여예산위원회의 분과위원회로 분야별로 시민 및 단체가 제안한 사업에 대한 심의·조정 등의 기능을 수행하고, 주민제안 사업을 최종적으로 선정하는 기능은 사업박람회 형태로 진행되는 한마당 총회가 맡고 있다. 그리고 총회에서 시민들의 다양한 참여를 보장하기 위한 엠보팅 앱을 통한 전자투표의 실시와 민관협치를 강화하기 위하여 주민참여 예산사업과 협치사업의 통합운영, 온예산분과와 홍보·교육분과와 같은 기능분과의 운영 등은 기존의 주민참여 예산제도에 새로운 구성요소들이 덧붙여져서 기존 제도의 운영방식에 변화를 가져오는 제도의 층화(layering)를 통한 경로진화로 볼 수 있다.

제 4 절 결 론

주민참여 예산제도는 포르투 알레그레 시에서 최초로 시행된 이래로 많은 국가에서 도입해서 시행하고 있다. 그런데 현재 주민참여 예산제도를 운영하고 있는 국가에서 주민참여 예산제도의 본지는 유사하게 실현되고 있으나 제도의 운영 형태는 다양하게 나타나고 있다(신진영, 2013; 안성민·최윤주, 2009; 임성일, 2017). 이는 주민참여 예산제도를 이식한 사회의 토양이 차이가 있기 때문이다.

우리나라의 주민참여 예산제도의 경우에도 포르투 알레그레 시의 모델을 도입한 것으로부터 시작하였다. 대표적인 지방자치단체가 광주광역시 북구 등이다. 광주광역시 북구는 포르투 알레그레 시의 제도적 원형을 수입하여 지역회의, 시민의원, 민관협의회 등을 운영하면서 포르투 알레그레 시의 모형과 유사한 형태로 운영하였다. 이후 약간의 수정은 있었으나 기본적 틀에서는 변화가 없다. 즉, 사회학적 신제도주의에서 논의하는 동형화이론 중 모방적 동형화와 규범적 동형화가 나타난 후 시간의 흐름에 따라 변화가 없는 경로의존을 통한 토착화라 할 수 있다.

이후 주민참여 예산제도는 전국으로 확산되었다. 그 과정에서 광주광역시 북구와 같이 경로의존적 형태가 나타난 지방자치단체가 있기도 하였지만 제도의 변형이 나타난 지방자치단체도 있었다. 이는 브라질의 포르투 알레그레 시 주민참여 예산제도 모형을 유지하는 지방자치단체가 있는 반면에, 핵심적인 요소는 그대로 유지하면서 지방자치단체의 특성에 맞게 시민투표 등을 도입하여 변화를 시도한 지방자치단체가 나타난 것을 의미한다. 즉, 사회학적 신제도주의에서 논의하는 동형화 이론 중 모방적 동형화와 강제적 동형화가 나타난 후 시간의 흐름에 따라 제도의 본지를 살려 골격만 그대로 유지하고 실질적인 운영은 독자적으로 해석하여 운영하는 형태로서 대표적인 지방자치단체는 서울특별시이다. 이는 제도의 진화를 통한 토착화이다.

우리나라에서 2003년 광주광역시 북구에서 주민참여 예산제도가 도입되고 주민참여 예산제도는 지속적으로 확대되었다. 특히, 2011년 「지방재정법」 개정은 주민참여 예산제도를 의무사항으로 함으로써 전국적으로 시행되게 되었다. 그런데 주민참여 예산제도는 지방자치단체에서 맥락을 반영하여 토착화되기도 하였으나 여전히 형식적으로 운영되는 지방자치단체도 있다.

이와 같은 사례는 주민참여 예산제도가 우리의 특성에 맞게 체화되어야 함을 의미한다. 우리의 맥락을 반영하지 못하였을 경우 주민참여 예산제도는 비동조화(decoupling)가 나타날 가능성이 높다. 향후 주민참여 예산제도가 우리나라에 토착화되기 위해서는 제도의 본지와 원리가 합리적으로 반영되어야 하지만 우리나라의 지방자치단체의 실정에 맞는 다양한 행태가 나타나야 함을 의미한다.

CHAPTER 09

조세지출 예산제도의 도입과 토착화

문광민*

우리나라에서 조세지출 예산제도는 1999년부터 중앙정부에서 조세지출 보고서 작성 수준으로 운영되어 오다가 2007년 국가재정법 제정을 계기로 2010년부터 조세지출 예산서가 작성되기 시작하였다. 이와 함께 지방정부 차원에서는 지방세 비과세, 감면에 대한 관리 수단 중 하나로 이른바 지방세지출 예산제도를 도입하기 위하여 2006년부터 2009년까지의 시범사업을 거친 후 2010년부터 모든 지방자치단체는 지방세지출 보고서를 작성하여 각 지방의회에 제출하도록 의무화되었다. 이 글은 이 중 제도 이전과 토착화 이론을 통해 지방정부의 지방세지출 예산제도의 도입 및 운영 과정을 중앙정부의 조세지출 예산과 비교 검토하였고, 그 결과 다음과 같은 시사점을 도출할 수 있었다.

첫째, 중앙정부의 조세지출 예산은 외국의 선진적 재정 제도에 대한 규범적 동형화의 성격이 강한 반면, 지방정부의 지방세지출 예산제도는 국가 전체적인 차원에서는 규범적 동형화의 성격을 배제할 수는 없으나 개별 지방정부 입장에서는 중앙정부에 의해 강요된 제도 도입이라는 점에서 강제적 동형화의 성격을 띠고 있다는 차이가 있다. 둘째, 중앙정부의 조세지출 예산제도는 조세지출 보고서에서 조세지출 예산서로의 단계적 발전 및 체계적인 후속 보완이 이루어지고 있는데 비해, 지방세지출 예산제도는 2010년 지방세지출 보고서 도입 이후 이렇다 할 제도적 개선이 이루어지지 못하고 있다. 이는 제도 도입과 관련된 제도적 맥락이 제도 도입 이후 제도 변화 과정에도 사뭇 다른 영향을 미친 것으로 이해할 수 있다. 이러한 분석 결과를 바탕으로 향후 지방세지출 예산제도 개선과 관련된 몇 가지 정책적 시사점을 제시하였다.

이 글은 『한국사회와행정연구』 제30권 제1호에 게재된 논문을 수정 · 보완한 것임.
* 충남대학교 행정학부 부교수(mkm95@cnu.ac.kr)

제1절 서 론

조세지출(tax expenditure)은 거두어들일 수 있는 세금의 전부 내지 일부를 깎아 줌으로써 지출과 같은 효과를 나타내는 것(조세감면·비과세·소득공제·세액공제·우대세율 적용 또는 과세이연 등 조세특례)을 말한다. 즉, 부담해야 할 각종 세금을 특정 산업 및 특정 계층에게 면제 또는 감액하여 주는 제도로서 이를 조세우대조치(preferential tax treatment), 또는 조세의 정상체계에서 벗어난 특례규정에 의하여 납세자의 세부담을 경감시켜 발생하는 세입의 감소이다. 조세지출은 통상적인 직접적 세출과 비교하였을 때 조세지출은 예산편성과 심의 등 정치·행정 과정을 제대로 거치지 않을 가능성이 있으며, 정부의 직접적 지출과 비교하여 재정규모가 작게 나타날 가능성이 나타날 수 있다는 점이 특징이다. 이에 따라 조세지출을 그림자지출(shadow expenditure) 내지 감추어진 보조금(hidden subsidy)이라고 부르기도 한다. 이러한 조세지출을 체계적으로 관리하고 의회 및 국민에게 투명하게 보고하기 위한 제도적 수단 중 하나로 조세지출 예산제도가 여러 국가들에서 도입되어 활용되고 있다.

우리나라에서 조세지출 예산제도는 1999년부터 중앙정부에서 조세지출 보고서 작성 수준으로 운영되어 오다 2007년 국가재정법 제정을 계기로 2010년부터 조세지출 예산서가 작성되기 시작하였다. 이와 함께 지방정부 차원에서는 지방세 비과세, 감면에 대한 관리 수단 중 하나로 이른바 지방세지출 예산제도를 도입하기 위하여 2006년부터 2009년까지의 시범사업을 거친 후 2010년부터 모든 지방자치단체는 지방세지출 보고서를 작성하여 각 지방의회에 제출하도록 의무화되었다.

한편, 조세지출 내지 조세지출 예산제도와 관련된 선행연구들을 보면 각각 중요한 여러 함의들을 제시하고 있으나, 조세지출 예산제도가 도입되는 과정과 함께 우리나라 환경에 토착화되어 가는 일련의 과정을 체계적으로 분석하고자 하는 시도는 일부를 제외하고는 찾아보기 어려운 상황이다. 제도 도입 과정을 분석한 연구들에서도 제도 도입의 시간적 순서를 단순히 나열하는 방식으로 이루어지고 있으며, 이와 함께 중앙정부의 조세지출 예산제도와 지방정부의 지방세지출 예산제도를 별개의 제도로 다룸으로써 조세(지방세)지출의 투명한 관리라는 사실상 동일한 목적을 가지는 제도임에도 제도 이전의 결과에서 나타나는 이질성을 체계적으로 비교분석하지 못하는 한계를 가지고 있다. 이러한 연구의 공백이 바로 이 글의 출발점이라고 할 수 있다.

이 글은 이러한 기존 연구의 한계를 보완하면서 제도 이전과 토착화 이론을 통해 중앙정부와 지방정부의 조세지출 예산제도의 도입 및 운영 과정, 나아가 토착화의 결과를 검토하고자 한다. 특히, 조세지출 예산제도와 관련된 일련의 과정을 제도 이전과 동형화, 그리고 토착화 이론을 상호 연계적으로 활용하여 체계적으로 분석을 시도한다는 점에서 이 글의 차별성을 구하고자 한다. 이 글은 다음과 같은 순서로 진행된다. 우선 제2절에서는 조세지출과 관련된 개념 및 이론을 논의하고, 이와 함께 선행연구를 정리하고 검토하고자 한다. 이를 바탕으로 연구의 차별성 제시 및 연구의 분석틀을 구성하게 될 것이다. 다음으로 제3절에서는 분석틀에 입각하여 중앙정부와 지방정부 차원의 조세지출 예산제도의 도입, 토착화 과정 및 결과 등을 분석하여 제시하게 될 것이다. 마지막으로 제4절에서는 분석 결과를 요약하고 본 제도와 관련된 정책적 제언을 몇 가지 제시하게 될 것이다.

제 2 절 이론적 논의 및 분석틀

1. 조세지출과 조세지출 예산제도의 의의

조세지출(tax expenditure)은 거두어들일 수 있는 세금의 전부 내지 일부를 깎아 줌으로써 지출과 같은 효과를 나타내는 것(조세감면 · 비과세 · 소득공제 · 세액공제 · 우대세율 적용 또는 과세이연 등 조세특례)을 말한다. 즉, 부담해야 할 각종 세금을 특정 산업 및 특정 계층에게 면제 또는 감액하여 주는 제도로서 이를 조세우대조치(preferential tax treatment), 또는 조세의 정상체계에서 벗어난 특례규정에 의하여 납세자의 세부담을 경감시켜 발생하는 세입의 감소이다. 조세지출은 통상적인 직접적 세출과 비교하였을 때 조세지출은 예산편성과 심의 등 정치·행정 과정을 제대로 거치지 않을 가능성이 있으며, 정부의 직접적 지출과 비교하여 재정규모가 작게 나타날 가능성이 나타날 수 있다는 점이 특징이다. 이에 따라 조세지출을 그림자지출(shadow expenditure) 내지 감추어진 보조금(hidden subsidy)이라고 부르기도 한다.

이러한 조세지출의 개념은 독일에서 그 유래를 찾아볼 수 있다. 독일은 조세지출이란 용어는 직접적으로 사용하지 않았으나, 1967년부터 재정지출 보조금과 함께 조세지출 현황을 정리한 보조금 보고서(Subventionsbericht)를 2년에 한 번씩 의회에 제출하도록 하고 분야별로 보조금지원과 조세특례지원을 함께 정리하는 등 미국보다 10여 년 앞선 1954년부터 조세특례를 보조금제도의 하나로 인식하고 정리하였다. 이후 미국 재무부 차관보 서리(Stanley S. Surrey)가 조세 제도 중에서도 재정지출 성격을 띠는 조세특례 제도를 "조세지출(tax expenditure)"로 최초 정의하고 재무부에서 1967년부터 조세지출 목록을 작성하기 시작하였다. 1974년부터는 의회법에 따라 조세지출을 연간 예산의 한 부분으로 보고 그 목록과 조세감면액 현황을 표로 정리하여 의회에 보고하도록 의무화하였다. 그 이후 프랑스·핀란드 등 다른 나라에서도 이와 유사한 보고서가 작성되었으며 1990년대 중반에는 최소 16개국 이상이 조세지출 보고서를 도입하였다(국회예산정책처, 2017a).

현재 우리나라의 조세특례제한법(제142조의2)에서는 조세지출을 "조세감면·비과세·소득공제·세액공제·우대세율 적용 또는 과세이연 등 조세특례에 따른 재정지원"으로 규정하고 있다. OECD는 조세지출의 개념을 "조세체계상 일반적인 원칙인 기준조세체계(benchmark tax system)를 벗어난 것"으로 규정하고 있는데, 다만 국가별로 조세체계가 상이하고 조세지출의 범위에 대한 국가 간 합의된 기준이나 원칙은 존재하지 않으므로 각국 사정에 따라 조세지출의 범위를 달리 설정하고 있는 것이 현실이다.

조세지출이 가지는 이러한 위험성을 해소하기 위하여 도입된 것이 바로 조세지출예산(tax expenditure budget)이다. 조세지출 예산은 조세지출을 통해 예상되는 세수입의 감소분을 기록하여 공개하고 의회에 제출함으로써 예산 과정을 통해 조세지출의 규모와 구성을 통제하고자 하는 그 목적이 있는 제도이다(하연섭, 2014). 현재 우리나라의 국가재정법에서는 조세지출의 직전 회계연도 실적과 당해 회계연도 및 다음 회계연도의 추정금액을 기능별 · 세목별로 분석한 보고서인 '조세지출 예산서'를 작성하여 2010년부터 예산안의 첨부서류로 국회에 제출하도록 규정하고 있다. 이와 유사하게 지방정부 차원에서도 지방정부의 주요한 수입원인 지방세에 대한 비과세 · 감면 등을 지방예산 제도의 범위 내로 흡수하여 세입 · 세출과 동일하게 편성 · 심의 · 심사라는 예산 과정을 거치도록 함으로써 지방재정운용의 투명성, 효율성을 확보하기 위한 지방세지출 예산제도가 마련되어 운용되고 있다. 우리나라의 경우 행정안전부가 중심이 되어 2006년 일부 지방정부에 대한 시범사업을 거쳐 2010년부터 지방세지출 예산을 도입하여 운영하고 있다.

2. 제도의 이전과 토착화 논의

일정한 제도는 조직 내지 국가 차원에서 그 필요성에 따라 직접 만들어질 수 있으나 이미 다른 조직 내지 국가 차원에서 실행 중이며 어느 정도 성과가 인정되고 있는 상황이라면 해당 제도를 이전하여 운영하게 되는 것이 일반적이다. 스톤(Stone, 1999)은 이와 같은 조직의 제도 이전을 다른 국가에서 성공적으로 수행되었거나 되고 있는 정책이나 제도가 자신의 국가에서 동일하게 성공할 것이라는 믿음 하에 학습하려고 하는 과정으로 이해한다. 에반스와 데이비스(Evans & Davies, 2000)의 분석에 따르면, 기존의 연구경향은 선진국으로부터의 이전, 유럽연합(European Union)과 같은 지역공동체 간의 이전, 지방정부 간의 이전 등 정책이전이 다차원(multilevel)에서 일어난다. 정책 아이디어의 이전이 일어나는 분야는 사실상 모든 정책 분야가 대상이지만 기존의 연구에서는 복지국가 및 복지정책의 이전, 이민정책, 교육정책, 공중보건정책, 경제정책, 재정정책, 부패방지정책, IT 관련 정책, 지방분권정책, 환경정책, 정부개혁, 세제(taxation)와 관련된 정책 등 많은 정책 분야에서 아이디어의 이전이 이루어졌다(배유일, 2010: 103).

한편, 이러한 제도의 이전은 상황에 따라 다른 동기와 속도로 나타날 수 있는데, 이러한 제도 이전의 상이한 동기와 속도에 대한 설명에는 동형화(isomorphism) 이론과 정책확산 모형이 매우 유용한 분석틀을 제공해줄 수 있다. 우선 디마지오와 파월(DiMaggio & Powell, 1983)은 제도적 압력의 세 가지 유형으로 강제적 동형화

(coercive isomorphism),[1] 모방적 동형화(mimetic isomorphism),[2] 규범적 동형화(normative isomorphism)[3]로 나누고 있는데, 둘 또는 세 가지 압력이 동시에 일어날 수도 있음을 주장하고 있다(하연섭, 2003; Carpenter & Feroz, 2001; DiMaggio & Powell, 1983). 이와 함께 내부 결정요인모형은 정책을 채택하는 정부의 내부적인 정치적, 경제적, 사회적 특성들이 정책채택에 영향을 미치는 주요 요인이라고 가정한다(Berry & Berry, 1990; Mintrom & Vergari, 1998). 즉, 지역적으로 더 크고, 부유하고, 산업화된 정부가 더 작고, 가난하고, 덜 산업화된 정부보다 새로운 정책이나 프로그램을 빨리 채택할 가능성이 높다는 것이다. 이 모형은 새로운 프로그램이나 정책을 채택하기 위해 외부환경보다 내부환경을 강조한다(장석준 외, 2015: 224).

그런데 제도를 이전받은 것 자체가 이전받은 제도의 성공적 안착 내지 기대효과를 온전히 가져오는 것이라고 볼 수는 없으며 오히려 제도의 원형이 그대로 유지되지 않는 것이 일반적이라 할 것이다. 이러한 점에서 제도의 이전 논의는 그 제도가 도입된 조직 내지 국가에서 어떠한 과정을 거쳐 안착되어 가는지, 그리고 그에 따른 종국적인 결과는 어떠한지에 대한 논의와 연계되어야 실질적인 의미를 갖는다고 할 수 있다. 이전된 제도가 새로운 환경에서 어떠한 과정을 거쳐 안착 내지 변형되는지에 대한 통찰을 제공하는 이론으로 토착화(indigenization)가 있다. 토착화는 외국에서 들여온 사상, 이론, 제도 등이 우리 것으로 만들어지는 과정이라고 볼 수 있다. 즉, 토착화란 "특정 문화 속에서 외생적이든 내생적이든 새로운 아이디어가 기존의 아이디어를 대체하여 정착되어 가는 과정"을 의미하며(이종범, 2003), 이식 이후 그것을 자신의 나라 문화전통, 사회적 환경 등에 맞게 만드는 것을 포함한 개념이라 할 수 있다(박흥식, 2005).

결국 제도의 정착은 이식된 제도가 새로운 풍토에서 뿌리내리는 것으로 그 사회의 맥락을 살펴보아야 한다. 맥락이란 사회의 정치적, 사회적, 경제적, 문화적 구조에 배

1) 강제적 동형화는 자원의존 상황 하에서 상급조직의 명령에 의해 발생한다. 즉, 권력 관계 속에서 상급조직의 압력이 법령 등을 통하여 강제함으로써 자원의존적인 조직들은 이를 수용할 수밖에 없음으로써 나타난다.

2) 모방적 동형화는 조직들이 불확실성에 직면하였을 때 해당 분야에서 성공적이거나 정당성 및 영향력이 있는 것으로 인지되는 조직을 모방하여 나타난다.

3) 규범적 동형화는 전문조직 및 전문협회 등에서 특정 제도가 유용함을 공유하여 그 필요성을 주장하고 이를 조직의 정책결정권자가 수용함으로써 나타난다.

태되어 있는 것으로써 맥락을 통하여 제도의 유지와 변화가 이루어진 배경을 고찰할 수 있다. 맥락은 제도를 독립적으로 존재하게 하지 않고, 다양한 환경, 제도, 행위자 등을 연결시켜 제도의 다차원적인 모습을 형성하게 한다. 따라서 제도가 그 사회의 풍토와 결합하는 방식에 따라서 제도의 양태가 다양하게 나타날 수 있다. 따라서 맥락은 제도의 유지와 변화를 설명하고 제도의 원형과의 유사점 및 차이점을 비교하는 데 유용하다(김윤권, 2006; 2009; 하연섭, 2003; Immergut, 1998). 이러한 측면을 고려할 때 제도의 토착화는 제도의 이식과 더불어 맥락에 따른 제도의 정착도 함께 고려하는 것이 필요하다.

한편, 제도 도입 이후 발전 과정과 관련하여서는 이른바 경로의존(path dependence)과 경로진화(path evolution)의 개념을 통해 이해할 수 있다. 여기서 경로의존은 우연한 사건으로 특정 시점에서 형성된 제도가 시간이 경과하여도 지속되는 것을 의미하며, 제도를 지속시키는 요인들과 제도의 변화를 제약하는 요인들을 분석하여 특정 제도가 지속되는 이유를 설명할 수 있다(남재걸, 2012; 박용성 · 박춘섭, 2011; 하연섭, 2003; 하태수, 2010; 임동완 · 윤성일, 2019). 또한 경로진화는 기존의 제도의 안정과 제도의 변화를 설명하는데, 이는 제도가 오랜 기간 동안 점진적으로 변화하고 있다면 제도는 안정적이면서도 진화하는 경향이 나타내며 이러한 변화가 장기간 축적되면 원형과는 다른 제도의 형태가 나타날 수도 있다는 것이다(남재걸, 2012, 2014; Streeck & Thelen, 2005; 임동완 · 윤성일, 2019). 이때 중앙정부와 지방정부의 조세지출 예산제도 도입 과정에서 나타난 동형화의 유형은 제도 도입 이후 발전 과정과도 일정 부분 관련성을 가질 수 있다.

3. 선행연구의 검토

조세지출에 대한 연구는 조세지출의 개념 및 범위에서부터 조세지출규모의 추정, 조세지출 예산제도, 조세지출 평가 등 다양한 주제에 대하여 이루어져 왔다. 그 중에서 중앙정부 차원의 조세지출 예산제도의 도입과 효율적 운용방안에 대한 연구가 1999년을 전후하여 이루어졌다(임주형, 1997; 박상훈, 2002; 이해현, 2003; 이유정, 2004). 이후 조세지출 제도의 정비 효과와 개선 방안에 관련하여 각종 지표를 이용해 평가하고 조세지출 예산제도의 문제점을 제시하고 있다(박기백, 2006; 김주희, 2013; 신항진 외, 2012; 전병욱 · 최보람, 2013; 김성태 · 유한욱, 2013).

한편, 지방세지출 예산제도와 관련된 연구들은 주로 제도 도입 이전 시기에 집중적으로 이루어졌는데, 주로 조세지출의 개념 및 현황(이삼주, 2007), 외국의 지방세지출 예산 관련 사례에 관한 연구(한국지방행정연구원, 2008), 지방세지출 예산제도의 도입 관련 쟁점 및 도입 방향에 관한 연구(전춘옥 · 유태현, 2005; 임재근, 2007; 한국지방행정연구원, 2007; 김대영, 2008; 원윤희, 2007; 김주호, 1999; 임주영 · 장근호 · 노영훈, 1997; 류춘호, 2007) 등이 존재한다. 특히, 최근 임상빈 · 고영우(2017)는 지방세지출 예산제도가 2011년 지방세법이 지방세기본법, 지방세법, 지방세특례제한법으로 분법되면서 지방세특례제한법에 규정되었으나 지방세특례제한법 신설에 따라 지방정부의 조례로 운영되던 감면규정이 지방세특례제한법으로 이관되어 사실상 지방세 감면은 중앙정부의 통제 하에서 중앙정부가 지방세 감면의 결정권을 갖게 된 반면, 지방정부의 지방세 감면에 대한 권한을 축소되었고, 지방예산지출과 지방세지출이 이원화되어 운영되고 있어 지방세지출과 예산지출을 연계하여 재정지출을 통제한다는 지방세지출 예산제도의 당초 목적을 달성하지 못하고 있다는 점을 지적하면서 이러한 지방세지출 예산제도의 문제점을 개선하기 위해서 지방세지출과 예산지출을 포괄하는 포괄재정 보고서 제출을 의무화하는 방안을 제시하였으며, 또한 지방의회가 의회 본연의 기능인 예산통제를 위해서 지방세지출과 예산지출이 연계된 포괄예산심사제를 도입의 필요성을 제기하였다.

선행연구를 종합하면 조세지출 예산제도의 도입 이전에는 외국의 사례를 분석하면서 조세지출의 통제를 위해서 조세지출 예산제도의 도입을 주장하였고, 1999년 조세지출 예산제도 도입 이후에는 당초 조세지출 예산제도가 조세지출과 재정지출의 연계를 통해 재원배분의 효율성을 제고하고 재정운용의 투명성을 확보하는 목적에 맞게 운영되지 못하는 점을 조세지출 예산제도 운영의 문제로 지적하고 있다. 최근에는 조세지출 개념과 범위를 재정립하여 현실에 맞는 조세지출을 정의하고, 이를 통해서 성과관리와 조세지출통제를 구체화하는 노력이 필요하다는 연구들도 다수 존재한다. 그러나 조세지출 예산제도가 도입되는 과정과 함께 우리나라 환경에 토착화되어 가는 일련의 과정을 체계적으로 분석하고자 하는 시도는 일부를 제외하고는 찾아보기 어렵다. 제도 도입 과정을 분석한 연구들에서도 제도 도입의 시간적 순서를 단순히 나열하는 방식으로 이루어지고 있으며, 이와 함께 중앙정부의 조세지출 예산제도와 지방정부의 지방세지출 예산제도를 별개의 제도로 다룸으로써 조세(지방세)지출의 투명한 관리라는 사실상 동일한 목적을 가지는 제도임에도 제도 이전의 결과에서 나타나는 이질성을 체계적으로 비교분석하지 못하는 한계를 가지고 있다.

이 글은 이러한 기존 연구의 한계를 보완하면서 제도 이전과 토착화 이론을 통해 중앙정부와 지방정부의 조세지출 예산제도의 도입 및 운영 과정, 나아가 토착화의 결과를 검토하고자 한다. 특히, 조세지출 예산제도와 관련된 일련의 과정을 제도 이전과 동형화, 그리고 토착화 이론을 상호 연계적으로 활용하여 체계적으로 분석을 시도하였다는 점은 이 글의 차별성이라고 할 것이다.

4. 연구의 분석틀

이 글에서는 1999년부터 진행된 우리나라의 조세지출 예산제도의 도입 및 토착화를 분석하고자 한다. 정책/제도 이전의 이론적 바탕에 이른바 신제도주의론의 동형화 모형을 분석틀의 핵심요소로 하여 중앙정부 및 지방정부 차원에서의 조세지출 예산제도의 도입 과정 및 토착화를 분석한다.

조세지출 예산제도는 비슷한 시기에 우리나라에 도입된 다른 여러 가지 제도들과 마찬가지로 1998년 이후 IMF 관리체제가 적용되면서 현실적으로는 억압적 이전의 성격이 가미되지만, 외양적으로는 자발적 제도 수입이라는 성격을 가진다. 그러나 본 제도를 중앙정부 차원의 조세지출 예산과 지방정부 차원의 지방세지출 예산제도로 나누어 살펴보면 동형화의 양상은 사뭇 달라진다. 즉, 중앙정부의 경우 1999년 자발적인 제도 이전을 실시하고 이후 조세지출 예산제도를 도입한 다른 국가들과의 규범적 동형화를 실시하였다고 볼 수 있다. 반면, 지방정부의 경우 비슷한 맥락이 조성되었음에도 불구하고 2005년에 들어서야 행정자치부를 중심으로 전 자치단체에 대한 지방세지출 예산제도의 도입을 추진하였고, 2006년부터 2009년 기간 동안의 시범사업을 거쳐 2010년부터 전 자치단체에 대한 지방세지출 예산제도의 도입이 이루어졌다. 이 과정에서 개별 자치단체들은 해당 제도의 도입 및 운영에 있어서 사실 적극성을 띠지 않았다는 평가는 눈여겨 볼 만한 대목이다(신승근, 2011). 이는 지방정부 차원에서는 지방세지출 예산제도의 도입은 자발적이기보다는 강제적인 제도 이전이며, 동시에 향후 모방적 내지 강제적 동형화 형태로 나아갈 수밖에 없는 환경적 제약으로 작용하였다는 점을 단적으로 보여준다고 할 것이다. 이와 함께 이 글에서는 조세지출 예산제도가 도입된 이후 맥락에 의해 경로의존 내지 경로진화라는 특징이 나타났는지를 살펴보고자 한다. 이는 조세지출 예산제도의 경우 도입 이후 점진적이지만 지속적인 제도적 보완 내지 발전이 이루어지고 있는 반면, 지방세지출 예산제도는 제도 도입 이후 큰 변화 없이 사실상 제도적 정체를 보이고 있다는 판단에 따른 것이다.

이러한 특징과 관련 이론적 개념들을 전제로 이 글은 토착화 단계 분석에서 제도 도입 단계 및 도입된 직후 이후 제기된 비판점들을 살펴보고, 이후 기 제기된 비판점들을 바탕으로 토착화 과정 동안 해당 비판점들이 제도의 변화에 반영되는 과정과 내용들을 살펴보게 될 것이다.

그림 9-1 조세지출 예산제도 도입 및 토착화 분석틀

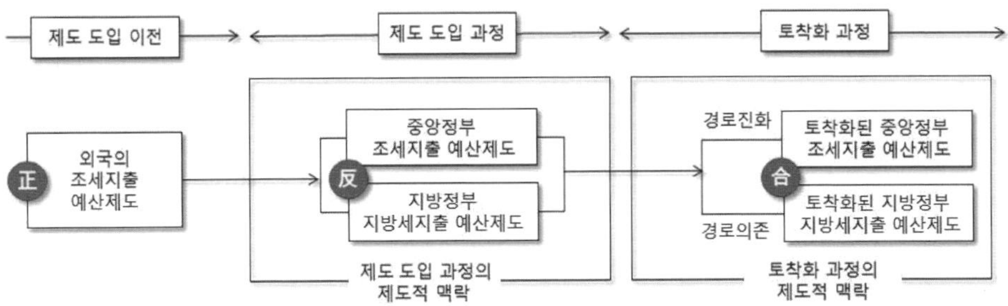

제 3 절 조세지출 예산제도의 토착화 분석

1. 동형화의 원형: 주요국의 조세지출 예산제도

우선 주요국의 중앙정부 차원의 조세지출 예산제도 도입 현황을 살펴보면 <표 9-1>과 같다. 이에 따르면, 조세지출 예산서가 법정 예산서류로서 의회에 제출하도록 의무화되어 있는 국가와 임의사항으로 되어 있는 국가는 약 반반씩 분포하고 있다. 제출주기는 통상 1년이지만 일부 국가의 경우 격년 또는 수시로 제출하고 있다. 보

표 9-1 주요국의 조세지출 예산제도 도입 현황

구 분	도입 시기	제출 의무	제출 빈도	분류방법	작성 세목	작성 대상 연도
미국	1968년	강제	매년	세목별, 기능별	소득세, 법인세, 증여세	과거 1년 현재 1년 미래 5년
영국	1979년	임의	매년	세목별	전체 세목	
프랑스	1980년	강제	매년	세목별, 지원목적별, 수혜자별	전체 세목	과거 1년 현재 1년
독일	1967년	강제	매년	세목별, 산업별	전체 세목	과거 2년 현재 1년 미래 1년
캐나다	1979년	임의	매년	세목별, 기능별, 감면종류별	소득세, 법인세, 소비세	과거 4년 현재 1년
호주	1981년	임의	매년	세목별, 기능별	소득세, 법인세, 소비세	과거 3년 현재 1년
오스트리아	1978년	강제	매년	세목별, 기능별	전체 세목	
벨기에	1985년	강제	매년	세목별, 기능별	전체 세목	
핀란드	1988년	임의	매년	세목별, 기능별	전체 세목	
아일랜드	1982년	임의	매년	세목별	소득세, 법인세	
이탈리아	1990년	임의	수시	세목별, 기능별	전체 세목	
네덜란드	1987년	임의	수시	세목별	소득세, 법인세	
포르투갈	1991년	강제	매년	세목별, 기능별	소득세, 법인세, 소비세	
스페인	1979년	강제	매년	세목별, 기능별	전체 세목	

출처: OECD(1996); Brixi et al.(2003); 최인기(2008) 등 재인용.

고서의 분류방식을 보면 대부분 세목별과 기능별로 이루어지고 있으며, 대상 세목의 경우 소득세와 법인세 등 일부 세목만으로 하고 있는 국가와 전체 세목으로 하는 국가 등으로 나뉘어 있음을 볼 수 있다.

이상의 국가들은 조세지출 예산제도 운용과 관련하여 몇 가지 공통점을 가지고 있다. 우선 조세지출이 간접적인 재정지출로서 직접지출과 대체할 수 있는 정책수단이며 재정관리의 대상으로 인식하고 있다는 점이다. 또한 조세지출을 세수확보 차원뿐만 아니라 사회적 · 경제적 정책목적을 달성하기 위한 정책수단으로 여전히 많이 사용하고 있다는 점이다. 그 결과 해당 국가 모두 조세지출의 규모와 항목 수가 지속적으로 늘어나는 추세를 보이고 있다.[4)]

한편, 지방정부 차원의 조세지출 예산제도(지방세지출 예산제도)는 미국 주정부 이외는 구체적인 사례를 찾기가 쉽지 않다. 미국 주정부에서조차도 조세지출의 정의, 측정, 통제하는 과정이 주마다 매우 상이한 형태로 나타나고 있다. 캘리포니아 주가 선도적으로 1971년 조세지출 예산서를 작성하였는데, 이는 1974년에야 비로소 조세지출 예산을 규정한 연방정부보다 앞선 것이다. 그러나 미국의 주정부 및 지방정부 차원에서의 조세지출 예산이 빠르게 확산되지는 못했는데, 1984년에는 15개의 주정부만이 일종의 조세지출 예산서를 작성하였고, 이후 중단한 주정부와 새로이 작성을 시작한 주가 혼재되어 나타났다. 마이크셀(Mikesell, 2002)에 따르면, 2001년에는 33개의 주가 조세지출 예산을 채택하고 있는 것으로 파악되었다. 마이크셀(Mikesell, 2002)은 주정부 조세지출 예산보고서의 작성기관, 온라인 공개 여부, 조세지출 대상정부, 대상 세목, 보고주기, 예산과의 관계, 대상 기간, 그리고 판단기준에 대한 정보를 정리하였는데, 이에 따르면 미국의 주정부 조세지출 예산은 대부분 행정부에서 작성하고 있지만 코네티컷 주의 경우에는 의회에서 작성하며, 캘리포니아 주는 의회와 행정부 두 곳에서 각각 별도의 조세지출 예산서를 작성한다. 이 밖에 미시시피,

4) 일본의 경우, 근본적인 세금 원칙(균형, 중립성, 단순성)을 예외로 하는 조항으로서 조세특별조치가 인정되고 있다. 이러한 조세특별조치의 대상에는 개인소득세, 법인소득세, 상속세, 증여세, 주류세, 휘발유세 등을 포함한 기타 세금, '지방세'도 포함되고 있어 사실상 지방세의 비과세 · 감면이 인정되고 있다. 그러나 조세특별조치의 연간 변경사항과 집계 추정치에 대한 현재 회계연도 데이터만 국회에 보고되고 있고 공개적이고 포괄적인 조세특별조치(조세지출)에 대한 목록은 작성되지 않고 있어 사실상 지방세지출 예산제도는 운영되지 않다고 볼 수 있다.

미주리, 오클라호마의 경우에는 세입과 예산정책을 반영하는 조세지출 예산이 행정부와 의회의 공통 관심사항이라는 점을 강조하여 주정부가 아닌 대학연구소와 같은 제3기관에서 작성하고 있다. 대부분 개인소득세, 법인세, 판매세의 주요 3개 세목을 대상으로 하고 있으며, 또한 대부분 매년 또는 격년으로 작성하고 있다. 아울러 대부분 최근 과거, 현재, 미래(예산준비 과정)를 포함한 3개년 대상 작성하고 있음을 볼 수 있으며, 조세지출 예산을 예산서의 일부분 또는 부속서류로 취급하고 있지만 7개 주(아이다호, 뉴욕, 오하이오, 오리건, 펜실베이니아, 테네시, 위스콘신)는 직접 예산편성 과정에 포함하고 있다. 한편, 미국의 주정부 조세지출 예산서는 조세지출의 논리적 판단기준을 제시하고 있다는 특징이 있다. 이러한 조세지출 판단기준에는 대표적으로 개념적 기준조세 방식, 준거법 방식, 그리고 세입감소 리스트 방식 등 세 가지가 있다. 개념적 기준조세(conceptual baseline) 방식은 이론적으로 이상적인 세제(헤이그-사이먼 소득개념 내지 총가계소비 등)를 정상적 조세기준으로 보고 이를 이탈하는 경우를 조세지출로 간주하는 방식이며 아이다호, 미네소타, 웨스트버지니아 등 3개 주가 이러한 개념적 기준조세 방식을 채택하고 있다. 이와 달리 준거법(reference low baseline) 방식은 조세지출을 비과세 또는 감면 등 특정 법조항에 기초하여 설정하는 방식으로서 캘리포니아 주 등 22개 주에서 채택하고 있어 가장 널리 활용되고 있음을 알 수 있다. 마지막으로 세입감소 리스트(revenue reducer list) 방식은 정상적인 조세 또는 조세구조 등을 고려하지 않고 특정 법조항 등(개별 규제, 조세환급 포함)이 없었으면 발생하지 않았지만 그러한 법조항 등이 있음으로 인하여 발생한 세입감소를 조세지출로 간주하는 방식이며, 애리조나 주 등 8개 주에서 채택하고 있다.[5]

5) ITEP에 따르면, 2018년 현재 Alabama, Alaska, Arkansas, Colorado, Georgia, Hawaii, Indiana, Nevada, New Jersey, New Mexico, North Carolina, North Dakota, South Dakota, Utah, Vermont, Virginia, Wyoming 등의 주에서도 조세지출 관련 보고서를 작성하여 온라인 등의 형태로 공시하고 있다(https://itep.org/state-by-state-tax-expenditure-reports/).

표 9-2 미국 주정부 및 지방정부의 조세지출 예산 채택 현황(2001년 기준)

구 분	보고 대상 정부	예산과 연계	대상 기간	판단 기준	대상 세목
Arizona	주	X	1년(과거)	리스트	소득세, 법인세, 판매세, 기타
California	주, 지방정부	X	1년(당해)	준거법	소득세, 법인세, 판매세, 기타
Conneticut	주	X	1년(미래)	준거법	소득세, 법인세, 판매세, 기타
Delaware	주	X	2년(과거, 당해)	리스트	소득세, 법인세, 기타
District of Columbia	–	O	3년(당해, 미래 2년)	–	소득세, 법인세, 판매세, 기타
Florida	주, 지방정부	X	1년(미래)	리스트	법인세, 판매세, 기타
Idaho	주	O	6년(과거, 당해, 미래)	개념적 기준조세	소득세, 법인세, 판매세
Illinois	주	X	2년(과거)	준거법	소득세, 법인세, 판매세, 기타
Iowa	주	X	1년(과거)	준거법	소득세, 법인세, 판매세, 기타
Kansas	주, 지방정부	X	3년(과거, 당해, 미래)	준거법	기타
Kentucky	주	X	3년(미래)	준거법	소득세, 법인세, 판매세, 기타
Louisiana	주	X	5년(과거, 당해, 미래)	준거법	소득세, 법인세, 판매세, 기타
Maine	주	O	4년(과거, 당해, 미래 격년)	준거법	소득세, 법인세, 판매세, 개별소비세
Maryland	주, 카운티	X	4년(미래 1년 포함)	준거법	소득세, 법인세, 판매세, 기타
Massachusetts	주	X	1년(미래)	준거법	소득세, 법인세, 판매세, 기타
Michigan	주, 지방정부	O	1년(미래)	준거법	사업세, 법인세, 판매세, 기타
Minnesota	주, 지방정부	X	4년(당해, 미래)	개념적 기준조세	소득세, 법인세, 판매세, 기타
Mississippi	주	X	1년(당해)	준거법	소득세, 법인세, 판매세, 기타
Mossouri	주	O	11년(당해, 미래)	준거법	소득세, 법인세, 판매세, 기타
Montana	주, 지방정부	X	2년(미래)	준거법	소득세, 법인세, 기타
Nebraska	주, 지방정부	X	1년	리스트	소득세, 법인세, 판매세, 기타
New Hampshire	주	X	1년(과거)	리스트	기업이윤세, 기타
New York	주	O	6년(과거 5년, 미래)	준거법	소득세, 법인세, 판매세, 기타
Ohio	주	O	2년 격년(당해, 미래)	준거법	소득세, 법인세, 판매세, 기타
Oklahoma	주	X	1년(과거)	리스트	소득세, 법인세, 판매세, 기타
Oregon	주	O	2년 격년(당해, 미래)	리스트	소득세, 법인세, 기타
Pennsylvania	주	O	7년(과거, 당해, 미래 5년)	준거법	소득세, 법인세, 판매세, 기타
Rhode Island	주	X	1년	리스트	소득세, 법인세, 판매세, 기타
South Carolina	주	X	3년(당해, 미래 2년)	준거법	소득세, 법인세, 판매세, 기타
Tennessee	주, 지방정부	O	1년(미래)	준거법	법인세, 판매세, 기타
Texas	주	X	6년(당해, 미래 5년)	리스트	법인세, 판매세, 기타
Washington	주, 지방정부	X	4년(과거, 당해, 미래 2년)	준거법	판매세, 기타
West Virginia	주, 지방정부	X	1년	개념적 기준조세	소득세, 법인세, 판매세, 기타
Wisconsin	주, 지방정부	O	1년(과거)	준거법	소득세, 법인세, 판매세, 기타

출처: Mikesell(2002); ITEP 웹페이지(https://itep.org/).

2. 조세지출 예산제도 이전과 도입의 제도적 맥락

우리나라는 외환위기 극복 과정에서 IMF와의 LOI를 통해 조세지출 보고서를 작성하여 국회에 제출할 것을 약속한 후 1999년 처음으로 조세지출 보고서를 작성하기 시작하였으며 본격적으로 조세지출 예산제도를 도입하였다. 1999년 이전에도 세제당국은 대략적으로 비과세·조세감면 실적을 파악하고 있었지만 조세지출의 개념이 반영된 것은 아니었다. 이에 학계를 중심으로 OECD 등 국제기구의 논의와 외국의 사례를 소개하며 조세지출 예산제도의 도입과 그 필요성이 제기되었다.

우리나라의 조세지출 예산제도 도입 배경을 살펴보면 다음과 같다. 1996년 우리나라가 OECD에 가입함에 따라 국제규범에 맞게 국가재정을 보다 투명하고 효율적으로 운용할 필요성이 확대되었다. 이에 국민의 정부는 1998년 2월 조세지출 예산제도의 도입을 100대 정부개혁과제 중 하나로 선정하고, 동년 3월 조세지출 예산업무를 전담할 조직인 조세지출예산과(현재 조세특례제도과)를 현 기획재정부 세제실에 신설하였다. 또한 제도 도입의 기초여건을 조성하기 위해 1998년 10월 기존의 조세감면규제법을 조세특례제한법으로 전면 개정하였다. 전면 개정 시 중앙부처로 하여금 매년 조세감면건의서와 조세감면평가서를 기획재정부에 제출할 것을 의무화하였다. 1999년 2월에 발표된 중기재정계획에서 1999년부터 조세지출 예산제도를 단계적으로 도입할 계획임을 공개하였다(박명호·전병힐, 2009). 특히, 동년 7월 IMF와 조세지출 내역을 1999년 말까지 국회에 제출한다는 의향서(Letter of Intent: LOI)를 체결하였다. 이에 1999년 처음으로 직접세(소득세, 법인세, 상속증여세)에 관한 조세지출 보고서를 작성한 후 국회에 제출하기 시작하였다.

이와 함께 정부는 지방세 비과세·감면제도의 투명성과 효율성을 확보하기 위해 지방세지출 예산제도의 도입을 검토하였다. 특히, 지방세지출 예산제도의 본격적인 도입 논의는 2006년 국회 행정자치위원회 국정감사 지적으로부터 시작되었다. 행정자치부 지방세제관이 작성한 '2008년도 지방세지출 예산제도 운영방향'에서 밝혔듯이, "2006년 국정감사 과정에서 지방세 비과세·감면의 현황조사를 긴급하게 실시하여 검증 없이 국회에 자료제출하는 과정에서 지방통계연보에 나타난 숫자보다 월등히 큰 숫자가 나타났기 때문에 이에 대한 쟁점이 생겼다"고 하면서 "지방세제부서에서도 이 문제에 대하여 큰 관심을 갖고 제도를 발전시켜 오지 못하였기 때문에 변명으로 일관할 수밖에 없었고 결국 이를 계기로 제도발전을 시키는 큰 걸음을 하게 되었다"고 하고 있다(김동완, 2006). 또한 '추진일정'을 논의하면서 "그간에도 지방세지출 예산제도의 도입 필요성에 대한 논의가 있어 왔으나, 지난 2006년 정기국회의 경험을 토대로 올해부터 본격적으로 도입을 추진하였다"고 밝혔다.

2006년 국회 행정자치위원회 국정감사에서 홍미영 위원은 "행정자치부 작성자료와 관계부처 제출자료상의 감면액이 다르다고 하면서, 행정자치부에서 보고한 감면액은 2004년 2조 1,700억 원, 2005년 1조 1,800억 원(추계)이었으나, 중앙부처에서 보고한 감면액은 2004년 2조 8천억 원, 2005년 2조 9천억 원으로 2004년 6,300억 원, 2005년 1조 7,200억 원 만큼 차이가 난다"고 지적한 바 있다. 관계부처제출 '04 · '05년 166개 단체 지방세 감면 현황자료에 의하면, 건설교통부 등 중앙부처가 행정자치부에 제출한 '지방세 감면 현황자료'를 기준으로 집계한 '04 · '05년 지방세 감면액은 각각 2조 8천억 원과 2조 9천억 원(추계)이었으나, 행정자치부에서 작성한 지방세감면액은 각각 2조 1,700억 원과 1조 1,800억 원으로 차이가 났다. 그러므로 2006년 당시 행정자치부는 지방세 비과세 · 감면액에 대한 기본적인 집계조차 제대로 하고 있지 않았다는 것이다. 그런데 어떻게 지방세정연감을 발행할 수 있었는지 의문이다. 이에 대해 행정자치부 지방세제관은 "지방자치의 근간이 되어야 할 지방세를 특별한 정책목적으로 감면할 때에는 누구에게 얼마나 지원해주고 있는 것인지, 세제지원의 효과는 정말 있는지 꼼꼼히 따져보아야 함에도 불구하고 비과세 · 감면 총액조차 제대로 파악하지 못하고 있다는 사실에 당혹감을 감출 수 없었다"고 했다(신승근, 2011).

3. 조세지출 예산제도의 도입 과정

1) 중앙정부의 조세지출 예산제도

(1) 도입 과정

우리나라의 경우 조세지출을 특정 정책목표를 달성하기 위한 수단으로 적극적으로 활용하여 왔다. 이에 따라 방만히 운영되는 조세지출 제도의 문제점을 해결하고자 국가재정법 및 조세특례제한법 등에 근거하여 조세지출에 대한 여러 가지 관리제도를 마련하여 시행하고 있다. 우선 1998년에 조세감면규제법을 조세특례제한법으로 전환하였고, 각 특례의 일몰시한을 해당 조문에 규정하도록 하였으며, 매년 각 중앙부처는 조세감면건의서 및 조세감면평가서를 기획재정부에 제출하도록 의무화하였다.

1999년 9월 최초로 발표된 「1999년 조세지출 보고서」는 소득세와 법인세 및 상속・증여세 등 직접세만을 대상으로 작성되었다. 총 112개 항목을 대상으로 1998년 귀속 조세지출 실적을 집계하여 기능별・세목별로 제시하였다. 2000년 11월 발표된 「2000년 조세지출 보고서」부터는 간접세부문을 추가하여 국회에 제출하였다. 총 10개 세목(소득세, 법인세, 상속증여세, 부가가치세, 교통세, 특별소비세, 주세, 인지세, 증권거래세, 전화세)의 230개 항목의 조세지출에 대하여 전년도 실적 및 당해 연도 잠정치를 기능별・세목별・감면방법별로 제시하였다. 조세지출 보고서 작성 3차년도인 2001년부터는 관세를 포함한 국세에 대하여 전년도 실적 및 당해 연도 잠정치를 산출하여 작성하였다. 교육세와 농어촌특별세 등의 목적세와 세수실적이 없는 부당이득세를 제외한 모든 국세를 포괄하기 시작하였는데, 총 11개 세목 273개 항목의 조세지출 내역을 작성하였고 1999년 귀속 관세 관련 조세지출 규모도 추가적으로 공개하였다. 「2007년 조세지출 보고서」에는 교육세・농특세를 포함한 모든 국세를 포함하고 국세감면율을 산출하는 등의 개선이 이루어졌다. 2007년부터 시행되고 있는 국가재정법에서는 2009년까지 국세감면금액・국세감면율 등에 관한 전년도 실적 및 당해 연도 전망 보고서인 조세지출 보고서를 작성하여 국회에 제출하도록 규정하였다.

표 9-3 조세지출 보고서 연도별 작성 세목

1999년 (1차)	2000년 (2차)	2001년 (3차)	2002~2006년 (4~8차)	2007년 (9차)
직접세 3개 세목 (소득, 법인, 상속세)	직접세, 간접세 10개 세목	과세 추가 11개 세목	좌동	교육세, 농특세 포함 모든 세목

출처: 대한민국정부(2017); 이상길(2018: 19).

(2) 도입 직후의 제도적 내용

2006년 제정된 「국가재정법」에 따라 2010년부터 조세지출 예산서를 예산안의 첨부서류로 국회에 제출하게 되었다. 따라서 1999년부터 2009년까지는 직전 연도와 해당 연도의 국세감면 실적 및 전망 금액을 조세지출 보고서로 작성하여 공표하였으나, 2010년부터는 「국가재정법」에 따라 3개 연도(직전 연도, 해당 연도, 다음 연도)의 국세감면 실적 및 전망 금액을 집계·분석한 조세지출 예산서를 정부예산안과 함께 국회에 제출하고 있다.

표 9-4 제도 도입 직후의 조세지출 보고서와 조세지출 예산서의 내용 비교

	조세지출 보고서	조세지출 예산서
운용기간	1999~2009년	2010년 이후
의무제출 여부	임의제출	의무제출(예산안 기타 서류)
분류기준	지원 분야별	기능별(예산분류기준별)
대상 기간	2개 연도(직전, 당해 연도)	3개 연도(직전, 당해, 다음 연도)

출처: 대한민국 정부(2019). 『2019년도 조세지출 예산서』.

2012년에는 조세지출에 대한 성과관리의 필요성이 제기됨에 따라 조세지출 예산에도 성과관리체계의 도입을 시도하였다. 제4차 재정위험관리위원회(2011.11.22)에서 조세지출도 심층평가 대상에 포함하여 평가하는 방안이 논의되었다. 2012년 1월 10일 재정위험관리위원회(위원장: 기획재정부 장관)에서 조세지출(조세특례)에 대한 성과관리를 강화하기로 보고하였다. 또한 「2012년도 조세지출 예산서」에서는 조세지출 예산제도의 개요와 조세지출 예산서의 작성방법과 조세지출 정비 현황을 추가하였다. 「2013년도 조세지출 예산서」에는 조세지출의 성격과 기준조세체계의 성격을 동시에 갖고 있어 정비하기 어려운 항목들을 '비망 항목'으로 분류하여 제시하였다. 그러나 「2014년도 조세지출 예산서」에서는 '비망 항목'을 '개별세법상 조세지출 항목'으로 명칭을 변경하였으며, 개별세법상 조세지출 항목에 일부 조세지출 항목을 신규 추가하였다. 2013년부터는 조세지출 예산서 작성의 법적 근거가 「국가재정법」에서 「조세특례제한법」으로 변경되었다.

표 9-5 중앙정부의 조세지출 예산제도 제도화 과정

구 분	구체적 내용
제도 도입 이전	ㅇ 직접세 · 간접세의 과거 5년('93~'97) 간 감면실적을 파악하고, 의원 요구 시 총액만 제시 ㅇ 1998년 2월 조세지출 예산제도 도입을 100대 정부개혁과제로 선정 후 조세지출 예산제도 도입의 기초여건 조성 – 세제실 조세지출예산과 신설, 조세감면규제법을 조세특례제한법으로 전면 개정, 조세감면건의서 및 평가서 제출 의무화
제도 도입 1기	ㅇ 1999년 2월 중기재정계획을 통해 조세지출 예산제도 단계적 도입계획 발표 ㅇ 1999년 7월 IMF와 연말까지 조세지출 내역을 국회에 제출하는 의향서(LOI) 체결 ㅇ 1998년도 귀속 직접세(소득세 · 법인세 · 상속증여세)의 조세지출 실적을 기능별 · 세목별로 세부 내역 제시(112개 항목 파악) ㅇ 2000~2006년 목적세 등을 제외한 직접세와 간접세의 조세지출에 대하여 기능별 · 세목별 · 감면방법별 전년도 실적 및 당해 연도 추계치 제시 – 조세지출 항목: '00년 230개, '01년 273개, '02년 269개, '03년 254개, '04년 220개, '05년 226개, '06년 230개 ㅇ 2007~2009년 국가재정법의 제정('06년 10월)을 통해 조세지출 예산제도의 법적 근거 마련 및 조세지출 예산서 도입 준비 – 모든 국세에 대한 조세지출 내역을 종전의 방식대로 국회에 제출 – 조세지출 항목: '07년 219개, '08년 189개, '09년 180개
제도 도입 2기	ㅇ 2010~2011년 모든 국세의 조세지출에 대하여 전년도 실적, 당해 연도 및 다음 연도 추정금액을 기능별 · 세목별로 분석한 조세제출 예산서를 예산안의 첨부서류로 국회 제출 – 조세지출 항목: '10년 177개, '11년 201개(이 중 31개를 비망 항목으로 분류) ㅇ 2012년 이후 세출예산에 적용되고 있는 성과관리의 개념이 조세지출 예산제도 도입

출처: 박명호 · 전병힐(2009); 박노욱 · 김학수(2013) 재인용.

2) 지방정부 조세(지방세)지출 예산제도

(1) 도입 과정

지방세지출 예산제도의 도입논의는 국세에 대한 조세지출 예산제도 도입을 전후하여 국세 외에 지방세에 대해서도 지출 예산제도를 도입해야 한다는 주장이 제기되었다(임주영 · 장근호 · 노영훈, 1997).[6] 이러한 논의에 따라 행정자치부는 2005년 지방세 조세지출 예산제도 도입방침을 확정하고 2006년 시범기관으로 광명시를 선정

6) 임주영 · 장근호 · 노영훈(1997)은 지방세에 대한 조세지출 예산제도 도입의 필요성으로 정책목표의 연계성을 명확하게 하고, 조세지출의 낭비와 비효율성을 방지하기 위한 것과 방만한 비과세 감면 제도의 효율적으로 통제하고 확장을 억제하기 위해서 필요성을 제기했다.

하였다. 2007년도에 시험 대상을 광명, 용인, 김포, 양주, 가평으로 5개 자치단체로 확대하였으며, 2009년도에는 시범기관을 전국 모든 자치단체로 확대 실시하였다. 2009년도 지방세 비과세 감면 조사계획을 수립하고, 2008년 기준 지방세지출 보고서를 작성하여 8월에 재정 공시하였다. 2009년 11월에는 2008년 결산액과 2009년 추계액을 산정하여 지방자치단체 의회에 제출하였다. 이러한 시범 절차를 통해서 2010년 지방세지출 예산제도를 본격적으로 시행하게 되었다. 이와 함께 지방세 비과세·감면액 기초자료가 제대로 파악되지 않고 있었기 때문에 지방세지출 예산제도 도입과 더불어 지방세 비과세·감면 일제정비 사업을 병행하여 실시했다.

그림 9-2 지방세지출 예산제도 도입 과정

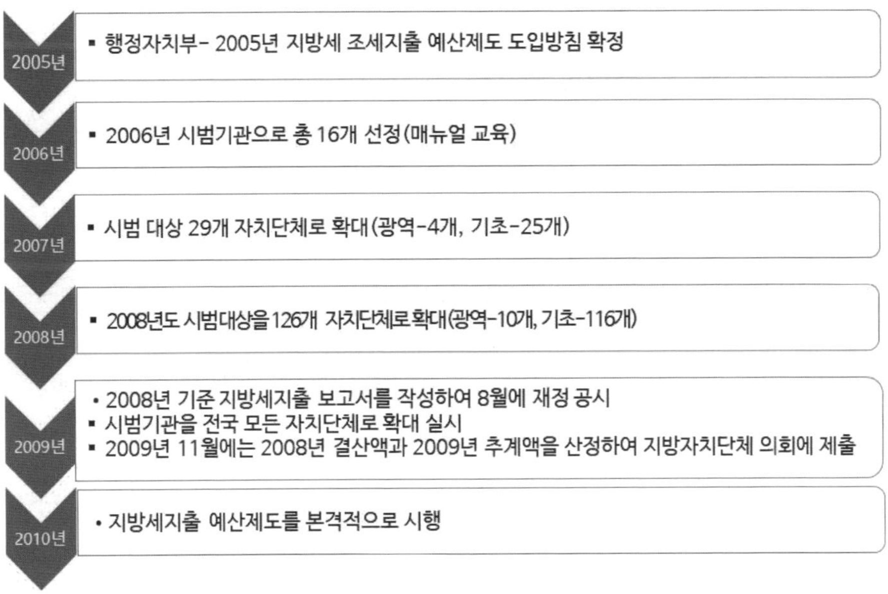

구체적으로 살펴보면, 행정자치부는 2006년 시범자치단체를 선정하여 지방세지출 보고서의 작성을 시도하였다(최인기, 2008). 지방세지출 「예산제도운영지침」을 통해 세목별·기능별·수혜자별 분류 방법을 제시하였고, 이를 바탕으로 대구 중구 등 4개 시범단체는 2005년도 지방세지출 실적과 2006년도 지방세지출 전망을 중심으로 지

방세지출 보고서를 작성하였다. 이에 따르면, 자치단체 간 지방세지출의 규모는 편차가 크게 나타났다. 2005년 실적 기준으로 지방세지출 규모가 가장 크게 나타난 것은 청주로 69억 1천만 원이며, 다음으로 인천 중구 36억 1천만 원, 영주 7억 1천만 원, 대구 중구 2억 4천만 원 순이었다. 이러한 경향은 2006년 지방세지출 전망에서도 유사하게 나타났다. 아울러 자치단체 간 지방세지출 비율의 편차도 매우 크게 나타났으며, 기능별 지방세지출의 내용도 자치단체별로 다양하게 나타났다.

표 9-6 시범자치단체 지방세지출 규모

(단위: 억 원, %)

구 분	2005년도 실적			2006년도 전망			증감
	지방세지출	지방세수	비율(A)	지방세지출	지방세수	비율(A)	(B-A)
대구 중구	2.4	114.5	2.0	2.5	126.6	1.9	-0.1
인천 중구	36.1	234.8	13.3	128.4	275.2	31.8	18.5
청주시	69.1	1680.3	3.9	74.4	1968.7	3.6	-0.3
영주시	7.1	251.0	2.8	9.2	255.3	3.6	0.8
합계	114.7	2280.6	4.8	214.5	2625.8	7.6	2.8

출처: 최인기(2008: 34) 재인용.

표 9-7 시범자치단체 기능별 지방세지출 현황(2005)

(단위: 억 원, %)

구 분	합 계	경제개발	국민생활안정	사회개발	공공부문
대구 중구	2.4	0.3(13)	0.3(12)	1.7(71)	0.1(4)
인천 중구	36.1	35.3(98)	0.3(1)	0.5(1)	-
청주시	69.1	35.1(51)	26.5(38)	7.5(11)	-
영주시	7.1	1.3(18)	4.8(68)	1.0(14)	-
합계	114.7	72.0(62.8)	31.9(27.8)	10.7(9.3)	0.1(0.1)

출처: 최인기(2008: 35) 재인용.

결국 지방세지출은 지방세 감면조례의 특별감면 조항을 제외하고는 동일한 법규에 근거하여 이루어지지만 지방자치단체별로 다양한 형태를 취하고 있었다. 4개 시범자치단체의 사례에 불과하지만 지방세지출 비율은 2.0~13.3%로 차이가 크게 나타났으며, 기능별 지방세지출도 인천 중구와 같이 경제개발에 집중되어 있는 경우도 있고, 대구 중구와 같이 사회개발에 집중되어 있는 경우가 있는 등 다양한 유형으로 나타났다(최인기, 2008).

(2) 도입 직후의 제도적 내용

지방세지출 예산제도의 공식적인 도입 첫 해인 2010년 지방세지출 예산제도의 내용과 특징을 살펴보면, 일반공공행정, 공공질서 및 안전, 교육, 문화 및 관광, 환경보호, 사회복지, 보건, 농림해양수산, 산업·중소기업, 수송 및 교통, 국토 및 지역개발, 과학기술, 국가, 외국, 기타의 15개 분야로 나뉘어져 있으며, 전체 약 15조 원 중에서 사회복지 분야가 약 4조 5천억 원으로 약 30%를 차지하여 가장 비중이 높았다. 그 다음으로는 일반공공행정 분야 약 2조 5천억 원으로 약 17%, 산업·중소기업이 2조 4천억 원으로 약 16%, 국토 및 지역개발 약 1조 5천억 원, 국가 약 1조 4천억 원으로 각각 약 10% 비율을 차지하고 있다. 나머지 분야는 약 2조 6천억 원으로 약 17%에 해당된다.

표 9-8 2009년 지방세지출 주요 대분류

(단위: 십억 원)

구 분	금 액	비율(%)
전국 합계	15,027	100
사회복지	4,472	30
일반공공행정	2,510	17
산업·중소기업	2,410	16
국토 및 지역개발	1,575	10
국가	1,449	10
기타	2,611	17

출처: 행정안전부(2010); 신승근(2011).

세목별로는 취득세가 32%, 등록세가 28%, 재산세 20% 등 80%가 부동산 관련 세목으로 전체 약 15조 원 중 약 12조 원으로 나타났다. 그리고 감면 유형별로는 지방세법상 비과세가 약 40%, 지방세법상 감면 약 40%로 역시 전체 약 15조 원 중 약

12조 원을 차지하였다. 지방세지출 주요 항목 분류에 따르면, 주택거래, 지방자치단체 및 지방자치단체조합, 국가, 수출 지원 과세특례, 택지개발용 토지 등 항목 순으로 높은 비중을 차지하고 있었다.

한편, 신승근(2011)은 지방세지출 예산 시범기간인 2006~2010년까지의 강원도 지역 6개 기초자치단체 및 인천광역시 중구의 5개년 지방세지출 예산서를 검토한 결과를 몇 가지 제시하고 있다. 우선 지역별로 지방세지출 예산자료 정리에 차이가 존재한다는 점이다. 즉, 지방세지출 예산제도를 시범운영하는 과정에서 시범 대상 지역에 동일한 지침이 전달되지 않았다는 것이다. 다음으로 지방의회에서 지방세지출 관련 논의가 없다는 점이다. 5년 간 계속해서 지방세지출 예산서를 심의하였지만 지방세지출 예산제도의 도입취지인 '지방재정운영의 투명성, 지방세지출의 기득권화·고착화, 지방 재원배분의 효율성, 넓은 세원·낮은 세율의 과세 기반 마련, 지방세부담 형평성' 등과 관련된 논의가 전혀 없었다는 점이다. 지방세지출 예산제도를 시범운영하면서 실질적으로 이 제도가 본격적으로 실시되었을 때 지방의회에서 제대로 된 심의·심사가 이루어지도록 노력했어야 함에도 불구하고 이러한 노력의 흔적이 나타나지 않았다.

또한 지방자치단체가 적극적으로 제도 시범운영에 나서지 않았다는 점이다. 지방세지출 예산제도는 지방세지출을 예산의 지출형식으로 표현하여 무분별한 지방세지원을 통제하고 지방재정 운영의 효율성을 높이기 위한 제도임에도 불구하고 이러한 제도의 도입 취지를 이해하고 이를 적극적으로 주민 또는 지방의회에 홍보하고 제도 정착을 위해 노력한 지방자치단체를 찾아보기 어려웠다. 시범운영을 위한 노력은 물론 인정되지만 이 제도에 대한 제대로 된 이해와 적극적인 노력은 아쉬움으로 남는 대목이다(신승근, 2011).

이와 함께 지방세지출 실적에 대한 평가가 없다는 점이다. 5개년 동안 지방세지출 예산제도를 시범실시 또는 본격적인 운영을 한 지역에서는 그동안의 시범운영과 본격적인 제도실시 이후에 이에 대한 평가를 통해 제도 개선 노력이 있어야 할 것이었으나, 5개년 동안 실시한 제도에 대해 수동적으로 대응할 뿐 시범실시 또는 본격적인 실시 이후에 이 제도에 대한 지방자치단체 또는 지방의회 차원에서 지방세지출 실적 추이 또는 특징에 대한 구체적인 논의나 향후 제도운영 개선방안에 대한 검토가 전혀 없었다.

4. 조세지출 예산제도 토착화의 결과

1) 중앙정부의 조세지출 예산제도: 경로진화

현행 조세지출 예산서는 5개의 장으로 구성되어 있다. 제1장에서는 조세지출 예산제도의 개요를 기술하고 있다. 조세지출 예산제도의 의의, 조세지출의 정의, 조세지출의 범위, 조세지출의 유형과 조세지출 예산서의 작성방법을 포함하고 있다. 제2장에서는 연도별 조세지출 개요를 기술하고 있다. 연도별 조세지출 현황, 조세지출 발표연도(당해 연도)의 조세지출 전망과 다음 연도의 조세지출 전망을 포함하고 있다. 제3장에서는 연도별 조세지출 분석을 기술하고 있다. 조세지출 예산서에 포함해야 할 내용을 규정한 조세특례제한법 시행령의 규정에 따라 예산기준별・세목별・감면방법별 조세지출 현황 및 분석을 비롯하여 조세특례제한법상 분류기준에 따른 조세지출 현황 및 분석, 조세지출의 수혜자별 귀착과 주요 조세지출 현황(감면액이 가장 큰 상위 20개를 포함하고 있다. 조세지출의 수혜자별 귀착은 「2013년도 조세지출 예산서」부터, 조세특례제한법상 분류기준에 따른 조세지출 현황 및 분석은 「2014년도 조세지출 예산서」부터 추가되었다. 제4장에서는 당해 연도 조세지출 정비 현황과 다음 연도 조세지출 예산서 반영사항을 포함하고 있다. 마지막으로 제5장에서는 조세지출 항목별 내역을 관련 예산분류, 조세지출 내역, 3개 연도 조세지출 실적치와 전망치(직전 연도 실적치, 당해 연도 및 다음 연도 전망치)에 관한 정보를 제공하고 있다.

이상의 토착화 과정을 거쳐 현재 운영 중인 중앙정부의 조세지출 예산제도를 제도 도입 이전 동형화의 대상이었던 주요국의 조세지출 예산과 제도 도입 1기인 조세지출 보고서와 비교해보면, 우선 중앙정부의 조세지출 예산제도는 IMF 외환위기 이후 정부효율성의 제고 및 정부재정 제도의 합리적 개혁의 일환으로 도입되는 제도 중 하나라는 점에서 일단 선진국 제도의 모방적 동형화의 성격을 가지고 있다고 볼 수 있다. 특히, 제도 도입 1기에는 조세지출 보고서 형태로서 의회제출이 의무가 아닌 임의적인 상황이었다는 점, 그리고 조세지출의 분류방법에 있어서도 수혜자별 분류는 이루어지지 않는 등 주요국 조세지출 예산제도의 원형에는 다소 미치지 못한 상황이었다고 볼 수 있다. 그러나 2010년 이후 제도 도입 2기에는 조세지출 예산서가 작성되어 의회에 의무적으로 제출되었을 뿐만 아니라 분류방법에 있어서도 수혜자별 분류도 이루어짐으로써 제도 도입 1기뿐만 아니라 제도 도입 이전 주요국의 조세지출 예산제도의 원형보다도 오히려 상당한 진전을 보이게 되었다는 점에서 이른바 '경로진화적 모습'을 확인할 수가 있다.

표 9-9 주요국 조세지출 예산제도와 한국의 중앙정부 조세지출 예산제도의 비교

구 분	[제도 도입 이전] 주요국 조세지출 예산제도 (1998년 이전)	[제도 도입 1기] 중앙정부 조세지출 보고서 (1998~2009년)	[제도 도입 2기] 중앙정부 조세지출 예산제도 (2010년 이후)
제출의무	혼재	임의	의무
제출빈도	매년 (대부분 국가)	매년	매년
분류방법	기능별 세목별 감면방법별(일부 국가) 수혜자별(일부 국가)	기능별(지원 분야별) 세목별 감면방법별	기능별(예산분류 기준별) 세목별 감면방법별 수혜자별
작성세목	전체 세목 (대부분 국가)	전체 세목 (지방세 제외)	전체 세목 (지방세 제외)
감면액 작성기간	과거 2년(최대) 당해 미래 5년(최대)	직전 연도 당해 연도 차기 연도	직전 연도 당해 연도 차기 연도

2) 지방정부의 지방세지출 예산제도: 경로의존

각 지방자치단체는 행정안전부가 제시한 형식에 따라 지방세지출 보고서를 매년 지방의회에 제출하도록 의무화되어 있다(국회예산정책처, 2017b). 즉, 「지방세특례제한법」 제5조에 따라 지방자치단체에서 지방세지출 보고서를 작성하여 매년 지방의회에 제출해야 하며, 행정안전부에서 정한 방식에 따라 총괄·기능별·세목별로 통계를 집계하고 세부 내역을 공개해야 한다. 지방세 감면액은 직전 회계연도의 실적과 해당 회계연도의 추정금액 등 2개년에 대해서 작성한다. 다만, 행정안전부 지방세통계연감에는 「지방세특례제한법」에 따른 지방세감면 항목을 중심으로 세부 내역이 공개되고 있으나, 조세지출 보고서는 「지방세법」과 「지방세특례제한법」 등에 따른 전체 지방세감면 항목을 모두 나열하도록 하고 있다.

구체적으로 지방세지출 보고서의 작성 대상은 지방세 세목별 비과세·감면이며, 지방세 「조세특례제한법」 등에 따른 비과세·감면법, 「지방세특례제한법」, 「지방자치단체감면조례」에 따른 비과세, 감면이 이에 해당한다. 지방세지출 보고서의 주요 작성내용은 직전 연도 비과세·감면 결산액과 당해 연도 추정액으로서 실제 비과세·감면 실적액(1~9월)+추계액(10~12월)을 보고한다.

현재 운영 중인 이러한 지방세지출 예산제도의 제도적 내용은 사실 제도 도입 직후인 2010년의 것과 크게 다르지 않은 상황이다. 2014년 분류방법에 수혜자별 분류가 추가되었을 뿐 지방세지출과 예산과의 연계를 위한 핵심사항 중 하나라고 할 수 있는 미래의 감면액에 대한 추정이 여전히 이루어지지 않고 있다. 이와 함께 지방세지출은 의회에 관련 자료가 제출되지만 상임위원회에서 별도의 심의를 거치지 않고 보고만 하고 있어 예산심의 과정에서 지방세지출은 심의가 이루어지지 않고 있다.

표 9-10 미국 주/지방정부와 한국의 지방세지출 예산제도 비교

구 분	미국 주/지방정부 조세지출 예산제도 (2010년 이전)	제도 도입 직후 지방세지출 예산제도 (2010~2017년)	현행 지방세지출 예산제도 (2018년 이후)
제출의무	의무 (다수)	의무	의무
제출빈도	매년 (다수)	매년	매년
분류방법	기능별(다수) 세목별(다수) 감면방법별(다수)	기능별 세목별 증감사유별	기능별 세목별 증감사유별
작성세목	소득세, 법인세, 판매세, 기타(다수)	지방세 전체 세목	지방세 전체 세목
감면액 작성기간	과거 2년(최대) 당해 미래 5년(최대)	직전 연도 당해 연도 차기 연도(시범사업)	직전 연도 당해 연도

특히, 국세는 국회예산정책처에서 매년 전문적인 조세지출에 대한 검토 보고서가 작성되고 있는 것과는 달리 지방세지출 보고서는 지방의회에서 전문적인 분석이 이루어지고 있지 않아 지방세지출과 재정지출을 연계하는 것이 사실상 불가능한 상황이다(임상빈 · 고영우, 2017). 즉, 2010년 도입된 지방세지출 예산제도는 시간이 경과하여도 초기 모습으로 지속되는 이른바 '경로의존성'을 보이고 있다고 할 것이다.

이렇게 제도 도입 이후 지방세지출 예산제도가 경로의존성을 보이며 제도적 발전이 더딘 이유는 지방세지출의 변동에 대한 실질적인 원인제공자와 지방세지출 보고서의 작성의무자 간 괴리, 그리고 그에 따른 제도 개선 동력을 지방정부로부터 기대할 수 없는 상황에 있다고 볼 것이다. 지방세지출은 정책 수립 단위와 효과 발생 단위가 불일치하고 있다. 또한 지방세감면의 대부분을 차지하는 지방세법, 지방세특례제한법, 조세특례제한법 등에 의한 감면은 지방정부가 아닌 중앙정부의 정책 관할에 속한다. 따라서 지방정부가 작성하는 지방세지출 보고서는 중앙정부에 의해 결정되는 지방세지출 사항에 대한 세부 의견을 개진하는 데 한계가 있으며, 외형상 유사성에도 불구하고 조세지출 예산서와 계통적으로 같은 선상에서 비교하기 어렵다(이선화 · 김필헌, 2014).

이러한 제약은 지방세지출과 관련된 지방세입법권의 문제와 관련된다. 현재 우리나라의 지방세입법권은 대부분 지방자치단체가 아니라 행정안전부 장관과 국회에서 행사하고 있다. 지방세의 비과세 · 감면을 규율하는 문제도 마찬가지로 지방자치단체가 아니라 주로 중앙정부와 국회의 몫으로 되어 있다. 그렇다면 지방세 비과세 · 감면 제도를 효율적으로 관리하기 위해서는 지방세특례제한법 등 "법률제정권자"인 국회가 현재 지방세 비과세 · 감면이 어느 정도 규모이며, 어느 정도의 효과가 있었는지를 점검하여야 할 "책무"도 부담해야 할 것이다. 그러나 현행 지방세지출 보고서의 작성은 지방정부 수준의 의무사항으로 책임소재가 한정되어 있는 등 지방세지출의 원인 내지 책임과 지방세지출 보고서 작성 의무가 괴리되어 있다. 결국 지속적으로 지방세지출의 많은 부분을 실질적으로 결정하는 국회의 관심의 대상이 되고 있지 못하는 구조적인 문제가 지속되고 있는 것이라 볼 수 있다.[7)]

---

7) 사실 지방세지출 예산을 국회 및 행정안전부 등 지방세지출 변동에 대한 실질적 권한이 있는 기관과 연계시키기 위한 노력이 전혀 없었던 것은 아니다. 제19대 국회인 2015년 1월 15일 지방세

기본적으로 지방세지출 예산제도의 도입이 당시 행정자치부 등 중앙정부의 모방적 동형화 내지는 규범적 동형화의 동기에서 출발했다고 하더라도 지방세지출 예산제도를 운영하는 주체인 지방정부 입장에서는 동 제도의 도입은 비록 시범사업을 거쳤다하더라도 사실상 강압적인 것이었다 할 것이다. 이에 따라 강제적 동형화 과정에 따른 제도 도입 이후 제도 설계에 대한 실질적인 권한이 없는 지방정부에게는 제도 개선에 대한 동기 부여는 이루어질 수 없었다고 할 것이다.

3) 중앙정부와 지방정부의 조세지출 예산제도 토착화 결과 비교

현재 각 지방자치단체는 행정안전부가 제시한 형식에 따라 지방세지출 보고서를 매년 지방의회에 제출 의무화하고 있다. 「지방세특례제한법」 제5조에 따라 지방자치단체에서 지방세지출 보고서를 작성하여 매년 지방의회에 제출해야 한다. 행정안전부에서 정한 방식에 따라 총괄 · 기능별 · 세목별로 통계를 집계하고 세부 내역을 공개하며, 지방세 감면액은 직전 회계연도의 실적과 해당 회계연도의 추정금액 등 2개년에 대해서 작성하고 있다. 다만, 행정안전부 지방세통계연감에는 「지방세특례제한법」에 따른 지방세감면 항목을 중심으로 세부 내역이 공개되고 있으나, 지방세지출 보고서는 「지방세법」과 「지방세특례제한법」 등에 따른 전체 지방세감면 항목을 모두 나열하고 있다(국회예산정책처, 2018). <표 9-11>은 이러한 현재의 지방세지출 보고서의 구체적인 내용을 중앙정부가 작성하여 보고하는 조세지출 예산서와 비교하고 있다. 여기에서는 조세지출 예산서에 비해 지방세지출 보고서의 경우 감면액 작성기간이 직전 연도, 당해 연도 등 2개년으로 한정되어 있다는 점과 보고서의 구성이 상대적으로 단순하다는 점을 재차 확인할 수 있다.

지방세지출 보고서는 조세지출 예산서에 비해 제공되는 정보의 범위가 제한적이어서 비과세 · 감면 제도 정비를 위한 기초자료로 활용되기 어려운 점이 있다. 조세

감면 내용이 포함된 지방세지출 종합보고서를 국회에 제출토록 하는 것을 세부 내용으로 하는 발의안이 국회에 제출된 바 있었다(강동원의원안, 의안번호 1913693). 이 의안은 지방자치단체에서 작성한 지방세지출 보고서를 지방의회 및 행정자치부 장관에게 제출하고, 행정자치부 장관은 이를 토대로 지방세지출 종합보고서를 작성하여 국회에 제출하여, 국회가 지방세 감면과 관련한 내용을 심의하고 정비가 가능하도록 하는 내용이었으나 임기만료에 따라 폐기되고 말았다(류영아, 2016).

표 9-11 조세지출 예산서와 지방세지출 보고서의 비교

	조세지출 예산서	지방세지출 보고서
소관부처	기획재정부	행정안전부
작성주체	기획재정부	각 지방자치단체(기초, 광역)
집계 대상	국세 감면	지방세 감면
감면액 작성기간	직전 연도, 당해 연도, 차기 연도 등 3개년	직전 연도, 당해 연도 등 2개년
보고서 구성	1. 전체 개요 – 의의, 정의, 유형 등 2. 연도별 조세지출 개요 – 현황, 주요 증감 항목 등 3. 연도별 조세지출 분석 – 예산분류기준별, 세목별, 감면방법별, 「조세특례제한법」 분류기준별, 수혜자별 현황 – 주요 항목 현황 4. 조세지출 정비 현황 5. 항목별 세부 내역 –「조세특례제한법」 기능별, 세목별	1. 전체 개요 – 총괄, 기능별, 세목별 현황 – 주요 증감사유별 분석 2. 항목별 세부 내역 – 기능별, 세목별

출처: 국회예산정책처(2018: 93). 『지방세제의 현황과 이해』.

지출 예산서와 비교할 때 가장 눈에 띄는 차이점은 예산 분류에 따라 지방세지출이 분류되고는 있으나 내용면에서 예산 개념이 아니라 과거 실적 위주로 구성되어 있어 예산 제도로서의 기능을 수행하기 어렵다는 점이다. 아울러 조세지출 예산서는 감면 신설 항목과 내용, 폐지 항목 및 사유, 제도개선사항, 연도별 정비 내역 등 세부적 정비 현황을 보고하고 있는 반면, 지방세지출 보고서의 경우 감면의 운영실태와 정비 내용 등 당해 연도 비과세·감면 현황에 대한 정보도 미비한 상황이다(이선화·김필헌, 2014).

지방세지출 보고서가 2010년부터 지방의회에 제출되고 있으나 예산안의 부속서류로 제출하도록 되어 있어 예산의 종합적인 심의에서 제외되는 문제가 있다. 지방세지출은 의회에 관련 자료가 제출되지만 상임위원회에서 별도의 심의를 거치지 않고 보고만 하고 있어 예산심의 과정에서 지방세지출은 심의가 이루어지지 않는다. 국세는 국회예산정책처에서 매년 전문적인 조세지출에 대한 검토보고서가 작성되고 있으나 지방세지출 보고서는 지방의회에서 전문적인 분석이 이루어지고 있지 않아 지방세지출과 재정지출을 연계하는 것이 사실상 불가능하다. 또한 지방세지출도 재정의 지출로 재정지출과 중복 여부를 검토하여야 한다. 그러한 지방세지출과 재정지출에 대한 체계적인 연계성의 부족으로 통합심사에서 지방세지출을 반영하지 않고 재정지출만을 가지고 심의되고 있는 것이 현실이다. 이로 인해 지방세지출과 재정지출 겹칠 여지가 있고 이에 따라 특정 분야에 대해서 중복적인 지방세지출 및 재정지출 사업으로 예산의 낭비를 초래할 가능성이 있다(임상빈 · 고영우, 2017).

제 4 절 결 론

우리나라에서 조세지출 예산제도는 1999년부터 중앙정부에서 조세지출 보고서 작성 수준으로 운영되어 오다 2007년 국가재정법 제정을 계기로 2010년부터 조세지출 예산서가 작성되기 시작하였다. 이와 함께 지방정부 차원에서는 지방세 비과세, 감면에 대한 관리 수단 중 하나로 이른바 지방세지출 예산제도를 도입하기 위하여 2006년부터 2009년까지의 시범사업을 거친 후 2010년부터 모든 지방자치단체는 지방세지출 보고서를 작성하여 각 지방의회에 제출하도록 의무화되었다. 이 글은 제도 이전과 토착화 이론을 통해 중앙정부와 지방정부의 조세지출 예산제도의 도입 및 운영 과정을 검토하였고, 그 결과 다음과 같은 시사점을 도출할 수 있었다.

첫째, 중앙정부의 조세지출 예산은 외국의 선진적 재정 제도에 대한 규범적 동형화의 성격이 강한 반면, 지방정부의 지방세지출 예산제도는 국가 전체적인 차원에서는 규범적 동형화의 성격을 배제할 수는 없으나 개별 지방정부 입장에서는 중앙정부에 의해 강요된 제도 도입이라는 점에서 강제적 동형화의 성격을 띠고 있다는 차이가 있다. 둘째, 제도 변화 과정에 있어서도 중앙정부의 조세지출 예산제도는 조세지출 보고서에서 조세지출 예산서로의 단계적 발전 및 체계적인 후속 보완이 이루어지는 등 경로진화적 모습을 보이고 있는데 비해, 지방세지출 예산제도는 2010년 지방세지출 보고서 도입 이후 이렇다 할 제도적 개선이 이루어지지 못하고 있는 경로의 존성을 보이고 있다는 점을 확인할 수 있었다. 이러한 분석 결과를 바탕으로 향후 중앙 및 지방정부의 조세지출 예산제도에 대한 다음과 같은 몇 가지 정책적 제언이 가능할 것이다.

우선 제도의 실효성을 위해서 향후 지방세지출 예산서를 지방의회에 제출하도록 법률을 개정할 필요가 있으며, 지방세지출 보고서의 유용성과 성과 및 한계에 대한 엄밀한 평가를 바탕으로 지방세지출 예산서가 지방의회에 제출되도록 제도 개선이 이루어져야 할 필요가 있다는 점이다. 당초 지방세지출 예산서가 아니라 지방세지출 보고서를 제출하도록 법률상 규정하게 된 이유는 제도의 조기 정착을 위한 것이었다. 제도의 조기 정착을 위한다는 측면에서 그 타당성은 인정되지만, 2010년 제도 도입 이후 8년여가 흐른 지금까지도 초기의 모습을 거의 유지하고 있다는 점은 문제가 아닐 수 없다.

다음으로 지방세 비과세 · 감면 제도를 효율적으로 관리하기 위하여서는 지방세특례제한법 등 "법률제정권자"인 국회가 현재 지방세 비과세 · 감면이 어느 정도 규모이며, 어느 정도의 효과가 있었는지를 점검하여야 할 "책무"도 부담하여야 한다는 결론에 이른다(이동식 · 윤현석, 2011). 그러한 차원에서 현행 지방세지출 보고서제도를 확대하여 행정안전부 장관에게도 그 작성의무를 부담케 하여, 국회보고의무를 부과하는 것이 필요하다고 할 것이다.

아울러 다음 연도 예산안에 대한 지방의회 심의 시 지방세지출에 대한 심의가 가능하기 위해서는 과거 실적치와 당해 연도 추계치뿐만 아니라 다음 연도 추정치가 제시된 지방세지출 예산서가 필요하다(국회예산정책처, 2011). 당초 지방세지출 예산제도는 지방세 지출과 예산을 연계시킴으로써 지방재정 세출의 효율성을 제고하는 것이었다. 그러나 현행 지방세지출 예산제도는 차년도 지방세지출의 정보를 기재하는 지방세지출 예산서가 아니라 지방세지출 보고서를 지방의회 제출하도록 규정되어 있기 때문에 엄밀하게 지방세지출과 예산심의를 연계하기는 어렵다는 문제점이 있다.

우리나라 조세지출 예산제도와 관련된 분석 및 정책적 제언 제시 등 이상의 기여점에도 불구하고 이 글은 여러 가지 크고 작은 한계를 가지고 있다. 신제도주의이론을 통해 제시된 동형화의 개념과 토착화의 개념 내지 이론적 틀을 혼재하여 사용함으로써 이론적 견고함이 다소 부족하다는 점이다. 이는 개념 내지 이론적 완성도의 문제라기보다는 이를 이해하고 실제 사례에 적용하고자 시도한 연구자의 이해력과 분석역량의 한계라고 볼 것이다. 아울러 중앙정부 및 지방정부 차원에서 조세지출 예산제도와 관련된 행위자의 미시적인 행태를 구체적으로 다루지 못함으로써 제도 도입의 추진 내지 저항 등 제도적 맥락을 명확히 묘사하지는 못했다는 점도 이 글의 적지 않은 한계라고 할 것이다. 이는 관련 미시적 자료의 제약으로부터 파생되는 문제라고 볼 수 있을 것인 바, 향후 조세지출 예산과 관련된 경험적 · 미시적 자료들이 보다 충분히 축적되다면 후속연구에서는 이상의 문제들을 보완하는 후속연구를 진행하면 의미가 있을 것으로 기대한다.

CHAPTER 10

청년취업정책 도입과 토착화

김영재*

이 글은 일본 정부의 청년취업정책이 한국에 유입되어 토착화된 궤적을 찾는 데 목적을 두고 있다. 토착화는 해외의 정책, 사업, 프로그램 등이 한국 상황에 잘 적응한 현상을 폭넓게 뜻한다. 한국과 일본 정부는 청년실업에 대한 정책을 꾸준하게 추진하고 있으며 환경도 유사하다. 이에 일본의 청년취업정책이 한국에 청년취업정책의 토착화를 이루는 과정을 연구하는 데 적합하다. 대부분 선행연구에서 한국과 일본의 상황은 비슷하고 경제 사정이 나아져야 고용 문제가 해결된다는 점, 정부의 정책적 노력이 더 실효를 거두는 방향으로 이루어져야 한다는 점, 청년실업 문제가 복합적인 원인이라고 지적했다.

토착화 과정의 특징을 보면 한국의 청년취업정책은 일본의 정책이 약간 변형되어 도입되었다. 이후 한국 정부가 많이 변용하면서 토착화되었다. 일본 정부의 청년취업정책은 과거 일본 경제위기를 겪으면서 본격적으로 나타났고 한국의 1990년대 외환위기도 마찬가지였다. 저출산 고령화, 프리터(Freeter)와 니트(NEET) 문제 모두 두 국가의 최대 화두며 양국 모두 연차별로 법률, 종합대책, 사업과 프로그램을 잘 실시해오고 있다. 오히려 한국의 청년취업정책은 일본보다 더 낫거나 체계가 잘 잡힌 부분도 있다는 점에서 역설적이며 일본 정부가 한국 청년취업정책을 지켜보고 있다는 점에 주목해야 한다. 이로서 토착화는 잘 진행되고 있으며 앞으로 일본 청년취업정책의 장점을 참고해 한국에서 실행할 여지가 크다고 볼 수 있다.

이 글은 『한국정책개발학회 하계학술대회 발표논문집』(2019년)에 게재된 논문을 수정 · 보완한 것임.
* 단국대학교 행정학과 초빙교수(koreafmkyj@empas.com)

제 1 절 서 론

청년실업문제는 어제 오늘의 문제가 아니며 정부를 비롯해 청년 개인까지 가장 중요한 주제라고 할 수 있다. 한국은 외환위기 이후 청년실업이 가중되었으며 시간이 지나도 항상 취업난에 시달리고 있다는 점에서 개인과 국가 모두 손실이 크다. 이에 정부는 상당한 주의를 기울여 시간, 노력, 예산, 인력 등을 광범위하게 투자해왔고 언론만이 아니라 일반 국민도 청년실업의 심각성과 해결의 필요성을 깊이 공감하고 있다.

특히, 멀고도 가까운 나라 일본도 1990년대 경제위기를 길게 겪었고 청년의 취업 빙하기를 경험했었다. 당시 일본 정부는 청년실업문제를 해소하고자 노력했고 경제위기에서 벗어나면서 저출산 고령화에 대응하는 노력을 펼치고 있다. 일본이 겪었던 경험과 유사하게 한국도 1990년대 후반 외환위기를 겪었고 모든 연령층에서 실업난을 겪었다. 당시 한국 정부도 이 문제를 해소하고자 비상한 노력을 했었고, 외환위기 체제에서 벗어나 저출산 고령화 문제를 해소하고자 부단하게 노력하고 있다. 이렇게 한국과 일본은 약간의 시차를 두고 같은 경험을 했다는 점에서 독특하다.

한국 정부는 청년취업정책을 전개하는데 일본 정부 정책을 참고했으며 기존 고용정책에 덧붙여 다양하고 종합적인 서비스를 제공해오고 있다. 한국 정부가 청년실업을 인지한 시점은 1980년대 후반으로 고학력자 양산(졸업)이 문제의 핵심이었다. 이후 1990년대 중반부터 정보통신기술을 바탕으로 온라인과 오프라인에서 청년취업에 관련된 각종 정책, 사업, 프로그램을 꾸준하게 수행하고 있으며 그 역사가 결코 짧지 않다. 이 글은 일본 정부의 청년취업정책이 한국에 유입되어 토착화된 궤적을 찾는데 목적을 두고 있다. "토착화"는 해외의 정책, 사업, 프로그램 등이 한국 상황에 잘 적응한 현상을 폭넓게 가리킨다. 고용 노동 분야가 많은데 그 가운데 청년취업정책의 토착화를 살펴봐야 하는 이유는 두 가지다.

첫째, 청년실업문제의 심각성으로 개인의 빈곤이 국가경쟁력 저하로 직결된다. 생산성을 극대화할 수 있고 개인 경력 개발의 핵심인 청년이 그 시기를 잘 활용하지 못하면 개인과 국가 모두 손해다. 특히, 정부는 한국의 청년을 고등학교 졸업 이후

(19세)부터 39세까지 넓게 범위를 잡고 있다. 20년 정도가 청년층인데 이 시기는 개인에게 너무나도 소중하고 국가도 이 시기의 청년으로부터 얻어야 하는 이익이 매우 크다.

둘째, 한국과 일본의 청년취업정책 분야가 서로 비슷한 점이 많다. 일본 프로그램을 한국 청년이 이용, 한국 프로그램을 일본 청년이 이용해도 어색하지 않을 정도다. 즉, 토착화를 파악하기가 쉽다는 장점이 있다. 일본의 정책이 한국에 들어온 다음에 오히려 일본보다 발전한 부분, 그대로 유지하는 부분, 토착화 실패 사례가 뚜렷하다는 점에서 직관적으로 내용을 이해할 수 있다.

제 2 절 이론적 논의 및 분석틀

한국은 역대 정부마다 고용정책을 국가경쟁력 향상의 초석으로 여겼다. 광복 이후 경공업, 중화학공업, 서비스 산업, 정보통신기술 산업까지 산업 고도화를 이루는 경제 성장에 정부가 주도적인 역할을 수행했다. 천연 자원이 부족하고 '석유 한 방울' 안 나오기 때문에 역대 정부마다 부단하게 인적 자원을 교육, 확보, 활용했고 그 결과는 취업(고용)으로 이어졌다. 고용은 기본적으로 개인의 취업과 직결되며 정부는 고용 지원, 고용안정성 확보와 같은 정책을 효율적으로 집행하는 데 노력한다.

1. 청년취업정책 토착화 연구의 필요성

고용은 필수적으로 청년취업을 포함한다. 청년실업이 유발하는 문제는 여러 가지다. 일단 청년 개인은 소득이 없으므로 어려움을 겪는다. 실업 기간이 길어지면 생애 경력경로에 문제가 생기고 인적 자본도 손상되며 심리적으로 고립감을 느낀다. 사회적 차원에서 청년이 일을 하면 국가적으로 인적 자본이 추가되며 기업은 생산성이 높아진다. 정부 입장에서 청년실업은 개인과 국가의 인적 자원 낭비다(김영재, 2018).

경제학에서 구분하는 실업 유형은 마찰적, 구조적, 경기적 실업이 있다. 첫째, 마찰적 실업은 노동시장에서 기업의 구인과 근로자의 구직이 정보 불완전성으로 완벽하게 연결되지 않는다는 데 초점을 둔다. 노동시장에서 서로 탐색비용이 들기 때문에 일자리가 비어 있어도 사람을 못 구하는 기업이 있는 반면, 일할 수 있는데도 적절한 일자리라고 생각하지 않아서 실업인 경우도 있다. 이직이나 전직 과정에서 일자리 정보를 탐색하다가 일시적으로 실업인 것도 포함한다. 둘째, 구조적 실업은 산업구조의 변동으로부터 발생한다. 기업에서 요구하는 기술과 사양 산업에 종사하는 근로자 기술이 불일치해서 실업이 되는 현상까지 포함한다. 셋째, 경기적 실업은 경기 불황에 따라 발생한다. 경기 후퇴기는 판매 부진과 재고 누적으로 노동 수요가 감소한다. 이러한 상황이 지속되면 기업은 근로자를 해고하는데 이를 비자발적 실업이라고 한다. 근로자가 일할 수 있는데도 자신의 뜻과 관계없이 실업 상태로 바뀌는 것이다(조우현 · 황수경, 2016: 766-772).

현재 한국이 겪고 있는 청년실업은 세 가지 유형이 뒤섞여 있다. 특히, 구조적 실업의 핵심은 "숙련"인데 노동자가 더 이상 쓸모가 없거나 유용성이 낮은 인적 자본(숙련)을 가지고 있기 때문이다. 정부는 실업 상태의 근로자에게 현재 기업이 필요로 하는 숙련을 가르칠 수 있는 훈련 프로그램을 제공해야 한다(Borjas, 2017: 542-543). 이렇게 한국 정부는 청년취업뿐만 아니라 일을 할 수 있는 모든 연령층의 고용을 목표로 다양한 사업과 프로그램을 추진했다. 경기적 실업을 극복하고자 실업 급여를 제공하거나 정부가 직접 고용(공무원 등)을 하고 있다. 마찰적 실업을 줄이고자 구직과 구인 정보를 다양한 형태로 제공하고 직업 알선 등을 주도적으로 추진해왔다(김영재, 2012).

일반적으로 실업은 취업 의사와 능력을 가진 사람이 일할 기회를 얻지 못하는 상태, 일할 의사가 있는데 취업 기회가 없는 사람, 생산활동 가능인구에서 취업 의사는 있으나 실제 수입을 목적으로 취업을 못한 사람 등으로 정의할 수 있다(김영재, 2012: 8). 특히, 청년실업은 다른 연령층의 실업과 다르게 니트(NEET)와 프리터(Freeter)를 고려해야 한다. 한국과 일본 정부는 니트와 프리터에 대한 정책 대안을 꾸준하게 추진하고 있으며 청년실업의 환경도 유사하다. 이에 일본의 청년취업정책이 한국에 청년취업정책의 토착화를 이루는 과정을 연구하는 데 적합한 대상이다.

2. 선행연구 검토

넓은 의미에서 청년취업정책(고용정책)을 연구자마다 나누어 살펴보기도 했다. 금현섭(2017: 31－34) 등은 고용정책 연구를 사업별, 정권별, 시대별, 법률 제정과 개정 등에 따라 여러 가지로 나눌 수 있다. 기존 연구에서 혼란기 · 고도성장기 · 안정기, 혼란기 · 고용팽창기 · 전환기, 전환점(노동공급 시대의 종료와 노사관계의 변화) 기준, 전환기(1980년대 후반~1996년), 1970년대(노동공급 시대) · 1980년대 중반 · 1990년대 중반, 태동기(1961년까지) · 발아기(1961~1975년) · 발육기(1976~1986년) · 발전기(1987~1997년) · 시련기(1998년 이후) 기준, 일제강점기부터 문재인 정부까지 고용정책 정권별 기준, 경제 발전 중심 · 직업안정과 산업구조 변화 중심 · 사회안전망 확보 중심 · 일자리 확대 중심 정책으로 구성한 연구도 있다.

이 글에서 논의하는 청년취업정책을 살펴보는 방법은 여러 가지다. 첫째, 비교연구로 이질성과 동질성을 파악할 수 있다. 한국과 일본을 비교하거나 특정 시점을 비교하는 것이다. 둘째, 사례연구로 실제 정책을 대상으로 분석한다. 특수한(독특한) 사례, 모범 사례, 널리 활용되는(빈번한) 사례를 살펴보는 것이 대표적이다. 셋째, 맥락을 중심으로 하는 접근이다. 연구자의 주관성이 반영되는 형태로 과거와 현재를 관련지어서 이해하는 분야에 적합하다(금현섭 외, 2017: 5－7). “경로의존성”이 대표적인 방식이다. 현재 정책문제도 과거 문제로부터 어떤 관련성이 있다는 점을 전제로 한다. 그것은 각종 사건이나 상황으로부터 영향을 받을 수도 있으므로 영향요인은 매우 포괄적이다. 넷째, 국가 중심적 관점(국가주의)에서 청년취업정책을 살펴볼 수도 있다. 국가는 자율적 행위를 할 수 있으며 스스로 목표를 결정하고 달성할 수 있다. 국가 중심적 관점에서 국가는 시장 영역의 요구를 반영하지 않고 제도와 규칙을 동원해 목표를 수립하고 집행할 수 있으며, 민간 영역에 영향을 주고 사회 경제적 구조까지 바꿀 수 있다(Krasner, 1978: 10－11). 이해영(2016: 873－878)은 정책 개입(policy intervention)의 개념으로 정부가 시장(사회) 영역에 개입해 긍정적 목적을 달성한다는 의미로 사용하는 경우가 많다고 했다. 정책대상자(수혜자)가 있다는 점에서 정책 개입이 정당화되는 일은 매우 빈번하다. 특히, 청년취업정책은 정부 출범 초기부터 국가경쟁력 향상 등과 같은 목표를 수립해서 집행해왔던 분야다(김영재,

2018).

먼저 일본의 고용정책을 다룬 대표적인 연구는 이의규(2002), 강영배 외(2005; 2008), 이종구 외(2007), 지광수 외(2009) 등을 들 수 있다. 이 글은 한국 또는 일본의 고용 실업 특성과 해결방안을 체계적으로 다루고 있다. 2010년 이후 한국과 일본의 고용 정책 또는 청년실업정책을 비교한 대표적인 연구로 장홍근 외(2010), 장석인(2010), 이승일(2011), 조현수(2012) 등이 있다. 이 연구의 특징은 한국과 일본의 고용창출, 청년실업대책 프로그램 등을 비교해 특성을 분석했다는 점이다. 이로써 한국 실업 해소에 필요한 시사점을 도출했다는 점에서 의미가 있다. 그렇지만 한국과 일본이 유사점을 많이 가지고 있는데도 불구하고 청년취업(실업)정책 연구는 의외로 적은 편이다.

비교연구 측면에서 일본의 고용정책을 전체적으로 살펴본 연구도 있다. 공통적으로 한국과 일본은 고령화, 인구 증가율 감소로 생산가능인구가 급격히 줄어들고 있다. 그런데 한국은 예상보다 출산율이 더 빨리 감소하고 있으므로 청년고용은 어쩌면 일본보다 더 어려울 수 있다. 현재 일본은 경기호황으로 청년고용이 개선되는 상태지만 한국은 청년의 노동 시장 진입 준비 기간이 길어지고 질적 수준이 낮은 편이다. 한국의 청년실업 원인은 노동시장의 이중구조, 대기업·중소기업 고용 여건 격차, 비정규직 청년과 니트 비중이 높다는 점에서 비롯된다(구성열·강병규, 1998; 김행기, 2000; 전현중, 2017: 83).

류지성(2013)은 한일 청년실업정책의 비교연구에서 한국과 일본은 교육체제, 청년의 높은 교육 수준, 청년실업문제를 인식하는 정부의 태도 등을 고려할 때 두 국가는 유사하다고 했다. 유사사례 비교연구방법을 활용했고 비교 기준을 정책목표, 추진기관, 협력주체, 주요 특징으로 나누어 분석했다. 그 결과 두 국가의 청년실업정책은 거시적인 측면에서는 유사하나 세부적인 면에서 차이가 있었다. 첫째, 정책 목표에서 한국은 국가 인재 양성, 일본은 청년의 자립 실현에 초점을 두고 있었다. 둘째, 추진 기관에서 한국은 고용노동부를 중심으로 지역 고용센터, 공공기관에서 프로그램을 개별적으로 추진하지만 일본은 후생노동성을 중심으로 직업안정을 담당하는 "헬로우 워크(Hello Work)"로 일원화하고 있다. 셋째, 협력 주체 부문에서 한국은 고등학교, 대학교, 민간(기업)이 정부부처를 중심으로 연계하지만 일본은 헬로우 워크가 중심으로 청년 구직자와 실업자에 대한 판단 이후에 해당 서비스를 연결해주는 형태라고 할 수 있다. 넷째, 주요 특징에서 한국은 단기 일자리를 창출하려는 경향이 강하지만 일본은 교과 과정 내에서 진로 교육을 실시하고, 시험 고용 이후 정규직 채용의 가능성이 높은 점에서 차이가 있다는 사실을 도출했다.

전현중(2017: 83)은 한국과 일본의 청년실업 추이 분석에서 두 국가를 빠른 고령화 진전과 인구 증가율 감소로 생산가능인구가 급격히 줄어드는 어려움에 있다고 했다. 실증 분석 결과, 한국과 일본 모두 청년실업률이 전체 실업률에 비해 경제성장률에 더 민감하게 반응하며 한국은 구조적 요인의 영향을 일본보다 상대적으로 더 많이 받는다고 파악했다.

고스기 네이코(2018: 9-10)는 최근 일본 청년취업문제에 대해 논의하면서 일본 청년취업의 특징을 학교에서 직장으로 원활한 이행과 신규 졸업자 취업시스템에 있다고 했다. 학교를 졸업하는 시기에 취업을 희망하면 대부분 대학생과 고등학생은 정규직 일자리를 확보할 수 있다는 점에서 국제적으로 널리 인정받고 있다. 대부분 대기업이나 공공기관은 고등학교나 대학 졸업 시기에 맞춰 사무계열과 기술계열로 직종을 크게 구분해 일괄 채용을 실시하고 이를 정년까지 장기고용을 상정하는 일본형 고용을 시도해왔다. 구직활동은 재학 중 실시, 학교를 직업안정을 담당 부서와 연계 아래 대부분 직접 취업 알선 역할을 맡았다.

김영재(2018: 179-180)는 한국 정부의 고용정책 변천에 관한 연구에서 국가 중심적 관점을 바탕으로 고용정책의 역사를 살폈다. 한국은 역대 정부마다 고용정책을 국가경쟁력 향상의 초석으로 여겼다. 광복 이후 경제 성장과 안정에 정부가 주도적인 역할을 했는데 고용정책은 개인에게 매우 중요하며 실업 또는 취업과 직결된다. 고용정책사 연구의 필요성, 실업 유형, 기존 국가주의에 관한 연구를 바탕으로 국가중심적 관점을 제시했다. 역대 정부의 고용정책의 변천을 경제 발전 중심 고용정책, 직업안정과 산업구조 변화 중심 고용정책, 사회 안전망 확보 중심 고용정책, 일자리 확대 중심 고용정책의 네 개의 영역으로 구분해 서술했다. 시사점은 역대 정부마다 고용정책을 지속적, 적극적, 주도적으로 정책을 수립해서 실업문제를 해소해왔다는 점을 밝혔다. 과거부터 현재까지 정부의 고용정책은 직업 교육훈련 등을 통해 숙련도 향상을 도모했고, 한국 사회 경제 전체에 영향을 주고 있다는 사실을 확인할 수 있었다.

박상준 · 김남주 · 장근호(2018: 269)는 한국과 일본의 청년실업 비교분석 및 시사점 연구에서 OECD 30개국의 2000~2017년 자료를 사용해 20대 초반과 후반 청년실업률 결정요인을 분석했다. 이로써 한국이 일본보다 청년실업률이 높은 이유를 파악하고 시사점을 도출했다. 분석 결과, 전체 실업률 등이 청년실업에 유의미한 영향을 주는 변수였으며 20대 청년인구 비중의 감소는 청년실업 해소에 도움을 주지 못한다고 했다. 한국 임금 근로자 비중은 일본과 비교해 불리한 환경이며 대기업 일자리의 부족, 대기업과 중소기업의 과도한 임금 격차가 한국의 청년실업이 높은 이유라고 했다.

윤성원(2019: 147－175)은 청년실업에 관한 한국과 일본의 비교연구를 탐색적으로 진행하면서 한국과 일본은 많은 공통점이 있는데도 불구하고 최근 몇 년 간 확연히 다른 청년실업문제 추이를 보였다고 설명했다. 그 차이의 원인을 인구구조와 고령화의 산물이라고 생각했지만 거시경제, 산업구조, 노동시장, 교육제도, 노동시장정책 등 복합적 변수가 작용한다는 사실을 밝혔다.

선행연구 검토 결과는 한국과 일본의 청년실업과 취업을 거시적으로 접근하려는 시도하는 연구가 많았고 인구 변화가 중요한 변수였다. 최근 선행연구는 한국과 일본의 상황을 비교하는 연구도 있었고 청년실업률 결정요인을 파악하기도 했다. 대부분 연구에서 시사점은 한국과 일본의 상황이 비슷하고(비슷했고) 경제 사정이 나아져야 고용문제가 해결된다는 점, 정부의 정책적 노력이 더 실효를 거두는 방향으로 이루어져야 한다는 점, 청년실업문제가 복합적인 원인이라는 점이 공통된 내용이었다.

한국과 일본의 청년취업정책을 살펴보는 일은 쉬우면서도 어려운 일이다. 한국과 일본 정부가 청년실업 해결에 많은 노력을 기울이고 있다는 사실은 누구나 짐작할 수 있다. 특히, 청년 개인도 열심히 공부하고 취직하려고 애쓰는 모습까지 매우 비슷하다. 그런데 유사해 보이는 두 국가의 정책의 특징을 찾고 그것의 토착화 과정을 제시하는 일은 결코 쉬운 일이 아니다. 아래에서 토착화 과정을 파악할 수 있는 분석틀을 구성하기로 한다.

3. 분석틀의 구성

일본으로부터 도입한 청년취업정책이 한국에 토착화된 사례를 살펴보는 분석틀은 [그림 10-1]과 같다. 일단 수출국은 "일본"이며 일본 정부가 자국 청년층에게 시행했던 정책, 사업, 프로그램 등이 그 대상이다. 그것이 한국에 유입되면서(한국 정부가 수입하면서) 나타난 각종 모습을 살펴보고 "한국식"으로 토착화된 사례를 찾아보고자 한다.

그림 10-1 분석틀

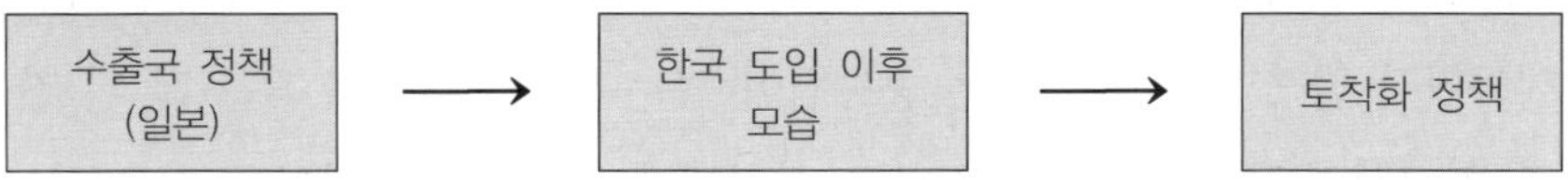

분석틀에 따르면, 이 글은 청년취업정책의 시사점이나 정책적 방안을 제시하기보다 토착화의 궤적을 찾아보는 시도라는 점에서 의미가 있다. 한국과 일본은 사회문화적 배경면에서 많은 유사점을 지니고 있다. 특히, 청년층 취업과 실업문제는 저출산, 고령화, 구인난, 구직난 등과 같은 전제가 어느 정도 정해져 있다는 점에서 기본적인 실태는 비슷하다. 한국 정부가 일본 정부의 정책을 도입해(도입되어) 토착화된 사례를 찾는다면 한국에 들어온 수많은 외국의 정책이 어떤 양상으로 나타나는지를 직·간접적으로 파악하는 데 도움이 된다.

제 3 절 일본 청년취업정책의 개요와 등장 배경

일본의 청년고용 경과와 주요 내용은 다음과 같다. 일단 일본은 도쿄 나가노(長野)에 "직업가이던스센터"를 개소한 1985년부터 청년고용대책이 시작되었다. 그 이후 특별한 대책이 발표되지 않다가 거품경제 시점인 1992년 이후 "취직 빙하기 시대"가 도래하면서 청년고용문제를 매우 심각했다. 조금 더 자세히 살펴보면, 1990년대부터 2000년대 과거 일본은 기업이 정규직 채용을 대폭 억제해서 피해를 입었던 "취직 빙하기 세대"를 겪었다. 그것을 엄격하게 정의할 수는 없지만 최종 학교를 졸업한 시점이 거품경제 붕괴 이후 2000년대 중반 이전 세대를 가리킨다. 학교를 졸업해도 일자리를 구할 수 없었던 세대다. 물론 비정규직 등으로 일하다가 곧바로 정규직으로 입사하면 상관이 없지만 일본은 처음부터 정규직 인력을 뽑으려는 경향이 강해서 그것이 쉽지 않았다.

이때부터 일본 정부는 청년고용대책으로 1999년 고용대책기본계획을 수립했다. 2003년 청년자립 도전계획이 발표될 당시의 일본은 청년실업자가 100만 명을 상회할 정도로 심각한 사회문제였다. 일본 정부는 부처 합동 계획에서 졸업자의 신규 채용 여건이 악화된 점에 초점을 맞추고 청년고용여건을 개선하기 시작했다. 2003년 "잡 카페" 도입, 2004년 "일 학습 병행제" 도입, "헬로우 워크(청년, 신규졸업자 응원, 지역청년 등으로 유형별 지원)", "프리터와 니트에 대한 지원", 2008년 "잡 카드" 도입 등이 대표적인 일본 정부의 노력이다.

2003년 4월 일본 정부는 청년층 능력 향상과 취업 촉진을 목적으로 "청년층 자립도전 플랜"을 만들었다. 각 지방(도도부현)에서 "잡 카페(Job Cafe: 청년층 원스톱서비스 센터)"를 설치해 일자리 정보 제공, 직업 적성 진단, 경력 상담, 세미나, 직장체험, 직업소개 등을 추진했다. 지금도 운영하고 있으며 "공공직업안정소(헬로우 워크)"를 병설하는 곳도 있다. 구직활동이 어려운 청년층을 대상으로 자립 지원을 하는데 목적이 있다. 또한 정부는 비정규직 청년을 정규직으로 전환하는데 기업에게 지원금을 주거나 "잡 카드(Job Card)"를 활용해 청년층 업무 능력을 드러나게 해서 기업의 채용 의욕을 높이고 있다. 한국에서도 실시하고 있지만 인턴을 확충해서 취업의식을 높이는 등의 시책은 소기의 성과를 달성했다(오타 소이치, 2016: 37－45).

또한 "청년고용촉진 종합사이트"는 정부가 제공하는 모든 정보가 정리되어 있으며 노동법의 내용을 체계적으로 배우고 계약직 사원을 위한 정보도 제공하고 있다. 만약 청년이 특정 지방에 있는 기업에 입사하고 싶으면 지방정부에서 제공하는 서비스를 받을 수도 있다. 일본의 지방정부는 교통비 보조, 주택 지원, 이주 지원, 장학금 지원, 직업훈련 등의 서비스를 제공하고 있다. 일본은 독일의 "듀얼(Dual) 시스템"을 변용해 훈련과 교육을 병행하는 형태다. 이는 기업은 실습 훈련, 교육 기관은 교육을 담당한다. 특히, 청년 실업자, 안정적 직장을 구하는 데 어려움을 겪거나 취업 의사가 없는 사람의 문제를 해결하는 방안으로 도입 추진하고 있다. 이 시스템에 참여하는 기업에게 훈련 경비와 급여 일부를 지원한다. 또한 "트라이얼(Trial: 시범 채용 후 정식 고용)"은 기업이 헬로우 워크의 소개로 청년을 시범 고용(3개월 이내)하고 기업과 구직자 서로 합의하면 정식 채용이 결정되는 제도다. 시범 고용 기간에는 기업에 자금이 지원된다(박상준 · 김남주 · 장근호, 2018).

일본은 독일의 제도를 참고해 토착화를 이루기도 했다. 독일은 학교 교육과 직업 훈련을 병행하는 "듀얼 시스템"과 기술 자격 취득에 관한 도제 제도가 청년고용을 이끌었다. 일본은 "추천지정교", "신규 졸업자 일괄 채용" 등의 관행과 직장 내 훈련으로 취업이 원활하다. 특히, 고등학교 졸업생의 40%는 곧바로 취업할 수 있었는데 이는 각 회사가 특정 학교와 지속적인 관계를 맺으면서 구인하는 추천지정교 덕분에 가능했다(류상윤, 2016: 33-38).

현재 전체적으로 청년층 고용 환경이 호전되면서 일본에서는 이 문제에 관한 논의가 줄어들고 있다. 기업 입장에서는 장기적 인재 육성, 기업 내 연령 구성, 우수인재 확보 등의 목적으로 신규 졸업자를 정규직으로 채용하려고 한다(오타 소이치, 2016: 37-45). 일본 정부의 고용정책은 일자리의 질을 개선하는 데 있다. 최근 경기 호황으로 일자리 질이 전반적으로 높아지도록 하고 청년 구직자가 신속하게 좋은 일자리에 취업할 수 있도록 지원하는 방향으로 정책이 추진되고 있다.

일본의 인구 절벽은 2015년 기준으로 1억 2천 7백만 명 가량으로 5년 전보다 약 96만 명 정도 줄었다. 2009년부터 인구 감소가 시작되었으며 그 원인은 저출산이다. 이와 더불어 인본의 인구는 세계에서 가장 급속한 고령화가 진행되고 있다. 저출산의 원인은 미혼율 증가, 만혼, 경제 문제, 비정규직 문제와 관련이 있다. 특히, 청년 일자리 문제는 2012년 "아베 노믹스(Abenomics)" 전개와 연결된다. 불황 조기 탈출, 대담한 금융 정책, 유연한 재정정책, 민간 투자 등으로 성장 전략을 추진했다(오학수, 2017: 42-53).

2015년 10월 아베(安倍晋三) 정부는 "청소년 고용 촉진 등에 관한 법률"을 제정 실시했다. 그 내용으로는 첫째, "중소기업 청년 응원 인정 기업 제도"로 청년고용을 우수하게 하는 중소기업을 후생노동성이 인정한다. 선정된 기업은 "헬로우 워크"를 거쳐 구인 우선 알선, 정책 금융 저금리 융자 지원 혜택을 받는다. 선정 기준은 최근 3년 동안 취업한 청년 정규직 근로자의 이직률이 20% 이하, 전년도 월평균 소정 외 근로시간, 유급휴가 사용일 수, 육아휴직 대상자 중 실제 사용자 비율 등의 기업 정보를 공표한 경우다. 둘째, 노동 법령 위반 기업은 공공고용서비스 기관이 구인 알선을 거부한다. 셋째, 직장 정보의 적극적 공표 의무 부과로 학교 졸업예정자가 구체적 정보를 요구하면 기업은 특별한 사정이 없으면 정보를 제공해야 한다(김준영, 2017: 22-26).

이로써 3년 뒤 일본의 고용 상황이 호전되었고 청년일자리문제도 개선되었다(실업률 약 3%). 일본의 청년일자리문제는 "프리터(Freeter)"와 "니트(NEET)"라고 할 수 있다. 최근 두 가지 모두 감소하는 경향이 있다고 하지만 눈에 띄게 개선되었다고 하기는 어려운데 이는 구조적 실업문제라고 할 수 있다. 또한 일본의 대학 진학률(2006년 기준 52%)은 지속적으로 증가하고 있으며 일본 정부도 청년취업의 초점을 대졸자에 맞추고 있다. 이에 대졸자가 졸업하고 취직을 희망하고 실제 취직하는 희망취업률(졸업과 동시에 거의 정규직으로 취업)은 항상 90%를 넘고 있다. 취직은 대부분 정규직을 희망하고 있는데 경기가 좋으면 취업률이 높고 낮으면 취업률이 낮아진다. 최근 일본 경기가 좋아서 대졸 취업률은 74%에 이르고 있다. 진학이나 취업을 하지 않은 사람인 "니트"가 약 10% 정도로 경기가 안 좋으면 높고 좋으면 낮아진다. 이는 "프리터"도 마찬가지라고 할 수 있다. 일본 정부는 니트나 프리터를 낮은 학력이나 낮은 직업의식 때문에 생기는 현상이라고 판단하고 있다. 이에 일본 정부는 졸업과 함께 정규직으로 취직할 수 있도록 무엇보다 교육 과정에서 학습 관심도를 높이고 직업교육을 강화하는 등에 초점을 맞추고 있다. 일본은 한국과 다르게 졸업과 동시에 채용하는 경향이 강하다. 대기업일수록 그러한 경향이 강하기 때문에 졸업 후 비정규직이 되면 정규직 전환이 어렵다. 또한 채용권자는 프리터 경험을 좋지 않게 생각한다(오학수, 2017: 42-53).

일본의 노동력 조사 결과, 2017년 일본의 실업률은 완전고용 수준인 2.8%으로 청년실업문제의 해결 실마리가 보이지 않는 한국과 대조적이다. 예를 들어, 일본은 대학생 취업희망자의 80% 이상은 졸업 3개월 전에 이미 취업이 확정되어 있다. 이로써 일본은 OECD 회원국 가운데 가장 낮은 청년실업률을 자랑하고 있다. 그 원인으로 베이비붐 세대의 대규모 은퇴와 아베 내각 출범 이후 경기 활성화로 기업 인력 수요가 증가한 점이다. 특히, 한국과 비교해 기업규모 간 임금 격차가 크지 않고 경기가 회복될 시점에는 대기업, 중소기업 모두 신규일자리에 청년 구직자가 신속하게 채용되는 현상에서 청년실업률 감소로 이어진다고 볼 수 있다(김준영, 2017: 8-20).

일본은 경제 환경이 살아나고 고용 정세도 착실하게 개선되고 있다. 헤이세이(平成) 29년(2017년) 전국 유효구인배율은 1.5배 증가해 높은 편이며 실업률도 최저 수준을 기록하고 있다. 취업자는 증가하고 있으며 기업의 인재 채용도 늘어나고 있다. 핵심인재 확보, 중소기업 문제 개선도 아울러 잘 진행되고 있다. 장기적으로 볼 때 정부는 일본의 경제 성장은 고령화, 생산연령인구 감소와 같은 구조적 문제 때문에 생산성 향상에 걸림돌이 될 것으로 판단한다. 인공지능 기술 혁신과 같은 환경 변화가 고용 환경에 커다란 변화를 가져올 것으로 예상한다. 이와 같은 문제를 극복하려면 현재 경제 성장이 잘 이루어져야 하며 개인의 능력을 최대한 발휘해서 창의성과 생산성 확보에 주력해야 한다. 노동참가율이 향상이 매우 중요하며 2017년 이와 같은 문제를 협의하는 기구에서 종합 계획을 수립한 상태다. 노동자의 다양한 사정을 고려한 대책, 시간 외 노동 한도시간 설정, 단시간 근로자, 유기 고용노동자, 불합리한 대우 금지 등의 내용을 이미 논의한 상태다. 노동개혁에 관한 법, 고용대책에 관한 법, 노동시책종합추진·고용안정·직업생활 충실 등에 관한 법률은 이른바 "노동시책종합추진법"이라고 부를 수 있으며 일괄 추진되고 있다(후생노동성, 2018).

일본 정부는 법률과 정책에서 여러 가지를 명시하고 있다. 그 내용을 나열하면, 고용(취업) 형태별 공정한 대우 확보, 비정규직 고용 노동자 대우 개선, 정규 고용을 희망하는 비정규 노동자의 전환 지원, 유연 노동 근무 환경 정비, 여성 취업 촉진, 약자 취업 활성화, 고령자 취업 촉진, 장애인 고용 활성화, 외국인재 수입환경 정비, 기타 개인 환경이 곤란한 사람에 대한 지원, (영)유아와 개호(介護: 개별 보호) 사정을 고려한 (일-직장) 양립 지원, 인적 자본의 질적 향상과 직업능력 확충, 다양한 노동 상황을 고려한 직업능력 계발, 이직과 전직과 같은 재취업 지원, 직업소개 등 시책 확충, 구인 구직 정보 효과적 제공과 지역 고용 기회 확보, 지역 실정에 맞는 노동 환경 개선, 노동 조건 개선 등이 포함되었다(후생노동성, 2018).

제 4 절 한국 청년취업정책의 변천과 도입 과정

위에서 설명한 일본의 청년취업정책을 한국 청년취업정책과 비슷하게 시기를 맞추어 보려면 "김대중 정부 이후"부터가 적합하다. 그런데 한국은 이승만 정부부터 김영삼 정부까지 국가가 주도적이고 적극적으로 고용정책을 추진했고 상당한 성과를 거두었다. 이러한 맥락을 어느 정도 알아야 1990년대 후반부터 나타난 한국의 청년취업정책을 이해하는 데 도움이 된다.

1. 이승만 정부에서 김영삼 정부까지 한국 청년취업정책의 변천

이승만 정부의 노동시장 상황은 매우 혼란스러웠다. 광복 이후 사업장이 크게 줄어서 실업자(무직자)는 약 1,102,000명이고 1947년 정부의 실업률 표본조사 결과 서울시(약 30%), 경기도(약 24%)에 이르렀다. 실업률이 높은 이유는 귀환 동포와 경제적 이유에 따른 것이었다. 1955년, 1960년 총인구조사에서 연평균 2.88%의 높은 인구 증가율로 경제 개발 시기 노동력 수급에 커다란 영향을 주었다. 주요 정책 목표로 유휴 노동력을 활용하는 데 있었고 노동집약적 사업에 집중했다. 당시 실업대책은 실업방지와 실업구제로 나누어 각종 공사에 연간 약 10만 명을 투입했고 미8군에서 실업구제에 동참했다(노동부, 2006: 20－30).

박정희 정부 시기인 1961년 6월 전국의 실업 상태에 있는 노동자에게 실업자 직업능력신고제를 채택 실시했다. 정부는 실업자 약 32만 명의 실태를 파악, 긴급실업대책 마련, 사업장 조사, 직업안정소 조사 등을 실시했다. 이로써 정부가 실업자 현황을 현지조사하고 국가 노동력 공급체계가 확립되었다. 이후 공업화로 일자리는 많이 만들어졌지만 농촌에서 도시로 대규모 노동이동이 나타나 도시를 중심으로 과잉 노동공급에 따른 실업, 일부 산업의 기능 인력 부족 현상이 발생했다. 이에 1968년 전국 주요 도시 25개소에 국립 중앙직업안정소가 설치되었다. 기존 인력수급정책을 전국적으로 체계화하고 효율적 인력 배분을 할 수 있는 바탕이 마련되었다. 1970년대 초 실업률은 4% 정도(취업률 95.6%)였으며 실업자도 45만 명 수준으로 감소했다.

특이한 점은 해외 인력 진출로 1963년 서독 광부 진출을 계기로 해마다 인력이 늘어 1966년에 1만 2천 명 해외 진출, 1968년까지 총 32,994명에 이르렀다. 당시 인력 진출 대상국은 40개국을 상회하고 있으나 주로 월남(기술자 송출, 월남전 수행에 따른 군사시설지원, 수송업무 등 기타 건설업), 서독(광부, 간호원), 미주권, 동남아권(대부분 태국과 부르나이), 구주권과 기타(우간다에 진출한 의사 19명, 원양선원)로 집계했다(대한민국정부, 1969: 500-503).

전두환 정부는 1970년대 말부터 제2차 석유파동을 겪으면서 극심한 불황을 맞이했으나 연평균 실업률은 비슷한 수준이었다. 정부의 고용정책도 고용안정과 적정성장을 목표로 직업안정 기능을 강조했다. 장단기 인력수급계획과 인력개발정책 전망과 분석이 활발하게 이루어지면서 고용안정 기본계획을 수립했다(노동부, 2006: 70-89). 1987년은 정부가 239만 명을 취업 알선해 지난 10년(1971~1980년) 간 취업알선실적을 넘어섰고 최초로 "전문 인력 취업정보센터"를 서울에 설립했고, 한국 최초로 10,451개 직업이 수록된 『직업사전』을 편찬했다. 해외 인력 진출 사업을 적극 전개해 92만 명이 진출했고 89억 달러를 벌었다. 이는 지난 10년(1971~1980년) 54만 명 진출, 46억 달러 외화 가득을 능가한 것이다. 해외 진출 지역이 다양해지면서 1980년 38개국에서 102개국으로 늘었다. 그렇지만 이미 이때부터 한국의 노동시장은 경기호황이면서도 부문별 인력수급 불균형을 보였다. 고도 기술 산업 분야의 전문직 기술 직종의 수요는 늘고 있는 반면에, 산업구조 조정으로 마찰적 실업도 발생했다.

노태우 정부는 노사관계가 격변한 시기였고 정치적으로 큰 변화가 있었지만 거의 완전고용상태였다. 1988년 서울올림픽 개최로 취업자 증가율은 과거보다 더 높아졌으며 노동공급보다 노동수요가 늘어나 실업률은 더욱 하락해 1988년부터 실업률 2% 시대에 진입해 고용시장이 안정되었다. 그렇지만 고교 진학률 99%, 대학 진학률 60%를 넘었고 서비스 산업으로 변화가 매우 빠르게 진행된 탓에 인력수급 불균형 문제가 심각했다.

김영삼 정부 때 본격적으로 "청년실업"문제가 제기되었다. 당시 청년실업률은 7.1% 정도로 대졸 이상 실업률은 계속 높아지고 있었으며 불완전 취업문제가 사회적으로 나타났다. 그렇지만 정부가 1996년부터 직업상담원을 채용해 각종 사업과 프로그램을 안내한 결과, 실적이 좋았고 민원인 반응도 좋아서 직업상담 인력이 더 늘어났다(노동부, 2006: 90-140). 1990년대 중반 전산망 개통, 인력은행 개소, 고용정보센터의 취업 알선과 상담 서비스를 시도했다. 1995년 노동부의 조직개편으로 적극적 인력정책을 추진하고 국립 중앙직업안정소를 중앙고용정보관리소로 확대 개편했다. 그렇지만 1990년대 중반 외환위기로 실업난이 매우 심각해졌고 이를 해결하고자 정부는 청(소)년을 중심으로 취업정보 사이트를 구축해 서비스를 실시했다.

2. 김대중 정부에서 문재인 정부까지 한국 청년취업정책의 변천

일본의 청년취업정책이 한국에 잘 도입된 모습을 찾아보려면 김대중 정부 이후를 살펴보는 것이 적합하다. 김대중 정부는 1998년 외환위기 경제위기 극복을 목적으로 기업의 신속하고 철저한 구조조정을 주도했다. 그렇지만 기업이 정리해고를 하면서 대량 실업자가 발생했고 노사가 서로 원만하게 구조조정의 결과를 수용하기는 어려웠다. 당시 고용실업대책소위원회에서 합의한 주요 내용은 실업급여자격 신청요건 완화, 실직자 생계안정과 재취업 지원 제도 조정, 서민생활 연계 제도 개선, 한시적 생활보호 실시, 실업문제종합대책에 따른 재원 추가 조성 등이었다(경제사회발전노사정위원회, 2017: 271-272). 1998년 취업자 증가율은 마이너스 수준이었고 노동공급 측면에서 경제활동인구 감소, 개인의 구직 의욕 상실, 폐업 증가로 실업률이 높아져 2001년까지 이어졌다. 실직자 특성별로 실업대책을 마련한 것이 특이한 점이며 실업대책 전달체계를 확립하는 데 관심을 기울였다. 2000년 실업대책에서는 내실화를 강조했고 2001년 종합실업대책에서는 구조적 고용안정 정책 추진, 2002년 실업대책은 질 높은 고용안정과 취약계층 취업지원에 중점을 두었다(노동부, 2006: 140-192).

노무현 정부는 사회 통합적 노사관계 구축하고 보편적 복지 추진, 삶의 질을 높이는 노동정책을 표방했다. 2005년부터 취업자도 안정적 증가세로 실업률도 비교적 낮은 수준이었다. 그렇지만 청년실업 등의 문제는 여전했고 청년층 실업률은 8.0%를 넘었다. 취업준비자는 대다수가 청년층이었는데 자발적으로 좋은 일자리를 찾을 때까지 일을 하지 않는 경우가 많아서 노동시장 불균형(미스 매치) 현상이 심각해졌다.

정부는 주요 고용정책으로 중기고용정책기본계획을 수립하면서 대졸자 증가로 노동력 고학력화, 일자리 기대수준 상승, 중소기업 취업 기피 현상 심화, 수급 불균형 등에 많은 관심을 기울였다. 정부는 국가고용지원서비스를 강화해 채용 박람회 개최, 맞춤형 서비스 제공, 찾아가는 서비스, 고용지원센터 설립과 확충 등을 시행했다. 이 시기에 해외취업은 전문연수기관을 통해 교육을 실시했고 해외취업 연수 과정, 해외 인턴십 과정을 확대했다. 저출산 문제가 등장하면서 여성 취업과 경력단절 방지에 관심을 기울였고 청년고용촉진장려금을 도입하기도 했다(노동부, 2006: 192－224).

이명박 정부는 비교적 문제없이 세계 금융위기를 극복했다. 그렇지만 국내 고용 상태는 크게 나아지지 않았고 일자리 창출이 시급한 과제였다. 정부는 일자리 창출을 2010년 국정의 최우선 과제로 삼았다. 대통령 주재 국가고용전략회의를 개최하고 고용률(15세 이상 인구 기준)을 핵심지표로 단기・장기 목표를 설정하고 고용정책의 대상을 실업자뿐만 아니라 취업의사와 능력이 있는 생산가능인구까지 확대하면서 실업문제에 포괄적으로 대처했다. 구인・구직 데이터베이스와 중소기업 빈 일자리 연계를 강화했다. 청년인턴은 청년실업 완화와 고학력 청년층의 인적 자본 손상을 방지하는 데 목적을 두고 정부는 기존 청년인턴제 규모뿐만 아니라 범위를 확대했다. 정부는 청년인턴 사업을 중앙・지방 행정기관, 공공기관, 금융기관, 중소기업, 미취업 대졸생 지원, 이공계 전문기술 연수 등으로 실시했다. 기존 일자리는 취업하는 데 초점이 맞추어진 반면, 청년실업문제를 해소하고자 청년층이 스스로 일자리를 만들어내는 창업・창직을 활성화했다. 공공기관 일자리 창출 분야에서도 유망 분야 필수인력을 중심으로 공공기관 신규채용 규모 확대를 추진했다. 고용서비스 강화의 사례로 '취업성공패키지 지원' 사업을 추진했다. 그 대상자는 고용센터에 신청해 직업심리검사 등 상담을 받고 취업의욕 증진, 근로능력 증진 프로그램을 거쳐서 노동시장에 진입할 수 있게 하는 사업이다(대한민국정부, 2012: 261－273).

박근혜 정부 시기도 청년과 고령자의 고용상황이 악화되면서 청년 내일 만들기 2차 프로젝트를 지속하면서 청년고용 지원 예산 확대, 중소기업 청년취업인턴제 확대 등을 지원했다. 고졸 구직자가 일할 수 있는 기회 보장, 핵심직무역량평가 모델 개발 등을 실시했다(고용노동부, 2013: 39－50). 당시 정부에서는 저출산 고령화에 따른 노동인구 감소를 깊이 고민했다. 일자리 정보 통합망 개편, 고용센터를 중심의 오프라인 취업 지원 서비스 세분화, 워크넷을 중심으로 온라인 취업지원 서비스를 강화했다. 또한 청년고용절벽해소, 일 학습 병행제, 고용복지플러스센터 개소 등이 대표적이다.

문재인 정부는 저성장 · 양극화 · 저출산 문제를 해결하고자 제4차 산업혁명 주도, 상생형 생태계와 혁신성장 기반 구축, 노동시장 격차 해소와 근로조건 개선, 취업애로계층 맞춤형 지원을 기본으로 2017년 수립 · 발표한 '일자리 정책 5년 로드맵'을 중심으로 분야별 · 대상별 일자리를 정책을 추진하고 있다(고용노동부, 2018: 14－15). 문재인 정부는 청년고용 촉진 및 취업 기회 확대를 중심으로 2018년 1월 기준 137가지 가량의 고용노동부 사업 제도가 있다(고용노동부, 2018).

제 5 절 청년취업정책의 토착화 분석

1. 변화 양상: 한국 실정에 적합하게 변동

한국의 역대 정부는 고용정책을 지속적, 적극적, 주도적으로 다양한 정책을 수립하고 실업문제를 해소해왔다. 한국은 국가 발전과 경쟁력 향상을 목표로 청년취업에 관심을 기울였으며 산업구조의 변화에 대응해 각종 사업과 프로그램을 기획하고 집행했다. 석유파동, 외환위기, 세계금융위기라는 경기 불황에 대응해 실업을 줄이려는 모습을 보였다. 산업구조의 고도화, 단기간 압축 성장으로 나타난 구조적 실업에서 나타나는 문제를 줄이고자 노력했다. 구인과 구직의 탐색 비용과 기간을 줄이는 데 도움을 주고자 각종 정보를 알려주기도 했으며 직업 교육훈련에 높은 비중을 두었다. 인적 자본의 수준을 높이면서도 직업 알선, 중개, 상담 등은 겉모습은 변했지만 본질은 예나 지금이나 변함이 없다. 직업안정법 제정 이후 노동력 향상과 국민생활 발전을 목표로 꾸준히 정책을 추진했고 직업안정소를 중심으로 근로자, 고용주, 훈련 인력을 지원했다.

1980년대부터 정부는 적극적으로 노동력 부족 현상을 극복하려고 인력수급에 관심을 기울였다. 경기는 호황이지만 인력수급 불균형 현상이 나타났고 대졸 인력 과잉 현상을 우려했다. 1990년대 외환위기를 겪으면서 청년층 취업이 매우 어려워졌고 기존 인력마저 대량으로 실직했다. 정부는 전 방위적으로 고용정보센터 상담 서비스 확대, 전산망과 취업 정보 사이트 구축으로 청년취업정책의 범위를 넓히고 강화했다. 그렇지만 노동시장 불균형(미스 매치) 현상이 나타났고 대졸자 증가로 청년실업문제는 해결하기 어려웠다. 2000년대 중반 이후부터 정부는 청년층에게 각종 지원 서비스 제공, 박람회 개최, 맞춤형 서비스 등을 강화했고 세분화된 사업과 프로그램을 추진하고 있다. 이제 제4차 산업혁명까지 고용과 연결하고 고용센터 확충, 직업 훈련 교육 확대, 청년층 자금 지원, 해외 일자리 지원 등과 같이 수많은 청년취업정책을 동시 다발적으로 추진하고 있다.

2. 토착화 과정의 특징

한국의 청년취업정책은 일본의 "정책"이 약간 변형되어(변형해) 도입되었고 이후 한국 정부가 많이 변용하면서 토착화되었다고 볼 수 있다. 일본 정부의 청년취업정책은 과거 일본 경제위기를 겪으면서 본격적으로 나타났다고 볼 수 있다. 일본의 장기적인 경기 침체는 1990년대 한국에 널리 알려졌었고 일본 정부의 부단한 노력으로 극복할 수 있었다. 또한 저출산 고령화 문제를 일본 정부는 오래전부터 고민해왔고 점진적으로 고용 등 각종 정책을 추진 진행 중이다. 그 문제를 완전히 해결할 수는 없지만 아베 정권의 경기 부양 등이 성공을 거두면서 기업의 고용이 늘고 일본 청년층 취업은 매우 잘 이루어지고 있다. 일본 정부의 각종 청년취업정책을 한국 정부가 수입 또는 그러한 정책이 한국에 유입되면서 나타는 현상을 다음과 같이 <표 10-1>로 정리할 수 있다.

<표 10-1>의 1번 항목은 일본에서 시행되는 내용이 그대로 한국에 도입되어 매우 잘 정착한 사례다. 잡 카페, 일 학습 병행제는 그 역사가 짧지 않고 오히려 한국에서 더 확대되었다. 예를 들어, 어떤 잡 카페를 가더라도 취업에 관한 기본정보를 얻는 것부터 상담 등까지 만족할 만한 서비스를 받을 수 있다. 일 학습 병행제는 오프라인과 온라인으로 체제 자체는 편리하게 이용할 수 있다.

표 10-1 토착화의 궤적

	수출 항목	도입 이후 정책	토착화
1	잡 카페	잡 카페(대학 내)	잡 카페(대학 내)
	일 학습 병행제	일 학습 병행제	일 학습 병행제(국가직무능력표준 포함)
2	헬로우 워크	고용센터	고용센터 · 대학 취업지원관
	공공직업안정소	고용센터	고용센터(확대 추진)
3	잡 카드	내일배움카드	내일배움카드(직업훈련포털 홈페이지)
	청년고용촉진 종합사이트	워크넷	워크넷(맞춤형 서비스 확대)
	직업가이던스센터	직업탐색 프로그램	직업탐색 프로그램 다양화
4	중소기업 청년 응원 인정 기업 제도	고용노동부 각종 정책	청년친화 강소기업 프로그램
5	듀얼(Dual) 시스템	폴리텍 대학	폴리텍 대학(확대 추진)
6	트라이얼(Trial) 채용	채용 전환형 인턴	(채용 전환되지 않는) 인턴
	추천지정교	산학관 협력 정책	토착화 실패 · 블라인드 채용
	신규 졸업자 일괄 채용	도입 불가	토착화 실패

<표 10-1>의 2번 항목은 일본에서 시행되는 사항이 한국의 고용센터로 일원화된 형태로 토착화되었다. 현재 한국의 고용센터는 청년만이 아니라 전 연령층에게 다양한 서비스를 제공하고 있다. 이 센터는 대학교 안팎에 모두 설치되어 있으며 지역별로 모두 배치 운영되고 있다. 고용센터는 2000년대 중반 이후부터 상당히 다양한 사업과 프로그램을 모두 맡아 처리하고 있으며 실업급여 지급과 같은 대규모 예산 사업까지 담당하고 있다.

<표 10-1>의 3번 항목은 일본에서 추진하는 각종 사업과 프로그램이 한국의 워크넷을 중심으로 매우 잘 정착된 사례라고 할 수 있다. 특히, 온라인으로 이용하는 수많은 서비스는 오히려 일본의 같은 서비스와 비교해 더 풍부하다(온라인 강좌 등).

<표 10-1>의 4번 항목은 일본에서 진행하고 있는 중소기업 지원을 노동부 · 고용노동부 등 중앙부처에서 폭넓게 추진해왔다. 그런데 최근 "청년친화 강소기업(워크넷 홈페이지)"를 따로 구분 편성해서 정부가 인증하는 중소(중견)기업을 공시하고 있다.

<표 10-1>의 5번 항목은 일본의 듀얼 시스템으로 이론은 학교에서 실무는 현

장에서 배우는 형태로 한국의 폴리텍 대학이 그 역할을 맡고 있다. 서울특별시는 자체적으로 권역별 직업학교를 운영하고 있는데 그 취지는 매우 비슷하다. 폴리텍 대학은 지역별 캠퍼스마다 특색 있는 교육을 실시하고 있다는 점에서 이용자의 만족도가 높은 편이다.

<표 10-1>의 6번 항목은 토착화 실패사례다. "시범 채용"은 정규직 전환을 전제로 인턴 생활을 겪는다는 의미인데, 한국은 인턴, 비정규직, 무기계약직, 정규직 등과 같이 채용 유형이 뒤섞여 있고 인턴→인턴→인턴으로 경력을 개발하는 하나의 단계로 인식하는 경향이 강하다. "추천지정교"는 일본에서 잘 활용되는 제도지만 한국은 산학관 협력 수준에서 머물고 있으며 대학 내 입주기업, 공공기관의 입주기업 공간 제공 등의 형태가 있을 뿐 특정한 학교 졸업생을 기업이 일괄 채용하지는 못한다. 오히려 학력, 지역 등 개인 자료를 제외하고 채용하는 블라인드 채용이 대세다. "신규 졸업자 일괄 채용"은 한국에서 말조차 꺼낼 수 없는 내용이므로 수입 자체가 불가능하다. 오히려 졸업예정자가 "졸업유예제도"를 활용할 수 있고 이미 졸업한 청년층과 졸업예정 청년층이 똑같이 경쟁한다는 점에서 취업난이 가중되고 있다(공무원 시험 응시자를 생각하면 이해하기 쉽다).

일단 일본도 과거에 경제위기(취직 빙하기)를 겪었고 한국(외환위기)도 마찬가지라는 점, 저출산 고령화, 프리터와 니트 문제 모두 두 국가의 최대 화두다. 또한 한국과 일본 모두 법률과 종합대책을 연차별로 추진하고 있으며 각종 사업과 프로그램을 잘 실시해오고 있다. <표 10-1>의 6번 항목을 제외하고 한국의 청년취업정책은 일본의 그것보다 더 낫거나 체계가 잘 잡혀 있다는 점에서 "역설적"이다.

이미 한국은 외환위기 이후부터 2019년 현재까지 청년실업 종합대책, 특별법 제정, 해외취업 촉진대책, 고졸 이하 청년층 고용촉진대책, 글로벌 청년리더 양성 계획, 미스매치 해소대책, 중소기업 인력수급 불일치 해소대책, 일자리 단계별 청년고용대책, 고용절벽 해소대책, 청년 여성 취업 연계 강화방안 등 연차별 종합계획을 전 방위적으로 추진해오고 있다. 청년층에게 자연스럽게 널리 알려진 직업훈련(일 학습병행제), 중소기업 청년 고용장려금, 내일채움공제, 취업성공패키지, 직업 채용 등이 다양하게 진행되고 있다. 과거나 현재 한국의 청년취업정책은 결코 미흡하지 않고 일본 청년고용대책의 거의 대부분은 한국에서 그대로 시행되고 있다. 일본의 각종 청년고용정책이 현재 한국에 그대로 실시된다는 점에서 부족한 점이 없다(박상준·김남주·장근호, 2018). 오히려 한국 정책이 일본 정책보다 체계 자체는 더 "세련되었다"고 말해도 과언이 아니다.

특히, 일본 정부는 현재 대한민국 정부의 노동시책 동향을 상당히 구체적으로 보고 있다. 한국 정부의 고용정책 목표인 노동개혁 추진, 고용 확보, 소득 분배, 약자보호 촉진을 중심으로 2018년부터 최저임금 대폭 인상, 주 노동시간 개편, 공공부문 비정규직원 정규직 전환 촉진 시책 추진으로 분석하고 있다. 한국의 청년고용대책은 심각한 청년실업문제에 경제 저성장화, 산업 자동화, 기업의 고용 형태(정규직과 비정규직)와 임금 격차, 대졸 실업자 증가, 고학력 실업자 증가 등이 얽혀 있다. 한국 정부는 청년실업문제를 구조적 차원으로 인식하고, 2000년대 초부터 매년마다 대책을 수립해 추진하고 있다고 동향 분석하고 있다.

일본 정부에서 한국의 청년취업정책에서 눈여겨보는 내용은 "청년미래보증공제(青年未來保証共濟: 한국 명칭은 청년내일채움공제)," 청년추가고용장려금(青年追加雇用奬勵金: 한국 명칭 동일, 2019년 시행), 청년취업성공패키지(한국에서 명칭 동일), K-Move 사업(청년 해외 취업 지원 사업)이다. 일본 정부는 한국 노동정세보고에서 다양한 내용을 파악하고 있다. 60세 정년제 의무화, 고령자고용지도, 임금 피크제 도입, 신중년 고용 지원, 고용보험 제도, 취업능력개발(한국 폴리텍 대학, 한국기술교육대학, 한국상공회의소), 일 학습 병행제, 자격 제도(국가 699개, 공인민간 99개, 등록민간자격 28,077개, 사내자격 165개), 자격 제도의 등급[기술 기능(기능사, 산업기사, 기사, 기술사, 기능장) 분야, 등급(단일, 1, 2, 3급) 분야], 외국인 노동자(인재 수입)대책, 외국인 고용허가제의 특징, 노동조건(임금, 근로시간)대책, 산업재해보상보험 제도, 산업안전보건법, 탄력적 노동, 휴식과 휴가, 연차유급, 해고규제(정리해고 등), 부당해고 문제, 출산휴가 등을 폭넓게 다루고 관심을 보이고 있다(후생노동성, 2018: 237-251).

위의 내용을 보면 오히려 일본이 한국의 청년취업정책에 더 관심을 기울이고 있다는 점을 주목할 수 있다. 일본에서 수출(한국에서 수입)한 다양한 청년취업정책이 한국에 토착화된 상태를 넘어서 이제 일본이 한국의 정책을 눈여겨보는 상황이라는 점이 "슬프지만" 자랑할 만한 부분이다. 한국과 일본은 저출산 고령화, 경제위기 경험

등이 모두 같고 심지어 정책, 사업, 프로그램조차 비슷하며 오히려 한국이 일본을 앞선 부분이 있다. 그런데 일본 청년은 사실상 완전 취업에 이르고 있고 한국 청년은 앞날이 막막한 상황에 직면하고 있다는 점에서 슬픈 현실이다.

제 6 절 결 론

일본의 청년취업정책은 강제적으로 도입되었다기보다 자발적 도입이라고 보는 편이 맞다. 기본적으로 한국의 교육 방식이 일본의 영향을 많이 받았을 뿐만 아니라 세계대전이 끝난 1950년대 이후 일본 상황, 6 · 25 전쟁이 끝난 1950년대 한국 상황은 두 국가 모두 매우 어려웠다. 그렇지만 일본이 한국보다 당시 전체적인 경제 상황이 앞서 있었고 정부의 정책도 장기적 시각을 가지고 추진했다. 이에 한국은 사회문화적으로 유사한 특성을 지닌 일본이 좋은 사례였고 청년취업정책을 모방하려는 노력을 기울였다. 굳이 일본이 아니더라도 청년이 일을 해야 국가 발전에 기여할 수 있다는 강력한 믿음을 정부는 가지고 있었기 때문에 취업정책에 심혈을 기울였다.

일본과 유사한 한국의 청년취업정책은 한국 행정과 사회에 폭넓게 영향을 주었다. 일단 고등학교를 졸업한 사회 초년생인 청년이 정보를 얻거나 일자리를 구할 수 있는 기회를 정부에서 찾을 수 있었다는 점이다. 아무래도 사회 초년생은 취업 관련 정보나 지식이 부족하므로 이를 보완해줄 개인이나 단체가 필요한데 바로 정부가 그 역할을 맡은 것이다. 시간이 흐르면서 청년취업정책은 세분화되었고 각 분야마다 세련된 프로그램이 만들어졌다. "취업성공패키지", "해외인턴", "고용센터", "워크넷" 등은 청년을 비롯해 장년층까지 이용자의 폭이 넓어지고 있다는 점에서 한국 청년에게 긍정적인 영향을 주고 있다.

한국의 청년취업정책이 가지고 있는 문제점은 정책 자체만 놓고 봤을 때 청년취업정책은 너무 분야가 다양하다보니 이용자 입장에서 사업이나 프로그램을 검색하고 이해하는 데 어려움이 있다. 고용노동부만이 아니라 청년취업에 직 · 간접적으로 해당되는 사업과 프로그램이 적지 않다는 점에서 이를 어떤 방식으로 청년에게 알려줄 수 있을지 고민해야 한다. “통합과 분리” 기준으로 해결하기는 청년취업정책은 매우 광범위하고 자칫 지금까지 적절하게 유지해왔던 정책의 혼선을 불러올 수도 있다.

이 글에서 앞으로 바람직한 방향을 폭넓게, 그리고 꼼꼼하게 제시하는 데 어려움이 있다. 한국의 청년취업정책이 일본의 영향을 받아 토착화되었다는 사실에 초점을 두다보니 해결방안 논의는 부족하다. 여전히 토착화는 진행되고 있으며 앞으로 일본의 청년취업정책의 장점을 참고해 한국에서 실행할 가능성이 높다. 그런데 정부만 노력한다고 해서 청년실업문제를 해소할 수는 없다. 이른바 한국 경제 전체적인 상황이 좋아져야 기업이 고용을 늘리면서 실업문제가 해소되는 실마리를 찾을 수 있다. 대기업을 비롯한 중견·중소기업에서 고용을 늘리고 소상공인에서 “아르바이트”를 고용해서 청년이 생활하는 데 보탬이 될 수 있도록 한국 경제 전반이 성장해야만 이 문제가 풀릴 수 있다. 마지막으로 이 글은 합리적 추론이나 해석을 하는데 다소 한계가 있다. 그렇지만 “반증(falsification)”이 제기되기 전까지 이 내용은 어느 정도 납득할 수 있는 지식으로 남을 수 있다.

PART 04

기타 토착화 경로

CHAPTER 11

공무원 성과급 제도 도입과 토착화

이 건*

신자유주의 철학을 기초로 한 신공공관리(New Public Management) 운동은 정부부문의 개혁을 추동하였고 민간부문의 효율적인 관리기법을 정부 내 이식하게 하였다. 그 중 하나가 성과급 제도인데 이것은 성과와 보상을 연계하여 개인의 역량과 조직의 성과를 극대화하기 위한 인사관리 기제이다. 우리나라는 김대중 정부 출범 이후 본격적으로 도입되어 약 20년 간 유지되고 있다. 이 글의 목적은 정부 내 성과급 제도의 토착화를 진단하고 토착화의 성공 또는 실패의 원인을 분석하기 위함이다. 우리나라 성과급 제도의 도입은 특정 국가의 성과급 제도 모형을 직접적으로 모방하였다고 보기보다는 정부 내 성과와 보상의 연계라는 아이디어를 모방하였고 제도는 우리나라 공무원 제도 실정에 맞게 설계되었다. 그러나 성과를 기초로 하는 성과보상제를 운영하며 많은 문제가 노정되었는데 성과급 제도에 대한 공개적인 불만과 저항, 성과급 나눠먹기, 취지에 반하는 증거 도출 등이 그것이다. 이와 같은 문제들이 해결되지 않은 채 성과급 제도 자체가 규범화되어 경로의존적으로 운영되고 있다고 볼 수 있다. 또한 도입 초기의 의도와 다르게 제도의 효과성이 입증되지 않았음에도 이를 우리 실정에 맞게 개선하려는 노력보다는 운영 자체를 중시하는 불완전한 토착화가 지속되고 있다.

이 글은 『한국사회와행정연구』 제30권 제1호에 게재된 논문을 수정 · 보완한 것임.
* 한양대학교 행정학과 부교수(leegn@hanyang.ac.kr)

제1절 서 론

신자유주의 철학을 기초로 한 신공공관리(New Public Management) 운동은 정부조직의 효율성을 강조하며 정부개혁의 이름으로 공공부문에 민간부문 관리기법의 수요를 증대시키고 있다(Kettl, 2005). 신공공관리 운동이 요구하는 공공부문의 구체적 개혁의 내용은 민영화(privatization), 민간위탁(contracting-out), 공무원의 인력감축, 성과관리(performance management) 및 성과급(pay-for-performance) 등의 제도 등을 포함한다. 그 중 성과급 제도는 개인의 직무성과 및 조직성과를 극대화시키기 위하여 직무성과와 보상을 연동시키는 인사관리 제도이다. 정부부문에서의 성과급 제도는 개인 및 정부조직 성과 극대화를 위하여 민간기업으로부터 도입한 관리도구로써 금전적 보상을 유인체계로 근무동기를 유발시키려는 기제라 할 수 있다. 현재 OECD 회원국의 약 70%가 정부 내 성과급제를 시행함으로써 중앙 및 지방공무원들의 성과와 보상을 연계시키고 있다. 우리나라도 1997년에 발생한 IMF 외환위기 이후 기업의 구조조정 노력에 버금가는 행정개혁의 필요성이 제기됨으로써 성과에 의한 차등적 보상이라는 경쟁요소를 정부가 수용하기에 이르렀다(허창수, 2012). 김대중 정부 시기인 1999년 중앙부처 공무원들을 대상으로 성과급 제도가 처음 실시된 이후 2001년 지방자치단체에 도입되었고(최유진, 2017), 현재는 모든 공공기관으로 운영이 확대되었다. 특히, 2001년 균형성과관리표(Balanced Score Card: BSC)를 도입한 이후, 성과관리에 의한 인사가 체계적으로 이루어지고 있으며 공무원들의 보수를 업무성과와 밀접하게 연동시키는 성과급제가 공고하게 운영되고 있다.

모든 제도는 맥락의존적이어서 어떤 제도가 특정한 맥락 내에서 효과적으로 작동한다고 해서 그것이 다른 맥락에서 의도한 효과를 항상 가져오는 것은 아니다. 우리나라 공무원 성과급 제도는 두 가지 관점에서 바라볼 필요가 있다. 먼저 민간기업 관리기법이 공공부문에서 적용될 시 문제가 없는가? 또 하나는 해외에서 도입된 관리기법이 국내에서 취지와 의도에 맞게 운영되고 있는가? 행정학 분야 내 기존 연구들은 전자의 질문에 답하기 위한 연구가 많이 이루어져 왔으며 성과급제의 무분별한 공공부문 도입에 대해 회의적인 시각이 지배한다(Perry et al., 2009). 이를테면, 잉그러햄(Ingraham, 1993)은 공공부문이 처한 제도적인 여건(예: 법률 및 경제적 제약조건 등)이 민간기업과 현격히 다르기 때문에 공공조직에서의 성과급 제도 시행은 성공 가능성이 낮은 것으로 판단하였다. 페리 등(Perry et al., 2009)은 미국 연방정부에서 성과급제 시행의 목적은 정부가 민간기업과 같이 효율적으로 운영되고 있음을 국민들에게 인식시키기 위한 것으로 진단하였다. 미국을 비롯한 OECD 국가들의 공공부문에서 사용되고 있는 성과급제가 약 20년 전 한국에 도입되어 지금까지 운영되고 있다. 이 제도가 원래의 도입 취지에 맞게 우리나라 공공부문에서 토착화가 이루어졌는지에 대한 진단과 토착화 성공 또는 실패에 대한 원인 분석에 관한 체계적인 논의가 행정학계 내의 논의가 부족한 실정이다.

도입 이후 지금까지 우리나라 공직사회에서 운영되어 온 성과급 제도는 공무원들로 하여금 많은 불만을 야기해온 것은 부인할 수 없는 사실이다. 이에 이 글은 성과급 제도 토착화에 대한 체계적인 논의를 위해 성과급 제도의 이론적 배경, 우리나라 도입 배경, 우리나라 운영 현황, 성과급 도입 이후 도출된 문헌 및 자료를 기초로 성과급 제도의 토착화 상태를 진단하고, 마지막으로 현행 토착화 상태의 원인을 제시하고자 한다.

제 2 절 이론적 논의 및 분석틀

1. 성과급 제도의 이론적 배경

물질적 보상을 통하여 인간의 근무동기를 유발시키기 위한 성과급 제도는 다양한 조직이론에 그 뿌리를 두고 있다. 특히, 기대이론(expectancy theory), 목표설정이론(goal setting theory) 및 주인-대리인 이론(principal-agent theory) 등은 성과급 제도의 정당성 부여를 위한 대표적인 이론이다(이희태, 2010; 최유진, 2017; 하미승 외, 2004; 하혜수 · 정광호, 2014).

브룸(V. H. Vroom)에 의하여 주창된 기대이론(expectancy theory)은 효용이론

(utility theory)과 인지이론(cognitive theory)의 사상적 토대 위에서 인간의 작업 동기를 분석한 이론이다(김병섭 외, 2008). 기대이론에서 조직구성원들의 동기부여는 결과에 대한 주관적인 선호도를 나타내는 유인가(valence)와 바람직한 결과가 일어날 수 있는 확률, 즉 기대(expectancy)에 의하여 결정된다. 유인가(valence)는 수단성(instrumentality)의 정도에 의하여 영향을 받게 되는데, 여기서 수단성이란 성과가 어떤 보상을 가져올 것이라는 믿음의 정도를 의미한다. 기대이론은 사람들이 좋은 성과를 낼 수 있는 확률이 높다고(또는 좋지 않은 성과를 낼 수 있는 확률이 적다고) 판단할수록 어떤 업무를 수행할 동기가 강하게 나타난다고 믿는다(Rainey, 1997). 포터와 로울러(Porter & Lawler, 1968)는 브룸의 기대이론을 보다 정교하게 발전시켰는데, 브룸의 이론 위에 과업성과와 보상의 연계를 보다 중요시하였다. 즉, 개인이 노력의 결과로 보상을 획득할 확률이 높고 그 보상이 가치가 있다고 믿을 때 더 높은 수준의 노력이 투입된다고 본다. 기대이론을 정리해보면, 조직구성원의 노력의 정도는 자신이 하고 있는 업무가 높은 수준의 성과로 이어질 수 있다는 기대(efforts-performance expectancy)와 높은 성과가 이루어지면 보상이 뒤따른다는 기대(performance-outcome expectancy)로 요약된다(강성철 외, 2018). 따라서 본 이론은 보상에 대한 믿음과 기대가 클수록 사람들이 더 열심히 노력하여 높은 성과를 이룰 것으로 가정함으로써 업무성과를 보상이라는 자기효용 극대화 수단으로 동일화하고 있다. 현재 기대이론은 성과급여 제도 및 정부 내 보상시스템뿐만 아니라 정부개혁에 관한 사상적 기반으로 자리매김되고 있다(Rainey, 1997).

목표설정이론(goal setting theory)은 심리학자인 로크(E. A. Locke)와 그의 동료들에 의하여 고안된 이론으로 주로 달성하기 어려운 목표나 구체적인 목표를 세우는 것이 막연한 목표나 목표를 아예 세우지 않는 것보다 더 높은 성과로 이어진다는 것이다. 이 이론을 조직적인 맥락에서 적용하게 되면 조직구성원들은 자신이 정한 개인목표를 세움으로써 자신감을 가지고 노력하려는 자기효능감(self efficacy)이 강화되어 궁극적으로 조직의 성과가 높아진다는 것이다(Locke, 1978). 하지만 이와 같은 조직성과에 대한 긍정적 결과는 개인이 조직이 설정한 목표를 자신의 것으로 수용한다는 전제에서 가능하다. 로크는 개인이 조직의 목표를 수용하고 몰입하게 하는 중요한 요소를 목표 달성과 관련된 금전적 인센티브와 같은 외재적 보상으로 보았다.

따라서 목표설정이론은 금전적 인센티브가 개인과 조직의 목표를 통합시킴으로써 조직성과의 극대화가 가능하다고 주장하는 이론으로서 성과급 제도의 주요한 이론적 근거가 되고 있다.

주인-대리인 이론(principal-agent theory)은 개인을 이기적인 존재로 가정하고 주인 및 대리인 모두 자기의 효용을 극대화시키는 합리적인 주체로 규정한다(Perrow, 1986; Stroh et al., 1996; Zey, 1998). 주인의 목표는 곧 조직의 목표를 의미하며, 주인은 자신의 목표를 달성하기 위해 자신을 대신하여 일할 대리인이 필요하다. 합리적인 대리인은 조직의 목표 위에 자신의 사익추구 목표를 두며 주인과 대리인 간 형성되는 정보비대칭(information asymmetry)을 이용하여 태만(shirking) 또는 기회주의적(opportunistic)행위와 같은 도덕적 해이(moral hazard)를 초래한다(Alvarez & Hall, 2006; Braun & Guston, 2003; Eisenhardt, 1989; Lane, 2000). 이에 주인은 사적인 목표를 추구하는 대리인을 주인의 목표와 일치시키기 위한 수단으로 금전적 인센티브(monetary incentive)를 효과적인 수단으로 인식한다. 금전적인 인센티브인 성과급은 대리인을 주인의 목표와 일치시키고 자기의 목표로 수용하게 하는 동기부여 수단으로써 궁극적으로 조직성과 향상에 기여한다(권일웅, 2012; Pfeffer, 1998). 이 이론은 신고전경제학이 가정하는 개인의 합리성을 기초로 인센티브와 같은 외재적 보상이 합리적 대리인의 도덕적 해이를 방지하고 조직의 목표 달성에 참여하게 하는 효과적인 유인체계라는 것을 설명한다.

2. 토착화 개념

학계에서 토착화에 대한 담론은 주로 외국 이론의 한국적 수용 및 변형에 논의 차원에서 이루어지고 있다(조성한, 2012; 전영평, 2011). 특히, 행정학계 내 논의는 외국 이론의 무분별한 수입 및 한국적 특수성을 고려하지 않는 무분별한 상황 대입에 대한 경계에서 비롯되었다(백완기, 2008; 이종범, 2003; 조성한, 2012). 토착화에 대한 개념은 학자마다 상이하게 정의되고 있다. 일반적으로 토착화란 외국제도·문물 또는 이론이 일정기간의 적응 기간을 거쳐 이식된 나라에 토양에 맞게 적응되고 변용되어 뿌리내리는 것으로 정의할 수 있다. 토착화는 한국화와 동일한 개념으로 설명되기도 하며 두 개념 모두 외국에서 유입된 제도나 이론의 절대성을 배격하고 있다. 이종범(2005)은 두 개념을 구분하고 있는데 전자는 외래학문의 한국적 변용을, 후자는 외국 이론의 한국적 변용을 초월하고 승화하여 새로운 차원의 주체적 학문의 재창조로 설명한다. 안병영(2005)은 토착화의 개념을 설파하면서 '특수성'과 '보편성'의 개념을 제시한다. 외국의 이론을 절대적으로 신봉하는 보편성을 강조하게 되면 한국에서 도출된 이론을 보편성의 예외적인 특수성으로 폄훼될 수 있음을 지적한다.

토착화의 대상이 이론이냐 정책이냐에 따라 논의가 다소 달라진다. 이론에 대한 토착화 논의는 외국의 이론이 한국적 토양과 실정의 특수성에 맞게 수정되어야 하는지에 대한 규범적 차원인 반면, 제도나 정책은 외국의 것이 우리나라에서 한국적 실정에 맞게 변용되고 있는지에 대한 실증적 차원이라 할 수 있다. 정책이론적 관점에서 한 국가의 정책이 다른 국가로 확산되는 정책 전이(transfer) 또는 정책 확산(policy diffusion) 과정에서 정책의 성공적 정착에 영향을 주는 요인은 다양하다. Dolowitz & Marsh, 2000: 9)의 정책이전 분석틀(Policy Transfer Framework)에 의하면, 정책의 이전(transfer)을 통한 정착 제한에 영향을 주는 요인은 정책의 복잡성(policy complexity), 과거의 정책(past policies), 구조적 제도 실행 가능성(structural institutional feasibility), 이념(ideology), 기술(technology) 등 다양하다. 또한 돌로위츠와 마쉬(Dolowitz & Marsh, 2000: 9)는 토착화와 유사한 개념적 범주도 제시하고 있다: copying(모사형), emulation(모방형), mixture(혼합형), inspiration(고무형), copying은 최초에 만들어진 정책이 이전 후 다른 국가에서 변용없이 직접적으로(directly) 이용되는 것이고, emulation은 정책의 형태가 아닌 정책의 아이디어가 이전되는 것이며, mixture는 몇 개의 다른 정책이 혼합되어 이전되는 것을 의미하며, inspiration은 한 국가에서의 정책이 상대국가의 정책의 변화를 고무시키는 것이고 변화된 정책은 원래의 정책에 의존하지 않는 것을 의미한다.

기존 논의가 한국적인 실정에 적합하게 변용되는 것만을 토착화의 범주로 한정하였다면, 윤영근 · 도명록(2019)은 토착화를 이질적인 문화나 토양에 잘 적응하여 성공한 것만으로 한정하지 않고 변형되어 전혀 다른 것으로 대체되거나 심지어 소멸하는 것까지도 토착화의 개념에 포함시켜야 한다고 주장한다. 이 글은 우리나라 정부부문 성과급 제도 토착화 상태를 진단 · 분석하는 것을 목표로 하며 광의적인 토착화의 개념을 기초로 어떤 형태의 토착화인지에 주목하고자 한다.

3. 분석틀

현재 상태의 불만족으로 인해 효과가 입증된 다른 부문의 정책을 도입하여 불만족을 해결하기 위한 정책이전(policy transfer)은 '교훈 도출(lesson－drawing)'로 명명된다(Dolowitz & Marsh, 2000; James & Lodge, 2003; Rose, 1991, 1993). '교훈 도출' 개념은 민간부문의 효율적인 인사관리 제도인 성과급 제도가 OECD 소속 선진국 정부로 유입되었고, OECD 국가의 성과급 제도는 한국 정부의 성과급제 도입을 가능하게 한 논리적 근거로 해석될 수 있다. OECD 국가의 성과급 제도는 나라마다 상이하고 어떤 특정 국가의 정책을 벤치마킹하지 않고 정책의 아이디어를 도입하여 우리 공직 현실에 맞는 성과급 제도를 운영하고 있다는 점에서 돌로위츠와 마쉬(Dolowitz & Marsh, 2000)의 '모방(emulation)'적 정책이전(policy transfer)으로 해석하고자 한다.

1998년 국장급 이상 공무원을 대상으로 연봉제 도입 이후 당시 인사관리 주무부처인 중앙인사위원회는 정책의 대상자인 중앙공무원을 대상으로 도입된 제도에 대한 인식조사를 정기적으로 실시하여 공무원들의 의견수렴을 기초로 계속해서 조정(tuning)작업을 통해 제도가 점차적으로 수정되었다. 즉, 성과급 제도 토착화 과정에서 정책 대상자로부터 도출된 증거가 활용되어 정책이 점진적으로 수정되었다는 점에서 점증주의적(incremental) 접근이 이루어졌다고 할 수 있다.

성과급 제도 도입 이후 토착화 과정에서 성과상여금을 편법적으로 나눠 갖는 등의 파행적인 운영 및 공무원들의 저항과 불만 표출로 제도 운영에 많은 어려움이 직면하였다. 더군다나 학계에서 수행된 성과급 제도와 관련된 연구가 도입 취지와는 전혀 다른 결과를 보여주는 등 불완전한 제도적 정착을 경험하였다. 성과와 보상의 연동을 통한 경쟁력 강화라는 공직사회의 규범은 성과급 대상자의 확대를 초래하며 경로의존적(path－dependent)으로 제도의 공고화를 초래하고 있다. 이 글은 [그림 11－1]에서 묘사되었듯이, 우리나라 공무원 성과급 제도의 토착화 단계를 설명하고자 한다. 특정 국가의 정책적 모형을 그대로 수용한 것이 아니라 성과－보상의 연계라는 아이디어를 가지고 성과급 제도가 설계되었다. 그러나 정책 도입 초기 단계부터 토착화를 어렵게 하는 문제에 직면하면서도 제도적 규범화, 상징적 동형화, 그리고 정책의 경로의존성 등으로 운영은 되고 있으나 문제가 노정되어 있는 '불완전한 토착화'의 시각으로 분석틀로 제시하였다.

그림 11-1 성과급 제도 도입 및 토착화 분석틀

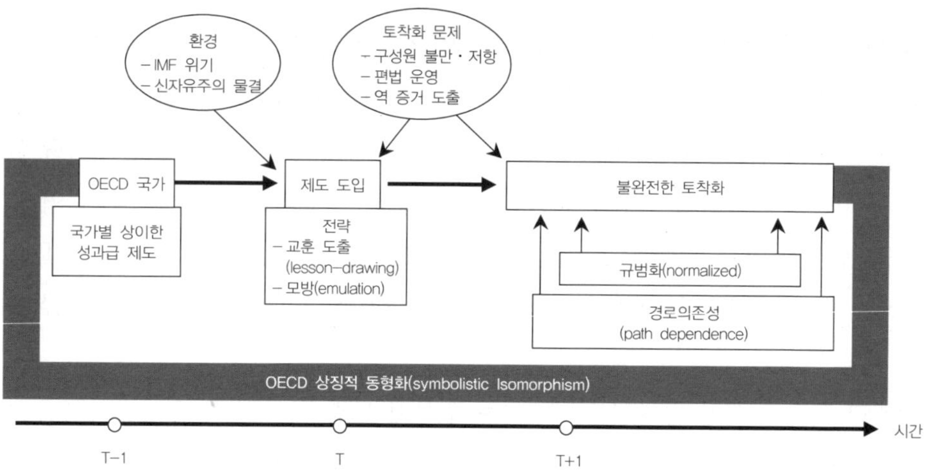

제 3 절 성과급 제도의 토착화 분석

1. 성과급 제도의 도입 배경

OECD 국가들은 1980년대 신관리주의(new managerialism)가 추구하는 효율성과 생산성을 정부부문에 정착하려는 개혁의 일환으로 정부부문에 성과급 제도를 도입되기 시작하였다(황성원, 2003). 이 제도는 현재 많은 국가로 확산되고 있으며 현재 우리나라에서도 운영 중에 있다. 성과급제가 우리나라에 도입될 당시 어느 한 특정 국가의 제도를 그대로 모방한 것이 아니라 여러 나라 제도를 다양하게 배합한 혼합된 형태라 할 수 있다. <표 11-1>에 제시되어 있듯이, OECD 국가들이 시행하고 있는 정부 성과보상 제도는 국가 간 큰 편차를 보이고 있으며 각각 자국 국가 실정에 맞게 설계된 형태라 할 수 있다. 성과보상제를 부처가 자율적으로 결정할 수 있는 국가(미국, 독일 등)도 있고, 우리나라와 같이 고위공무원과 중하위공무원이 분리되어 다른 방식으로 운영되고 있는 국가들(영국, 캐나다 등)도 있으며, 성과평가시스템이 중앙정부 차원의 중앙관리 방식이 아닌 부처에게 운영을 부여한 분권화된 국가(스웨덴 등)도 있다. 또한 성과보상 내용 및 평가방식도 국가마다 상이하고 공통적 요인을 발견하기 어렵다. 우리나라가 채택하고 있는 방식도 어느 한 국가의 제도와 뚜렷하게 일치하지 않으며 여러 국가의 상이한 요소들이 혼합되어 있다고 볼 수 있다.

비록 평가 과정, 보상 내용, 평가방식은 상이하더라도, 각 국가가 성과급 제도의 운영 목적은 공공부문 내 경쟁을 통해 성과와 금전적인 보상을 연계함으로써 공직자에게 동기를 부여하고 정부의 성과를 향상시키겠다는 공통적이라 할 수 있다. 정부 관료제가 많은 비판을 받는 이유가 바로 경쟁 기제가 부족하다는 것인데, 성과급 제도의 시행을 통해 공직사회 내 경쟁문화가 형성되어 조직의 활력 및 성과를 고취시키겠다는 것이다.

성과급 도입 당시 우리나라는 1997년에 일어난 외환위기로 IMF로부터 외자를 지원받고 그 조건으로 기업의 구조조정 및 노동의 유연화를 요구받는 상황이었다. 당시 김대중 정부는 이러한 IMF의 요구조건을 수용할 수밖에 없었으며 대기업 빅딜 및 기업의 구조조정 등 신자유주의적 경제개혁 정책을 과감하게 수용하게 되었다(이명수, 2007). 이러한 정책은 결과적으로 고용 측면에 있어서 우리의 거시경제 지표를 악화시켰는데, 1997년 12월 현재 65만여 명의 실업자 수가 1998년 7월에 165만 명으로 두 배 이상의 증가율을 기록했으며 실업률도 7.6%로 급증한 바 있다(남성일·이화영, 1999). 구조조정으로 인한 희생, 즉 비자발적 실업은 주로 민간부문의 종사자들이 담당하였으며, 그 이후 자발적 형식의 사실상 강제적 퇴직인 '명예퇴직'이라는 개념이 우리 사회에 일반화되기 시작하였다. 이와 같은 민간부문의 뼈를 깎는 고통분담은 경기 변화의 무풍지대로 인식되어온 공공부문 개혁에 대한 국민적 요구가 비등하게 되었다.

표 11-1 OECD 주요 국가들의 공무원 성과급 제도

국 가	성과평가 과정	성과보상 내용	평가 방식
미국	- 부처별 자율적 결정 - 고위공무원과 중하급관리자 분리 - 1년의 성과평가 주기	- 부처별 자율적 운영 - 기본급의 5~10% 사이의 성과급 지급 - 부처별 성과급의 총액은 부처별 총기본급의 10%로 제한	절대평가
영국	- 고위공무원(내각사무처관리)과 중하급관리자(부처별 자율적 결정)의 분리 - 고위공무원 평가등급: top(25%), middle(65~70%), bottom(5~15%)	- 기본급과 성과급(비누적 보너스) - 휴가 확대, 탄력근무시간 등 비금전적 보상	상대평가
독일	- 부처별 자율적 운영 - 최소 3년의 정기적인 성과평가 주기	- 성과호봉 승급(총인원의 15% 이내), 보너스/수당(기본급의 7% 이내)	상대평가
프랑스	- 성과급 성격의 생산성 수단, 직무성과수당 지급 - 기준은 소속 기관에 따라 다름	- 고위공무원들에게 성과급 지급(최대: 전체 보수의 20%) - 보너스 형태	
캐나다	- 고위공무원 평가등급: A 20%, B&C 65%, D 10%, E 5% - 일반공무원 성과평가는 2014년부터 실시	- 고위공무원: 기본급의 최대 15~26%의 성과보너스 지급 - 부처별 관리예산의 7% 이하 - 일반공무원 성과급은 없으며, 성과평가 결과는 주로 승진에 활용됨 - 비금전적보상: 시상식 및 트로피, 국립공공서비스주간, 경력개발 기회 및 휴가 제공	상대평가
스웨덴	- 통일적인 공무원 평가시스템은 존재하지 않으며, 분권화된 시스템 - 개인성과평가는 매년 1회씩 진행	- 개인별로 차별화된 보수와 연계된 성과보상급 - 기본급의 0~30%	-

출처: 인사혁신처(2017: 104-105) 재구성.

1960~1970년대 압축·고도성장기 이래, 우리나라는 국가가 경제정책을 주도적으로 수립하고 집행함으로써 경제 및 산업의 발전을 이룩하는 발전주의 국가모형을 따랐다고 할 수 있다. 그러나 세계화를 표면으로 내세운 신자유주의는 정부의 시장화 및 개혁을 주창하는 신공공관리(NPM) 운동으로 발전하였다. IMF 외환위기는 우리나라가 발전국가 패러다임에서 정부의 역할의 축소 및 정부 내 경쟁 기제 운영을 주창해온 신자유주의 국가 패러다임으로 전환시키는 기폭제 역할을 하였다(이명수, 2007). 이러한 사회·경제적 맥락 하에서 김대중 정부는 정부관료제의 대대적인 개혁의 필요성을 절감하게 되었고, 이에 민간기업과 같이 관료제 내 경쟁을 유발하기

위하여 1999년 중앙정부에 성과급 제도를 처음 도입하였으며, 2001년 지방자치단체로 확대시켰으며(최유진, 2017; 허창수, 2012), 현재는 모든 공공기관에까지 광범위하게 적용되어 공공부문 내 중요한 인사관리 방식으로 간주되고 있다.

2. 성과급 제도 도입 및 토착화 초기

1998년 2월 국민의 정부 출범을 위한 대통령직인수위원회는 정부 100대 개혁과제에 공무원 보수 제도 개혁의 일환으로 정부 내 공무원을 대상으로 성과급제 도입을 포함하였다. 이를 본격적으로 추진하기 위해 민간 연구기관인 삼성경제연구소에 '공무원 보수 제도 개혁방안'이라는 용역과제를 의뢰하여 공무원을 대상으로 보수 제도에 대한 광범위한 조사를 실시하였다. 이 연구용역을 기초로 하여 1998년말 국장급 이상 고위직 공무원을 대상으로 연봉제를 실시하였다. 1999년부터 공식적으로 국장급 이상의 공무원에게 적용하였던 호봉제에 의한 봉급제를 전격적으로 폐지하고 연봉제로 대체하기 시작하였다. 2000년부터는 호봉의 승급 대신 전년도 업무에 대한 평가를 통해 성과를 가지고 연봉을 조정하였다. 특히, 외교직 공무원의 경우 계급제에 기초한 보수 제도를 폐지하고 직위분류제에서와 같은 직무분석을 통해 직무등급을 나누어 각 직위별 직무값과 성과평가에 따라 연봉을 결정하는 직무성과급제를 2002년부터 실시하였다(중앙인사위원회, 2002).

2000년 성과급 제도 시행 초기 제도의 골격은 '성과급적 연봉제', '직무성과급적 연봉제', '성과상여금제' 등 크게 세 가지로 집약된다. 성과급적 연봉제는 매년 성과평가를 통해 성과연봉을 책정하며, 연봉에 누적되어 12월에 걸쳐 균등하게 지급된다. 성과연봉 이외에 연봉액이 공무원 처우 개선율을 반영하여 매년 조정되었다. 도입 당시, 성과연봉은 평가 결과를 통하여 90% 공무원에게 성과연봉 기준액 대비 3%에서 8%를 차등적으로 지급하였다. 적용 대상은 국장급 이상 고위직 공무원이었다. 직무성과급적 연봉제는 성과급적 연봉제와 유사한 면도 있으나 성과급적 연봉제와 근본적으로 상이한 점은 계급을 기초로 하지 않고 직무의 난이도와 책임성이라는 직위분류제적 특성을 기준으로 성과연봉이 결정된다는 점이다. 적용 대상은 외무공무원이었으며 직무등급을 총 14등급으로 세분화하여 6등급 이하(과장급 미만)는 호봉제를 유지시키는 반면, 7~14등급(과장급 이상)에 대하여 직무값과 평가 결과에 의하여 보수를 차등화하였다. 이 제도는 직위분류제에서의 직무급과 같이 직무의 난이도와 책임도를 기준으로 하는 보수 영역과 성과에 따른 성과급적 영역으로 보수구조가 이원화되어 있는 것이 특징이며, 직무등급별로 연봉의 상한액과 하한액이 정해져 있어 이 범위 내에서 직무값에 해당되는 직무급적 연봉을 지급하고 성과에 따른 성과연봉을 별도로 지급하도록 되어 있다(중앙인사위원회, 2002).

마지막으로 성과상여금제는 1995년에 고안되어 시행된 특별상여금 제도[1]를 변형한 것으로서 일반직공무원을 비롯한 군인 및 교육공무원 등 전 직종의 공무원을 대상으로 하였으며 지급액은 계급별 기준호봉 봉급액의 50~200%로 업무성과를 기준으로 차등적으로 지급하였다(중앙인사위원회, 2002).

3. 성과급 제도의 점진적 변화

성과급 제도는 토착화 초기의 제도적 골격은 그대로 유지하면서 지급 대상 및 지급비율의 점진적인 수정이 이루어졌다. 제도 도입 이후 중앙인사위원회는 매년 중앙공무원을 대상으로 만족도 및 성과급 제도에 대한 전반적인 인식조사를 실시하였으며 인식조사결과라는 증거를 기반으로 큰 틀의 변화없이 성과급 지급 대상 및 지급률 등의 수정이 이루어졌다. <표 11-2>는 성과급제 적용 대상의 변화를 보여준다. 성과연봉제 중 성과급적 연봉제의 적용 대상 공무원은 도입 초기에 국장급 이상의 일반직과 별정직과 계약직에게만 적용이 되었으나 현재는 5급 이상의 공무원만으로 확대되었다. 직무성과급적 연봉제의 경우 도입 초기에 과장급 이상 외무공무원만 대상으로 하였으나 현재는 연구직공무원 및 지도직공무원 일부를 제외한 전체 고위공무원단 소속 공무원으로 적용 대상이 전면 변경되었다. 성과상여금의 경우, 시행 초기 일반직 및 별정직 3급(상당) 과장급 이하 공무원과 사무관급 이하 외무공무원을 대상으로 하였으나 현재는 6급(상당) 이하 일반직 및 별정직을 대상으로 하고 있다.

---

1) 근무실적이 뛰어난 10%의 공무원들에게 봉급액의 50~100%를 차등하여 지급하였던 제도로 지급 대상도 적고 지급액 규모도 적어 동기부여 인센티브로서의 기능을 제대로 하지 못하였음.

표 11-2 성과급 종류에 따른 제도 적용 대상자 비교

구 분		적용 대상 공무원	
		도입 초기	2018년
성과 연봉제	성과급적 연봉제	– 국장 이상(일반직 · 별정직), 계약직 – 총경 이하 경찰공무원 – 소방감 이하 소방공무원 – 중령 이하 군인 – 고등학교 이하 교원, 과장급 이하 교육전문직 – 기능직, 고용직	– 1급내지 5급(상당) 공무원 – 치안정감부터 경정까지에 해당하는 경찰공무원, 소방정감부터 소방령까지에 해당하는 소방공무원 – 국립대학의 교원(국립대학의 장 제외) – 임기제공무원(한시임기제공무원 제외)
	직무성과급적 연봉제	– 과장급 이상 외무공무원	– 고위공무원단에 속하는 공무원(연구직 공무원과 지도직공무원 등 호봉제가 적용되는 공무원 제외)
성과상여금		– 3급(상당) 과장급 이하(일반직, 별정직) – 직무등급 6등급 이하 외무공무원	– 6급 이하 일반직, 6급 상당 이하 별정직 공무원

출처: 인사혁신처 홈페이지(http://www.mpm.go.kr/mpm/info/resultPay/bizPay02/) 재구성; 중앙인사위원회(2002) 재구성.

1) 성과급적 연봉제

성과급적 연봉제는 기본연봉과 성과연봉을 구분하여 전자는 고정급으로 지급되고 후자는 업무실적에 따른 평가 결과에 의해 차등적으로 지급된다. 고정급인 연봉은 직급별로 상한선과 하한선이라는 한계금액이 정해져 있다. 예를 들어, 2002년 기준 1급(상당) 공무원의 경우 상한액은 64,521천 원이며 하한액은 39,972천 원이었으며, 2017년 현재 상한액은 107,972천 원이고 하한액은 71,972천 원이다. 연봉 외에 가족수당, 시간외근무수당, 자녀학비보조수당, 연가보상비, 정액급식비, 특수근무수당 등이 지급된다.

이 제도의 특징은 상한액 한도가 정해져 있더라도 높은 성과로 인한 성과연봉의 증가로 기본연봉과 성과연봉의 합계인 총 연봉이 연봉 상한액을 초과하더라도 당해 연도 성과상여금은 삭감되지 않고 전액 지급되나 차년도 기본연봉을 삽입 시는 당해 연도 연봉상한액을 초과하지 아니한 금액만 인정된다. 당해 연도 성과연봉액의 규모가 차년도 기본연봉으로 산입된다는 점에서 누적적이라 할 수 있다. 따라서 높은 평가 결과를 연속적으로 부여받은 공무원들의 연봉은 누적적으로 증가되는 반면, 낮은 평가 결과를 계속해서 부여받게 되면 연봉이 보통 이상의 평점결과를 득한 사람에 비하여 상대적으로 차이가 커진다고 할 수 있다.

<표 11-3>은 성과평가 등급에 따른 지급률을 보여주고 있다. 도입 초기에는 C등급에 비하여, S등급은 성과연봉이 10%, A등급은 7%, B등급은 3% 높게 지급되었다. 이 지급률은 자주 변경되어 왔으며 현재는 S, A, B, C등급별 각각 8%, 6%, 4%, 0%로 정해졌다.

그림 11-2 성과급적 연봉제 지급방식

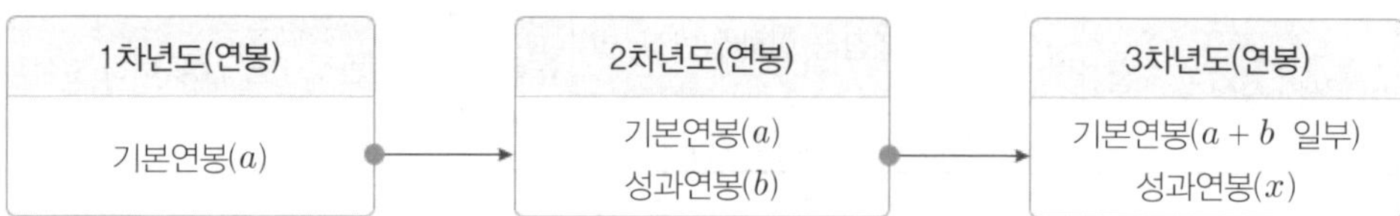

출처: 인사혁신처 홈페이지(http://www.mpm.go.kr/mpm/info/resultPay/bizSal03/).

표 11-3 평가등급별 보상지급률

등급		S	A	B	C
지급률	도입 초기	10%	7%	3%	0%
	2018년	8%	6%	4%	0%

출처: 중앙인사위원회(2002: 104); 인사혁신처(2017: 142).

2) 직무성과급적 연봉제

직무성과급제는 시행 초기에 외무공무원만 적용되어 외교통상부와 당시 중앙인사위원회와 협의를 거쳐 어느 정도 자율적으로 운영될 수 있었다(중앙인사위원회, 2002). 직무성과급적 연봉제는 기준급과 직무의 곤란성 및 책임성 기준으로 책정되는 직무급으로 구성되는 기본연봉과 성과연봉(성과급)으로 나뉘어져 있다는 점에서 성과급적 연봉제와 유사한 구조로 되어 있다. 시행 초기에는 외교직 공무원 대상 14개 직무등급으로 분류하고 직무등급별로 연봉상하한액을 설정하여 임용직위의 직무값에 해당되는 연봉을 지급하고, 성과평가 결과에 따라 성과연봉을 지급하였다(중앙인사위원회, 2005). 현재는 고위공무원단을 대상으로 직무등급이 '가'와 '나' 등급으로 분류되어 있으며 두 등급에 각각 기준급 상한액과 하한액의 범위가 있다. 기본연봉에 해당하는 직무급도 직무의 난이도와 책임성에 따라 각 등급에 해당하는 직무급이 정해져 있으며 '가' 등급이 직무의 곤란성 및 책임성이 높은 직무이므로 직무급도 더 높다. <표 11-4>는 업무성적 평가에 따라 지급되는 성과연봉의 차등 지급률을 보여주고 있다. 등급별 지급기준액에 평가 결과에 상응하는 지급률을 곱하면 성과급이 결정된다. 가령, '가' 등급의 직무를 맡고 있는 공위공무원의 지급기준액이 100,000천 원이고, 만약 '우수' 평가 결과를 부여받으면 성과급여액은 12,000천 원(100,000천 원 × 0.12)이 되며 차년도에 지급받게 된다. 성과급적 연봉제와 각종 제 수당은 연봉에 포함되지 않고 부가적으로 지급된다.

표 11-4 현행 직무성과급적 연봉제 평가 결과별 보상지급률

성과계약 등 평가 결과	매우 우수	우수	보통	미흡 및 매우 미흡
지급률(지급기준액 기준)	18%	12%	8%	0

출처: 최유진(2017: 79) 재인용; 『2017 공무원보수 등의 업무지침』.

3) 성과상여금

성과상여금 제도는 적용 대상 및 지급률 면에서 시행 초기와 현재가 상이하다. 도입 초기에 가장 높은 평가등급인 S등급에 최하 110% 지급되고, A등급은 기본급여의 80%, B등급은 40%, C등급은 지급되지 않았다. 현행 방식은 S등급의 지급률을 172.5% 수준으로 확대하였으며, A등급은 125%, B등급은 85% 수준으로 상향하였다. 성과상여금을 위한 성과평가는 강제배분식 상대평가로서 등급 배분비율도 시행 초기와 현재 간 차이가 있다. 현재 S등급은 전체 평정 대상자의 상위 20%, A등급은 21~60%, B등급은 61~90%, C등급은 하위 10%의 비율로 정해진다. 그러나 등급별 인원비율은 기관의 특성 및 예산의 범위 내에서 10% 범위 내에서 부처 자율적으로 결정할 수 있다. 우리나라 성과상여금 제도의 특징은 시행 초기와 현행 성과상여금 지급방식 유

형이 동일한데, 개인별 차등 지급방식, 부서별 차등 방식, 개인별·부서별 병용 차등 지급방식, 부서별로 차등 지급 후 다시 개인별로 차등 지급하는 방식이 있다. 현재 우리나라에서 가장 많이 활용되는 방식은 개인별 차등 지급방식과 부서별 차등 지급 방식이라 할 수 있다(강성철 외, 2018).

표 11-5 성과상여금 평가등급별 지급률 비교

구 분	평가등급	S등급	A등급	B등급	C등급
시행 초기	인원비율	상위 10%	30%	50%	하위 10%
	지급률(%)	110% 이상	80%	40%	0%
2018년	인원비율	상위 20%	20% 초과 60% 이내	60% 초과 90% 이내	하위 10%
	지급률(%)	172.5% 이상	125%	85%	0%

출처: 인사혁신처 홈페이지(http://www.mpm.go.kr/mpm/info/resultPay/bizSal03/); 중앙인사위원회(2002: 112).

4. 토착화 진단: 불완전한 토착화 단계

우리나라 정부부문에 성과급 제도 도입 이래 성과급 제도의 성공적인 토착화를 단언하기 어려운 본래 의도와 부합되지 않는 증거들이 생성되었다.[2] 초기 실증연구들에 의해 성과급 제도에 대한 공무원들의 부정적인 인식을 도출되었다. 공무원들은 성과급 제도 자체에 대한 불신이 팽배하였고 성과에 의하여 보상을 차등적으로 지급받는데 대한 불편함을 드러냈다(중앙인사위원회, 2000; 한국행정연구원, 2001; 오성호, 2003; 하미승 외, 2004; 황성원, 2016). 이는 공직사회의 강한 계급제적 전통 및 연공서열에 의한 보수체계라는 우리나라 고유의 관료적인 조직문화를 반영하고 있다고 볼 수 있다(황성원, 2003). 구체적으로 살펴보면, 공무원들은 성과급 제도 자체에 대해 신뢰를 하지 못하였고 평가에 대한 공정성에 의문을 제기하였고(오성호, 2003), 평가방식이 주관적이고 평가기준 및 시스템에 대한 불신도 문제로 드러났다(하미승 외, 2004). 이는 공무원들은 우리나라 공직인사가 객관적인 평가보다는 상급

2) 이 논문에서는 기존 연구문헌(민간 분야 연구 제외) 및 언론 기사를 활용하여 토착화 상태를 진단하였다.

자의 주관적인 판단에 더 의존하고 있음을 웅변하고 있다고 하겠다.

표 11-6 공공기관 대상 성과급 제도 관련 연구

저 자	연 도	연구 대상	연구방법	주요 결과
이복수	2001	지방자치단체 공무원	설문조사 분석	• 성과급 제도의 전반적인 부정적 인식 파악
오성호	2003	지방자치단체 공무원	설문조사 분석	• 성과평가에 대한 신뢰 및 공정성에 의문 제기 및 저항감 표출
황성원	2003	–	문헌연구	• 성과급 제도의 네 가지 모델 제시
하미승 외	2004	중앙정부 공무원	설문조사 분석	• 성과상여금 수용성에 대한 인식이 다소 낮으며 업무성과 및 근무의욕에 미미하게 영향을 미침
하상근	2005	–	설문조사 분석	• 성과급 제도의 불응 현상이 나타나며 주요 원인으로 제도 자체 및 집행자의 태도로 나타남
한승주	2010	중앙정부 공무원	심층인터뷰를 통한 근거이론	• 정부 내 성과급 제도의 동기유발 효과는 미미함 • 공무원들이 금전적 유인체계에 대한 정서적 불편을 느낌
이희태	2010	부산지역 공무원	설문조사 분석	• 성과급 제도가 공무원의 동기부여 효과에 제한적임
이수영	2011	–	문헌연구	• 성과급 제도 작동이 되지 못하는 원인 분석
김동원	2013	경기도 6급 이하 교육행정직 공무원	설문조사 분석	• 성과급의 공정성 인식이 부정적일수록 조직몰입이 저하됨
이근주 · 이혜윤	2014	중앙정부 공무원	설문조사 분석	• 성과급과 같은 금전적이고 외재적인 보상보다는 자아실현을 위한 내재적 보상에 대한 기대를 중요하게 인식함
하혜수 · 정광호	2014	11개 준시장형 공기업 경영자료	계량자료 분석	• 성과급제와 기관 성과의 연관성이 미미함
노종호	2016	중앙정부 공무원	설문조사 분석	• 성과급 지급액의 적절성 인식이 직무성과에 긍정적 영향을 미침
황성원	2016	24개 국립대 교수	설문조사 분석	• 성과연봉제 제도의 호감도, 공정성, 기준과 방법의 합리성에 대해 부정적인 인식이 강함
최유진	2017	–	문헌연구	• 우리나라 성과급 제도의 문제점을 지적하고 보상종류의 다양성 및 유연성 제고, 부처별 자율성 강화 및 직무 중심 보상체계를 제안함
도명록 외	2018	중앙정부 및 지방자치단체 공무원	설문조사 분석	• 공공조직에서 성과급 제도 조직성과에 영향을 미치지 않으며 성과급 제도 공정하게 운영될수록 조직의 성과에 긍정적으로 영향을 미침

성과급 제도는 금전적 유인에 의해 노력을 기울일 것이라는 믿음에 기초하여 공무원을 X－이론 관점 및 경제적 인간(homo－economicus)으로 가정하는 것이다. 이 인사 제도가 공무원에게 동기부여가 되고 있는지에 대한 연구도 많이 이루어졌는데, 성과급 제도가 공공 영역에서 동기부여의 직접적인 수단으로 매우 제한적인 역할을 하고 있다는 증거가 제시되었다(하미승 외, 2004; 한승주, 2010; 이희태, 2010; 이근주 · 이혜윤, 2014; 이형우, 2015). 공무원들은 제도 불만 감정의 차원을 넘어서 정서적인 반발감(한승주, 2010) 및 조직 내 위화감(오성호, 2003)까지도 경험하고 있다.

제도에 대한 공무원들의 불편한 감정은 제도운영 과정에서 일탈 및 제도 집행의 불응 현상까지 초래하였다(오성호, 2003; 하상근. 2005). 오성호(2003)는 자신의 연구에서 지방공무원들의 약 75%가 성과급을 균등 배분한 경험이 있음을 밝히고 있으며, 하상근(2005)은 443명의 모든 연구 대상자가 성과상여금을 미수령(정책불응)하였으며, 미수령 처리방법에 대해 약 85%의 공무원들이 균등배분을 원하고 있음을 파악하였다. 이와 같은 연구결과는 성과상여금의 차등 지급보다는 연공서열에 의한 기존 방식의 보수체계를 선호함을 의미한다.

이와 같은 연구결과는 '성과급 나눠먹기'라는 사회적인 일탈 현상을 고발한 언론에 의하여 재차 검증되었다. 공무원 성과급에 대한 언론의 회의적 시각[3]이 비등한 시기는 2015년도라 할 수 있는데, 이 시기는 공무원 성과급이 시행된 지 10여 년이 지난 시점으로 성과급과 관련된 여러 사건이 일어났었다. 그동안 성과급 관련 많은 일탈이 보도되었지만, 몇 가지의 대표적인 사례만을 예시하고자 한다.

세종특별자치시에 소재한 3개 기관 소속 42명의 공무원들이 위화감을 없앤다는 이유로 성과평가에 따라 차등적으로 지급받은 성과상여금을 다시 모아서 공평하게 재분배하는 사건(한국경제신문, 2015.12.31)이 발생했으며, 이는 다시 감사원의 감사를 초래하였고 해당 공무원들은 징계 및 다음 년도 성과상여금 대상에서 배제되는

3) 공무원 성과급 관련 대다수 언론의 기본적 시각은 성과상여 제도가 본래의 취지대로 운영되지 못함에 대해 비판적이며 공직의 경쟁력 강화를 위해 성과급 제도의 필요성에는 지지하고 있다. 세계일보의 사설에 의하면, "민간 분야에서 경쟁력이 없는 기업, 직원은 도태하는 게 정상이다. 국내 · 외 경제 여건에 따라 구조조정의 아픔을 겪기도 한다. 가뜩이나 정년 보장, 연금제도로 '철밥통' 조직으로 불리는 공직 사회만 무풍지대로 남아선 안 된다"(세계일보, 2015.8.31)고 하면서 철저한 성과급 제도 시행을 주문하고 있다.

조치를 당하였다. 이와 같은 '성과급 나눠먹기'를 일부 지방자치단체에서는 노동조합이 주도하기도 하였다. 2015년 전남 광주 서구는 5급 이하 직원 759명에게 총 21억 7,000만여 원의 성과상여금을 지급하였는데, 공무원 노조 차원에서 이를 다시 걷어서 균등하게 재배분하였고 공무원 노조는 당시 행정자치부에 공문을 보내 이 행위의 부당성 여부에 대한 유권해석을 의뢰한 적도 있었다(뉴시스, 2015.4.22). 광주 서구청은 성과급을 모아서 재배분하는 관행을 10여 년 동안 지속한 것으로 나타났다(광주일보, 2015.5.26). 이러한 행태에 반하여 동 주민자치위원장 등 50여 명이 구청 공무원들의 성과급 나눠먹기 중단을 위한 성명서를 발표하기도 했다(동아일보, 2015.5.12).

2015년 당시 행정자치부는 공무원들의 '성과상여금 나눠먹기' 행태를 근절하기 위하여 성과급 재배분 행위를 하다가 적발되면 파면까지도 가능하도록 한 「지방공무원 징계에 관한 시행규칙」을 제정하였고, 전국공무원노동조합(이하 전공노)은 이에 반발하여 이 시행규칙에 대하여 헌법재판소에 헌법소원을 제기하였으나 헌법재판소는 성과에 의하여 차등 지급한 성과상여금을 모아서 균등배분하는 것을 금하는 규정이 헌법에 저촉되지 않는다는 판결을 내린 바 있다(한국경제신문, 2017.1.24). 헌법재판소에 의한 판결에도 불구하고, 전공노는 성과에 의하여 차등 지급하는 현행 성과급 제도의 폐기를 지속적으로 주장하고 있으며 성과급 폐지 및 균등배분을 위하여 성과급 반납투쟁까지 벌이고 있다. 전공노는 2016년 한 해 동안 총 14개 본부 94개 지부 소속 1만 7,363명이 반납투쟁에 참여하여 약 361억 1,200만 원의 성과상여금을 반납한 바 있다(한국경제신문, 2017.1.24). 이렇듯 성과급 제도에 대한 정책 대상자의 불순응 및 저항감 표출이 지금까지 지속되고 있음을 알 수 있다.

그렇다면, 성과급 제도에 대한 정책 대상자들의 선호와 무관하게 성과급 제도는 공공조직의 성과 및 조직구성원의 직무성과를 향상시키고 있는가? 여러 실증연구에서 이 부분을 다루었는데, 공공부문에서 성과급 제도 자체와 성과와의 직접적인 관계는 연계성이 미흡하다는 결과가 도출되었다(하혜수 · 정광호, 2014; 도명록 외, 2018). 예를 들어, 하혜수 · 정광호(2014)는 기존 연구가 지니고 있는 성과에 대한 주관적 인식 위주의 측정 한계를 보완하여 우리나라 11개 공공기관의 매출액, 부가가치, 경영평가점수 등 객관적인 지표로 기관의 성과를 측정함으로써 성과 중심 보수제와 기관의 성과의 관계를 분석하였으나 직접적인 연관성을 발견하지 못하였다. 일부 연구에서는 성과급 제도 자체가 성과를 보장하는 것이 아니라 이 관계는 조건적이고 어떤 특정 조건이 부합될 때 효과를 볼 수 있음을 시사하였다(하미승 외, 2004; 김동원, 2013; 노종호, 2016; 도명록 외, 2018). 직접적인 조건으로는 공정성을 들 수 있으며 개인이 제도운영의 공정성을 느끼게 될 때 구성원의 조직몰입이 증대되고(김동원, 2013) 성과에도 긍정적일 수 있다(도명록 외, 2018). 또 하나의 조건으로 지급액의 적절성으로 구성원들이 지급액의 적절성을 체감할 때 직무성과에 긍정적일 수 있다(노종호, 2016).

이상에서 논의되었듯이, 공직사회 내 성과급 제도 자체로는 동기부여나 개인의 직무성과 및 조직성과에 크게 기여하지 못하고 있고 공무원들의 반감 및 저항감이 여전히 상존하고 있음을 알 수 있다. 일부 긍정적인 연구결과는 조건적인 결과로서 공정성과 같은 특정 조건이 해결된다는 가정 하에 긍정적으로 영향을 미칠 수 있음을 예견하고 있다. 그러나 성과평가에 대한 객관적이지 않고 공정하지 않음을 여전히 공무원들이 체감하고 있는 실정이다. 따라서 우리나라 성과급 제도는 도입 단계의 의도와는 다르게 불완전한 토착화가 진행되고 있다고 할 수 있다.

제 4 절 불완전한 토착화 원인 분석

종합적으로 볼 때, 정부 내에서 성과급 제도가 시행된 지 20년이 지났지만 성과급 제도 본래 취지대로 제도가 완전하게 정착 또는 토착화되었다고 보기 어렵다. 이러한 완전한 토착화를 제약하는 원인을 문화적 측면, 관리적 측면, 정치적 측면에서 살펴보고자 한다.

1. 문화적 측면: 집단주의 행정문화

제도의 성공 여부는 맥락의존적(context dependent)이어서 한 국가의 성공적인 제도가 다른 국가에서 반드시 성공을 보장할 수 없다. 성과급 제도도 마찬가지라 할 수 있다. 성과급 제도는 평가자가 '사람'과 사람이 이룩한 '성과'를 정확히 분리하여 객관적인 평가기준을 통해 사람이 아닌 사람이 이룩한 객관적인 성과에 대하여 평가하는 합리성을 근간으로 하는 제도이다. 즉, 이 제도는 합리성이라는 문화가 지배하는 사회에서 효과성을 발휘할 수 있다. 성과급 제도가 우리나라에서 성공적으로 토착화되기 위해서는 성공적으로 사용되고 있는 국가들과 우리의 조건들의 정합성이 전제되어야 한다. 그러나 한국의 문화 및 행정문화는 서구의 그것들과 많은 차이를 보이고 있다는 것이 보편적인 견해이다.

문화를 구분하는 기준은 매우 다양하게 존재하는데, 홉스테드 등(Hofstede et al., 2010)은 세계의 문화를 다섯 가지 차원으로 구분하여 비교하였는데,[4] 그 중 '개인주의(individualism) －집단주의(collectivism)' 차원은 국가별 문화를 비교하는 데 광범위하게 사용되고 있는 개념이다(Triandis, 1995). 홉스테드 등(Hofstede et al, 2010)의 분류[5]에 의하면, 세계의 모든 국가의 문화수준을 지수화하여 분류하고 있는데 미국을 비롯한 대부분의 OECD 국가들은 개인주의 경향이 강한 문화에 속하는 반면, 한국은 개인주의가 약하고 집단주의 성향이 강한 문화로 분류되고 있다. 홉스테드 등(Hofstede et al., 2010)의 문화지수에 의하면, 우리나라는 '나'라는 개인보다는 '우리'라는 공동체를 중시하는 집단주의 문화로 분류되고 있다. 실제로 역사적으로 '두레', '계', '품앗이' 등 개인 간의 상부상조 제도 등은 우리가 공동체를 기반으로 하는 집단주의 문화 내에 있음을 반영한다고 볼 수 있다. 1992년 서울대 이면우 교수는 한국의 조직문화를 '신바람 문화'로 규정하고 조직구성원들에게 조직에 대한 공동체 의식을 고취시켜주고 자발적으로 신바람 나게 일하는 분위기를 조성해줄 때 높은 집단적

---

4) 홉스테드는 1960년대와 1970년대 사이에 전 세계 72개국 근로자 약 11만 6천 명을 대상으로 IBM이 수행한 세계고용인가치관 조사 결과를 분석하여 문화가 그 사회구성원의 가치관에 어떤 영향을 미치는지를 연구하였는데, 문화를 개인주의－집단주의(individualism－collectivism), 불확실성 회피(uncertainty avoidance), 권력 격차(power distance), 남성성－여성성(masculinity－femininity) 등 네 가지의 차원으로 유형화하였다(Triandis, 1995).

5) 홉스테드 문화 분류 중 개인주의 지수(individualism index)를 살펴보면, 미국(91), 영국(89), 캐나다(80), 프랑스(71), 스웨덴(71), 덴마크(74), 노르웨이(69), 독일(67), 핀란드(63) 등의 국가는 개인주의 경향이 강한 반면, 멕시코(30), 중국(20), 싱가포르(20), 한국(18), 파키스탄(14) 등은 상대적으로 집단주의 성향이 강한 국가로 분류된다(Hofstede 홈페이지, http://geert－hofstede.com).

인 성과를 도출할 수 있음을 여러 사례를 통해 보여주었다. 이면우 교수는 『W이론을 만들자』라는 책을 통해 우리나라가 서구와 구별되는 고유한 집단주의적인 문화가 있음을 주장한 바 있다. 우리와 서구의 문화적 차이는 동일한 제도가 전혀 다른 결과를 초래할 수 있는 맥락의 차이로 설명될 수 있다.

성과급은 조직구성원 간 협력보다는 한정된 보상자원을 놓고 경쟁하게 하는 개인주의 문화와 더 높은 정합성을 갖는다(최유진, 2017). 이미 언급하였듯이 언론매체에서 집중 조명되었던 우리나라 공무원들의 '성과급 나눠먹기' 행태는 개인주의 문화에 적합한 제도가 집단주의 문화에서 어떻게 변질될 수 있는지 보여주는 사례라 할 수 있다. 행정문화 연구의 권위자인 백완기(2013: 3)는 행정을 "인간이 특정의 목적을 달성하기 위해서 함께 모여 협동하는 행위"로 정의하고 있으며, 이는 집단주의 문화 맥락에서의 행정을 잘 설명하고 있는 개념이다. 개인 간의 협력을 증진함으로써 공동의 목적을 달성하기 위해서는 성과급 제도가 우리 공직문화에서 어떤 저항에 직면할지에 대한 면밀한 숙고 과정 및 공동체적 문화 특수성에 대한 고려 없이 개인주의 문화에 적합한 관리방식이 그대로 운영되고 있는 실정이다.

한국의 행정문화는 집단주의-개인주의 차원으로만 설명되기 어려운 복잡하고 다양한 측면이 존재한다. <표 11-7>을 보면, 우리나라 행정학자들이 우리 행정문화를 어떻게 인식하고 있는지 알 수 있다. 학자들은 우리나라 행정문화가 유교사상의 부정적 요소의 영향으로 많은 병리적 행정문화가 형성되었다고 주장한다. 이러한 역기능적인 관료문화는 현행 성과보상 제도와 양립되기 어려운 측면이 많다. 동양사회에서의 유교적 행정문화에서는 서구적 합리주의 행정이 아무런 희생없이 구현되기 어렵다(김봉식, 1968; 한석태, 2017). 성과급 제도의 성공 여부 관건은 합리성이며 공(公)과 사(私)를 분리하고 정에 얽매이지 않아야 하나 객관적 합리성을 저해하는 공직문화가 곳곳에 편재되어 있는 것이 현실이다. 객관적인 평가기준에 의한 성과평가를 하지 않고 친소관계 또는 귀속적 요인을 고려하여 평가하거나 승진 등을 고려하여 성과급 배분을 위한 성과평가가 이루어지는 현상들은 '공무 사리화'와 '공사 무분별'과 같은 문화를 반영한다고 할 수 있다.

표 11-7 한국의 부정적 행정문화

김봉식 (1968)	윤우곤 (1973)	백완기 (1975)	김용욱 (1978)	김광웅 (1981)	김호섭 · 박천오 (2002)	윤광재 · 황성수 (2011)
권위주의	집권화	권위주의	인격적 지배	권위주의	권위주의	권위성
족벌주의	변태주의	가족주의	족벌주의	가족주의	형식주의	집단성
무사 안일주의	공무 사리화	정적 인간주의	공사 무분별	사인주의	가족주의	형식성
형식주의		의식주의		의식주의	연고주의	목표성
기분주의		운명주의		의리주의	온정주의	통제성
		비물질주의		일반주의	순응주의	책임성

출처: 한석태(2017: 156) 재구성.

현재 중앙정부 많은 부처에서 성과평가를 승진을 위한 근무성적평가와 성과급 지급을 위한 평가를 분리하여 운영되고 있는 실정이다[6](인사혁신처, 2017). 하나의 평가에 의하여 승진과 성과급에 반영되어야 하는데, 두 평가를 통해서 승진을 한 사람에게는 성과급을 위한 평가에서 비교적 낮은 등급을 주거나 승진에서 누락된 사람은 성과급을 위한 평가에서 비교적 높은 등급을 부여해야 하는 등 성과급 원리를 무시하고 균형을 맞추려는 현상들이 나타나는데, 이는 우리 행정문화 중 '가족주의', '온정주의'로 설명될 수 있다. 그리고 '권위주의' 및 '집권화' 등도 성과급 제도와 부합되지 않는 우리의 관료문화라 할 수 있다(오석홍, 2000). 이렇듯 서구의 합리주의 문화와 구별되는 우리만의 독특한 행정문화는 성과급 제도의 완전한 토착화를 어렵게 하고 있다.

2. 관리적 측면

성과급 제도의 토착화 문제를 국가 간 문화적 차이에 의한 접근으로만 설명하기에는 한계가 있다. 성과급은 객관적인 성과측정이 가능한 민간부문에 적합한 동기부여 수단으로 민간부문에서 공공부문으로 이식된 것이다. 서구의 행정학자들도 민간부문

6) 인사혁신처(2017)가 수행한 설문조사에 의하면, 공무원의 약 78%가 승진 및 성과급을 위한 평가가 분리되어 있다고 응답함.

에 적합한 성과급 제도가 공공부문과의 정합성을 가질 수 있는지에 대해 회의적인 시각을 보이면서 영역(sector)의 토착화 문제를 주장한다(예: Frey, 1997; Houston, 2009; Moynihan, 2008). 특히, 영역의 토착화 이슈를 제기하는 학자들은 공공부문은 민간부문과 여러 면에서 다른 특수성이 존재하며 이러한 특수성을 간과하고 공사(公私) 영역을 구별하지 않는 신공공관리(NPM) 방식의 민간관리 기법의 무분별한 공공부문 유입에 대해 경계해야 한다는 입장이다(Lee, 2017). OECD가 제시하는 성과급 제도 운영의 성공적인 조건은 성과에 대한 보상이 동기부여를 진작할 수 있을 정도로 커야하고, 동일 성과에 대한 동일 보상이라는 공정성이 존재해야 하며, 조직 내 개인의 산출이 객관적으로 측정되어야 한다는 점 등이다(오성호, 2003 재인용; OECD, 1993). 그러나 공공부문에서는 조직목표의 모호성 등으로 산출을 정확히 파악하기 어려워서 객관적인 성과평가에 한계가 있다(Perry, 2003; Perry et al., 2009).

성과급 제도는 직무를 통하여 구현된 구체적이고 객관적인 성과라는 근거(evidence)와 보상을 연계시키는 근거 기반의 과학적 인사관리 기법이다. 일반적으로 근거를 바탕으로 한 과학적 방법의 범주는 평가의 객체가 객관적이며 측정이 가능해야 한다. 근거 기반의 관리 제도의 시초는 20세기 초 테일러(W. F. Taylor)의 과학적 관리(scientific management)이다. 테일러는 그 이전까지 주먹구구식으로 운영되고 있는 작업장의 관리방식에서 근거를 기반으로 한 방식으로 전환하였다. 그는 시간 및 동작 연구를 통하여 일일 표준작업량을 설정하고 개별 근로자의 일일 작업량의 정도와 표준작업량을 비교하여 산출된 작업 달성도를 근거로 하여 근로 성과급을 결정하였다(Taylor, 1998). 즉, 성과에 따라 급여액의 규모를 결정함으로 근로자들로 하여금 좋은 성과를 달성케 동기부여하였다는 점에서 테일러의 방식은 오늘날의 성과급여제의 원조라 할 수 있다(이상윤, 1997). 엄밀히 말해서, 테일러의 과학적 관리는 근거에 기반한(evidence based) 관리기법이라고 말해야 더 정확한 표현일 것이다.

근거 기반에 의한 정책수행은 객관적인 성과목표와 성과측정이 전제되어야 하며 성과목표와 성과측정을 근간으로 하는 성과관리는 직무에 대한 객관적인 분석과 직무평가라는 직위분류제를 선결요건으로 하고 있다. 그러나 우리나라 공직사회는 계급제적 전통을 따르기 때문에 일부 제한적인 분야를 제외하고 직무에 대한 직위분류가 이루어지지 않고 있다. 이는 성과급 제도의 합리적인 운영 및 완전한 정착을 어렵게 하는 관리적 저해요인이라 할 수 있다.

3. 정치적 측면(상징적 동형화): "OECD 국가들이 하면 우리도 한다?"

성과급 제도와 관련하여 효과적인 연구결과도 도출되지 않고 공무원들의 불만 및 저항감이 지속되고 있음에도, 왜 우리나라에서 폐지되지 않고 여전히 금과옥조(金科玉條)처럼 활용되고 있는가? 또한 성과급 제도의 효과성이 발휘될 수 있도록 근거를 기초로 하여 실효적으로 운영하려는 완전한 토착화 노력이 왜 결략되고 있는가? 이에 대해 정치적 측면에서 해석이 가능한대, 이수영(2011)은 우리나라에 성과급이 공직사회에 도입될 당시 성과급 제도가 성공하기 위한 운영·기획상의 조건들이 있는데, 이러한 조건을 무시하였고 제도 성공을 위한 기술적인 관심을 도외시하고 지극히 공직사회의 변화를 국민들에게 인식시키기 위한 정치적인 동기에서 시행되었다는 점을 주장한다. 또한 그는 우리나라 공무원 성과급 제도는 애당초 제도 취지의 목표를 달성할 수 없는 것이었다는 회의적인 결론을 내리고 있다. 이 견해에 의하면, 우리 공직사회의 성과급제 도입은 효과성 여부를 떠나서 변화된 공직사회의 이미지 쇄신이라는 상징정책의 수단으로 활용되었기 때문에 토착화 노력은 기대하기 어려웠고 앞으로도 기대하기 어렵다는 것을 시사한다.

또한 성과급 제도 도입은 정부개혁 상징으로서 국제사회 정부와 동일성을 추구하려는 상징적 동형화(symbolistic isomorphism)로도 설명될 수 있다. 조직을 둘러싼 환경의 불확실성 및 변화로 인해, 혁신 및 합리화 과정에 성공한 조직의 특정 제도는 규범화되어 다른 여러 조직에 의하여 벤치마킹 대상이 됨으로써 조직 간 제도 운영의 외형적인 동질화가 구현된다(DiMaggio & Powell, 1983). 공공부문의 성과급 제도는 OECD에 속한 많은 선진국에서 이미 운영 중이다. 물론 성과급 제도의 세부적인 내용은 국가마다 편차가 있으나 정부가 성과급 제도를 운영하고 있다는 것은 OECD 국가 공통적인 특징이다. 다시 말하면, 관료에 대한 성과급 제도는 이미 OECD 회원국 내 정부 인사관리에 있어서 보이지 않는 규범으로 자리잡고 있을지도 모른다. OECD 회원국인 우리나라가 다른 회원국과 같이 공공부문에 성과급 제도가 존재한다는 외형적 동형화에 더 중요한 가치를 둔다면 효과성을 기반으로 하는 제도 취지대로의 토착화에 대한 관심은 멀어질 수밖에 없다. 이는 성과급 제도가 도입되어 시행 된지 오랜기간 지났지만, 정부 차원의 객관적이고 체계적인 효과성 증대 노력이 소홀하였으며 시행 이후 제도가 도입 초기와 큰 제도적 변형 없이 지속되고 있는 점 등은 이러한 상징적 동형화를 뒷받침해주는 증거라 할 수 있다. 동형화 관점에서 본다면, 공직사회 내 성과급 제도의 효과성에 무관하게 국제사회에 이미 규범화되어 있는 제도를 시행 이전으로 철회하기는 어려울 것이며 공무원들의 불만과 저항이 상존하더라도 불완전한 토착화 과정이 지속될 가능성이 높다고 판단된다.

제 5 절 결 론

우리나라 공무원 성과급 제도는 제도가 설계되어 토착화된 이래 현재까지 큰 변화 없이 초기 제도의 골격이 그대로 유지되고 있다. 성과급 제도가 약 20년 가까이 유지되고 있지만 이 제도를 통해 개인 및 조직의 생산성이 증대되고 있는지에 대해서는 많은 의문이 제기되고 있다. 분석 결과 성과급이 개인 및 조직의 역량을 증대시키거나 조직구성원의 동기유발에 직접적인 영향을 주고 있다는 증거가 미약하다. 증거기반 정책적 관점으로 우리나라 성과급 제도는 동기유발 및 생산성 향상에 명백한 증거가 불충분함에도 불구하고, 제도는 안정과 불안을 거듭하며 불완전한 토착화가 진행되고 있다고 하겠다.

우리나라에서 성과급 제도가 이렇게 불완전한 토착화를 보이고 있는 이유는 크게 세 가지로 추론될 수 있다. 첫 번째로 성과보상제가 개인 간 경쟁을 유발시키는 개인주의 문화를 근간으로 하는 관리수단인 점을 고려한다면, 협력과 협동을 중시하는 집단주의 문화로 분류되는 우리나라에서의 정합성 문제가 야기된다. 특히, 가족주의, 공사 무분별, 형식주의, 의리주의, 온정주의 등의 관료문화는 합리주의를 근간으로 하는 성과급 제도의 우리 공직사회 토착화에 방해요소라 할 수 있다. 두 번째로 관리적인 측면에서 직무분석 및 직위분류가 이루어지지 않고 그로 인해 합리적인 성과측정의 어려움이 성과급 제도의 완전한 토착화를 어렵게 한다고 할 수 있다. 세 번째로 성과급 제도 토착화 문제는 정치적인 이유로 설명될 수 있는데, 성과급 제도가 애당초 정부역량 향상을 위하여 도입되기보다는 선진국에서 정부개혁의 일환으로 국제규범화되어 있는 성과 중심의 인사 제도를 우리나라도 무비판적으로 받아들여 대외적으로 선진국과 유사한 제도가 있다는 상징성을 확보하고 대내적으로 공공부문에 경쟁적 요소 도입으로 국민적 지지획득을 얻기 위한 것으로 해석될 수 있다. 따라서 우리나라 공직사회 성과급 제도는 문제가 있으면서도 경로의존적(path dependent)으로 운영되는 불완전한 토착화가 지속될 것으로 전망된다.

CHAPTER 12

정부의 팀제 도입과 토착화 실패

윤영근* · 도명록**

이 글은 노무현 정부에서 도입한 팀제의 토착화 과정을 분석함으로써, 팀제가 제대로 뿌리내리지 못한 원인을 제도의 경로의존성 측면에서 설명하고자 하였다. 2005년 노무현 정부 당시 전 부처와 지방자치단체에 전면 도입되었던 팀제는 기존 제도의 경로의존성, 즉 상하 관계에 익숙한 조직문화와 계서제적 운영방식, 인적 자원의 관리와 보상체계 같은 팀제와 함께 결합되어야 할 관련 제도의 부재로 인해 본래 의미의 팀제가 아닌 한국적 맥락에서 조정된 형태로 적용되었다. 그 결과 본래적 의미의 수평적 팀 운영은 사실상 불가능하였고, 결재 단계는 축소되었으나 팀의 운영을 위해 중간관리직이 다시 신설되는 등의 파행을 겪었다. 또 팀제 추진 자체가 상당히 권위적인 방식으로 진행되어 공직 내에서 팀제 필요성에 대한 공감대가 단단하게 형성되지 못한 상태에서 정권 교체로 인해 팀제를 뒷받침하는 정치적 지지마저 상실함으로써 팀제는 도입만큼이나 빠르게 폐지되고 말았다. 비록 팀제는 폐지되었으나 팀제 폐지 이후 10년이 지난 현재의 관점에서 볼 때, 과거와 같은 전면 적용이 아닌 업무 특성에 따라 선택적으로 활용된다면, 팀제가 다시 유용하게 쓰일 수도 있을 것이다.

이 글은 『한국사회와행정연구』 제29권 제4호에 게재된 논문을 수정 · 보완한 것임.
* 한국행정연구원 부연구위원(zroot1@kipa.re.kr)
** 서울시립대학교 상생협력센터(mrokdo@gmail.com)

제1절 서 론

널리 알려진 중국 고사 가운데 남귤북지(南橘北枳) 혹은 귤화위지(橘化爲枳)라는 것이 있다. 사전적 의미로는 "회남의 귤을 회북에 옮겨 심으면 탱자가 된다는 뜻으로, 환경에 따라 사람이나 사물의 성질이 변함을 이르는 말"이다.[1] 이 말은 외국의 문화나 제도가 도입된 이후 안 좋은 쪽으로 변했을 때도 쓰이는데, 노무현 정부에서 전면 도입했던 팀제가 이 고사의 적합한 예라고 할 수 있다. 팀제는 2005년 노무현 정부에서 중앙 및 지방정부에 본격적으로 도입되었다가, 2008년 이명박 정부가 들어서면서 대부분의 기관에서 팀제가 축소 또는 폐지되어 팀제의 성과에 대해 논란이 있었다(김대근, 2012).

노무현 정부의 팀제는 그 이전 정부에서 일부 시행되던 팀제와 달리 전 부처와 지방자치단체를 아우르는 국가적 차원에서 실시되었다는 점에서 차별성이 있다. 김대중 정부에서도 팀제가 일부 시행되었으나, 김대중 정부에서 도입된 팀제는 기존의 부, 과를 변형하였거나 임시적인 프로젝트팀의 모형을 취하고 있어 본연의 팀제 모습과는 다른 것으로 진정한 의미의 팀제는 아니었다(임두택 외, 1999: 449; 조경호, 2007: 3; 김대근, 2012: 78－79에서 재인용). 비교적 팀제와 유사한 형태는 김대중 정부의 기획예산위원회 정부개혁실을 들 수 있는데, 그 이유는 정부개혁실의 경우 계서적인 조직 형태가 거의 보이지 않고, 팀구성원이 모두 새로 충원되어 인적 구성에 단절성이 있다는 점, 그리고 업무가 기획업무 중심으로 집행업무가 없다는 점(강인재 · 이원희 · 임도빈, 1998: 44)[2] 때문이다.

그러나 이 당시 중앙행정기관에서 볼 수 있는 팀제는 전통적인 관료조직의 문제점을 타파하기 위한 목적이 아닌, 각 부처가 조직개편 시 조직팽창을 도모하거나 조직축소 압력에 대응하는 수단으로 고안된 경우가 많았다. 또 대부분의 팀은 전통적인

1) 국립국어원 표준국어대사전(http://stdweb2.korean.go.kr/search/List_dic.jsp).
2) 이외에도 외교통상부의 통상교섭본부도 팀제와 상당히 유사하게 조직되어 있으나, 통상교섭본부 조직은 국 밑에 팀을 둠으로써 '과' 정도의 조직으로 인식될 수 있고, 인적 구성원도 기존 행정조직에서 사회화가 된 공무원들로 되어 있으며, 주요 업무도 여러 부처에 분산되어 있는 통상에 관한 업무를 총괄하는 점에서 기획예산위원회와 다르다(강인재 · 이원희 · 임도빈, 1998: 46).

과나 계에 비하여 비교적 특정 목적의 업무를 모든 직원들이 담당한다는 차이가 있는데, 조직 내 많은 보조·보좌조직은 그대로 국–과–계로 둔 채로 일부 인력만 떼어내서 특별조직을 만드는 방식이며, 따라서 팀이 담당하는 기능은 국–과–계가 하는 업무보다 기관장의 관심도가 떨어지는 경우가 지배적이었다(강인재·이원희·임도빈, 1998: 48–49). 이런 이유로 인해 공공부문의 팀제는 전면적으로 적용하는 데 한계가 있었다.

그렇지만 효율적인 정부, 작은 정부로 개편되어야 한다는 요구에 따라 공공부문의 팀제는 신속한 의사결정을 통한 업무의 효율화, 책임행정체제 구축, 조직의 탄력성 및 유연성 제고, 성과 중심과 전문성 향상, 조직문화의 변화 등의 긍정적인 기대와 함께 '신화'로서 다가왔다(이종수, 2008: 1). 그러나 이처럼 기대받던 팀제는 2005년 행정자치부를 시작으로 정부부처에 짧은 시간에 전면 도입되었다가 불과 3년 만에 폐지되는 되는 진통을 겪은 탓에 정부조직에 대한 팀제 도입의 논의는 일종의 금기와도 같이 부정적인 인상으로 남아 있다(박준휘·이민호, 2017: 202).

이런 정황을 볼 때 정부의 팀제 토착화는 긍정적으로 평가하기 어렵다. 그렇다면 이런 결과를 가져온 원인은 무엇인가? 팀제의 경험은 제도의 토착화와 관련해 많은 시사점을 던지고 있다. 팀제의 부정적 토착화를 만들어낸 원인들은 팀제 폐지 이후 10년의 시간이 지난 현재에도 정부에 새로운 제도 도입을 가로막는 장애물로 작용할 수 있다. 게다가 팀제 도입 이후 불과 3년 정도 만에 폐지된 만큼 기존 제도와의 충돌도 강렬하였을 것으로 판단된다. 따라서 이 팀제의 토착화를 둘러싼 제 이슈들을 분석하는 것은 정부개혁이 직면하고 있는 문제들을 이해할 수 있는 창을 제공할 수 있다. 이 글에서는 특히 제도의 경로의존성에 주목하여 논의를 전개하고자 한다.

제 2 절 이론적 논의 및 분석틀

1. 토착화의 의미

우선 토착화의 의미를 살펴볼 필요가 있다. 토착화란 특정 문화 속에서 외생적이든 내생적이든 새로운 아이디어가 기존의 아이디어를 대체하여 정착되어 가는 과정을 가리킨다(이종범, 2003: 2). 행정학 분야에서 토착화 논의는 1960년대 중반 이후부터 논의된 것으로 보며, 수입된 행정학의 한국적 적실성에 대한 회의에서 비롯되었다고 한다(안병영, 2005). 이런 이유로 인해 행정이론의 토착화는 한국화라는 이름으로 쓰이기도 하는데, 이에 대해 안병영(2005)은 한국화를 토착화보다 더 유연하고 적극적인 개념으로 설명한다. 한국화는 외국에서 도입한 것을 우리 것으로 소화해서 발전시키는 것에 더불어 한국의 고유한 특성을 반영하여 독창적인 한국 고유이론, 분석체계, 방법론을 개발하는 것까지 아우르는 것으로 보는 것이다.[3] 토착화에만 초점을 맞춰보자면, 안병영(2005)의 설명처럼 학문의 토착화는 선진 외국 이론을 수용하는 길목에서 겪게 되는 변증법적인 지양(止揚)이며, 중심부 선진 이론이 주변부 나라의 색다른 토양과 만나 문화적 변용을 거치며 새롭게 재탄생하는 과정이다(안병영, 2005: 6-7).

제도의 토착화도 같은 맥락에 있다. 어떤 제도건 새로운 환경에 적용되면 불가피하게 변증법적인 재탄생 과정을 거치게 된다. 그리고 이 제도가 성공적으로 도입되었는가에 대한 판단은 "제도가 본래 의도에 따라 기능하는가"(박흥식, 2005: 16)에 달려 있다. 그런데 학문의 영역과는 달리 제도의 도입에는 정부의 영향이 크다. 정부가 새로운 제도와 관련해 어떤 의도를 갖는가에 따라 점진적 혹은 급진적으로 도입될 수 있다. 대개는 준비가 부족한 상태에서 갑작스럽게 이뤄진 제도 도입으로 인해

3) 토착화는 이론의 보편성과 특수성에 관한 논의이기도 하다. 이론의 특수성은 문화적 차이를 전제로 하여 상황에 따른 차이가 강조되는 것을 의미하고, 이와는 달리 이론의 보편성이란 문화적 차이가 있다고 하더라도 무시할 만하거나, 조절변수로서의 요건을 찾아낼 수만 있다면 특정한 사회문화에 특유한 것이어서 적용상에 모순이 존재하는 것처럼 보이는 이론이라고 할지라도 보편화될 수 있다(이종범, 1986: 7; 이종범, 2003: 2 재인용)는 의미이다.

제도의 토착화에 대한 의문은 지속적으로 제기된다. 이는 제도의 현실 적합성에 대해 충분한 숙고 없이 정부의 필요에 따라 도입되는 사례가 많았기 때문이다. 외국에서 적실성을 갖는 이론이나 제도가 우리나라에서는 적실성이 없을 수 있음에도 불구하고, 단지 제도가 규범적으로 의미가 있거나 상징적인 의미가 있기 때문에(채원호, 2013: 336) 도입되는 사례가 적지 않았던 것이다.

어떤 제도가 도입된 이후 잘 정착한 사례만 토착화로 한정해서 볼 필요는 없다고 여겨진다. 제도의 변증법적인 재탄생 과정을 거쳐 제도가 본래 의도대로 잘 기능하는 경우도 있지만, 전혀 다른 의미로 변형되어 작동하거나 심지어는 소멸될 수도 있다. 토착화는 어떤 제도가 도입된 이후의 재탄생 과정의 결과이기 때문에 토착화의 의미를 넓게 이해하는 것이 제도 뒤에 숨어 있는 특수한 환경적 맥락을 파악하는 데 유리하다고 볼 수 있다. 특히, 정부의 팀제처럼 폐지된 제도인 경우, 어떤 제도가 도입 이후 변화를 거쳐 우리 여건에 맞도록 정착된 것을 전제로 하는 토착화 논의는 어렵다고 볼 수 있다. 따라서 이 글에서는 토착화의 의미를 넓게 해석하여 어떤 제도가 도입된 이후 그 제도의 존재 유무와는 상관없이 변화를 겪은 후 남은 최종 상태로 보고 논의를 진행한다.

2. 제도의 경로의존성

한 사회에 어떤 새로운 제도가 도입되면 기존 제도와 필연적으로 조우하고, 그 결과로 제도는 긍정적이든 부정적이든 상호 변화 과정을 겪게 되는데, 이 제도 변화를 경로의존을 통해 설명하려는 시도가 신제도주의 연구에서 있어 왔다. 경로의존 개념은 넓은 의미로는 시간적으로 사전적(事前的) 단계가 그 다음 단계에 인과론적인 영향을 미친다는 것이고(하연섭, 2003: 169), 좁은 의미로는 사회현상이 일단 어떤 경로를 택하게 되면, 다른 경로로 전환하는 데 소요되는 비용이 시간이 지나면 지날수록 점점 더 커지기 때문에 그 경로로부터 이탈하기가 더더욱 어려워진다는 의미를 갖는다(하연섭, 2003: 170). 경로의존은 원래 경제학자들이 수확체증(increasing returns)의 의미로 사용하기 시작한 개념이었으나, 피어슨(Paul Pierson)이나 노스(Douglass North) 등은 경로의존 현상이 다음과 같은 이유로 정치·사회현상을 설명하는

데 적용될 수 있다는 주장을 펴고 있다(하연섭, 2003: 179).[4)]

첫째, 집합행위(collective action)의 문제이다. 개인 간 자발적인 교환에 의해 움직이는 시장과 달리 정치현상은 다수의 사람들을 동원하고 또 이들 사이의 이해관계를 조정해야 하는 집합행위이다. 사람들을 동원하고 이들 사이의 이해관계를 조정하기 위해서는 상당한 비용이 소요될 수밖에 없기 때문에, 일단 이러한 동원의 문제와 조정의 문제를 해결한 조직은 그 자체가 지속되는 경향을 지닌다(Pierson, 2000d: 78; 하연섭, 2003: 179 재인용).

둘째, 권력 불균형의 문제이다. 제도의 형성과 변화를 제대로 설명하기 위해서는 그 이면에 흐르고 있는 권력 불균형(power asymmetries)에 주목할 필요가 있는데, 나이트(Knight, 1992)의 주장대로 제도는 권력을 가진 사람이 자신의 이익을 증진시키기 위해 만든 수단이다. 따라서 일단 권력이 강한 사람이 자신의 목적을 달성하기 위해 제도를 만들게 되면, 이 제도는 권력을 더 강하게 만드는 경향이 있다. 이에 따라 한 번 만들어진 제도는 계속해서 강화되는 경향이 있다.

셋째, 복잡한 현실과 인식의 제약 문제이다. 행위자들의 인식의 틀은 형성되는 데 많은 노력과 비용이 들어가지만 일단 한 번 형성되면 일정한 틀에 따라 현상을 해석하게 되는 경향이 있다. 또 인식의 틀은 다른 사람들과 공유될 수밖에 없기 때문에 쉽게 변하지 않고, 한 번 형성되면 점점 그 방향으로만 현상을 해석하려는 경향이 생겨난다(Pierson, 2000b: 260; 하연섭, 2003: 181 재인용).

일단 형성된 제도는 사람들의 가치와 규범에 영향을 미침으로써 궁극적으로 다른 대안적인 제도가 필요하다는 생각 자체가 생겨나지 않도록 사람들의 인식과 선호 자체를 제약하기도 한다. 오페(Offe, 1996)의 표현처럼 “인간이 제도를 만들 뿐만 아니라, 인간 또한 제도에 의해 만들어지고”, 제도가 기반하고 있는 인식의 틀과 문화적 가치는 “이들을 만드는 데에 상당한 시간이 소요되지만, 이들을 없애는 데에도 상당한 시간이 소요되기 때문에”(Offe, 1996: 218; 하연섭, 2003: 181 재인용) 제도는 지속되는 경향을 갖는다.

노스(Douglass North) 역시 이러한 인식의 틀이라는 개념을 이용해 경로의존을 설

---

4) 이하는 하연섭(2003: 179－183)의 주요 내용 요약임.

명하는데, 시장이 불완전하고 정보가 부족하며 상당한 거래비용이 존재하는 경우, 행위자의 주관적 인식이 어떤 선택을 할 것이며 어떤 경로를 택할 것인가에 영향을 미친다고 한다. 행위자의 주관적 인식은 제도적 맥락 속에서만 형성되는 것이고, 제도와 행위자의 심리적 구인(mental constructs) 사이의 복잡한 상호작용에 의해서 어떤 경로가 택해질지가 크게 영향을 받는다(North, 1995: 24; 하연섭, 2003: 181 재인용).

넷째, 제도의 점착성(stickiness of institutions) 문제이다. 정책과 제도는 한 번 형성되면 변화하지 않으려는 속성을 지니는데, 이는 제도를 만드는 사람들이 제도를 바꾸기가 대단히 어렵게 의도적으로 설계하기 때문이다. 특히, 민주적인 정권교체가 보편적인 상황에서는 자신들이 만든 제도가 반대파의 영향력 아래 놓이게 되어 본래의 목적이 훼손되거나 왜곡되는 것을 방지하기 위해 제도 자체가 쉽게 변화할 수 없도록 만들게 된다. 이런 방식으로 제도가 설계되면 제도는 상황의 변화에 따라 유연하게 변화하지 않고 그 모습을 그대로 간직하는 점착적인(sticky) 속성을 지니게 된다.

다섯째, 제도의 상호의존성 문제이다. 어떤 제도 혹은 조직은 그를 둘러싸고 있는 다른 조직들과 적절히 조화될 필요가 있는데, 이럴 경우 제도군(institutional matrix)이 형성하고 있는 상호 의존적인 관계 때문에 제도 자체가 쉽게 변하지 않는다는 것이다(Krasner, 1988: 84－85; 하연섭, 2003: 183 재인용). 노스 역시 개개의 제도만이 수확체증을 보이는 것이 아니라, 제도군(群)의 상호의존성(the interdependent web of an institutional matrix)이야말로 강력한 수확체증의 경향을 보인다(North, 1995: 95; 하연섭, 2003: 183 재인용)고 하였다.

3. 연구의 분석틀

이 글에서 다루는 팀제는 노무현 정부에서 도입된 팀제이다. 서론에서 언급한 것처럼 노무현 정부의 팀제는 그 이전 정부와는 내용과 적용 범위 측면에서 비교할 수 없을 정도의 큰 규모로 시도되었기 때문에, 제도의 도입과 폐지 과정에서 제도의 경로의존적 속성이 두드러지게 드러난 사례로 볼 수 있다. 특히, 정부 공무원들의 인식의 제약, 제도의 점착성, 제도의 상호의존성 문제가 그렇다. 이 글에서는 본래의 팀제는 어떤 형태이며, 이 팀제가 제도 도입 과정에서 기존 제도의 경로의존성 문제로 인해 어떻게 한국적 맥락으로 정착했는지, 그리고 제도 도입 이후 폐지까지 어떤 과정을 거쳐 현재에 이르렀는지를 분석한다.

토착화는 변증법적인 재탄생 과정이라는 점에 주목하여 변증법의 정(正)－반(反)－합(合) 개념을 빌어 분석틀을 구성한다. 먼저 당초에 도입하고자 했던 본래 의미의 팀제는 제도 변화의 원인이 되기 때문에 변화를 일으키는 정(正, thesis)으로 볼 수 있다. 팀제를 도입하고자 하는 행위자들은 팀제 도입을 통해 정부의 조직·인사 운영에 긍정적 변화를 기대하였으나, 기존 조직·인사 제도의 경로의존적 속성으로 인해 본래 의미의 팀제 그대로 도입되지 못하고, 조정된 형태의 팀제로 변형되어 임시적 균형점(反, antithesis)이 만들어진다. 그러나 이 임시적 균형점은 시간이 흐르면서 제도의 본래 취지를 달성하지도 못하고, 정부 내·외부의 환경 변화로 인해 다시 제도 변화를 겪게 되어 결국 새로운 합(合, synthesis)으로 수렴된다. 그 과정에서 비록 팀제는 폐지되었으나, 팀제의 유산은 남아 있어 앞으로 유사한 제도가 다시 시도될 때 제도적 맥락으로 작용할 것이다. 분석틀을 그림으로 정리하면 [그림 12－1]과 같다.

그림 12－1 팀제 도입 및 토착화 분석틀

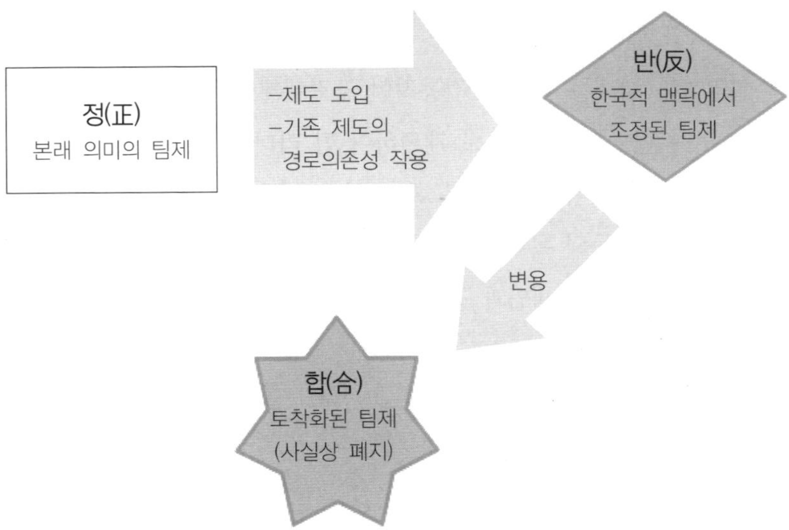

제 3 절 팀제의 등장

1. 팀제의 개념

팀제는 공공부문이든 민간부문이든 공통적인 조직운영의 원리이기 때문에 팀제의 개념에서도 굳이 공공부문과 민간부문을 구분하지 않는다. 팀제의 개념에 대해서는 연구자마다 조금씩 초점을 달리해 설명하기도 하는데, 베일리와 아디자(Bailey & Adiga, 1997)는 팀원들이 관련된 모든 업무에 대해 스스로 행동을 통제하는 상호 의존하는 개인으로 이루어진 그룹으로 정의내렸고, 하비와 브라운(Harvey & Brown, 1996)은 공동 목적을 달성하기 위해 서로 보완적인 기술을 가진 구성원이 서로 의존하여 책임질 수 있는 목표를 수립하는 집단으로 정의내렸으며, 카젠바크와 스미스(Katzenbach & Smith, 1993)는 상호 보완적인 기능을 가진 소수의 사람들이 공동으로 책임질 수 있는 목적과 업무수행 목표를 설정하고 달성하기 위한 사람들의 집단으로 정의내렸다. 팀제에 대한 정의는 명확하게 일치되는 개념 정립이 이루어지지 않고 있으나 팀제는 하나의 보편화된 조직구조의 한 형태 또는 관리기법의 하나로서 외부적인 통제나 감독 없이 업무에 관한 결정을 스스로 내리며 독자적으로 활동을 수행하는 제도라고 할 수 있다(박성원 · 손정훈, 2005: 51).

어떻게 설명하든 팀제는 과거의 전통적인 조직체계인 부 · 과제 피라미드형 조직을 업무의 통합, 분할 등의 방법으로 재편하여 팀 리더를 중심으로 자유롭고 창의적인 분위기 하에서 업무수행이 가능하도록 구성된 유기체적 조직으로 볼 수 있고, 이러한 팀제의 특징은 공동의 목적을 공유한 상호 보완적 기능을 가진 구성원, 구성원 간의 긴밀한 유대관계, 공동책임과 공동보상 등을 들 수 있다(박광국 외, 2006: 11).

2. 팀제의 특성

팀제의 특징은 네 가지 정도로 정리할 수 있다. 먼저, 팀은 공동 목적과 목표를 가진다(Gibbons, 2003; 오성호, 1996). 팀원들은 공동의 목표를 구현하기 위해서 몰입할 수 있는 사람들로 구성되는 것이 바람직하며, 이를 위해서 팀구성원들의 사기를 고려한 목표가 설정될 필요가 있다. 둘째, 팀구성원들은 상호작용한다(송상호, 2005; 김대근 · 최준호, 2013; 김귀영, 2006). 공동 목표를 달성하기 위해서 긴밀한 유대관계를 특징으로 시너지 효과를 중시한다. 셋째, 팀은 상대적으로 자율성을 추구하는 조직이다(Katzenbach & Smith, 1993; 김태룡 · 안희정, 2006a; 김대근 · 최준호, 2013). 팀원은 자신의 분야에서 높은 전문성을 가지고 있어야 하며 이로 인해서 팀원은 상대적으로 높은 자율성을 가지게 된다. 또한 자율성을 충분히 보장하기 위해서 권한을 위임하게 된다(김귀영, 2006). 넷째, 팀제는 공동책임 및 공동보상시스템으로 구조화된다(Katzenbach & Smith, 1993; Henry, 1998; 백종옥; 1996). 팀원은 공동 목표를 가지고 업무를 수행하고 그 책임과 보상 또한 공유한다.

이러한 팀제의 특성을 요약하면 '공동'과 '권한위임', 그리고 '자율성 추구'로 볼 수 있다(김대근, 2012: 77－78). 팀제는 팀구성원 전체가 공동으로 업무를 추진하여 성과를 달성하고, 이에 합당한 보상을 받게 된다. 또한 상부에 집중된 권한을 팀에 위임하고, 또 다시 팀에 위임된 권한은 팀 내의 구성원에게 적절하게 배분함으로써 대내 · 외 환경 변화에 적극 대처하여 조직성과를 달성하고 효율성을 제고 하는 것이 팀제라 할 수 있다(김대근, 2012: 78).

<표 12－1>에서 보듯이 팀제는 여러 측면에서 전통적 조직과 다르다. 전통적 조직은 기능을 단위로 규모의 경제를 감안하여 반복되는 업무의 수행을 독립시킨 반

표 12-1 전통적 조직(계층제 조직)과 팀제의 비교

요 소	전통적 조직	팀 제
조직구조	수직형 계층조직(직급 중심)	수평형 조직
목표	상부에서 주어짐	상호공유
리더	강하고 명백한 지도자	리더십 역할 공유
지시 · 전달	상명하복 · 지시 · 품의	상호충고 · 전달 · 토론
정보흐름	폐쇄 · 독점	개방 · 공유
보상	개인주의 · 연공주의	팀, 업적/능력 위주
평가	상부조직에 대한 기여도	팀의 의도한 목표 달성도
업무통제	관리자가 계획 · 통제 · 개선	팀 전체가 계획 · 통제 · 개선

출처: 행정자치부(2005: 14). 『팀제 운영 매뉴얼』.

면, 팀제는 독자적 유기체로서의 성격을 가지고 전체 조직의 통일된 목표 달성을 위해 역할을 수행한다(이택주, 1999; 임창희, 1995; 정일재, 1997; 진종순・문신용, 2007: 121 재인용). 그리고 팀제는 직급 중심에서 벗어나 조직을 수평조직화(flat)하고, 조직의 기동성을 위해 부피를 줄이는 경량화(slim)한 특징을 보인다. 또한 제도로부터 상대적으로 자유롭게 업무를 수행하는 유연성(flexible)과 시기적절한 역할을 수행하는 역동성(dynamic)의 측면에서 기존의 전통적 조직과 차이를 보인다(안길찬, 2002; 김호섭 외, 2002; 진종순・문신용, 2007: 121 재인용).

3. 기업의 팀제

공공부문의 팀제가 NPM의 영향으로 기업의 방식을 모방했다는 점에서 기업의 팀제에 대해 살펴볼 필요가 있다. 팀제라고 하면 일반적으로 공공부문보다 기업에 더 적합하고, 기업은 팀제를 잘 운영한다는 인식이 있다. 그런데 기업의 팀제 도입 이유도 변화하는 환경에 대응하기 위한 것으로써 정부부문과 큰 차이는 없다. 기업들 역시 전 지구적인 기업환경의 변화로 인해서 기업의 성장이 둔화되었고, 다양한 변화를 추구하여 조직이 환경에 정합하고자 하고자 하는 노력의 일환으로 팀제 도입을 시도하였다(백종옥, 1996). 기업들은 환경과 조직이 조응할 수 있는 여러 가지 경영기법을 실험하였는데, 조직관리 차원에서 근본적인 원인은 전통적 조직이 가진 문제점이었다. 연공서열주의로 인해 직급의 역피라미드 현상이 나타나고, 조직구성원이 가진 목표와 조직의 목표 간 괴리가 발생하며, 필요 없는 규정과 절차가 증가하여 비효율이 초래되고, 조직구성원들은 매너리즘에 빠지는 등의 문제로 인해서 무한경쟁시대에 생존하기 어려워졌기 때문이었다(임창희, 2005; 안길찬, 2002; 백종옥, 1996).

기업의 팀제는 공공부문보다 먼저 도입되긴 하였으나, 사실 다국적 기업이 많은 미국에서도 1980년대에 들어와서야 본격적으로 도입되었다. 미국에서 팀제의 개념이 처음 소개되고 도입된 것은 1960년대(서원석, 2006: 5)라고 하지만 과거 미국 기업의 지배적인 조직구성 방식은 계층적인 방식이었다.[5] 그러나 1980년대 들어 많은 대

5) 박원우(2007)는 "팀제를 미국식 제도라고 하는 것 자체가 잘못된 생각"이라고 하였다(박원우, 2007: 65).

기업들은 환경 변화에 대응하기 위해 신속하고 융통성 있는 조직구조를 추구하게 되었는데, 특히 생산성과 품질 등에서 일본과의 경쟁이 심해지자 품질분임조(Quality Control Circles: QC)에 관심을 기울이기 시작하였으며, 이는 사람 중심의 관리방식으로서 팀구성원 전체가 같이 문제를 해결하고 품질을 추구하는 방식이다(김대근, 2012: 80-81). 요컨대, 미국에서 팀제가 도입된 이유는 기업이 환경 변화에 신속하게 대응하는데 전통적인 계층제가 효과적이지 못하기 때문에, 소수의 전문가들이 권한을 부여받고 신속하게 대처할 필요성이 늘어났고, 조직의 매너리즘을 탈피하고 구성원들의 적극적이고 창의적인 아이디어를 유도하기 위해서는 단위조직에 자율성과 이에 따른 책임의식을 고취시킬 필요가 있었고, 이를 위해서는 팀제 도입이 필연적인 선택이었던 것이다(송상호, 2005: 49).

일본의 기업들도 비슷한 배경에서 팀제를 도입하였다. 일본 기업들은 사업부제 중심의 피라미드형 조직을 운영하였으나, 1990년대 들어와 기업이 거대화되면서 급변하는 기업환경과 정보화의 발전에 적절하게 적응하지 못하는 문제점이 노출되기 시작하였다(김대근, 2012: 83). 이러한 문제를 극복하기 위해 일본의 기업조직은 다운사이징화, 슬림화를 추구하게 되었고, 고객을 중시한 전략에 따라 신속한 경영, 유연한 조직 등이 경영의 요체가 되었다. 따라서 사업의 리스트럭처링, BPR(business process reengineering)을 받아들이고 조직의 통·폐합이나, 간접부문, 포스트의 축소 등을 추진하였으며, 기존 조직의 형태에 팀제 형태를 도입하게 된 것이다(신승국, 1997: 62; 김대근, 2012: 83 재인용).

우리나라 역시 팀제 도입은 환경 변화에 따른 불가피한 선택이었다. 고도 성장기 한국 기업은 조직규모가 지속적으로 성장하였기 때문에 과장 승진자가 있으면 과를 더 만들고, 부장 승진자가 있으면 부를 더 만드는 위인설관(爲人設官)식 조직설계가 많았으며, 결과적으로 한국 기업의 조직구조는 수평적으로 매우 복잡한 구조를 지니는 경우가 흔했다. 그런데 저 성장기에 접어들면서 조직 내 자리 부족으로 과나 부의 장이라는 직책을 부여받을 가능성이 적어지게 되어 서서히 직급과 직책의 분리라는 표현이 등장하게 되었다. 이러한 한국 기업의 인사관리상의 어려움을 타개하는 데 효과적인 방법이 바로 팀제로의 전환이었다(박원우, 2006: 33-35; 김대근, 2012: 79 재인용). 송상호(2005) 역시 우리나라 기업에서 팀제를 도입한 가장 큰 이유로 인사적체 문제를 해결하기 위한 승진과 직책의 분리, 하위부서 증가에 따른 조직복잡성과 의사결정의 지연 문제해결, 조직의 의사결정 라인을 축소하여 관리직을 줄이고 실무자를 양성하는 등의 목적을 들고 있다.[6]

우리나라의 팀제 도입에 있어서 특기할 만한 사실은 미국이나 일본의 경우 공장의 작업집단을 중심으로, 미국은 연구개발부문과 생산부문에, 그리고 일본은 생산부문에 자율작업팀이 확산된 것과 달리, 우리나라는 화이트칼라가 근무하는 비제조업 분야를 중심으로 도입되었고(임창희, 2005: 6; 박원우, 2006: 36; 김대근, 2012: 85 재인용),[7] 제조업의 경우에도 공장보다 사무관리직을 중심으로 한 지원부서에서부터 팀제가 도입된 것이다(임창희, 2005: 6; 주효진, 2009: 122 재인용). 이처럼 비슷한 맥락에서 시작된 것처럼 보이는 기업의 팀제도 국가에 따라 차이가 있다. 미국 기업들이 팀워크 등 집단적 요소를 가미함으로써 극단적 개인주의적 경영방식에서 발생한 비효율성을 감소시키기 위해 팀제를 도입한 반면, 우리나라 기업에서는 개인주의보다는 집단주의에 야기되는 업무의 책임소재 불명확 등 폐해를 대응하기 위해 팀제가 도입되었다(김태룡 · 안희정, 2006a: 306). 또한 일본의 경우는 우리나라와 유사하게 의사결정의 지연 등 지나친 집단주의의 폐해 극복을 위해 팀제로 전환하였던 것이다(박원우, 2006: 32; 김대근, 2012: 85 재인용). 요컨대, 기업의 팀제 역시 유사한 맥락에서 유사한 내용으로 각 국에 도입되었지만, 각국이 처한 환경적 요인에 의해 조금씩 다른 모습으로 운영되었던 것이다.

---

6) 우리나라에서 팀제는 1975년경 삼성물산에서 팀제가 거론되기 시작하여 1985년경 전사적으로 전면 도입된 것이 팀제 도입의 시초라고 할 수 있다(주효진, 2009: 122). 1985년 삼성물산에서 종래의 부, 과를 팀이란 명칭으로 고쳐 부른 것이 팀제 도입의 시초라고 할 수 있으나, 부, 과의 통·폐합을 수반한 본격적인 팀제는 1990년대 중반에 들어서면서부터였다고 할 수 있다(임창희, 2006: 6; 주효진, 2009: 122 재인용).

7) 우리나라의 경우 사업부제 → 임시조직 도입 → 팀제 도입의 과정으로 의사결정구조를 단축하고, 직급과 직책을 분리하여 승진 적체를 해소하기 위하여 도입이 시작되었는데, 주로 조직의 연구개발 분야에서 대부대과제, 태스크포스팀(Task Force Team), 프로젝트팀(Project Team), 자율경영팀(Empowered Team)의 형태로 팀제가 도입되었다(진종순 · 문신용, 2007: 120).

제 4 절 한국 정부의 팀제 도입 과정 및 도입 직후 제도

1. 팀제 도입 배경

앞에서 기업이나 공공부문에 팀제를 도입하는 이유는 큰 차이가 없다고 하였는데, 기업조직과 공공조직이 공통적으로 팀제를 도입하는 배경에 대해 박광국 외(2006: 12－13)는 크게 세 가지 정도로 정리하고 있다. 첫째, 변화하는 환경에 신속하게 대응하기 위해서이다. 현재의 외부환경은 기술의 급속한 발전, 정보화의 빠른 진전, 국경이 사라지는 세계화로 인해 과거 어느 때보다 그 변화를 예측하기 어려운 상황이다. 이로 인해 조직의 경쟁방식과 범위, 속도 등은 과거와 비교할 수 없을 정도로 변화되었다. 따라서 신속한 의사결정, 현장에서 즉시 행동하게 할 수 있는 임파워먼트(empowerment) 등이 경쟁 속에서 생존할 수 있는 비결이 된다.

둘째, 관료주의 병리 현상을 타파하기 위해서이다. 본래 관료주의는 책임소재를 분명하게 하고, 조직을 일사불란하게 움직이게 하며, 능률을 극대화하는 데 매우 효과적인 조직운영방식이었다. 그러나 점차 조직운영의 경직성, 개인소외, 부서 이기주의, 핵심부서보다는 관리 및 스태프 조직의 비대화, 계획과 통제 중심 등의 문제가 생김에 따라 더 이상 지금의 환경에는 적합하지 않게 되었다. 소위 대기업 병이라고 일컬어지기도 하는 이런 관료주의는 고객의 요구를 제대로 충족시키지 못할 뿐 아니라, 직원으로 하여금 매너리즘, 책임회피, 보수적 성향만을 갖게 함으로써 조직의 경쟁력에 심각한 문제를 초래하였기 때문이다. 이런 문제점을 극복하고 21세기 환경에 걸맞는 유연성, 위험감수, 혁신, 적극적인 도전 등의 경쟁력을 확보하기 위해서는 팀제 도입이 필수적이다.

셋째, 업무수행에 요구되는 개인의 자질 및 행동이 변화를 요구받고 있기 때문이다. 오늘날의 조직환경은 모든 사람 각자가 의사결정의 주체로서 사고하고 행동할 것을 강조하고 있고, 자기 스스로의 목표 설정과 관리, 개인 능력의 증진과 성장 등을 중시한다. 또한 신속한 의사결정이 절실한 조직환경에서는 개개인이 독립적인 조직이면서 관리자라는 생각을 가지고 직무를 수행해야 한다. 동시에 한 가지가 아닌

다기능적인 역할, 공동의 업무수행, 연대 책임을 요구하고 있다. 즉, 조직의 환경이 너무 복잡하고 변화 속도가 너무 빨라서 개인의 힘만으로는 경쟁자나 고객을 대응하기 어렵기 때문에 내 일과 다른 사람의 일을 구분하지 않고, 팀워크를 통해 문제를 해결해야 한다는 것이다.

이렇듯 팀제는 공공과 민간부문에서 모두 필요로 하였으나, 특히 공공부문으로 팀제가 확산되는 이유로는 첫째, 정보화, 세계화의 영향으로 시간이 갖는 경제적 가치가 증가하고, 의사결정의 신속성이 중요해지는 시대가 되었다는 점, 둘째, NPM의 영향으로[8] 정부조직 내의 경쟁 강화방안은 관리상의 자율성을 가진 팀제와 같은 작은 단위로 조직을 분할하는 것이라는 점, 셋째, 민주화와 인본주의의 바람으로 공직사회의 계급 중심의 다계층 조직구조와 수직적 상하관계의 해소하고, NPM 담론과 대립하는 가치(민주성, 형평성, 인본주의) 공존을 위해 팀제가 인본주의적 조직관리 기법으로 등장한 때문이다(김병섭 · 오시영, 2005: 413－414). 이렇게 볼 때, 팀제는 전통적 관료조직에 대한 탈관료조직으로 이해되기도 하고, 현대 후기 산업사회의 다양한 사회적 요구에 탄력적으로 적응할 수 있는 시대적 산물이기도 한 것이다(주효진, 2009: 122).

2. 팀제 도입 과정

노무현 정부의 팀제 도입 의제는 2005년 오영교 행정자치부 장관의 취임과 함께 부상하였다. 이는 오영교 장관이 KOTRA 사장 재직 당시 팀제와 BSC 성과관리 제도를 도입하여 공기업 경영평가에서 수위를 차지했던 경험을 그대로 적용하고자 한 것

8) 신공공관리(NPM)로 칭해지는 1990년대 이후의 정부개혁 기조는 공공부문에 큰 변화를 불러 왔으며, 주로 민간의 경영기법과 경쟁구도를 공공조직에 적용하기 위한 노력으로 나타났다. 미국의 공공부문에서는 1993년 클린턴(Bill Clinton) 정부가 출범하면서 연방정부는 개혁에 박차를 가하였으며(Kamensky, 1996: 247; 김대근, 2012: 82 재인용), 기업경영에 활용된 갖가지 경영기업, 즉 벤치마킹, 총체적 품질관리, 성과측정, 위탁경영 등을 정부에 도입하기 시작하였고, 이러한 흐름에서 자연스럽게 팀제 도입에 대한 연구도 시작되었다(김대근, 2012: 82). 미국은 인구 5만 명이 넘는 시정부 가운데 의회－지배인(Council－Manager) 제도를 채택하고 있는 시정부에서 팀제의 활용사례가 많이 있으며, 그 효과성도 높게 나타나고 있는 것으로 보고되고 있다(Yang & Guy, 2004: 68－70; 김대근, 2012: 82 재인용).

이다. 행정자치부는 2005년 1월 21일 장관주재 전 직원 대상 토론회를 시작으로 하여 팀제 도입의 전담조직을 구성하고 부서별 토론회, 간부 대상 설명회를 개최하였다. 여기서 제기된 팀제 도입의 배경과 목표는 계원(주사 이하) – 담당(사무관) – 과장(서기관) – 국장 – 차관보 – 차관 – 장관으로 이어지는 최소 7단계 이상의 복잡한 관료제 계선구조를 축소하고, 신속한 의사결정, 효율적인 조직을 지향하는 것이었다. 즉, "밑에서 만들어온 검토보고서를 연필 들고 자구만 고치던 중간관리자들을 축소시켜 행정상의 간접비용을 절감하자는 것"이 당초 취지였다. 여기에 더하여, 대면보고가 아닌 전자결재, 온라인보고 등을 결합시켜 의사결정의 소프트웨어와 행태를 변화시킴으로써, 장관까지의 결재 절차를 단순하고 신속화하려 시도하였다(이종수, 2008: 3).

2005년 3월 23일 행정자치부는 팀제 도입과 운영을 위한 지침을 결정하고, 이를 내부공문으로 시달하게 된다. 도입 초기 국 · 과장 7명의 보직을 박탈하고 담당 6명을 팀장에 발탁하는 등 본부장 및 팀장 61명에 대한 인사를 24일 단행하여, 담당 직위를 없애고 일반 팀원으로 만들었으며, 국장과 차관보 등을 본부장으로 통합하였다. 팀제와 팀의 성과 및 보상을 연결하기 위한 실질적인 핵심적 소프트웨어는 <BSC 성과관리제도>의 도입이었다. 성과관리팀과 부내 정보화팀을 만들어서 <하모니>라는 전자문서시스템을 구현했다(이종수, 2008: 3).

이와 더불어 2005년 10월 「지방자치단체의 행정기구와 정원기준 등에 관한 규정」(대통령령 제199091호)를 개정하여 팀제 도입의 근거를 마련하였으며, 동년 12월에는 「지방자치단체 팀제운영 지침」을 각 지방자치단체에 시달하였다. 이러한 지침에 따라 지방자치단체에서는 2006년부터 팀제를 도입하기 시작하였다(이환범 · 김대근, 2011: 704).

3. 정부가 도입한 팀제의 내용

팀제를 처음 도입하였던 당시 행정자치부의 조직개편 기본 방향은 "고객과 성과, 책임과 효율" 중심의 혁신조직으로 거듭날 수 있도록 본부 및 팀제의 전면 도입을 통해 자율적 책임행정을 구현하고 계급별 정원을 활용하여 탄력적이고 유연한 조직을 설계하고자 하는 것이었다(심덕섭, 2005: 70).

2005년 행정자치부에 도입된 팀제의 특징은 첫째, 조직을 성과 중심의 책임행정조직으로 개편하였다. 기존 계급 중심 국·과제를 성과 중심 본부장－팀장 체제로 개편하여 자율 및 책임 기반의 성과관리를 핵심으로 한 조직으로 개편하였다(오영교, 2005: 381－383). 행정자치부의 비전과 목표를 명확히 하고, 각 본부－팀별 전략목표를 설정하고, 개인별로 권한과 책임을 부여하여 그 실적을 평가할 수 있는 성과 중심의 책임조직 구조로 개편하였다.

둘째, 팀제를 통해 계층 수를 축소하고 결재 단계를 줄였다. 결재 단계를 5단계(부서장－국장－과장－계장－직원)에서 3단계(본부장－팀장－팀원)으로 축소하도록 하였는데, 본부장은 과거 부서장과 동일한 직급(1~2급), 팀장은 국장부터 과장 담당에 이르는 2~5급이 담당할 수 있도록 하고, 팀원은 4~9급까지를 라는 보직운영 기준을 세웠다(행정자치부, 2005). 계와 계장은 폐지되었고, 팀장보직은 직급과 직책을 분리하여 팀장은 5급 이상 직원 중에서 선발하도록 하였으나, 결과적으로 계장의 대부분은 팀원으로 두게 되었다(김태룡·안희정, 2006b).

셋째, 권한위임으로 위임전결규정의 개정을 통한 권한위임이다. 단위사무의 활동내용을 세분화(2,507건→4,420건)하였고, 전결규정은 장관의 결재 업무를 기존의 5%에서 2%로 축소하고, 차관(10%→3%)과 본부장(34%→10%)의 전결권도 역시 축소한 반면, 팀장은 43%이던 것을 64%로, 팀원도 8%에서 21%로 확대하여, 결재의 축소와 권한의 분산을 유도하였다(김태룡·안희정, 2006b).

넷째, 내부경쟁체제를 통해 구성원의 창의성 향상을 도모하였다. 본부장은 장관에 의해 결정되었고, 팀장은 공모 제도를 통해, 팀원의 경우는 드래프트 제도에 의해 배치하는 방식을 도입하였다. 드래프트 제도는 내부경쟁을 유도하는 제도라고 볼 수 있다.

4. 기존 제도의 경로의존성에 의한 팀제의 조정

1) 복잡한 현실과 인식의 제약 문제－조직문화

먼저 팀제가 도입되던 당시 공직 내부에서 이 팀제를 어떻게 인식했는지, 그리고 공무원들이 일반적으로 공유하는 조직문화와 팀제가 어느 정도의 정합성이 있었는지 의문이 아닐 수 없다. 이에 대해 박석희 · 주효진 · 박광국(2007)은 팀제를 수용할 수 있는 자질이나 역량이 갖춰지지 않은 상태에서는 구성원들에게 팀제에 대한 높은 수용성과 혁신관리를 기대하기 어렵고, 구성원들이 자신에게 기대되는 역할을 이해하지 못한 채 팀제가 하향식으로 주도됨으로써 팀제가 전략적 성과관리에 기여하지 못한 것으로 평가하였다. 또한 우리나라는 직위가 사회적 신분과 직결되어 있는데, 팀제 도입으로 인한 직급 폐지로 인해 경력이동에 있어서 수직이동의 가능성을 줄여 승진의 가치가 손상됨으로 정부조직 문화에도 큰 타격을 주었다(박석희 · 주효진 · 박광국, 2007: 12)고 보았다.

문화적 맥락에서 볼 때 관료제는 직급과 연공을 중시하는 서열주의, 계급주의 등을 특징으로 한다. 이러한 우리나라 관료제의 문화와 가치는 성과지향의 조직관리를 저해하는 요소로 비판받기도 하지만, 정부조직 제도의 안정성과 지속성을 유지하는데 기여하고 있다는 긍정적인 측면도 인정될 수 있다. 그러나 관료제의 이러한 문화적 맥락을 고려하지 않고 팀제가 구성원들을 연공과 서열을 고려하지 않은 인사와 조직관리를 중시함으로써 관료제의 조직적 저항과 갈등을 야기하게 되었다. 관료제가 지니고 있는 서열주의와 계급주의는 하급자와 상급자 간에 적정한 책임분담을 공유하게 함으로써 조직의 안정성을 제고하고, 업무책임성을 제고하는 측면도 있다. 그러나 팀제 하에서 모든 구성원들에게 동일한 직무책임을 부여한 것이 오히려 업무책임성을 저해하는 역효과를 야기하였다(박석희 · 주효진 · 박광국, 2007: 21).

그런데 이런 조직문화의 문제는 정부의 팀제뿐만 아니라 기업의 팀제에서도 마찬가지인 것으로 보인다. 박원우(2007)의 연구에서는 기업의 팀제에서도 기존의 복잡한 위계적 구조가 팀제 하에서도 계속 이어지고 있는 것으로 보았는데, 이는 팀제를 도입한 조직들 중에서 가장 많은 수가 대부대과형을 택한 것에서 알 수 있다. 대부대과형은 기존에 존재하던 조직 내 위계구조의 흔적이 가장 많이 남아 있는 형태의 팀제다. 물론 팀제 도입 시에는 대부대과형을 선택하였으나, 현재는 다른 형태의 팀제로 개편한 조직들도 존재한다. 하지만 대다수의 조직들은 도입 당시의 대부대과형의 팀제를 유지하고 있는 상황이다. 이는 많은 조직들이 외관상으로는 팀제를 도입하고 있지만, 기존에 존재해온 위계구조의 관행에서 탈피하는 것에 관해서는 상당한 어려움을 겪고 있음을 의미한다(박원우, 2007: 86).

2) 제도의 점착성 문제-계서제적 조직운영

팀제가 도입되었으나 실제 운영은 기존의 계서제적 틀을 벗어나지 못함으로써 기존 조직·인사 제도의 본질적인 내용을 바꾸지 못하였다. 당시 팀제 도입으로 인한 구조적 측면에서의 특징으로는 기존 계의 구분을 없애고 계장을 팀원으로 복귀시켜 결재 단계를 축소한 것을 들 수 있다. 또한 위임전결규정의 개정을 통해 팀장의 권한을 32.9%를 확대시켜 85%에 달하는 결재권 행사를 가능하게 하였는데, 이는 자율성의 확대로 신속한 업무처리를 가능하게 하기 위한 조치로 볼 수 있다(김태룡·안희정, 2006a: 308). 그런데 팀은 하나의 사회적 단위이며, 외부환경과 상호작용하면서 조직의 변화를 가져올 수 있는 하나의 조직 구조라는 측면에서 조직구성원의 업무분장 명료성, 팀제 적용 범위 및 팀 크기 등에 의해 영향을 받는다. 따라서 팀 조직의 효과적 운영을 위해서는 조직구성원, 즉 팀장, 중간 관리자, 팀구성원들의 역할분담이 명확해야 한다(박성원·손정훈, 2005: 60).

실제 팀제의 유효성은 팀제의 적정한 범위와 크기에 의해서 크게 좌우된다. 이는 조직문화나 업무 특성 등이 팀제의 범위와 크기에 영향을 미치기 때문이다. 팀의 크기는 일반적으로 3명에서 15명까지로 규정하고 있으며, 15명을 넘어서면 팀 리더가 모든 구성원들을 참여시키는 데 어려움이 따른다. 팀의 크기가 증가하면 팀에 대한 개별적인 참여는 감소하게 마련이다(박우순, 1999: 62; 박성원·손정훈, 2005: 61-62 재인용). 그러나 노무현 정부 당시 정부부처에서 운영된 팀은 기존 과 조직을 팀으로 전환하고 구성원이 15명 이상인 경우가 많아 팀제의 장점을 제대로 살리지 못하는 경우가 많았다.

조직구조와 관련하여 기존의 기능별 계층조직을 그대로 유지한 채 명칭만 팀으로 바꾸거나, 내부적으로 종전의 계(係)조직을 파트로 변환 운영하는 등 기존 체계를 벗어나지 않는 경우가 적지 않았다. 권한 및 직무배분의 문제도 지적하지 않을 수 없는데, 객관적인 직무분석 등에 기초한 팀제 도입이 이루어지지 않음으로써 팀 간 혹은 팀원 간 정보가 독점되고 팀 내 혹은 팀 간 의사소통이나 업무협조가 원활하지 못하여 팀제의 운영이 제약을 받았다. 또한 팀장이 결정한 사항을 다시 재가를 얻고 시행하고 있는 등 권한위임이 충분히 이루어지지 못하였고, 적절하지 못한 권한배분으로 팀장의 업무가 과중되기도 하고, 권한의 이양보다는 계층의 축소를 통해 의사결정 단계를 축소함으로써 실질적 권한은 여전히 상위계층에 집중된 문제도 있었다(박석희 · 주효진 · 박광국, 2007: 12).

애초에 팀제에 맞는 설계와 운영을 하였다기보다는 형식적인 팀제로의 전환을 단행한 후 내용적으로는 비공식적으로 계 단위를 운영하는 등 실질적 변화에 미온적이었으며, 위계질서를 강조하는 기존의 체계에 팀제는 적합하지 않았다. 팀제를 도입하는 측은 인사에 있어서의 서열파괴가 본래 목적이었으나, 이는 아예 추진되지도 못하였다(이종수, 2008: 10). 오히려 정부조직 내에서 팀제의 부작용에 대한 비판과 팀제의 무용론에 대한 인식이 점차 확산되면서, 팀제 도입을 주도했던 행정자치부조차 2006년 장관 교체 이후 의사결정 단계 축소라는 당초 팀제의 취지를 상당부분 훼손하면서까지 '파트매니저(part manager)'와 '관(官)'과 같은 중간관리직위를 신설하게 되었다(오시영 · 김병섭, 2009: 134). 이와 관련해 김귀영(2006)은 팀제 도입에 따른 외형적 변화에도 불구하고 기존의 관행이 유지되거나 비공식적 절차가 생성됨으로써 팀제 조직의 외형과 실제 간 괴리가 발생하는 등 조직루틴 측면에서 의미 있는 변화가 없다고 보았다.[9] 의사결정루틴 중 결재와 보고루틴은 비공식적 결재 단계가 생성되거나 대면보고방식이 여전히 유지되었고, 의사소통루틴 역시 계급별 회의방식이 잔존하는 등 수직적 의사소통이 유지되었다. 관리루틴 역시 비공식적 중간관리자가 등장하는 등 팀제의 변형이 발생하였다.[10]

팀제의 효과라고 하는 결재 단계의 축소 효과도 실제로 그리 크지 않은 것으로 나타났다. 오시영 · 김병섭(2009)의 연구에 따르면, 당시 기획예산처 같은 경우는 5급 사무관이 담당하던 계장(담당) 직책이 사라지고 사무관이나 6급 이하 직원 모두 팀

---

9) 조직루틴은 "이미 과거에 채택되거나 취해져 익숙해진 조직행동의 저장소(repertory)로서 구체적인 의사결정 과정에서 반복적으로 나타나는 조직구성원들 간 안정적으로 유형화된 상호작용"으로 정의한다(김귀영, 2006: 23).

10) 팀제의 계서제적 운영은 행정조직이 아닌 다른 분야에서도 관찰된다. 임도빈 · 전별(2012)의 대학교 식당 조직을 대상으로 한 연구에서는 3개의 팀제적 조직구조가 자생적으로 발생하면서도 그 내부에 계서제적 질서가 따로 존재하는 이른바 공식적 조직과 비공식적 조직의 동시 존재를 확인할 수 있다.

원으로 팀장과 직접 접촉하고 결재받게 되었으나, 기획예산처는 과거 국·과 체제 하에서도 6급 이하 과원들이 과장에게 직접 결재받는 것이 일반적이었다. 건설교통부, 노동부, 보건복지부 같은 부처는 계장이 공식적으로 사라졌으나, 실제 운영 과정에서 5급 사무관들이 과거 계장과 같은 파트리더의 역할을 수행하였으며, 파트리더는 팀장이 비공식적으로 지정하거나 자연적으로 발생하고 있는 것으로 나타났다. 결국 팀제 도입 이후에도 실질적인 결재 단계의 축소는 제대로 이루어지지 않은 것이다. 이에 따라 업무수행의 자율성 역시 구성원들의 체감 정도가 크지 않은 것으로 나타났다(오시영·김병섭, 2009: 147－148).[11)]

3) 제도의 상호의존 문제－인력운영의 제약

행정자치부가 도입한 팀제는 팀장의 자격을 2급에서 5급으로 개방하여 공모제를 통해 선발하고, 팀장이 팀에 필요한 인력을 배치할 수 있도록 드래프트 제도를 통해 선발하는 등 능력에 따른 인사를 가능하게 한 것이 특징이라고 할 수 있었다. 그러나 실제 팀 구성에 있어서는 한계가 있었다. 현실적으로 행정자치부에는 5급 팀장이 존재하지 않는다는 점, 팀 구성에 있어서 가장 중요한 요소 중 하나인 팀 규모와 인적자원 배치의 측면에서도 제대로 된 합의가 이루어지지 않았다는 것이 그것이다(김태룡·안희정, 2006a: 308). 팀제는 조직구조만 갖춘다고 해서 완성되는 것이 아니며, 당연한 이야기겠지만 팀제가 성공적이기 위해서는 적절한 인력 선발 및 배치 제도를 필요로 한다(박성원·손정훈, 2005: 58).

주효진(2009)에 따르면, 당시 공무원들은 팀제의 외형만 갖추고 이와 관련된 승진, 보상, 인사와 예산 운영 등의 각종 제도가 같이 병행되지 않고 있다고 호소하고 있으며, 이와 함께 업무수행방식, 업무 자체의 재편도 수반되어야 한다고 주장하였다(주효진, 2009: 136). 팀제라는 새로운 제도를 도입하기 위해서는 제도의 상호의존이라는 관점에서 다른 관련 제도와의 정합성이 무엇보다 중요했던 것이다. 이와 관

11) 이러한 이유에 대해 오시영·김병섭(2009)은 팀제 도입으로 얻는 부수적인 혜택(대외적인 혁신 이미지 제고, 직제와 관련한 부처 자율성 획득, 기관장의 부처장악력 강화 등)은 누리면서 조직의 혼란과 불안정, 공무원의 저항과 같은 팀제 도입의 부정적 측면은 최소화하려는 전략을 추구했기 때문으로 보았다(오시영·김병섭, 2009: 152－153).

련해 남궁근·서원석(2005)은 연구에서 팀제는 부처의 자율성을 강조한다는 점에서 인건비 활용의 자율성을 보장하는 총액인건비 제도와의 정합성은 높으나, 고위공무원의 전정부적인 통합적 관리를 강조하는 고위공무원단 제도나 인력의 자유로운 배치를 제약하는 전보 제한 및 경력개발프로그램(보직경로제) 등과는 충돌 가능성이 있는 것으로 보았다.

팀제의 성공을 위해서는 팀장의 역할이 매우 중요한데, 박석희·주효진·박광국(2007)의 연구에 따르면, 공무원들은 팀장의 역할과 관련하여 대체로 팀장의 권한과 전문성이 향상된 측면도 있지만 팀장에게 과도한 책임이 부여되고 있다는 의견이 많은 것으로 나타났다. 또한 일부 부적절한 인물이 팀장으로 선정됨으로써 팀 운영이 제약을 받는 경우가 있는데, 이는 자질이나 능력보다 여전히 연공서열을 통해 팀장을 선정하는 경우가 있기 때문이다. 팀의 운영에 관한 팀장의 전문성이 다소 부족한 경우가 있고, 팀의 통솔범위가 증가하면서 팀원 간의 원활한 의사소통을 효율적으로 관리하지 못하고 있는 문제도 있었다(박석희·주효진·박광국, 2007: 12).[12] 또 당시 행정자치부의 팀제는 팀장의 직급이 2급에서 5급까지 다양하게 분포될 수 있는 개연성이 있는 상황에서, 직급이 다른 팀장 간의 갈등조정에 대한 명확한 기준도 마련되었어야 했다. 왜냐하면 직급이 다른 팀장끼리 갈등이 발생할 경우, 합리적 조정보다는 힘(영향력)에 의한 판단결과로 갈등이 해결되는 상황이 발생할 수도 있기 때문이다. 따라서 갈등이 심화될 경우, 이를 적절히 해소할 수 있는 방안의 마련은 무엇보다도 시급했다고 할 수 있다(김태룡·안희정, 2006a: 321).

박준성(2007)은 계급제를 근간으로 하는 현행 직급승진 중심의 공무원 인사 제도는 직급승진이 곧 부서 수로 연결되는 구조이며, 부서 수를 줄이면 승진적체로 불만이 발생하고, 승진을 확대하면 부서 수가 늘어나게 되는 문제를 지적하였는데, 이는 팀제 도입 이후 조직 내 인사관리 문제에서 그대로 드러났다. 조직구조는 단기적으로 보면 업무와 명령계통의 과정(process)이지만 장기적인 관점에서는 구성원들의

12) 박원우(2007)는 기업의 팀제에서도 유사한 한계점이 있다고 보았는데, 팀 내의 위계구조와 더불어 팀장의 역할과 관련해 아직까지 상사의 부하에 대한 지시, 감독의 역할에서 완전히 벗어나지 못한 것으로 보았다. 팀제에서 팀장은 팀원들에 대한 지원의 역할을 강화해야 할 필요가 있으며, 팀이 효과를 발휘하기 위해서는 팀 내 업무프로세스가 자기완결적인지 여부를 점검할 필요가 있다(박원우, 2007: 86).

경력경로가 된다. 따라서 팀제 도입으로 인해 계층을 줄이고, 크기를 간소화하는 것은 구성원들의 경력경로를 변화시킨다는 의미로, 이러한 변화는 구성원들에게 실망감과 위기감을 줄 수 있다. 특히, 우리나라는 직장에서의 지위가 사회적 신분으로 직결되어 있다. 이러한 연계체계가 팀제의 도입으로 인해 직장에서의 직급 폐지는 사회적 신분 상실감으로 이어질 수 있다. 결과적으로 팀제 도입을 통해 기존의 자리가 박탈된 간부들은 이러한 권한 상실을 기득권 상실로 받아들여 사기저하가 될 가능성(주효진, 2009: 132-133)이 컸던 것이다.

이런 문제는 승진과 보직관리에 제약이 많은 지방자치단체에서 특히 두드러지게 나타난다. 이종수(2008)에 따르면, 팀제 도입 이전 지방자치단체에서 6급은 상급자와 하급자의 업무를 챙겨주는 역할을 수행하였으나, 팀제 하에서 실무를 맡은 후 업무 간 유기적 연계가 취약해졌다고 밝히고 있다(이종수, 2008: 15). 또 윤영근 · 주재복(2014)의 연구에 따르면, 자치단체의 6급 공무원은 관리자와 실무자의 이중적 역할을 수행하면서도 승진적체로 무보직 6급이 증가하여 사기가 크게 떨어진 사례가 확인되었는데, 직위와 직급이 연계되어 운영되는 우리나라 인사 제도의 특성상 팀제 하에서도 이들이 능력을 인정받아 팀장이 되는 기회는 극히 드물었을 것으로 예상된다.

제 5 절 팀제 토착화 좌절요인

팀제는 정부개혁 기조 하에 2005년 3월 행정자치부를 시작으로 상당수의 부처들이 잇따라 팀제를 도입함으로써 2007년에는 총 26개의 중앙행정기관이 팀제를 도입하는 등 비교적 단기간에 정부조직 내에서 팀제가 급속하게 확산되었다(오시영 · 김병섭, 2009: 134). 그러나 불과 3년 후 이명박 정부가 들어서면서 대부분의 기관에서 팀제가 축소 또는 폐지되고 말았다. 사실상 정부가 처음 의도했던 팀제는 사라졌다고 볼 수 있다. 이처럼 단기간에 극적인 변화를 겪게 된 이유는 크게 두 가지 정도로 분석된다.

1. 권위적 방식에 의한 일방적 팀제 추진

2005년 당시 정부는 행정자치부를 선도로 모든 공공부문에 팀제 운영을 지시하였으며, 이로 인해 모든 기관에서 일시에 획일적으로 도입되었다. 이로 인해 많은 공무원들이 팀제가 수직적 관료제적 성격이 강한 공무원조직에는 적합하지 않는다고 반발하며 팀제에 대한 거부감이 존재하였을 뿐만 아니라, 그 성과도 낮게 인식하는 경향이 많았다(김대근, 2012, 86). 행정자치부에서 팀제 도입에 결정적인 역할을 담당한 사람은 오영교 전 장관이라 할 수 있다. 그런데 장관의 이 같은 적극적 역할은 긍정적인 영향과 부정적인 영향 모두를 내포하고 있다. 긍정적인 측면에서의 영향으로는, 팀제를 포함한 모든 제도가 도입되고 정착되기 위해서는 최고관리자의 관심이 필수적 요소라는 점에서, 행정자치부가 신속하게 팀제를 구축하는 데 지대한 기여를 했을 것으로 추정할 수 있다. 반면에 지나친 최고관리자의 의지는 때로는 상명하달식으로 이어질 소지가 있는데, 획일적인 형태의 팀제로 흐르는 등 부정적인 영향을 줄 수도 있었다는 점이다(김태룡 · 안희정, 2006a: 307).

2005년 행정자치부는 팀제 도입에 앞서 상황에 대한 정확한 인식, 혁신의 컨트롤타워인 기관장의 강력한 리더십 발휘, 팀제 도입의 비전과 목표 및 청사진 제시, 구성원과의 공감대 형성, 추진전담조직을 통한 구체적인 실행 등의 준비 과정을 거쳤지만, 실제 준비기간이 3개월에 불과하였다(김병섭 · 오시영, 2005: 428). 팀제를 도입한 부처의 담당 공무원들은 적정 준비기간으로 최소 6개월에서 12개월 정도는 필요하다는 의견을 피력하고 있다는 점에서(김병섭 · 오시영, 2005: 428), 행정자치부의 경우는 준비 기간이 겨우 2~3개월에 불과했다는 것은 문제가 아닐 수 없다. 이러한 짧은 준비기간으로 인해 구성원들은 공감대를 형성하는 데 어려움이 있었고, 노조의 반대나 조직구성원들의 냉소주의를 야기하는 원인이 되기도 하였다.[13] 따라서 최고관리자의 영향으로 행정자치부가 팀제를 도입하는 과정에서, 이같이 준비기간도 제대로 확보하지 못한 채 밀어붙이기 식으로 성급하게 시행되었다(김태룡 · 안희정,

13) "팀제의 도입 초기 국장급 이상 고위직의 경우는 100%가 반대하는 실정이었고, 과장과 담당급은 80%가 반대하는 상황이었다. 6급 이하는 담당이라는 직위가 없어지니까 혹시 하는 심정으로 60~70%가 찬성하는 상황이었다"(이종수, 2008: 10).

2006a: 307－308).

이처럼 팀제의 도입이 상향적이지 않고 관리자의 지시에 의해 내리는 하향식 형태의 일방적 방침에 따라 시행됨으로써 각 부문의 특수성을 고려하지 못하고 획일적인 팀제로 되었다. 팀제의 도입이 상명하달 식으로 추진될 경우 각 부문의 특수성을 고려한 다양한 유형으로 조직되지 못하고, 이에 따라 본래 의도와 다른 획일적인 유형이 나타날 수 있다. 이로 인해 환경 변화에 신축적으로 대처하기 위한 유연성 확보 차원에서의 팀제가 부・과 단위에서 이름만 바꾸어 운영하므로 실질적인 변화가 거의 없는 경우도 나타날 수 있고, 팀제를 받아들일 수 있는 자질이나 태세가 되어 있지 않은 상태에서 강요되는 팀제는 직원들에게 단지 '인원 감축형', '간부자리 박탈용'의 도구로 사용된다는 부정적인 인식을 가지게 하는 것으로 나타났다(주효진, 2009: 131).[14]

무리한 팀제 추진으로 인해 팀제의 본래 목적보다는 팀제 그 자체를 정비하는 것이 더 중요한 목적이 되고, 결과적으로 조직과 인력운영 측면에서 형식적인 팀제로 운영[15]하는 문제가 발생하였다. 김대근・최준호(2013)는 최고관리자의 지시와 결정에 따라 도입되면서 구성원들이 배제되었고, 팀 운영을 위한 제도가 충분히 갖추어지지 못했음을 지적하였으며, 주효진(2009) 또한 정부조직은 환경이나 규모, 전략을 고려하지 않은 채 "유행처럼 팀제를 도입"하였기 때문에 본래 의도와는 다른 결과를 나타내었다고 설명하고 있다(주효진, 2009: 131). 이종수(2008)는 도입 초기의 조직 내 거부감에도 불구하고 장관에 의해 일방적이고 획일적으로 도입된 정책이기 때문에 정권교체를 계기로 폐지될 수밖에 없었던 것은 충분히 예견된 결과였다(이종수, 2008: 10)고 보았다.

---

14) 많은 경우에 팀제의 도입은 구성원들에게는 계층구조상의 국장, 과장, 계장 등의 지위와 신분이 박탈되는 것으로 인식되었다(박석희・주효진・박광국, 2007: 14).

15) 이런 현상은 기업에도 관찰되고 있다. 임창희(2005)는 기업의 일부 구성원과 경영자들은 팀제를 단순하게 중간관리자 감축, 인건비 절감, 결재 단계 축소만을 위한 목적이라 인식하고 있음을 지적하였고, 안길찬(2002)은 "남의 기업에서 하니까 우리 기업도 해보자는 식"으로 도입하여 팀제에 조응하는 시스템을 갖추지 못한 채 명칭만 바꾸고 직책만 없애는 식으로 팀제가 도입됨을 지적하였다.

2. 정치적 지지 소멸

1990년대 초부터 행정조직에 각종 명칭의 조사단, 추진반, 추진단, 기획단, 분석단, ○○팀 등의 명칭을 띤 조직들이 등장하게 되는데 이들이 바로 기존 조직문화를 타파하려는 팀제의 변형들이라고 할 수 있다. 그러나 이러한 조직들은 정부조직법상에 근거를 두고 있는 것이 아니라 대통령령 등 기타 법령이나 혹은 내부적으로 비공식적인 조직이거나 대통령을 비롯한 최고통치자들의 지시 하에 비밀리에 팀을 구성하여 특정한 과업을 완수하고 해체되며 그 흔적을 찾아보기 힘든 조직도 많이 있다(강인재 · 이원희 · 임도빈, 1998: 47). 또 노무현 정부 이전에도 지방자치단체에서는 단체장이 기존 조직의 체질을 바꾼다는 측면에서 팀제를 도입하기도 하였으나, 주민에게 홍보하는 이름뿐인 개혁에 그친 경우도 많았다(강인재 · 이원희 · 임도빈, 1998: 51－52). 단체장들의 의욕에 의해 제도부터 도입하고 보는 경향이 강한 것이다(김순양, 2000: 274).

이런 이유로 인해 노무현 정부의 팀제도 정권 차원에서 추진된 한 때의 유행으로 보는 시각이 있었고, 2008년 2월 새로운 정부의 출범과 함께 차별성을 확보하려는 방향에서 대국대과주의가 새롭게 강조되었다.[16] 실제로 당시 인수위원들로부터 혁신에 대한 많은 질타를 받아, 어찌 보면 팀제 같은 것은 참여정부의 대표적인 정부혁신 사례로 몰려 폐지될 운명이었다는 인식이 확산되었다.[17] 따라서 팀제의 축소, 폐지가 팀제의 성과를 부정적으로 인식한 결과라고만 할 수는 없고, 오히려 새로이 출범한 정부의 정책방향에 따라 결정되었다(김대근, 2012: 86)는 견해도 있다. 다시 말해, 팀제의 폐지는 순전히 팀제에 문제가 있어서가 아니라 정권의 정치적 시각차 때문이라는 것이다.

우리 정부는 새로운 제도의 도입에는 열심이었지만 정권이 교체되거나 장관이 바

16) "솔직히 인수위원회 당시 팀제, 성과관리 등 참여정부의 정부혁신에 대한 무조건적인 반감이 있었던 것이 사실이다. 보고서를 쓸 때도 혁신, 분권 이런 말들은 당선자가 무척 싫어하시니 용어조차 절대 쓰지 말라는 지시 받았다"(이종수, 2008: 11).

17) "처음에 무척이나 반발이 많았지만, 1년 이상 지나가면서 팀제가 어느 정도 정착되어 갔었는데, 이명박 신정부가 들어서면서 정말 허무할 정도로 한방에 팀제를 원상복귀시키는 것을 보면서 정부정책을 너무나 빨리도 바꾼다는 자괴감이 들기도 했다"(이종수, 2008: 11).

꿔게 되면 이전에 도입된 제도를 변경하거나 폐지하는 것을 마치 잘하는 것처럼, 또는 당연히 그렇게 해야 할 일인 것처럼 인식해 왔던 것이 사실이다(오시영 · 김병섭, 2009: 135). 그동안 한국에서 정권교체, 즉 정책결정자를 포함한 정책의 최고책임자가 바뀌어 정책목표나 비전이 달라진 경우에 일어나는 정책종결의 예시로서는 대북정책, 교육정책, 부동산 안정화 정책, 기업규제 정책, 지방분권 정책 등을 들 수 있다(이종수, 2008: 27). 이로 인해 정부개혁을 바라보는 국민들뿐만 아니라 공무원들마저 개혁에 크게 개의치 않는 모습도 있었다. 정치인의 구호는 일정 기간이 지나면 사라진다고 할 때, 개혁에 대한 공무원의 가장 합리적인 선택은 냉소주의일 것이고, 대통령 단임제인 현재 우리나라의 정치 제도에서 공무원의 냉소주의는 어느 정도 당연시될 수밖에 없다(진종순 · 문신용, 2007: 121)는 시각도 있다. 이는 정책의 연속성에 큰 약점을 갖고 있는 5년 단임제 정부의 한계로 볼 수도 있다.

3. 팀제의 토착화 종합 및 유형화

지금까지의 논의를 종합하면, 토착화 과정에서 팀제는 한국 정부조직에 착근하지 못하고 실패한 것으로 평가할 수 있다. 기업에서 비롯한 팀제는 정부 전체 조직에 전격적으로 도입되어 시행되어 정부조직 운영원리의 근본적인 변화를 꾀하였으나 실제 운영은 전통적인 계서제를 벗어나지 못했었다. 노무현 정부 당시 본래 의미에서 수평적인 팀 운영은 사실상 불가능하였고, 결재 단계는 축소되었다고 하지만 팀의 운영을 위해 중간관리직이 다시 신설되는 등 파행을 겪었다. 기존 제도의 경로의존성, 즉 상하관계에 익숙한 조직문화와 계서제적 운영방식, 인적 자원의 관리와 보상체계 같은 팀제와 함께 결합되어야 할 관련 제도의 부재로 인해 팀제는 본래 의미의 팀제가 아닌 한국적 맥락에서 조정된 형태로 적용되었다고 볼 수 있다. 게다가 팀제 추진 자체가 상당히 권위적인 방식으로 진행되어 공직 내 팀제 필요성에 대한 공감대를 단단하게 형성하지 못한 상태에서[18] 정권 교체로 인해 팀제를 뒷받침하는 정치

18) 장지원 · 김왕식(2007)의 연구에서 공무원들에게 팀제도 도입에 대한 만족도를 질문한 결과 "매우 만족" 3.7%, "약간 만족" 21.2%, "보통" 47.5%, "약간 불만족" 20.6%, "매우 불만족" 6.1% 등으로 나타나, 팀제에 대한 공무원들의 인식이 그리 우호적이지 않은 것을 짐작할 수 있다. 특히,

적 지지마저 상실한 것은 팀제의 도입만큼이나 빠르게 폐지를 재촉한 원인이 되었다고 할 수 있겠다.

팀제는 결국 2008년 이명박 정부가 들어서며 대국대과주의 조직개편에 따라 본래 의미를 상실한 채 유명무실화되었고, 2013년 박근혜 정부가 들어서면서 행정효율성 제고 차원에서 대부분의 팀제 조직이 폐지되거나 과로 전환하면서 공식적으로 팀제는 사라지게 되었다. 현재의 팀은 실·과 내에 명칭만 남아 있어 그 운영은 전통적인 계서제 방식으로 이루어지거나, 일부 부처나 지방자치단체에서 업무 분야에 따라 부분적으로 활용하고 있다. 본래 의미의 팀제와 한국에 도입되었던 팀제를 요약하면 다음 <표 12-2>와 같다.

이를 통해 팀제의 도입 및 토착화 유형을 규정해보면, [본래의 제도 → 산호형 → 토착화 실패]로 유형화할 수 있을 것이다.[19] 2005년에 한국에 도입된 팀제는 본래

표 12-2 본래 의미의 팀제와 한국의 팀제 비교

<table>
<tr><th>구 분 / 요 소</th><th>본래 의미의 팀제
(≒기업의 팀제, 正)</th><th>노무현 정부의 팀제
도입 이후 제도(反, 산호형)</th><th>현재의 토착화된 팀제
(合, 토착화 실패)</th></tr>
<tr><td>조직구조</td><td>수평형 조직</td><td>형태는 수평적,
운영은 수직적</td><td rowspan="8">팀제 폐지,
실·과 내 명칭만 존재
(전통적인 계서제 방식을
기본으로 운영)
+
일부 부처 및
지방자치단체에서
부분적으로 활용</td></tr>
<tr><td>목표</td><td>상호 공유</td><td>계서적 전달</td></tr>
<tr><td>리더</td><td>리더십 역할 공유</td><td>리더의 지시 수용</td></tr>
<tr><td>지시·전달</td><td>상호충고·전달·토론</td><td>계서적 방식(중간관리직 신설)</td></tr>
<tr><td>정보흐름</td><td>개방·공유</td><td>팀장-부팀장 경유</td></tr>
<tr><td>보상</td><td>팀, 업적/능력 위주</td><td>적합한 보상체계 없음</td></tr>
<tr><td>평가</td><td>팀의 의도한 목표 달성도</td><td>개인별 성과 중심 평가 제도 도입</td></tr>
<tr><td>업무통제</td><td>팀 전체가 계획·통제·개선</td><td>결재 단계는 축소,
중간관리직 경유</td></tr>
</table>

성별로는 남성이, 연령별로 보면 나이가 많을수록, 학력이 높을수록, 그리고 공직 근무 연수가 길수록, 현 보직 근무기간이 얼마 되지 않은 경우에 팀제 도입에 대한 만족이 낮은 것으로 나타났다(장지원·김왕식, 2007: 36).

19) 산호형은 2008년 도입 시기에 한국의 조직환경에 적응하면서 많이 변형된 한국 맥락 하의 제도를 의미한다.

기업에서 적용하였던 팀제와는 많은 차이를 보였다. 제도가 구성원들의 서열주의, 계급주의로 대표되는 기존 관료제와 조응하지도 못하였고, 팀제를 뒷받침할 인사 제도와 성과평가 제도가 제대로 마련되지 못하여 팀제는 사실상 전통적인 계서제 방식으로 변형 · 조정되어 운영되었다(산호형). 공직 내부에서 팀제를 제대로 수용하지 못하는 상태에서 정권교체와 맞물려 정치적 지지마저 상실함으로써 결국 도입 초기 기대했던 형태의 팀제로 착근하지 못하게 된 것이다(폐지).

제 6 절 결 론

팀제의 도입과 토착화 과정에서 얻은 긍정적인 영향은 명확하게 말하기 어렵다. 물론 팀제가 팀조직의 자율성 증가와 분권을 통한 직무만족이나 조직만족을 높인다는 연구도 있고(오시영 · 김병섭, 2009), 신속한 의사소통과 업무처리에서 오는 효율성 증대와 생산성 개선 효과가 있다고 보는 연구도 있다(서원석, 2006). 이종수(2008)는 팀제 도입의 성과로 일하는 분위기, 결재 단계 축소, 업무에 대한 책임감, 성과 중시, 대민 친절도 향상 및 민원 처리기간 단축 등을 예시하고 있고(이종수, 2008: 15), 장지원 · 김왕식(2007)도 정부기관의 팀제도의 도입은 결재 단계의 축소, 의사결정의 민주성, 투명성 측면에 다소 향상이 있었다고 보고 있다.

그러나 우리나라에서 팀제 연구의 상당수는 그 효과에 대해 의문을 제기하는 경우가 많다. 대표적으로 기존 조직문화와의 충돌로 인한 부정적 효과를 지적하는 연구(박희봉, 2009; 안길찬, 2002), 팀제를 실시하는 조직과 실시하지 않는 조직 간 조직효과성의 차이가 없다는 연구(유민봉, 2001), 팀제를 실시하지 않는 조직의 공무원들이 직무태도나 조직성과가 더 낫다는 연구(박천오 · 이춘해, 2006) 등이 그렇다. 장지원 · 김왕식(2007) 역시 팀제의 긍정적 측면을 보면서도, 동시에 개인은 업무량이 증가되었고, 팀 간의 업무량 불균형, 형식적인 권한위임, 팀원 간 의사소통 및 팀 간 업무협조는 과거보다 줄어든 것이 불만족의 원인이 된다(장지원 · 김왕식, 2007: 37)고 하였다. 최근의 박준휘 · 이민호(2017) 연구를 보면, 2013년 시범적으로 추진된 검찰청 형사부 조직에 대한 팀제 도입 효과 역시 조직 내 의사소통의 활성화나 자기계발의 확대 등의 긍정적 변화가 일부 확인되나, 전반적으로 팀제 도입 이후 조직 환경요인에 대한 유의미한 변화를 확인하기 어려우며, 검찰조직의 팀제 운영이 실질적이지 못했다고 결론 내리고 있다.

팀제를 제대로 운영하기 위해서는 제도의 상호의존적 관점에서 팀제와 관련된 일련의 제도들이 함께 정비되어야 한다. 팀은 '공동'이라는 의미를 강조하는데, 공동은 협력을 유도하기도 하지만, 무임승차라는 부작용을 낳기도 한다. 이런 점에서 팀 단위로 성과를 평가할 때 개인의 공헌도를 정확하게 측정하기 어렵고, 반대로 개인 업적을 중심으로 평가할 경우 자칫 구성원 간의 갈등을 유발하여 팀워크와 협력관계를 해칠 수 있다(이상윤 외, 2005; 김태룡·안희정, 2006a: 320 재인용). 따라서 평가 제도는 평가 항목을 선정하거나 평가기준을 설정할 때, 구성원의 참여를 적극 유도하고 시행방법의 적실성을 지속적으로 검토함으로써 평가의 순응도를 높일 필요가 있다(김태룡·안희정, 2006a: 320).

인사 제도요인의 측면에서는 어떤 인재들을 어떻게 배치할 것인가 하는 인력배치 요소가 조직성과 제고에 지대한 영향을 미친다. 김태룡·안희정(2006a)은 팀제의 도입에 따른 조직성과를 높이기 위해서는 팀구성원의 능력을 정확히 파악하여 적합한 팀원 배치를 실시하고, 팀장의 선발에 있어서도 정보의 공유와 명확한 기준을 마련하여 공정성을 높이는 혁신적인 인사정책의 필요성과 구조 변화의 측면에서 계층 축소를 통한 권한배분이나 자율성과 책임성의 확대, 적극적 참여의 유도 등은 조직성과를 높이고자 하는 전략으로 합리적인 대안이라 평가한다(김태룡·안희정, 2006a: 321).

김병섭·오시영(2005)는 팀제 도입으로 정부조직의 생산성이 제고될 것이라는 것도 신화이고, 반대로 팀제가 정부조직에 도입되기 어렵거나 부정적 영향을 미칠 것이라는 것도 신화에 가깝다고 보았다. 팀제의 효과는 팀제의 설계와 그 운영에 따라서 달라지며, 또한 동일한 팀제라고 하더라도 그것이 도입 적용되는 상황적 특성과 추진조직 등에 따라서 그 효과성이 달라질 수밖에 없다는 것이다. 따라서 팀제는 적절한 적용 범위를 가진다. 팀제가 적용되면서 더 효과적인 분야가 있는가 하면 그렇지 못한 분야도 있다. 정부조직에 적용할 때에도 행정서비스의 분야에 따라 적용 여부나 적용 범위를 신중히 결정할 필요가 있다(박성원 · 손정훈, 2005: 62) 하겠다.

팀제가 비록 폐지되어 토착화에 한계를 보이긴 하였지만, 그 가능성이 완전히 사라진 것은 아니다. 일부 지방자치단체는 팀의 규모나 구조, 팀장의 역할 등 팀제의 문제를 수정해가면서 운영하였고(이종수, 2008), 2008년 정부조직 운영 방향전환에 따라 대부분의 기관에서 팀제가 폐지되었음에도 불구하고, 일부 기관에서는 경제 관련 분야나 임시과제 수행을 위한 특정 사업 추진 분야 등에서 지속적으로 운영되고 있다. 이러한 사실은 팀제의 적합성 논쟁에도 불구하고 그 실효성에 대해 행정기관에서도 어느 정도 인정하고 있다는 것을 반증하는 것이라 볼 수 있다(이환범 · 김대근, 2011: 34). 또한 최근 들어 다시 정부조직에 대한 팀제 도입 논의가 일부 제기되고 있다. 공정거래위원회는 조사 업무의 투명성 및 공정성 제고를 위해 팀제 도입의 가능성을 언급하고 있으며, 새롭게 등장한 문재인 정부가 정부조직의 유연한 운영을 통한 정부 신뢰 제고를 강조하고 있다는 점에서 팀제가 갖고 있는 강점이 재론될 여지가 클 것으로 판단된다(박준휘 · 이민호, 2017: 202). 시대 변화와 함께 조직구성원의 특성도 변화하고 있음을 주목할 필요가 있으며, 스터디 그룹을 통해 서로 자유롭게 논의하고 협력하는데 익숙해진 젊은 조직구성원들에게 있어 팀제 도입은 상대적으로 큰 저항감이 없으며 오히려 원활한 팀제 운영을 촉진할 '변화의 잠재력'으로 평가될 수 있다(박준휘 · 이민호, 2017: 244).

이와 관련하여 팀제의 부활 가능성을 점쳐볼 수 있는 최근의 사례가 해양수산부의 벤처형 조직운영 사례이다. 이상길(2018)에 따르면, 해양수산부 내에서 완전히 새로운 방식으로 새로운 과제를 발굴하기 위해 민간기업의 사내벤처 형태의 조직을 부처 내에 설치하였다. 이 사내벤처는 팀제의 속성을 강하게 갖고 있다. 아이디어를 공모하고 팀원을 별도로 선발하여 구성하였으며, 20일 간의 개인특별 휴가, 기성조직과 업무에서 완전한 분리, 연차와 경력이 낮은 인력을 우선 선발하여 고정관념 없이 국민들의 시각에 가깝도록 하였다. 또한 근무 형태를 기존 관료조직과 다르게 운영하여 별도의 사무실과 적극적인 유연근무제, 불필요한 행정업무를 방지하기 위해 워드프로세스 프로그램 사용을 금지하였고, 최소한의 기간에 몰입하여 성과를 낼 수 있도록 추진기간을 두 달로 한정하였다. 여기에 기관장은 실패를 해도 좋다는 적극적인 의사표명과 함께 벤처조직의 활동에 대해서는 별도의 보고도 받지 않는 건설적인 무관심을 유지했다. 그 결과 해양수산부의 사내벤처는 드론을 활용한 미래 해양수산부 활동계획을 담은 「Ocean Drone 555 Vision 보고서」를 두 달 기간 동안 최소한의 비용으로 만들어 낼 수 있었다.

무엇보다 이 사내벤처의 기본시각, 즉 "공무원도 과거와 달리 많은 아이디어를 갖고 있으며, 젊은 공무원들은 일 하는 방식에서 민간기업 종사자와 다르지 않다"는 생각은 앞으로 우리 정부조직에서 팀제의 활용 가능성을 암시하는 것인지도 모른다. 과거와 같은 전면적인 적용이 아닌 업무의 특성에 맞게 팀제를 운영한다면, 그 성과를 충분히 기대해 볼 수 있을 것이다. 또한 정부·기업·시민사회 간 협업과 상호작용에 따른 정책학습 효과를 불러오는 방법론으로 최근 주목받고 있는 '열린정책실험(Open Policy Lab)'의 경우도(조세현 외, 2018: 72) 정부 내 팀제 형태로 운영 가능하다. 비록 10여 년 전의 팀제는 좌절되었지만, 그 경험으로 팀제의 토착화는 느리지만 긍정적인 방향으로 진행 중이며, 머지않은 미래에 더 많은 성과를 기대해 볼 수 있을 것이다.

참고문헌

[국내 문헌]

감사원(2018). 『2017회계연도 결산검사보고』. 감사원.

강성철 · 김판석 · 이종수 · 진재구 · 최근열(2011). 『새인사행정론』. 대영문화사.

______(2018). 『인사행정론』. 대영문화사.

강영배 · 김기현(2008). 일본 대학생의 직업의식에 관한 연구. 『미래청소년학회지』, 5(3).

강영배 · 이순정(2005). 일본사회의 청년 직업불안정화 문제해결을 위한 정책적 실천. 『제3회 한국일본학연합회 국제학술대회』.

강인재(1997). 우리나라 정부회계제도의 개선방안에 관한 연구. 『한국사회와 행정 연구』, 8(1): 3－18.

강인재 · 이원희 · 임도빈(1998). 『새로운 제도와 한국관료문화와의 적합성에 관한 연구』. 한국행정연구원.

강인재 · 신종렬(2004). 복식부기 회계제도 정착을 위한 개선방안. 『정부회계연구』, 2(1): 119－138.

강창구(2000). 책임운영기관제도 도입의 역사적 배경과 운영체계. 『한국행정사학지』, 9: 225－253.

고스기 네이코(小杉礼子)(2018). 최근 일본의 청년 취업문제: 신규 졸업자 취업시스템의 명암. 『국제노동브리프(1월호)』. 한국노동연구원.

고영섭(2015). 한국 고대불교의 토착화와 구심화: 융화와 교화를 중심으로. 『한국불교학』, 75: 145－183.

고용노동부(2013). 『고용노동백서』.

______(2016). 『고용노동백서』.

______(2018a). 『고용노동백서』.

______(2018b). 『한 권으로 통하는 고용노동정책－2018 고용노동부 사업 및 제도』.

곽채기(2005a). 주민참여예산제도의 기본모형과 운영시스템 설계 방안. 『한국지방재정논집』, 10(1): 247－276.

______(2005b). 주민참여예산제도의 모형설계와 성공적인 운영 전략. 『지방재정』, 133: 37－58.

구성열 · 강병규(1998). 우리나라 인구 및 학력의 구조변화와 노동력 수급전망. 『한국인구학』,

21(1).
______(2011). 『주요 5개국 국가회계제도에 대한 연구』. 국가회계기준센터.
국가회계기준센터(2012). 『국가회계제도 개혁 백서』. 기획재정부.
국무조정실(2017). 『규제비용관리제 성과보고서』, 2017.3.24.
국회예산정책처(2008). 『정부의 규제영향분석에 대한 실태평가』.
______(2009). 『2010년도 성인지 예산서 분석』.
______(2010). 『2011년도 성인지 예산서 분석』.
______(2011a). 『2012년도 성인지 예산서 및 2010회계연도 성인지 결산서 분석』.
______(2011b). 2010회계연도 결산 중점 분석 III. 결산분석시리즈 10.
______(2012). 『2013년도 성인지 예산서 및 2011회계연도 성인지 결산서 분석』.
______(2013). 『2014년도 성인지 예산서 및 2012회계연도 성인지 결산서 분석』.
______(2014). 『2015년도 성인지 예산서 및 2013회계연도 성인지 결산서 분석』.
______(2015). 『2016년도 성인지 예산서 및 2014회계연도 성인지 결산서 분석』.
______(2016). 『2017년도 성인지 예산서 및 2015회계연도 성인지 결산서 분석』.
______(2017a). 『2018년도 성인지 예산서 및 2016회계연도 성인지 결산서 분석』.
______(2017b). 2017 조세의 이해와 쟁점: 8. 조세지출.
______(2017c). 2017 조세의 이해와 쟁점: 7. 지방세.
______(2018). 지방세제의 현황과 이해.
권오성 외(2009). 『정부회계의 기초와 원리』. 법문사.
권일웅(2012). 공공/민간부문 성과급 비중과 주인－대리인 이론. 『행정논총』, 50(2): 113－142.
규제개혁위원회(2015－2017, 각 년도). 『규제개혁백서』.
금재덕 · 이성도(2009). 성과관리체계의 부정적 효과에 관한 실증연구: 중앙정부 각 부처 공무원의 인식도를 중심으로. 『한국사회와 행정연구』, 20(2): 347－377.
금현섭 외(2017). 『고용노동정책의 역사적 변화와 전망』. 서울대학교출판문화원.
기획예산처(2000). 『책임운영기관 제도 도입』.
기획재정부(2010). 『2010년 예산안 편성지침 및 기금운용계획안 작성지침』.
기획재정부 · 여성가족부 · 한국여성정책연구원(2015). 『2016년도 성인지 예산서 작성 매뉴얼』.
______(2018). 『2018년도 성인지 예산서 작성 매뉴얼』.
김경호(2010). 정부 재무제표의 효과적 감사를 통한 신뢰성 제고 방안. 조세연구원 발표자료.
______(2018). 발생주의 회계 도입 10년의 성과와 과제. 『정부회계연구』, 16(1): 1－24.
김경희(2003). 『성인지적 예산분석 지침 수립방안 연구』. 여성부.
______(2006). 『양성평등정책예산 제도화 방안 연구』. 여성가족부.
______(2007). 『성별영향평가와 성인지 예산제도와의 연계방안』. 한국여성정책연구원.
김귀영(2006). 『조직루틴의 변화에 관한 연구－행정자치부의 팀제도입사례를 중심으로』. 서울대학교 박사학위논문.

김규원(2003). 『문화영향평가제도 해외사례조사 연구』. 한국문화관광정책연구원.
김근세(1998). 책임집행기관에 대한 연구: 영국의 사례를 중심으로. 『한국정책학회보』, 7(2): 139-162.
______(1999). 비교분석을 통한 한국 책임운영기관 제도의 특성. 『한국정책학회보』, 8(3): 233-256.
______(2010). 한국 책임운영기관의 성격과 범위: 변화관리를 중심으로. 『한국조직학회보』, 7(1): 1-37.
김기범(1972). 기본적 인권의 토착화. 『사회과학논집』, 5: 153-167.
김난영(2008). 책임운영기관의 계약요소와 성과에 관한 연구. 『한국행정학보』, 42(4): 237-263.
김대근(2012). 외국의 팀제 운영사례를 통한 정부부문의 팀제 운영방안에 관한 연구. 『한국균형발전연구』, 3(2): 77-88.
김대건 · 김근세 · 박현신 · 고현경 · 유홍림(2009). 책임운영기관의 조직문화 분석. 『한국행정연구』, 18(3): 25-52.
김대근 · 최준호(2013). 민간 및 정부부문의 기능별 팀제 유효성 비교분석. 『한국조직학회보』, 10(2): 59-96.
김동완(2007). 2008년도 지방세지출 예산제도 운영방향. 『자치행정』: 17-23.
김명희(2008). 미국, 영국, 한국의 정책이전 사례에 관한 연구: 1990년대 근로연계복지를 중심으로. 『한국비교정부학보』, 12(1): 45-68.
김문근 · 하경희 · 최진실(2015). 『정신보건서비스 전달체계 개편을 위한 정신보건기관 기능 재조정 방안 연구』. 보건복지부 · 대구대학교 산학협력단.
김병섭 · 박광국 · 조경호(2008). 『휴먼조직론』. 대영문화사.
김병섭 · 오시영(2005). 정부조직의 팀제: 신화와 현실. 『행정논총』, 43(4): 411-436.
김병태(2008). 한중 토착화신학 비교 연구. 『한국기독교와 역사』, 29: 131-163.
김봉식(1968). 한국의 사고방식을 통해 본 한국행정문화. 『한국행정학보』, 2: 341-354.
김상노 외(2013). 『주요 5개국 국가회계제도에 대한 연구』. 국가회계기준센터.
김성하(2016). 『경기도 문화영향평가 도입방안』. 경기연구원.
김순양(2000). 지방정부 조직의 혁신을 위한 벤치마킹(Benchmarking): 팀(team) 조직의 구축방안을 중심으로. 『한국행정학보』, 34(1): 265-289.
김양희 · 김경희 외(2001). 『21세기 성 주류화(Gender Mainstreaming)를 위한 국민여론 및 전문가 의견조사』. 한국여성개발원.
김영록 · 이영한(2016). 한국의 조세지출 사전관리방안에 관한 연구. 『회계연구』, 21(6): 203-236.
김영옥 외(2007). 『성인지 예산 분석기법 개발 및 제도적 인프라 구축방안 연구』. 2007연구보고서-2.
김영옥 · 마경희 외(2007). 『해외의 성인지 예산: 다양성과 정책적 선택』. 한국여성정책연구원.

김영재(2018). 한국 정부의 고용 정책 변천에 관한 소고. 『한국행정사학지』, 44.

______(2019). 한국 청년취업정책 토착화에 관한 소고. 『한국정책개발학회 하계학술대회 발표논문집』: 47-72.

김완희 외(2015). 『국가회계와 지방자치단체회계의 상생 발전방안 연구』. 한국조세재정연구원.

김웅(2002). 참여예산제와 예산참여운동: 브라질노동자당의 참여예산제를 중심으로. 『시민과 세계』, 1: 305-314.

______(2003). 참여예산사례: 외국과 국내사례 소개. 『예산편성과정에 있어서 시민참여확보방안』. 민주주노동당 광주시지부 토론회 발표자료.

김윤권(2006). 공식적 제도제약의 비의도적 결과: 고양시 산업육성의 법적제약을 중심으로. 『한국행정학보』, 40(4): 553-578.

______(2009). 제도의 행위제약성: 수도권정비계획법상 공장총량제도를 중심으로. 『한국행정학보』, 43(2): 19-44.

김윤철(2017). 한국 국가주의의 역사적 전개과정과 향후 전망. 『한국정치연구』, 26(3).

김이배 외(2018). 국가회계 개념체계 제정을 위한 기초(안)에 관한 연구. 『정부회계연구』, 16(1): 25-72.

김재선(2002). 발생주의회계 도입국가의 정부회계 운영실태. 『계간감사』, 75: 25-29.

김재훈(2003). 성과관리행정개혁을 위한 정부예산회계제도개혁: 영국, 호주 및 뉴질랜드를 중심으로. 『한국 사회와 행정 연구』, 14(1): 121-144.

김재훈 · 박광훈(1999). 뉴질랜드의 정부회계제도개혁: 발생기준으로의 전환을 중심으로. 『한국행정학보』, 33(2): 107-122.

김정욱(2019). 한국의 규제관리제도 및 제도적 적실성. 한국행정연구 2019년 제2차 기획논문 세미나, 2019.3.27.

김종석 · 김준현(2010). '정신보건법 제정' 정책 결정 과정에 관한 연구: 앨리슨 모형의 적용. 『*J Korea Neuropsychiatr Assoc*』, 49: 480-491.

김종술(2005). Missing Link를 찾아서. 『kapa@포럼』, 112: 15-17.

김주호(1999). 『지방세 조세지출 예산제도 도입방안에 관한 연구』. 전남대학교 석사학위논문.

김준영(2017). 개선되어가고 있는 일본의 청년 고용, 우리나라의 과제는? 『이슈분석(2017)』. 한국고용정보원.

김창엽(2005). 미국의 의료보장체계. 『건강보험포럼』, 4(1): 52-66.

김태룡 · 안희정(2006a). 팀제가 조직 성과에 미치는 영향: 행정자치부에 도입된 팀제를 중심으로. 『한국행정학보』, 40(4): 303-326.

______(2006b). 한국정부의 팀제 도입과 적실성. 『한국행정학회 춘계학술발표논문집』: 1-19.

김태윤 · 정재희 · 허가형(2008). 한국 정부의 규제영향분석의 수준: 평가틀의 도출 및 평가결과. 『규제연구』, 17(2): 133-170.

김태희 · 양윤준(2013). 한국인의 정신건강: 2013년 OECD 조사 및 권고안 요약본 번역, 『*Korean*

J Fam Pract』, 3(3): 236－239.
김행기(2000). 구조적 실업에 따른 한국 고용안정정책에 관한 고찰.『정책과학연구』, 10.
김헌(2012). IPSAS와 정부회계기준의 비교 및 정책적 시사점.『정부회계연구』, 10(1): 25－59.
김혁 외(2004).『알기 쉬운 정부회계』. 신영사.
김현구(2008). 행정개혁과 책임: 박동서 교수의 권력통제이론: 행정개혁의 한국화 논리.『한국정책학회 하계학술발표논문집』: 605－627.
김현동・최경식(2014). 조세지출 개념과 조세지출예산서의 타당성 고찰.『회계연구』, 19(6): 51－73.
김혜란(2011). 성인지 예산과 성별영향평가의 연계방안.『젠더와 문화』, 4(2): 167－196.
김호섭・박천오(2002). 한국 행정문화 연구의 동향과 과제.『*Journal of Korean Culture*』, 3: 1－12.
김호섭 외(2002).『조직형태의 이해』. 대영문화사.
김호정(2004). 행정조직과 기업조직의 조직문화비교.『한국행정학보』, 38(3): 49－67.
김홍환(2018). 읍면동 정책에 대한 경로의존성 분석.『한국사회와 행정연구』, 29(2): 203－230.
김효정(2013).『문화영향평가 실행을 위한 기초연구』. 한국문화관광연구원.
김효주・박수범 등(2015).『성인지 예산・성별영향분석평가 연계를 위한 실증적 연구』. 한국여성정책연구원.
나중식(2004). 브라질 알레그레시의 주민참여예산제도: 성공요인과 한계.『한국행정논집』, 16(3): 457－482.
남궁근・서원석(2005). 팀제와 참여정부 인사개혁의 정합성 검토: 팀제, 고위공무원단, 총액인건비, 전보제한 및 경력개발프로그램을 중심으로.『행정논총』, 43(4): 437－458.
남성일・이화영(1999). 외환위기 이후 우리나라 실업의 특성분석: 외환위기 이전과의 비교.『노동경제논집』, 22(1): 87－108.
남재걸(2012). 지방행정체제 개편의 경로진화 연구: 역사적 제도주의 관점에서 우리나라 시 설치 정책을 중심으로.『지방행정연구』, 26(2): 55－88.
______(2014). 우리나라와 일본의 근린자치 제도의 경로진화 비교 연구.『지방행정연구』, 28(3): 87－127.
노동부(2006).『노동행정사(총괄)』.
노종호(2016). 공무원의 성과급과 공공봉사동기가 직무성과에 미치는 영향분석.『한국인사행정학회보』, 15(2): 93－122.
노직수・김석범(2005). 정부회계의 개혁방안에 관한 연구: 복식부기 및 발생주의의 도입을 중심으로.『국제회계연구』, 13: 65－83.
대한민국정부(1962).『행정백서』.
______(1969).『행정백서』.
______(1971).『행정백서』.

______(1975). 『행정백서』.
______(1980). 『행정백서』.
______(1985). 『행정백서』.
______(1986). 『행정백서』.
______(1987). 『행정백서』.
______(2009). 『2010년도 성인지 예산서』. 국회의안정보시스템.
______(2010). 『2011년도 성인지 예산서』. 국회의안정보시스템.
______(2011). 『2012년도 성인지 예산서 및 2010 성인지 결산서』. 국회의안정보시스템.
______(2012). 『이명박정부 국정백서』.
______(2012). 『2013년도 성인지 예산서 및 2011 성인지 결산서』. 국회의안정보시스템.
______(2013). 『2014년도 성인지 예산서 및 2012 성인지 결산서』. 국회의안정보시스템.
______(2014). 『2015년도 성인지 예산서 및 2013 성인지 결산서』. 국회의안정보시스템.
______(2015). 『2016년도 성인지 예산서 및 2014 성인지 결산서』. 국회의안정보시스템.
______(2016). 『2017년도 성인지 예산서 및 2015 성인지 결산서』. 국회의안정보시스템.
______(2017). 『2018년도 성인지 예산서 및 2016 성인지 결산서』. 국회의안정보시스템.
______(2018). 『2019년도 조세지출예산서』.
도명록 · 이근주 · 최유진(2018). 공 · 사조직의 성과주의 인사제도와 조직성과: 공정성의 조절효과를 중심으로. 『행정논총』, 56(1): 93－117.
류상윤(2016). 우리나라 청년 실업 문제, 일본 장기침체기와 닮은 꼴. 『*LG Business Review*(3월호)』. LG경제연구원.
류영아(2016). 지방세 비과세 · 감면 제도의 현황과 개선방향.
마경희(2008). 2009년도 성인지 예산서 작성 시범사업 평가. 『세계의 성인지 예산 제도화: 성과와 과제』. 한국여성정책연구원 한국조세연구원.
문광민 · 임동완(2008). 성인지 예산의 제도화에 대한 영향요인 분석. 『한국행정연구』, 17(1): 133－161.
문명재 · 이명진(2010). 책임운영기관의 조직 · 인사 자율성과 제도적 개선 방향. 『한국조직학회보』, 7(1): 39－63.
문화관광부(2005). 『창의한국: 21세기 새로운 문화의 비전』.
문화사회연구소(2003). 『문화영향평가제도 연구』.
문화체육관광부(2006). 『문화영향평가 지표개발 및 법제화 방안 연구』.
______(2014). 『2014 문화영향평가 실행에 관한 연구』.
______(2015). 『2015년 문화영향평가 연구』.
문화체육관광부 · 한국문화관광연구원(2016). 『2016년 문화영향평가 종합평가보고서』.
______(2017). 『2017년 문화영향평가 종합평가보고서』.
문화체육관광부 · 한국정책학회(2017). 『문화영향평가제도의 중장기 발전방안에 관한 연구』.

민말순 · 이혜숙 외(2010). 『경상남도 성인지 예산 분석』. 경남발전연구원.
민진(1999). 영국의 정부개혁평가. 『정부조직개혁의 평가와 대안』(한국행정학회 1999년도 특별 세미나 발표논문집).
박광국 외(2006). 『정부부처 성과관리 혁신방안 연구』. 한국행정연구원.
박광우(2006). 『주민참여예산제도의 모형에 관한 연구』. 전남대학교 대학원 석사학위논문.
박기백(1999). 조세감면과 조세지출예산에 대한 연구. 한국조세연구원.
박노욱 · 김학수(2013). 조세지출 성과관리 지침 마련. 한국조세재정연구원.
박동서(1972). 『한국행정론』. 법문사.
박명재(2005). 한국행정학의 토착화와 공무원 교육. 『kapa@포럼』, 112: 27－31.
박명호(2009). 주요국의 조세지출예산제도 운용사례와 시사점. 재정포럼 2009.9. 현안분석: 30－52.
박병련(2005). 행정학 연구의 한국화에 관한 단상. 『kapa@포럼』, 112: 17－19.
박상욱 · 박상희(2013). 개발도상국에서 자발적 정책이전의 영향요인과 개발협력에의 함의: 베트남의 연구개발 기획평가체계 구축 사례를 중심으로. 『한국정책학회보』, 22(3): 137－130.
박상준 · 김남주 · 장근호(2018). 한국과 일본의 청년실업 비교분석 및 시사점. 『BOK경제연구』, 39.
박석희(2015). 책임운영기관의 조직특성과 성과분석: 일반 부속기관과의 비교. 『한국조직학회보』, 12(3): 1－30.
박석희 · 주효진 · 박광국(2007). 관료제적 맥락 하에서 팀제의 부합성(不合性)에 관한 연구. 『한국행정연구』, 16(3): 3－29.
박선주(2017). 정신건강증진센터 탈원화 정책의 경로의존성에 관한 연구. 『정신보건과 사회사업』, 45(1): 90－115.
박성동(2016). 국가재정의 선진화를 위한 국가회계제도의 발전방향. 『국가회계재정통계센터 News Letter』, 7: 30－35.
박성원 · 손정훈(2005). 지방행정혁신과 팀제의 운영전략. 『한국자치행정학보』, 19(4): 45－66.
박성환 외(2018). 발생주의 국가회계제도 도입 이후 현황 진단과 개선방안. 『정부회계연구』, 16(1): 197－217.
박완규 · 조임곤 · 김성태 · 여택동(2016). 『성과주의예산제도의 발전과 성인지 예산제도에 대한 함의』. 한국여성정책연구원.
박용성 · 박춘섭(2011). 민간투자 사업 최소수입보장(MRG) 제도의 경로변화 연구: 경로의존모델에 따른 경로시작과 점진적 경로진화. 『한국정책학회보』, 20(1): 243－268.
박우순(1999). 지방정부 구조조정의 현실적 제약과 전략적 방향. 『지방정부연구』, 3(1): 57－73.
박원우(2006). 한국팀제의 역사: 현환과 발전방향. 서울대학교출판부.
______(2007). 한국 내 팀제의 도입현황, 성과 및 개선방향. 『경영논집』, 41: 59－97.

박은순(2019). 성인지 예산제도 도입과 토착화. 『한국사회와 행정연구』, 29(4): 55－87.

박재환 · 이남주 · 허웅(2012). 미국, 영국 및 뉴질랜드 중앙정부 감사보고서 사례 연구. 『회계저널』, 21(4): 257－292.

박준성(2007). 팀제 성과진단 및 개선방안(서머리). 행정안전부(http://www.prism.go.kr).

박준휘 · 이민호(2017). 검찰조직에 대한 팀제 도입의 효과성 분석: 예견된 실패 혹은 변화의 가능성? 『한국범죄학』, 11(2): 201－251.

박천오(2002). 김대중 정부의 행정개혁에 대한 공무원 반응: 개혁의 장기적 정착가능성과 보완과제 진단을 위한 실증적 연구. 『한국행정연구』, 11(3): 111－141.

박천오 · 박희봉 · 김근세(2003). 한국 책임운영기관의 선정기준 및 확대 적용에 관한 연구. 『한국행정학보』, 37(2): 43－65.

박천오 · 이춘해(2006). 팀제 도입 효과에 관한 탐색적 연구: 중앙부처 공무원들의 인식을 중심으로. 『한국행정논집』, 18(4): 1003－1028.

박춘희(2015). 『조세지출 통제제도의 변화와 효과에 관한 연구』. 서울대학교 석사학위논문.

박통희(2010). 한국에서 행정학의 전문성과 고유성: 성찰인가 자학인가? 한국행정학회 동계학술대회.

박흥식(2005). 한국행정학 토착화의 실체와 의미. 『kapa@포럼』, 111: 13－16.

박희봉(2001). 책임운영기관제도 도입 상 문제점과 발전방향. 『한국정책학회보』, 10(2): 167－188.

______(2009). 정부기관 팀제 도입의 효과성 연구: 정부부처 공무원의 인식을 중심으로. 『한국행정연구』, 9(3): 427－467.

배유경(2011). 우리나라 성인지 예산의 현주소와 과제. 『한국여성학』, 27(2): 145－147.

배유일(2010). 불확실성하의 정책이전, 확산 그리고 제도변화: 정책 아이디어를 중심으로. 『국정관리연구』, 5(2): 95－117.

백완기(1982). 『한국의 행정문화』. 서울: 고려대학교 출판부.

______(2008). 한국의 행정문화와 외래이론에 의존한 정부혁신의 적합성. 『정부학연구』, 14(1): 5－35.

______(2010). 한국행정학의 토착화에 제 1세대 학자들의 역할. 『한국행정학회 춘계학술발표논문집』: 1－8.

______(2013). 『행정학』. 박영사.

백종옥(1996). 팀조직이 조직유효성에 미치는 영향에 관한 연구. 『기업경영연구』(구 동림경영연구), 5: 109－134.

변용찬 · 김성희 · 윤상용 · 최미영 · 계훈방 · 권선진 · 이선우(2006). 『2005년도 장애인 실태조사』. 보건복지부 · 한국보건사회연구원.

보건복지부 · 국립정신건강센터(2017). 『국가 정신건강현황 3차 예비조사 결과보고서』.

서동우(2007). 정신보건의 역사적 변화선상에서 본 우리나라 정신보건법의 문제외 개선안. 『보건복지포럼』, 123: 42－56.

서동우(2010). 우리나라 정신보건법의 역사. 『*J Korea Neuropsychiatr Assoc*』, 49: 144−148.
서울특별시(2012). 보도자료(5월 24일)−서울시 주민참여예산제, 늦었지만 제대로 시행한다.
______(2018a). 『시민참여예산제 개선 및 2018 운영계획』.
______(2018b). 『서울시 시민참여 예산백서: 시민참여예산제 돌아보기 2017』.
서원석(2006). 『정부부문 팀제와 인사제도의 정합성』. 한국행정연구원.
서정민(2003). 한국교회토착화와 토착화신학에 대한 역사적 이해. 『한국기독교와 역사』, 18: 149−169.
서필언(2002). 우리나라 책임운영기관의 효율적 운영방안. 『한국행정학회 학술대회발표논문집』: 35−57.
손상식(2009). 공무원의 성과급제에 관한 고찰. 『법학연구』, 19(1): 377−416.
송명철(2018). 기독교 토착화의 필요조건과 충분조건. 『인문학연구』, 56: 239−266.
송상호(2005). 미국식 팀제의 도입운영과 실제. 『임금연구』, 여름호: 40−50.
신권철(2014). 정신보건법상 강제입원제도의 문제점과 개선방안. 『서울법학』, 22(2): 637−679.
______(2018). 정신건강복지법의 시행과 입법평가. 『입법평가연구』, 13: 15−58.
신상목(2019). 『학교에서 가르쳐주지 않는 세계사: 일본, 유럽을 만나다』. 서울: 뿌리와이파리.
신승국(1997). 팀제의 설계 및 운영에 관한 고찰. 『산업경영논총』, 2(2): 59−73.
신승근(2011). 『지방세지출예산제도에 대한 연구』. 서울시립대학교 박사학위논문.
신종렬(2006). 한국과 미국의 중앙정부 회계체제의 비교. 『정부회계연구』, 4(1): 73−102.
신진영(2013). 『주민참여예산제도의 운영사례 비교연구: 인천광역시 기초지방자치단체를 중심으로』. 성공회대 시민사회복지 대학원 석사학위논문.
신창근(1997). 효과적 팀제 조직운영을 위한 인적자원관리 연구. 『경영논총』, 41: 407−430.
심덕섭(2005). 행정자치부의 팀제 도입을 위한 조직개편. 『한국행정포럼』, 111: 69−71.
심재영(2010). 한국의 정부회계제도의 생성과 발전. 『정부회계연구』, 8(2): 89−113.
______(2011). 정부회계기준의 이원화의 적합성에 관한 연구. 『정부회계연구』, 9(1): 113−148.
안길찬(2002). 팀제조직의 성과평가 모델에 관한 연구. 『생산성논집』, 16(1): 177−199.
안병영(2005). 행정학의 <토착화>, <한국화>, 그리고 <세계화>. 『kapa@포럼』, 111: 6−10.
안성민·최윤주(2009). 주민참여예산제도의 경험과 성과: 5개 자치구를 중심으로. 『한국행정논집』, 21(4): 1369−1397.
안진회계법인(2010). 『발생주의 국가회계제도 시행에 따른 재무제표 사전검증제도 도입방안』. 기획재정부.
양리완(1968). 토착화의 개념. 『신학전망』, 6: 70−78.
양은전·김경만(2012). 2011회계연도 재무제표 결산검사 결과 및 향후 검사방향. 『계간감사』, 115: 26−31.
양정하(2001). 우리나라 고용정책의 변천과정과 성격에 관한 연구. 『경남정보대학 논문집』,

29(1).
양혜원(2017). 『문화영향평가 표준평가도구 개발 연구』. 한국문화관광연구원.
______(2019). 문화영향평가제도. 박광국(편저). 『문화와 국민행복: 문화국가 만들기』. 대영문화사.
양혜원 · 정종은 · 박종웅(2017). 한국 문화영향평가의 제도화 과정과 전망에 대한 소고. 한국문화정책학회 동계학술대회 발표문.
엄태호(2013). 주민참여예산제도의 평가: 규범적 접근과 지방재정운영원리를 중심으로. 조임곤 외. 『지방재정환경 변화에 따른 지방재정제도 개선방안』: 125－179. 한국조세연구원.
여인석(2008). 서양의학의 토착화와 제중원의학교. 『연세의사학』, 11(1): 23－31.
염호열(2013). 2012회계연도 재무제표 결산검사 결과 및 향후 검사방향. 『계간감사』, 119: 66－73.
오성호(1996). 공공부문의 조직개선에 관한 연구: 팀 조직의 도입을 중심으로. 『사회과학연구』, 9: 191－210.
______(2003). 지방공무원의 성과급제 실시에 따른 문제점과 개선 방안. 『한국행정연구』, 12(4): 219－247.
______(2005). 행정학의 한국화 논의, 무엇을 남겼나? 『kapa@포럼』, 112: 10－11.
______(2010). 성과급제도의 이상과 좌절. 『행정논총』, 38(1): 191－207.
오시영 · 김병섭(2009). 정부조직 내 팀제운영의 실질성과 팀제의 효과성에 관한 연구. 『행정논총』, 47(1): 133－157.
오영교(2005). 행정자치부의 팀제: 비전과 변화관리. 『행정논총』, 43(4): 379－410.
오타소이치(太田總一)(2016). 일본 청년층 고용의 현황과 과제. 『국제노동브리프(5월호)』. 한국노동연구원.
오학수(2017). 일본의 청년 일자리 문제와 인구 절벽. 『*The HRD Review*』: 42－53.
원소연(2016). 『규제비용관리제의 효과성 제고방안』, 한국행정연구원 연구보고서 2016－12.
원윤희(2007). 조세지출예산제도의 운영현황과 성과. 『지방세』, 3: 18－35.
유민봉(2001). 팀제 조직관리 도입의 실효성 분석과 효과성 제고방안 연구: 정부투자기관을 대상으로. 『한국행정학보』, 35(4): 157－177.
유성용 · 권병철(2007). 선진국의 정부회계제도 개혁과 시사점. 『정부회계연구』, 5(2): 115－145.
유소영(2013). 『참여와 협력의 거버넌스: 서울시 주민참여예산제를 중심으로』. 성균관대학교 국정관리대학원 박사학위논문.
유엔여성차별철폐위원회(CEDAW)(2007). 대한민국 제5차 및 6차 정기보고서에 대한 유엔여성차별철폐 협약 이행 심의 최종권고문. 국회여성가족위원회. 『2007년도 국정감사자료집』.
유현준(2018a). 『도시는 무엇으로 사는가』. 을유문화사.
______(2018b). 『어디서 살 것인가』. 을유문화사.
윤광재 · 황성수(2011). 한국행정의 특성에 관한 연구: 행정문화를 중심으로. 『한국정책과학학회보』, 15(2): 29－51.
윤성식(2004). 감사와 정부회계기준. 『정부학연구』, 10(1): 325－346.

윤성원(2019). 청년실업에 관한 한국과 일본의 비교연구. 『한국지방정부학회 학술대회자료집』.

윤성일(2017). 미래 정부의 정부간재정관계. 문명재 외, 『미래 사회와 정부의 역할』: 179－207. 경기: 문우사.

______(2018). 주민참여예산제도의 활성화 과제. 손희준 외, 『자치분권 시대의 지방재정』: 403－425.

윤성일 · 임동완(2016). 참여기구와 참여수준에 따른 주민참여예산제도의 유형과 시사점. 『한국콘텐츠학회논문지』, 16(6): 40－53.

______(2019). 주민참여예산제도의 토착화. 『한국사회와 행정연구』, 29(4): 89－115.

윤영근 · 도명록(2019). 정부의 팀제 도입과 토착화에 관한 연구. 『한국사회와 행정연구』, 29(4): 1－29.

윤영근 · 주재복(2014). 지방자치단체 중간관리자의 역할 및 행태에 관한 연구: 기초자치단체 6급 공무원을 중심으로. 한국지방행정연구원.

윤영진(2011). 도입단계 성인지 예산서의 평가와 발전과제. 『한국행정논집』, 23(2): 553－576.

______(2014). 『새 재무행정학』. 대영문화사.

윤영진 · 이정화(2013). 지방자치단체 성인지 예산제도와 시민사회의 역할. 『한국사회과학연구』, 32(1): 357－383.

윤재원(2005). 정부회계 개념체계 제정방향에 대한 연구. 『정부회계연구』, 3(2): 51－76.

윤제식 · 김창윤 · 안준호(2018). 정신건강복지법 비판: 비자의 입원 요건을 중심으로. 『*J Korean Neuropsychiatr Assoc*』, 57(2): 145－156.

윤종설 · 박종선(2015). 『우리나라와 해외의 책임운영기관제도 비교 연구』. 서울: KIPA.

윤지경 · 전성만 · 임동완(2017). 정부회계에 대한 미국의 감사제도와 한국의 검사 및 검토제도 비교. 『한국정책과학학회보』, 21(1): 79－100.

이경섭(2000). 『정부회계개혁』. 감사원.

이광훈 · 박상철(2014). 『해외사례를 통해 본 책임운영기관제도』. KIPA 연구보고서.

이근복(2019). 토착화의 상징, 성공회 강화읍성당. 『새가정』, 66: 54－57.

이근주 · 이혜윤(2014). 보상 유형에 대한 차별적 기대가 공무원의 성과에 관한 연구. 『한국행정학보』, 41(1): 117－140.

이남국(2003a). 영국의 정부회계제도개혁에 관한 연구: 발생주의로의 전환과정을 중심으로. 『정부회계연구』, 1(1): 77－102.

______(2003b). 한국 정부회계제도개혁과정에 관한 분석: Lüder의 상황모형 적용을 중심으로. 『한국행정학보』, 37(4): 193－213.

______(2005). 뉴질랜드, 영국, 호주의 정부회계제도개혁과정 비교 분석: Lüder의 상황모형 적용을 중심으로. 『지방정부연구』, 9(3): 379－401.

이동식 · 윤현석(2011). 지방세법 분법에 따른 지방세 비과세 · 감면제도 정비방안. 국회입법조사처.

이면우(1992). 『W이론을 만들자』. 지식산업사.
이명수(2007). IMF외환위기 전후의 국가역할 변화에 관한 연구: 문민정부와 국민의 정부시기를 중심으로. 『한국동북아논총』, 44: 225－250.
______(2013). 정신건강증진센터 운영체계 개선을 위한 전략방안. 『지역사회정신보건사업 관계자 워크숍 자료집』.
이삼주(2007). 조세지출의 개념과 지방세 조세지출예산제도의 의의와 필요성. 『지방세』, 3: 3－17.
이상길(2018a). 『조세지출 외국사례 비교분석을 통한 개선방안에 대한 연구』. 서울시립대학교 석사학위논문.
______(2018b). 정부혁신 우수사례Ⅰ－벤처형 조직운영. 2018 『정부혁신포럼』(국책연구기관 정부혁신 연구성과 및 정부 우수사례) 발표 자료집: 63－67.
이상아(2014). 『서울시 주민참여예산제도의 형성과정에 대한 연구: Kingdon의 정책흐름모형을 중심으로』. 고려대학교 대학원 석사학위논문.
이상열 · 이경진 · 안지현(2018). 『문화영향평가 관련 국외 동향 및 사례 연구』. 한국문화관광연구원.
이상윤 · 이종수 · 이규환 · 남승필(2010). 정부조직문화(政府組織文化)와 팀제(制) 보상기준(補償基準)에 관한 연구(硏究). 『한국행정학회 추계학술발표논문집』: 15－27.
이선화 · 김필헌(2014). 지방세 감면제도의 정비를 통한 세수확충방안. 한국지방세연구원.
이선화 · 김필헌 · 신미정(2014). 지방세 감면통합심사 개선방안. 한국지방세연구원.
이선화 · 신미정(2015). 2016년 지방세 감면제도 정비방안. 한국지방세연구원.
이세진(2011). 지방세의 현황과 과제. 『사업평가현안분석』, 제34호. 국회예산정책처.
이수일(2016). 규제비용관리제 동향과 정책과제. 규제개혁특별법의 입법화와 정책과제, 한국경제연구원 대외세미나. 2016.9.28.
이승렬(2011). 일본 청년고용대책의 시사점. 『노동리뷰(5월호)』.
이용표(2005). 정신의학과 정신장애인의 시설수용: 정신의학의 확산에 따른 시설수용의 변천을 중심으로. 『사회복지연구』, 27: 5－31.
______(2017). 정신건강증진 및 저신질환자복지지원에 관한 법률 입법과정에 관한 평가와 과제: 다중흐름모형의 적용을 중심으로. 『한국사회복지교육』, 38: 139－161.
이용표 · 송승현(2017). 이탈리아 정신보건개혁의 정책적 함의. 『한국장애인복지학』, 35: 209－239.
이용환(2011). 『주민참여예산제의 효율적 운영방안』. 경기개발연구원 연구보고서.
이은선(2015). 토착화 과정으로서 추도식 발전 과정. 『한국개혁신학』, 45: 98－125.
이의규(2002). 일본의 고용 · 실업대책에 관한 연구. 『한국경상논집』, 24.
이의규 외 5인(2008). 『일본의 청년층 노동시장정책 연구』. 한국직업능력개발원.
이정기(2010). 우리나라 지방세 감면제도 개선에 관한 연구. 『국제회계연구』, 34: 245－265.
이정환(2004). 사회영향평가 제도화 방안 연구, 『*ECO*』 상반기 제6회: 127－165.

이종구 · 김준석 · 김호원(2007). 취업진로기구 국제비교를 통한 국내 대학의 선진모형개발에 관한 탐색적 연구. 『국제지역연구』, 11(3).

이종구 · 조은상 · 김홍유(2009). 한국 직업변천사의 시대별 특성 비교분석에 관한 탐색적 연구. 『경영사학』, 24(4).

이종범(1977). 행정학의 토착화에 관한 논거. 『한국행정학보』, 11: 198－223.

______(2003). 행정이론의 토착화의 재음미: 국민과 정부관료제에 대한 비판적 성찰. 『한국사회와 행정연구』, 14(2): 1－22.

______(2005). 한국행정학 연구의 한국화: 이론의 세계화. 『KAPA@포럼』, 112: 11－14.

______(2008). 형식주의의 재음미: 딜레마와 상징적 형식주의. 『정부학연구』, 14(3): 5－34.

이종수(2008). 공공부문 팀제 도입사례. 인사혁신처.

이주갑 · 윤운 · 안준호 · 주연호 · 김창윤(2017). 유엔장애인권리협약과 정신장애인 강제입원: 강제입원 금지에 대한 비평. 『*J Korean Neuropsychiatr Assoc*』, 56(4): 154－159.

이준호(2006). 팀제 활용을 위한 성과평가. 『한국정책연구』, 6: 125－141.

이택면 · 김영숙 외(2017). 『국가 성인지 예 · 결산제도분석 · 평가 연구(Ⅲ)』. 한국여성정책연구원.

이택면 · 유희정 외(2016). 『국가 성인지예 · 결산제도 분석 · 평가 연구(Ⅱ)』. 한국여성정책연구원.

이택주(1999). 팀제 도입의 효과적 운영 방안. 『월간 경영계』, 259: 30－33.

이학연 · 박치성(2012). 사회적 기업지원 정책이전에 의한 지방자치단체 간 정책산출 정도 비교연구: 기초자치단체의 사회적기업 조례와 시행규칙의 이전을 중심으로. 『한국정책학회보』, 21(3): 183－208.

이해영(2016). 정책연구에서 개입주의의 이념적 이해. 『한국행정학회 학술발표논문집』.

이혁우(2013). 『영국의 규제비용총량제가 한국의 규제개혁체계에 주는 시사점』. 전국경제인연합회.

______(2017). OECD 국가 규제비용 비교분석. 『한국사회와 행정연구』, 28(3).

이형우(2015). 성과중심 인사관리제도의 효과성에 관한 연구. 『한국행정학회 학술발표논문집』.

이형우 · 김규옥(2011). 성인지(性認知) 예산제도에 대한 고찰. 『사회과학연구』, 18(1): 171－210.

이홍구(2002). 대통령의 무책임제와 국정운영능력의 저하. 『대통령의 성공조건Ⅱ』. 동아시아연구원.

이환범 · 김대근(2011). 광역자치단체의 행정기능별 팀제운영이 조직성과에 미치는 영향 분석: 대구광역시 사례를 중심으로. 『한국행정논집』, 23(3): 693－732.

이희태(2010). 공무원 성과급제도의 동기부여 효과 분석: 성과상여금제도를 중심으로. 『지방정부연구』, 14(1): 159－180.

인사혁신처(2017). 『공무원 성과－보상의 다양성 및 유연성 제공방안 연구』.

임도빈 · 전별(2012). 공공조직의 내부조직화 현상: 비공식적 계서제화. 『행정논총』, 50(2): 1－33.

임동완(2011). 정부의 발생주의 회계 정착과 발생주의 예산 도입에 관한 연구. 『국제회계연구』, 35: 241－266.

______(2012). 디지털예산회계시스템의 발전을 위한 제도의 연계에 대한 연구. 『한국거버넌스학회보』, 19(3): 41－266.
______(2015). 정부회계검사제도의 제도적 제약과 행위자의 선택. 『한국콘텐츠학회논문지』, 15(12): 193－203.
______(2017). 국가회계와 지방회계의 구성요소와 제도적 정합성. 『한국콘텐츠학회논문지』, 17(10): 343－359.
임두택 · 전리상(2000). 공공부문의 팀제 도입방안에 관한 고찰. 『법학논총』, 19: 447－475.
임상빈 · 고영우(2017). 지방세지출예산제도 발전 방안 연구: 포괄재정지출보고서 제안을 중심으로. 『조세연구』, 17(2): 81－104.
임상수 · 박지혜(2012). 지방세 비과세 · 감면 정책의 중장기 전략.
임석식 · 정기영(2004). 정부회계 개혁의 주요 쟁점과 진행방향에 대한 제안. 『정부회계연구』, 2(1): 69－83.
임성일(2011) 주민참여예산제도의 발전방향. 『지방재정과 지방세』, 40: 68－95.
______(2017). 서울시 주민참여예산제도의 현재 상태와 미래 발전방향. 서울특별시 편저. 『서울시 시민참여 예산백서: 시민참여예산제 돌아보기 2016』: 110－121.
임의영(2005). 행정학의 한국화를 위한 단상. 『kapa@포럼』, 111: 26－29.
임재근(2007). 지방세지출예산제도 도입방안의 평가. 『조세연구』, 7: 43－71.
임주영 · 장근호 · 노영훈(1997). 『지방세 비과세 · 감면제도의 현황과 개선방안』. 한국조세연구원.
임창희(1995). 『한국형 팀제』. 삼성경제연구소.
______(1999). 『한국기업 팀제의 문제점과 개선방안』. 삼성경제연구소.
______(2005). 팀제와 효율적 팀관리. 『임금연구』, 2005년 여름호.
장석인(2010). 선진국들의 청년층 실업과 인적자원개발에 관한 국제비교연구. 『한독사회과학논총』, 20(4).
장석준 · 노종호 외(2015). 정책유형별 정책혁신의 선도자와 정책확산의 양상에 관한 연구: 지방자치단체의 혁신 조례를 중심으로. 『정부학연구』, 21(3): 221－260.
장안기(2000). 미국 사회정신의학의 역사. 『사회정신의학』, 5(1): 72－76
장재형 · 임재현(2015). 조세지출의 범위에 관한 연구. 『조세학술논집』, 31(2): 1－45.
장지원 · 김왕식(2007). 『행정에 관한 공무원의 인식 조사』. 한국행정연구원.
장홍근 · 은수미 · 정승국 · 오학수 · 김수원(2010). 『한국과 일본의 OJT 비교연구』. 한국노동연구원.
전라남도(2018). 지방세지출예산제도 설명자료.
전병욱 · 최보람(2013). 주요 선진국과 우리나라의 조세지출 현황의 비교 및 분석. 『세무학연구』, 30(3): 285－313.
전영평(2011). 행정학의 토착화 · 한국화 담론의 성찰과 대안적 연구 모색. 『공공정책과 국정관리』, 5(1): 3－36.
전중열(2017). 통합정부회계기준에 대한 연구. 『정부회계연구』, 15(1): 51－101.
______(2018). 발생주의 국가재정지표의 설정과 실증분석. 『정부회계연구』, 16(2): 173－210.
전춘옥·유태현(2005). 지방세지출예산제도의 도입 방향에 관한 연구. 『세무학연구』, 22(4): 171－198.
전현중(2017). 한국과 일본의 청년실업 추이 분석. 『한일경상논집』, 77.
전현철(2005). 국가재정통합정보시스템 구축방안. 『한국행정학회 2005년도 추계학술대회 발표논문집』: 1－15.
정기호(2010). 팀제를 운영하는 e－Business 기업의 종업원이 지각하는 팀－종업원 교환관계인식이 팀 생산성에 미치는 영향. 『전자상거래학회지』, 11(1): 43－57.
정무권(2005). 한국 행정학의 정체성 찾기와 한국화 전략. 『kapa@포럼』, 111: 17－22.
정병걸(2004). 동형화를 통한 정책이전과 공기업 민영화: 한국전력공사 민영화 사례를 중심으로. 『행정논총』, 42(4): 107－132.
정성호(2005). 행정학의 한국화에 대한 정신분석학적 사색. 『kapa@포럼』, 111: 23－25.
______(2016a). 독립자문기구형태의 정부회계기준 설정주체에 관한 연구: 프랑스 CNOCP를 중심으로. 『한국비교정부학보』, 20(2): 1－22.
______(2016b). 정부회계기준 설정주체 설계에 관한 소고. 『한국비교정부학보』, 20(3): 27－50.
정안의(2016). 한국 성인지 예산의 추이분석. 『사회과학연구』, 32(3): 1－31.
정우열(2014). 주민참여예산제도의 평가와 과제. 『한국지방자치연구』, 16(2): 241－257.
정유훈·안태훈(2013). 성과중심 재정운용 방향에 대한 고찰. 『예산정책연구』, 2(2): 165－184.
정일재(1997). 『팀조직에 대하여』. L/G주간경제.
정정길(2002). 행정과 정책연구를 위한 시차적 접근방법: 제도의 정합성 문제를 중심으로. 『한국행정학보』, 36(1): 1－19.
정창호·신형중·박치성(2011). 국가협약에 따른 정책이전 효과에 대한 연구: 교토의정서 부속서 I 국가들의 탄소배출량을 중심으로. 『한국정책학회보』, 20(4): 27－65.
조경호(2007). 팀제 도입의 성과 분석과 개선방안 모색. 『한국행정학회 학술발표논문집』: 3－13.
조석준(1994). 『한국행정조직론』. 법문사.
______(2005). 행정학 연구의 한국화. 『kapa@포럼』, 112: 8－10.
조선주(2011). 『성인지 예산 분석 평가사업(Ⅰ)』. 한국여성정책연구원.
조선주·김영숙 외(2012). 『국가 및 지방재정의 성인지예산 분석·평가사업(Ⅱ): 국가성인지예산제도 운영의 효과 점검과 지방자치단체 성인지 예산제도의 효율적 운영방안』. 한국여성정책연구원.
______(2014). 『국가 및 지방재정의 성인지 예산 분석·평가사업(Ⅳ)』. 한국여성정책연구원.
______(2015). 『성인지 예·결산제도 분석·평가 연구(Ⅰ)』. 한국여성정책연구원.

조선주 · 유희정 외(2013). 『국가 및 지방재정의 성인지 예산 분석 · 평가사업(Ⅲ): 행정부, 국회의 성인지예산제도 시행과정 평가와 지방자치단체 성인지 예산 대상사업 개선방안』. 한국여성정책연구원.
조선주 · 정가원 외(2014). 2010회계연도 이후의 성인지 예산제도 시행현황과 성과분석. 『여성연구』, 86(1): 7-40.
조성한(2005). 수사적 행정개혁과 문화적 갈등. 『한국사회와 행정연구』, 15(4): 23-47.
______(2012). 정부도구론적 관점에서 본 행정학의 토착화. 『한국정책학회보』, 21(4): 33-51.
조세현 · 정서화 · 정미나 · 김기헌(2018). 시민참여형 정책협업 모델: 열린정책실험 운영. 2018 정부혁신포럼(국책연구기관 정부혁신 연구성과 및 정부 우수사례) 발표 자료집: 71-95.
조우현 · 황수경(2016). 『새로운 노동경제학』. 법문사.
조현수(2012). 한국과 일본의 일자리창출사업 비교연구. 『e-비즈니스연구』, 13(2).
주인기 · 박현영 · 김종선(2012). 『선진국 재무제표 비교 분석 연구』. 연세대학교 산학협력단.
주재현(2011). 한국 행정문화의 지속과 변화에 관한 연구: Grid-Group 문화이론의 적용. 『정부학연구』, 17(1): 1-33.
주효진(2009). 정부조직의 팀제 운영에 대한 진단과 처방. 『정부와 정책』, 1(2): 121-143.
중앙인사위원회(2000). 『인사제도에 대한 공무원 여론조사』.
______(2002). 『공무원인사개혁백서』.
______(2005). 『공무원인사개혁백서』.
지광수 · 수홍걸 · 송송이(2009). 한국의 청년 실업에 관한 연구. 『한국비즈니스리뷰』, 2(3).
진종순 · 문신용(2007). 정부혁신에 대한 공무원 수용성의 영향요인: 지방국토관리청 사례를 중심으로. 『한국정책학회 하계학술발표논문집』: 115-138.
차동욱 · 김정식 · 이덕근 · 육현표(2008). 변혁적 리더십과 조직구성원들의 자기효능감 그리고 성과간의 관계. 『인적자원개발연구』, 11(1): 21-40.
차인순(2005). 성인지적 예산의 제도화 필요성과 방안 모색. 『여성연구』, 1(2): 39-75.
______(2009). 성인지 예산 입법과정에 관한 연구. 『여성연구』, 76(1): 143-175.
채원호(2013). 비교행정 · 국제행정 분야 국내 학술지 연구경향 분석. 『한국사회와 행정연구』, 24(2): 319-338.
총무처 직무분석기획단(1997). 『신정부혁신론: OECD국가를 중심으로』. 동명사.
최미희 · 최종국(2011). 조세지출의 운용 및 예산과의 연계에 관한 소고. 『세무학연구』, 28(1), 305-333.
최병선 · 이혁우(2014). 한국 규제개혁시스템의 혁신방안. 『규제연구』, 23.
최병욱(2016). 충돌과 화합: 마샹보의 중국 천주교 토착화. 『교회사연구』, 48: 65-98.
최성욱(2005). 한국행정조직의 문화적 프로필에 관한 연구: 중앙부처를 대상으로. 『한국행정학보』, 39(2): 41-62.
최양식(1998). 『대처에서 토니 블레어까지 영국을 바꾼 정부개혁』. 매일경제신문사.

최유진(2017). 우리나라 공무원 성과급제도의 현황과 개선방안 연구. 『한국인사행정학회보』, 16(1): 75－102.
최인기(2008). 『지방세지출 예산제도의 개선에 관한 연구』. 정책자료집 2008－3.
최지숙 · 안보령 · 박종익(2015). 『의료급여 정신질환 수가체계 개선방안 연구』. 보건복지부 · 건강보험심사평가원.
최천규(2013). 조세지출의 통제강화 방안에 관한 연구. 『조세연구』, 13(2): 119－143.
탁석산(2016). 『탁석산의 한국인의 정체성2: 타자의 눈으로 본 우리의 정체성』. 책세상.
편호범(2004). 『정부회계의 복식부기 및 발생주의 수용요인에 관한 연구』. 성균관대학교 박사학위논문.
______(2010). 『정부 및 비영리회계』. 법문사.
풀뿌리자치연구소 이음(2011). 『참여예산을 상상하라』.
하동현(2010). 정책이전과 확산과정 연구: 일본의 매니페스토 운동 사례를 대상으로. 『한국정책학회보』, 19(2): 245－273.
하미승 · 강인호 · 최준호 · 권용수 · 황성원(2004). 공무원 성과상여금제도의 효과성 및 발전방안 연구. 『한국사회와 행정연구』, 15(1): 1－22.
하상근(2005). 정책집행의 불응요인에 관한 연구: 공공기관에서의 성과급 제도를 중심으로. 『한국정책학회보』, 14(4): 1－28.
하상묵(1999). 『공무원 성과급의 효과성에 관한 연구』. 한국외국어대학교 박사학위 논문.
하세정(2016). 규제비용총량제 도입현황 및 쟁점: 기획재정부 소관 규제를 중심으로.
하연섭(2003). 『제도분석－이론과 쟁점』. 다산출판사.
______(2006). 정책아이디어와 제도변화: 우리나라에서의 신자유주의의 해석과 적용을 중심으로. 『행정논총』, 44(4): 1－27.
______(2014). 『정부예산과 재무행정(제2판)』. 다산출판사.
하태수(2002). 제도의 이전, 토착화 그리고 신제도주의. 『행정논총』, 40(1): 45－69.
______(2006). 가외성 시각에서 본 경쟁정책기구의 효과성 제고방안에 대한 시론적 탐색. 『한국공공관리학보』, 20(2): 157－188.
______(2010). 경로변화의 양태: 경로의존, 경로진화, 경로창조. 『한국행정학회 동계학술대회 발표논문집』: 1－16.
______(2017). 『정권교체기의 정부조직개편』. 대영문화사.
______(2019). 책임운영기관 제도 도입과 토착화. 『한국사회와 행정연구』, 29(4): 31－54.
하혜수 · 정광호(2014). 성과중심 보수제의 효과 분석: 국내 11개 공공기관의 성과급을 중심으로. 『행정논총』, 52(3): 145－177.
한국개발연구원 · 한국행정연구원 · 국무조정실(2014). 『규제비용총량제 시범사업 매뉴얼』.
한국고용정보원(2016). 『한국고용정보원 10년사』.
한국여성정책연구원(2014). 아시아 국가의 성인지 예산제도운영 경험과 시사점. 『*KWDI Brief*』,

30: 1-8.
한국정신보건사회복지사협회(2016). 『정신보건사회복지의 이해와 적용』. 서울: 예일.
한국지방행정연구원(2007). 지방세지출 예산제도의 도입방안.
______(2008). 외국의 지방세지출 예산제도. 『*KRILA FOCUS*』, 24.
한국행정연구원(2001). 『행정에 관한 공무원의 인식과 태도』.
한국행정학회(2017). 『규제비용관리제 종합평가』.
한석태(2017). 『정책학개론』. 대영문화사.
한승주(2010). 성과급제도에 대한 공무원의 대응: 근거이론의 적용. 『한국행정학보』, 44(4): 29-58.
행정안전부(2018). 『지방세통계연감』.
행정자치부(2005). 『고객과 성과중심의 조직혁신을 위한 팀제 운영 매뉴얼』.
허명순(2003). 영국의 회계제도 개혁과 공공재정회계사제도. 『정부회계연구』, 1(1): 63-76.
______(2010). 『발생주의 회계제도 도입에 따른 재무제표 감사 수행방향』. 감사연구원.
______(2013). 『감사원 감사분류체계 재정립 방안』. 감사연구원.
허웅(2011). 국가별 정부회계제도 차이에 대한 연구. 『창조와 혁신』, 4(2): 43-181.
허창수(2012). 제도, 제도적 과정, 그리고 제도적 효과: 공공부문 성과급제도의 제도적 과정과 효과. 『한국행정학보』, 46(2): 55-83.
홍미영 · 류춘호(2013). 성별영향분석평가제도와 성인지 예산제도의 연계성 강화. 『지방정부연구』, 17(1): 83-103.
홍선미 · 김도희 · 김문근 · 염형국 · 이용표(2016). 『정신장애인 지역사회 통합을 위한 해외사례 비교연구 실태조사』. 국가인권위원회.
홍선미 · 박숙경 · 신영전 · 염형국 · 윤탁 · 이영문 · 이용표 · 홍진표(2009). 『정신장애인 인권개선을 위한 각국의 사례연구와 선진모델 구축』. 국가인권위원회.
홍희정(2015). 『성인지 예산 제도화와 양성평등』. 한국학술정보(주).
황성돈(1999). 책임운영기관제도 도입의 문제점과 고려사항. 『자치의정』, 2(3): 68-78.
황성원(2003). 공공조직의 성과급제에 관한 소고, 『한국행정연구』, 12(4): 123-147.
______(2010). 성과급적 연봉제에 대한 만족이 국립대 교원의 직무만족, 조직몰입, 공직봉사동기에 미친 영향. 『공공정책과 국정관리』, 10(3): 233-266.
황혜신(2010). 『통합재정정보시스템(디지털예산회계기스템) 평가 및 개선방안』. 한국행정연구원.

국립국어원 표준국어대사전(http://stdweb2.korean.go.kr/search/List_dic.jsp) "귤화위지."

[국외 문헌]

Almond, G. & Verba, S.(1963). *The Civic Culture: Political Attitudes and Democracy in Five Countries*. Sage Publication, Inc.
Alvarez, R. M., & Hall, T. E.(2006). The Principal-Agent Problems in Election Administration.

Policy Studies Journal, 34(4): 491-510.

Aminzade, R.(2003). From Race to Citizenship: The Indigenization Debate in Post-Socialist Tanzania. *Studies in Comparative International Development*, 38(1): 43-63.

Athukorala, L. S. & Barry, R.(2003). *Accrual Budgeting and Accounting in Government and its Relevance for Developing Member Countries*. Asian Development Bank.

Aucoin, P.(1995). *The New Public Managment: Canada in Comparative Perspective*. Montreal: The Institute for Research in Public Policy.

Bailey, D. E., & Adiga, S.(1997). Measuring manufacturing work group autonomy. *IEEE Transactions on engineering management*, 44(2): 158-174.

Barberis, P.(1995). Next Steps: Consequences for the Core and Central Departments. In O'Toole, B. & Jordan, G.(eds.). *Next Steps: Improving Management in Government?* Aldershot: Dartmouth.

Beeson, M.(2001). Globalization Government, and the political-Economy of Public Policy Reform in East Asia. *Governance*, 14(4).

Benson, D. & Jordan, A.(2011). What have we learned from Policy Transfer Research? *Political Studies Review*, 9: 366-378.

Beveridge, A. A.(1974). Economic Independence, Indigenization, and the African Businessman: Some Effects of Zambia's Economic Reforms. *African Studies Review*, 17(3): 477-490.

Borjas, G. J.(2017). 『노동경제학』. 박철성 · 송헌재 · 강창희 옮김. 시그마프레스.

Braun, D., & Guston, D. H.(2003). Principal-Agent Theory and Research Policy: An Introduction. *Science and Public Policy* 30(5): 302-308.

Brixi, H. P., Valenduc, C. M., & Swift, Z. L.(eds.)(2003). Tax Expenditures-Shedding Light on Government Spending through the Tax System: Lessons from Developed and Transition Economies. The World Bank.

Burdge, R. & Vanclay, F.(1995). Social Impact Assessment. *Environmental and Social Impact Assessment*. John Wiley and Sons.

Campbell, J. L.(2004). *Institutional Change and Globalization*. Princeton, N.J.: Princeton University Press.

Carpenter, V. L. & Feroz, E. H.(2001). Institutional Theory and Accounting Rule Choice: An Analysis of Four US State Governments' Decisions to Adopt Generally Accepted Accounting Principles. *Accounting, Organizations and Society*, 26(7/8): 565-596.

Chun, A.(2000). Democracy as Hegemony, Globalization as Indigenization, or the Culture in Taiwanese National Politics. *Journal of Asian and African Studies*, 35(1): 7-27.

Chung, C., Park, C., & Wilding, M.(2016). Policy Transfer and Feedback from Domestic Stakholders: The Korean Adaptation of Arts Council England. *Korea Observer*, 47(2):

291－324.

CRPD(Committee on the Rights of Persons with Disabilities)(2014). *General Comment No 1.*

Davis, A.(2009). False and Frustrated policy transfer: Spanish immigration policy and Catalonia. *Policy & Politics*, 37(3): 423－438.

DiMaggio, P. J. & Powell, W. W.(1983). The Iron Cage Revisited: Institutional Isomorphism and Collective Rationality in Organizational Fields. *American Sociological Review*, 48(2): 147－160.

______(1991). The Iron Cage Revisited: Institutional Isomorphism and Collective Rationality in Organisational Fields. in Powell, W. W. & DiMaggio, P. J., *The New Institutionalism in Organizational Analysis*. Chicago, IL: Chicago University Press.

Dolowitz, D. P.(2004). *Policy Transfer and British Social Policy: Learning form the USA?* Open University Press.

______(2009). Learning by Observing: surveying the international arena. *Policy & Politics*, 37(3): 317－334.

______(2017). Transfer and Learning: One coin Two Elements. *SAO PAULO*, 36(1): 35－56.

Dolowitz, D. P. & Marsh, D.(1996). Who Learns What from Whom: a Review of the Policy Transfer Literature. *Political Studies*, XLIV: 343－357.

______(2000). Learning from Abroad : The Role of Policy Transfer in Contemporary Policy－Making. *Governance*, 13(1): 5－21.

Dumont, M. P. & Dumont, D. M.(2009). Deinstitutionalization in the United States and Italy. *International Journal of Mental Health*, 37(4): 61－70.

Dwyer, P. & Ellison, N.(2009). 'We nicked stuff from all over the place': Policy transfer or muddling through? *Policy and Politics*, 37(3): 389－407.

Eisenhardt, K. M.(1989). Agency Theory: An Assessment and Review. *Academy of Management Journal*, 14(1): 57－74.

Evans, M. & Davies, J.(1999). Understanding Policy Transfer: A Multi－level, Multi－Disciplinary Perspective. *Public Administration*, 77(2): 361－385.

Farnham, D. & Horton, S.(eds.)(1993). *Managing the New Public Services*. MacMillan.

Ferguson, K. M.(2005). Beyond indigenization and reconceptualization: Towards a global, multidirectional model of technology transfer. *International Social Work*, 48(5): 519－535.

Ford, C. A.(1996). The Indigenization of Constitutionalism in the Japanese Experience. *Case Western Reserve Journal of International Law*, 28(1): 3－62.

Frese, F. J. & Davis, W. W.(1997). The Consumer－Survivor Movement, Recovery, and Consumer Professionals. *Professional Psychology: Research and Practice*, 28(3): 243－

245.

Frey, B. S.(1997). *Not Just for the Money: An Economic Theory of Personal Motivation.* Edward Elgar.

Giest, S.(2017). Overcoming the failure of 'silicon somewheres': Learning in Policy transfer processes. *Policy & Politics*, 45(1): 39–54.

Gibbons, R.(2003). Team theory, garbage cans and real organizations: some history and prospects of economic research on decision making in organizations. *Industrial and Corporate Change*, 12(4): 753–787.

Gibson, G., O'Faircheallaigh C., & MacDonald, A.(2008). Integrating cultural impact assessment into development planning, International Association for Impact Assessment Workshop. Fargo, ND: International Association for Impact Assessment.

Greer, P.(1994). *Transforming Central Government: The Next Steps Initiative.* Open University Press.

Harvey D. F & Brown D. R.(1996). An Experiential Approach to Organization Development, N.J.: Prentice Hall.

Henderson, K.(2005). The quest for indigenous administration: Asian Communist, Islamic revivalist, and other models. *Public Organization Review*, 5(1): 55–68.

Henry, J. E.(1998). *Lesson from Team Leaders: A Team Fitness Companion.* Milwankees: ASQ Quality Press.

HM Government(2011). *One–in, One–out: Statement of New Regulation.*

Hofstede, G.(1980). Culture and Organizations. *International Studies of Management and Organization*, 10(4): 15–41.

Hofstede, G., Hofstede, G. J., & Michael Mikov(2010). *Cultures and Organizations*(3rd ed.). McGraw–Hill Education.

Houston, D. J.(2009). Motivating Knights or Knaves? Moving beyond Performance–related Pay for the Public Sector. *Public Administration Review*, 69: 43–57.

ICOMOS(2011). *Guidance on Heritage Impact Assessments for Cultural World Heritage Properties.*

Im, T.(2003). Bureaucratic Power and the NPM Reforms in Korea. *International Review of Public Administration*, 8(1): 89–102.

Immergut, E. M.(1998). The Theoretical Core of the New Institutionalism. *Politics & Society*, 26(1): 5–34.

Ingraham, P. W.(1993). Of Pigs in Pokes and Policy Diffusion: Another Look at Pay–for–Performance. *Public Administration Review*, 53(4): 348–356.

Ishikawa, N.(1990). *People Who Suffer from Mental Illness.* Tokyo: Iwanami Shinsho.

Ismailova, B.(2004). Curriculum reform in post-Soviet Kyrgyzstan: indeginization of the history curriculum. *The Curriculum Journal*, 15(3): 247-264.

James, O.(2001). Business Models and the Transfer of Businesslike Central Government Agencies. *Governance*, 14(2): 233-252.

James, O. & Lodge, M.(2003). The Limitations of 'Policy Transfer' and 'Lesson Drawing' for Public Policy Research. *Political Studies Review*, 1: 179-193.

James, P.(2014). *Assessing Cultural Sustainability*. UCLG.

Kamensky, J. M.(1996). Role of the "reinventing government" movement in federal management reform. *Public Administration Review*, 56(3): 247-255.

Kantata, T.(2015). Jananese Mental Health Care in Historical Context: Why Did Japan Become a Country with so Many Psychiatric Care Beds?. *Social Work*, 52(4): 471-489.

Katzenbach, Jon R. & Douglas K. Smith(1993). *The Wisdom of Teams*. N.Y.: Harper Business Essentials.

Kettl, F. D.(2005). The Global Public Management Revolution. The Brookings Institution.

Khan, A. & Mayes, S.(2009). *Transition to Accrual Accounting*. IMF.

Kim, B.(2014). Policy transfer using the 'gold standard' exploring policy tourism in practice, *Politics & Politics* 42(4): 495-511.

Krasner, S. D.(1978). *Defending The National Interest*. Princeton University Press.

Lane, J. E.(2000). *New Public Management*. Routledge.

Lee, G.(2017). Performance-oriented Managerial Practices and Job Attitude in Public Organizations. *International Review of Public Administration*, 22(3): 245-256.

Lee, P. S. N.(1991). The absorption and indigenization of foreign media cultures a study on a cultural meeting point of the east and west: Hong Kong. *Asian Journal of Communication*, 1(2): 52-72.

Lentner, H. H.(1984). The Concept of the State. *Comparative Politics*, 16(3).

Locke, E. A.(1978). The Ubiquity of the Technique of Goal Setting in Theories of and Approaches to Employee Motivation. *Academy of Management Review*, 3(3): 594-601.

Mahoney, J. & Thelen, K.(2010). A Theory of Gradual Institutional Change. In J. Mahoney & K. Thelen(ed.). *Explaining Institutional Change: Ambiguity, Agency and Power*. Cambridge University Press.

Marier, P.(2017). The Politics of Policy Adoption: a saga on the difficulties of enacting policy diffusion or transfer across industrialized countries. *Policy Science*, 50: 427-448.

Meyer, J. W., & Rowan, B.(1977). Institutionalized Organizations: Formal Structure as Myth and Ceremony. *American Journal of Sociology*, 83(2): 340–363.

______(1991). Institutionalized Organizations: Formal Structure as Myth and Ceremony. In DiMaggio, P. J., & Powell, W. W.(eds.). *The New Institutionalism in Organizational Analysis*. Chicago, IL: University of Chicago Press.

Mikesell, J. L.(2002). Tax expenditure budgets, budget policy, and tax policy: Confusion in the states. *Public Budgeting and Finance*, 22(4): 34–51.

Moe, T. & Caldwell, M.(1994). The Institutional Foundations of Democratic Government: A Comparison of Presidential and Parliamentary System. *Journal of Institutional and Theoretical Economics*, 150(1): 171–195.

Moe, T. & Wilson, S.(1994). Presidents and the Politics of Structure. *Law and Contemporary Problems*, 57(2): 1–44.

Mooney, Z.(2001). Modeling regional effects on state policy diffusion. *Political Research Quarterly*, 54(1): 103–124.

Moretti, Delphine(2016). Accrual Practice and Reform Experiences in OECD countries: Results of the 2016 OECD Accrual Survey. *OECD Journal on Budgeting*, 16(1): 37–78.

Moretti, D. & Youngberry, T.(2018). Getting Added Value out of Accruals Reforms. *OECD Journal on Budgeting*, 18(1): 114–166.

Mossberger, K. & Wolman, H.(2003). Policy Transfer as a form of Perspective Policy Evaluation: Challenges and Recommendations. *Public Administration Review*, 63(4): 428–440.

Moynihan, D. P.(2007). Citizen Participation in Budgeting: Prospects for Developing Countries. In A. Shah(ed.). *Participatory Budgeting*. Washington, D.C.: The World Bank.

______(2008). The Normative Model in Decline? Public Service Motivation in the Age of Governance. In J. L. Perry & A. Hondeghem(eds.). *Motivation in Public Management: The Call of Public Service*. Oxford University Press.

Mukhtarov, F.(2014). Rethinking the travel of ideas: policy translation in the water sector. *Policy & Politics*, 42(1): 71–88.

Nutley, S., Davies, H., & Walter, I.(2003). Evidence–Based Policy and Practice: Cross–Sector Lessons from the United Kingdom. *Social Policy Journal of New Zealand*, 20: 29–48.

OECD(1993). Private Pay for Public Work: Performance–Related Pay for Public Sector Managers.

______(1997). *Modern Budgeting*. OECD.

______(2003). *OECD Health System: Facts and Trends*.

______(2010). Tax Expenditures in OECD Countries. OECD publishing.

______(2017). *Regulatory Policy in Korea: Toward Better Regulation.*

Pallot, J.(1996). Innovation in National Government Accounting and Budgeting in New Zealand. In James L. Chan, Rowan H. Jones & Klaus G. Lüder(eds.). *Research in Governmental And Nonprofit Accounting*, 9: 323−338.

______(2002). Government Accounting and Budgeting Reform in New Zealand. *OECD Journal on Budgeting*, 2(1): 163−186.

Partal, A. & Dunphy, K.(2016). Cultural impact assessment: a systematic literature review of current methods and practice around the world. *Impact Assessment and Project Appraisal*, 33(5).

Perrow, C.(1986). *Complex Organizations*. McGraw−Hill.

Pfeffer, J.(1998). Six Dangerous Myths about Pay. *Harvard Business Review*, 76(3): 109−119.

Perry, J. L.(2003). Compensation, Merit Pay, and Motivation. edited by Steven W. Hays & Richard C. Kearney. Public Personnel Administration: Problems and Prospects. Upper Saddle Rivers.

Perry, J. L., Engbers, T. A., & Jun, S. Y.(2009). Back to the Future? Performance−Related Pay, Empirical Research, and the Perils of Persistence. *Public Administration Review*, 69(1): 39−51.

Pollitt, C.(1996). Antistatist Reforms and New Administrative Directions: Public Administration in the United Kingdom. *Public Administration Review*, 56(1): 81−87.

Pollitt, C. & Bouckaert, G.(2004). *Public Management Reform: A Comparative Analysis*(2nd ed.). Oxford University Press.

Porter, L. W., & Lawler III. E. E.(1968). *Managerial Attitudes and Performance*. Burr Ridge, III: Irwin.

Powell, W. W. & DiMaggio, P.(1991). *The New Institutionalism in Organizational Analysis*. Univ. of Chicago Press.

Radaelli, C. M.(1997). Policy Transfer in the European Union: Institutional Isomorphism as a Source of Legitimacy, Fifth Biennial International Conference, Seattle. USA, 29 May−1 June 1997.

Raftopoulos, B. & Compagnon, D.(2003). Indigenization, the State Bourgeoise and Neo−authoritarian Politics. In Darnolf, S. & Laakso, L.(eds.). *Twenty Years of Independence in Zimbabwe*. Palgrave Macmillan.

Rainey, G. H.(1997). Understanding and Managing Public Organizations. Jossey−Bass.

Robertson, D. B.(1991). Political Conflict and Lesson−Drawing. *Journal of Public Policy*, 11(1): 55−78.

Rose, R.(1991). What is Lesson-Drawing? *Journal of Public Policy*, 11(1): 3-30.

______(1993). *Lesson-Drawing in Public Policy*. Chatham House Publishers.

Sagnia, K. B.(2004). *Framework for cultural impact assessment*. Senegal: International Network for Cultural Diversity.

Samuel. C. C.(2004). Modern Management. N.Y.: Prentice Hall.

Scott, W. R., & Meyer, J. W.(1991). The Organization of Societal Sectors. In DiMaggio, P. J., & Powell, W. W.(eds.). *The New Institutionalism in Organizational Analysis*. Chicago, IL: University of Chicago Press.

Sharp, R. & Broomhill, R.(2002). Budgeting for Equality: The Australian Experience. *Feminist Economics*, 8(1): 25-47.

Sikkink, Kathryn(1991). *Ideas and Institutions: Developmentalism in Brazil and Argentina*. Ithaca: Cornell University Press.

Simmons, B. F., Dobbin, F., & Garrett, G.(2006). Introduction: The International Diffusion of Libralism. *International Organizaion*, 60(4): 781-810.

Sintomer, Y., Herzberg, C., & Röcke, A.(2008). Participatory Budgeting in Europe: Potentials and Challenges. *International Journal of Urban and Regional Research*, 32(1): 164-178.

Sobaci, Z.(2009). Regional Development Agencies in Turkey: Are they example of Obligated Policy Transfer? *Public Organization Review*, 9: 51-65.

Soremi, T.(2016). Policy Transfer: Revisiting Concept and Process. *International Journal of Arts & Science*, 9(3): 377-388.

Stephenson, M. L., Russell, K. A., & Edgar, D.(2010). Islamic hospitality in the UAE: indigenization of products and human capital. *Journal of Islamic Marketing*, 1(1): 9-24.

Stone, D.(1999). Learning Lessons and Transferring Policy Across Time, Space and Disciplines. *Politics*, 19(1): 51-59.

Streeck, W. & Thelen, K.(2005). *Beyond Continuity: Institutional Change in Advanced Political Economies*. Oxford University Press.

Stroh, L. K., Brett, J. M., Baumann, J. P., & Reilly, A. H.(1996). Agency Theory and Variable Pay Competition Strategies. *Academy of Management Journal*, 39(3): 751-787.

Talbot, C.(2004a). The Agency Idea: Sometimes Old, Sometimes New, Sometimes Borrowed, Sometimes Untrue. *Unbundled Government: A Critical Analysis of the Global Trend to Agencies, Quangos and Contradictions*. Routledge.

______(2004b). Executive Agencies: Have they improved management in government? *Public Money and Management*, 24(2): 104-112.

Taylor, W. F.(1998). The Principles of Scientific Management. N.Y.: Dover Publications.

Teed, E. L., Scileppi, J. A., Boeckmann, M. Crispi, E. L., Regan, J., & Whiehouse, D. J. M. (2007). *The Community mental health system: A naviational guide for providers*. N.Y.: Allyn & Bacon.

Triandis, H.(1995). Individualism and Collectivism. Taylor & Francis.

Unalan, D.(2009). An analytical framework for policy transfer in the EU context. *Policy & Politics*, 37(3): 439−452.

van Thiel, S.(2009). The Rise of Executive agencies: Comparing the Agencification of 25 Tasks in 21 Countries. A paper presented at EGPA conference, September 2009, Malta.

Wampler, B.(2000). A Guide to Participatory Budgeting. Paper presented at the third conference of the International Budget Project. Mumbai.

______(2007). A Guide to Participatory Budgeting. In A. Shah(ed.), *Participatory Budgeting*. The World Bank, Washington, D.C.

Wampler, B. & Avritzer, L.(2004). Participatory Publics: Civil Society and New Institutions in Democratic Brazil. *Comparative politics*, 36(3): 291−312.

Westney, D. E.(1987). *Imitation and Innovation*. Harvard University Press.

Wilson, E. J.(1990). Strategies of State Control of the Economy: Nationalization and Indigenization in Africa. *Comparative Politics*, 22(4): 401−419.

Yahyazadehfar, M., Razeghi, N., & Sazvar, A.(2018). The Public Policy Transfer Model in Scientific Ethics: An Application of Grounded Theory. *Journal of Information Ethics*, 27(1): 74−94.

Yan, M. C. & Cheung, K. W. C.(2006). The Politics of Indigenization: A Case Study of Development of Social Work in China. *The Journal of Sociology and Social Welfare*, 33(2): 63−83.

Yang, S. B., & Guy, M. E.(2004). Self−managed work teams: Who uses them? What makes them successful? *Public Performance & Management Review*, 27(3): 60−79.

Zey, M.(1998). *Rational Choice Theory and Organizational Theory: A Critique*. Sage Publications.

Zuckerman, E.(2005). *Gender Action: An Introduction to Gender Budget Initiatives*. The Ministry for Foreign Affairs of Finland.

越智方美(2013−2015). 韓國におけるジェンダー予算に關する教育訓練. 國立女性教育會館研究國際室專門職員: 93−105.

村松安子(2005). マクロ経濟學のジェンダー化を目指すジェンダー予算.『ジェンダーと開發

論の形成と展開』. 未來社: 131－157.
______(2009).『韓國の事例から學ぶジェンダー予算』.『マンスリー北京 JAC』, 135号—137号.
橋本和也(2002). スポーツにおける語りと土着性: 近代スポーツの土着化.『スポーツ人類學研究』, 2001(3): 1－17.
小原克博(2008). 信仰の土着化とナショナリズムの相關關係:『宗教の神學』の課題として.『基督教研究』, 70(2): 55－71.
前川 亨(2005). 文化接触の諸類型:『東アジア』地域を想定した理論的枠組みとして.『專修大學社會科學年報』, 39: 111－136.
厚生勞働省(2016). 医療施設(動態)調査·病院報告の概況.
______(2017).『厚生勞動白書』.
______(2018).『勞動施策基本方針』.
______(2018).『勞動經濟分析』.
______(2018). 東亞地域 厚生勞動施策 概要 最近 動向: 韓國.『2018年 海外情勢報告』: 237－251.

[언론보도]
광주일보. 2015년 5월 26일, "공무원 성과급 제도 처음부터 다시 논의를"
뉴시스. 2009년 10월 9일, "한 · 중 · 일 성인지 정책 토론회 성료"
뉴시스. 2015년 4월 22일, "광주 서구 성과급 재배분 논란 … 지역 공직사회 불똥"
동아일보. 2015년 5월 12일, "시민들 '공무원 성과급 나눠먹기 그만'"
문화일보. 2003년 1월 15일, "공무원 성과급 나눠먹기"
세계일보. 2015년 8월 30일, "공무원 성과상여금 16년째 '나눠먹기'"
세계일보. 2015년 8월 31일, "공무원 성과금 '나눠먹기' 더 이상 안 된다"
아시아경제(2018). 유승희 "성인지 예산제도 도입 10년…기재부, 성평등 제고 역할 해야". 10월 18일자 기사.
여성신문(2005). 북경여성대회는 어떤 대회－세계 여권신장 행동화 '기틀'. 5월 12일자 기사.
여성신문(2011). 성인지 예산제 정착 '공감'에 달렸다. 12월 23일자 기사.
여성신문(2015). 10년째 부실한 성인지 예산서 알고 보니 '교육 부족'탓. 11월 12일자 기사.
여성신문(2017). 문재인 정부에 바란다/여성가족부 위상＜상＞. NGO같은 중앙부처, 이대론 안 된다. 5월 21일자 기사.
여성신문(2017). 성인지 예산 논의 없는 국회는 성평등의 적. 12월 6일자 기사.
연합뉴스(2017). 신경정신의학회 "개정 정신보건법이 치료권리 박탈 우려"
오마이뉴스(2017). 남녀 임금격차 해소 5개년 계획, 공약을 지켜라－문재인정부의 성평등 노동 정책 향방과 과제. 12월 29일자 기사.
조선일보(2017). 돌볼 준비 안됐는데 … 정신 질환 1만 9,000명, 6월부터 퇴원 예정

주간경향(2007). 정신병원의 '정신나간' 인권침해
청년의사(2017). 한 달 여 앞으로 다가온 정신건강복지법…정신과 보이콧 현실되나(http://www.docdocdoc.co.kr)
충북일보(2017). 남인순 의원 "모든 분야서 성별 격차 극심". 8월 24일자 기사.
쿠키뉴스(2018). 남녀 임금격차 줄이지 못하는 한국. 1월 20일자 기사.
한국경제신문. 2015년 4월 22일, "성과급 나눠먹기 제동 건 임우진 구청장을 지지한다"
한국경제신문. 2015년 12월 31일, "차등 성과급 나눠먹은 세종시 공무원"
한국경제신문. 2017년 1월 24일, "성과급 361억 똑같이 나눠 가진 공무원노조"
한국일보(2012). 성교육 받는 프랑스 장관들. 10월 31일자 기사.
해피TV(2016). 한국의 성인지 예산제도 10년, 이대로 좋은가 간담회 개최. 6월 17일자 기사.

[인터넷 Site]
국회법률정보시스템(http://likms.assembly.go.kr/)
국회예산결산특별위원회(http://budget.na.go.kr/)
국회예산정책처(http://www.nabo.go.kr/)
국회의안정보시스템(http://likms.assembly.go.kr/bill)
기획재정부(http://www.mosf.go.kr/)
법제처(http://www.moleg.go.kr)
서울시정신보건통계(http://seoulmentalhealth.kr/index.jsp)
여성가족부(http://www.mogef.go.kr)
한국여성정책연구원(http://www.kwdi.re.kr/)
한국여성정책연구원 성인지예산센터(http://gb.kwdi.re.kr/)

찾아보기

ㄱ

ㄴ

ㄷ

ㅁ

ㅂ

ㅅ

ㅇ

ㅈ

ㅊ

ㅋ

ㅌ

ㅍ

ㅎ

저자 소개

하태수

University of Exeter에서 행정학 박사 학위를 취득하였고, 경기대학교 행정학과 교수로 재직 중이다. 주요 관심 분야는 정부조직구조개편, 조직관리, 리더십, 한국행정 등이다. 최근 주요 논문으로는 "중앙총괄기구 개편 경로와 동인 분석: 예산기구를 중심으로"(2018), "소방공무원의 행복감 결정요인 분석"(2019), "경찰공무원의 청탁금지법 인식과 효과에 관한 연구: 조직 환경의 조절효과를 중심으로"(2019) 등이 있고, 저서로는 『현대국가의 행정학』(법문사, 2014), 『정권교체기의 정부조직구조개편』(대영문화사, 2017), 『새 한국정부론』(대영문화사, 2019) 등이 있다.

김영재

단국대학교에서 행정학 박사 학위를 취득하였고, 단국대학교 행정학과 초빙교수로 재직 중이다. 주요 연구 분야는 행정사, 청년실업, 한국사회문화 등이다. 주요 연구는 "한국 청년실업 유형별 전략적 관리 방안에 관한 연구"(박사학위논문, 2012), 저서로는 『한국의 사회문화』(윤성사, 2018), 『한국행정의 이해』(대영문화사, 2018) 등이다.

도명록

서울대학교에서 행정학 박사 학위를 취득하였고, 현재 서울시립대학교 상생협력센터에 재직 중이다. 주요 관심 분야는 인터넷 시민사회, 성과관리, 그리고 조직론 등이다. 주요 논문으로는 "공사 조직의 성과주의 인사제도와 조직성과"(2018), "소방공무원의 공공봉사동기가 직무만족에 미치는 영향: 두 가지 가치일체감의 차별적 매개효과"(2019) 등이 있다.

문광민

서울대학교에서 행정학 박사 학위를 취득하였고, 현재 충남대학교 행정학부에서 부교수로 재직 중이다. 주요 관심 분야는 재무행정(정부예산 및 회계, 지방재정), 정책평가(경제성, 효율성 측정), 계량분석 등이다. 주요 논문으로는 "The Economic Effects of Research-led Agricultural Development Assistance: The Case of Korean Programs on International Agriculture"(2019), "정부의 대학 산학협력 재정지원은 효과적인가?: Game-교차효율성 측정모형과 유전 매칭(genetic matching)을 적용한 산학협력 선도대학(LINC) 육성사업에 따른 대학의 산학협력 효율성 변화 분석"(2018), "지방자치단체 발생주의·복식부기 회계제도의 개선방안에 관한 연구: 대안간 우선순위 검토를 중심으로"(2018) 등이 있다. 저서로는 『(알기 쉬운) 재무행정』(대영문화사, 2019), 『새 한국정부론』(대영문화사, 2019) 등이 있다.

박은순

수원시에서 오랫동안 여성운동을 하다가, 현재는 경기대학교 일반대학원 행정학과 박사과정을 수료하고 박사학위 논문을 준비 중이다. 주요 관심 분야는 여성정책, 사회복지정책, 시민참여 등이다. 주요 논문으로는 "출산장려금 정책 확산의 영향요인 분석: 경기도 31개 지방자치단체를 중심으로"(2018), "성인지 예산제도 디커플링(Decoupling) 영향요인 분석"(2018), "지역사회보장계획 시행결과에 따른 포상의 영향요인 분석"(2019), "기초자치단체 일반직 공무원의 행복감 결정요인에 관한 연구: 수원시공무원을 대상으로"(2019) 등이 있다.

양혜원

서울대학교에서 행정학 박사 학위를 취득하였고, 현재 한국문화관광연구원 예술정책연구실장으로 재직 중이다. 주요 관심 분야는 문화예술정책, 문화행정, 문화영향평가, 문화예술교육 등이다. 주요 논문으로는 "유인적 정책수단의 효과 비교분석: 문화콘텐츠제작 지원사업을 중심으로"(2011), "문화재정과 삶의 질 간의 관계 연구: OECD 국가를 중심으로"(2013), "담론 논쟁의 동학(dynamics)으로 바라본 문화정책 73년"(2017) 등이 있고, 저서로는 『문화영향평가 표준평가도구 개발 연구』(한국문화관광연구원, 2017), 『문화와 국민행복: 문화국가 만들기』(대영문화사, 2018), 『지역분권 관점에서의 주요국가 예술지원정책 분석 연구: 영국, 프랑스, 미국을 중심으로』(한국문화관광연구원, 2018) 등이 있다.

윤성일

연세대학교에서 행정학 박사 학위를 취득하였고, 현재 한국지방행정연구원 부연구위원으로 재직 중이다. 주요 관심 분야는 지방재정, 지방회계, 정책평가 등이다. 주요 논문으로는 "부채가 효율성에 미치는 비선형 효과에 관한 연구"(2019), "지방상수도공기업의 효율성 영향요인에 관한 연구"(2019) 등이 있다.

윤영근

서울대학교에서 행정학 박사 학위를 취득하였고, 한국지방행정연구원 부연구위원을 거쳐 현재 한국행정연구원 부연구위원으로 재직 중이다. 주요 관심 분야는 지방자치, 중앙-지방관계 등이다. 주요 논문으로는 "기초자치단체 중간관리자의 역할 및 행태연구: 6급 공무원을 중심으로"(2015), "소방표준화지수를 적용한 소방 인력배분의 적정성 연구: 자치단체 일선소방서를 중심으로"(2015), "지방정부의 이주민 통합 방안에 관한 연구: Stuttgart시 사례를 중심으로"(2018) 등이 있다. 저서로는 『현대 국가의 행정학』(법문사, 2014)이 있다.

이 건

University of Illinois at Chicago에서 행정학 박사 학위를 취득하였고, 한양대학교 행정학과 부교수로 재직 중이다. 주요 관심 분야는 공사조직 비교, 공공관리, 정부혁신, 숙의적 정책결정 등이다. 주요 논문으로는 "Pay-for-Performance Pay System and Job Attitudes in Government Agencies," 저서로는 『새 한국정부론』(대영문화사, 2019)이 있다.

이혁우

서울대학교에서 행정학 박사를 취득하였고, 배재대학교 행정학과 교수로 재직 중이다. 주요 관심 분야는 규제정책, 정책모순, 정치경제학, 자유주의 등이다. 주요 논문으로는 "정책사례연구 대상으로서의 예기치 못한 결과"(2009), "사적재산권의 불완전성에 관한 연구: 인터넷 음원사례를 중심으로"(2011), "Bureaucracy, Regulatory Management, and Korean Democracy"(2017), "정책순응 및 불응의 유형화에 관한 연구: 정책대상 집단의 자발성을 중심으로"(2017), "규제로 인한 경로의존 유발 메커니즘: 한국 금융산업 구조분석을 중심으로"(2018) 등이다. 저서로는 『실패한 정책들: 정책학습의 관점에서』(박영사, 2015), 『민주주의는 만능인가』(가갸날, 2019) 등이 있다.

임동완

서울대학교에서 행정학 박사 학위를 취득하였고, 단국대학교 공공관리학과 부교수로 재직 중이다. 주요 관심 분야는 재무행정, 정부회계, 제도론 등이다. 주요 논문으로는 "재정성과관리를 위한 성과목표관리체계의 정합성 분석"(2018), "지방자치단체 발생주의·복식부기 회계제도의 개선방안에 관한 연구: 대안간 우선순위 검토를 중심으로"(2018), "참여기구와 참여수준에 따른 주민참여예산제도의 유형과 시사점"(2016) 등이 있고, 저서로는 『현대 국가의 행정학』(법문사, 2014), 『새 한국정부론』(대영문화사, 2019) 등이 있다.

하경희

서울대학교에서 사회복지학 박사 학위를 취득하였고, 아주대학교 공공정책대학원 부교수로 재직 중이다. 주요 연구 분야는 정신건강사회복지, 사회복지실천 등이다. 주요 논문으로는 "정신장애인 공공후견제도: 성과와 한계 및 발전방향"(2019), "장기입원 정신질환자의 탈시설화를 위한 정신보건전달체계 개편방안"(2016), "The companion project: Recovery among volunteer peer support providers in South Korea"(2016) 등이 있고, 저서로는 『강점기반 실천과 사례관리』(공동체, 2017)가 있다.

토착화 사례연구

펴낸날 제1판 제1쇄 2020년 1월 7일
지은이 하태수 외
펴낸이 임춘환
펴낸곳 도서출판 대영문화사
주소 (본사) 사무실: 경기도 고양시 일산서구 주화로 70
우신프라자 307호 (우 10387)
(본사) 물류센터: 경기도 고양시 일산서구 덕산로
107번길 68-50 (우 10205)
등록 1975년 12월 26일 제3-16호
전화 (031) 913-3062, (031) 914-3884
팩스 (031) 913-3839
홈페이지 http://www.dymbook.co.kr

ISBN 978-89-7644-755-5
값 25,000원